本书由教育部人文社会科学研究规划基金项目“分形理论视域下体育文化与社会文化的关系研究”（14YJA890025）资助出版。

体育文化与社会文化的关系研究

——基于分形理论

赵 进／著

吉林大学出版社
·长春·

图书在版编目（CIP）数据

体育文化与社会文化的关系研究：基于分形理论 / 赵进著. -- 长春：吉林大学出版社, 2022.12
ISBN 978-7-5768-1296-1

Ⅰ. ①体… Ⅱ. ①赵… Ⅲ. ①体育文化－关系－文化社会学－研究 Ⅳ. ①G80-054②G05

中国版本图书馆CIP数据核字(2022)第242181号

书　　名：体育文化与社会文化的关系研究——基于分形理论
TIYU WENHUA YU SHEHUI WENHUA DE GUANXI YANJIU——JIYU FENXING LILUN

作　　者：赵　进
策划编辑：李承章
责任编辑：樊俊恒
责任校对：许海生
装帧设计：刘　丹
出版发行：吉林大学出版社
社　　址：长春市人民大街4059号
邮政编码：130021
发行电话：0431-89580028/29/21
网　　址：http://www.jlup.com.cn
电子邮箱：jldxcbs@sina.com
印　　刷：湖南省众鑫印务有限公司
开　　本：787mm × 1092mm　1/16
印　　张：19
字　　数：370千字
版　　次：2022年12月　第1版
印　　次：2023年4月　第1次
书　　号：ISBN 978-7-5768-1296-1
定　　价：85.00元

序

首先提出分形概念的是美籍数学家曼德布罗特（Benoit Mandelbrot 1924—2010）。分形理论（Fractal Theory）原本是现代数学的一个新分支，属于新的几何学范畴，为动力系统的混沌理论提供了新的描述工具，是一种新的方法论和世界观。1967年，曼德布罗特在美国权威杂志《科学》上发表了一篇《英国的海岸线有多长》的论文，这篇论文影响深远，其核心内容是“海岸线形状特征是极不规则、极不光滑的，呈现出一种蜿蜒复杂的形态变化，海岸线作为曲线存在，我们无法从形状和结构上区分不同地段的海岸之间有什么不一样的地方，可以说，唯一的相同之处就是同样程度的不规则性和复杂性。我们在空中拍摄100公里长的海岸线与放大了的10公里长海岸线，如若没有建筑物或其他东西作为参照，两张照片看上去十分相像。”

类似的自相似性在自然界广泛存在，眼前连绵的山川和记忆中的其他山川总觉得没有多大的区别，还有天空飘浮的白云、断裂的岩石截面、树冠、树叶、雪花、花菜、大脑皮层……太多奇妙的自相似性无法表述，曼德布罗特就把这些部分与整体以某种方式自相似的形体称为分形（Fractal）。在此基础上，曼德布罗特于1975年创建了分形几何学（Fractal Geometry），这个研究分形性质及其应用的科学，称为分形理论（Fractal Theory）。分形理论的提出，首先打破了部分与整体的相对独立与隔阂，勾连起部分与整体新的逻辑关系，具有重要的理论意义，由此人类认识世界又多了一个视角和方法论，对部分与整体关系的认知由线性阶段进阶到非线性阶段，体现了部分与整体之间多维度、多视角、多层面的关系，进一步丰富并深化了部分与整体之间的辩证关系。其次，也为人们提供了一种新的认识世界的方法论。既可以通过部分认识整体，又可以在整体中寻找部分的踪迹，体现了从有限到无限，从无限到有限的哲思。

用分形理论研究人类社会发展的历史进程，可以从历史的视角，也可以从政治、经济、文化、文学艺术甚至体育的视角，体育运动是最精准的视角。因为体育是人的运动行为，是人类最直接的身体行为活动。人是时代的人，是活态的存在，体育活动是文化活动的一部分。体育学不仅研究人体本身，更要探讨体育运动所形成的文化现象。人类文化的产生与发展，都离不开人类自身的习惯实践。身体与心智、身体与灵魂并非二元对立，而是共同作用造就了辉煌的人类文明史。体育对人类文明，尤其是西方文明，如同《圣经》一样，有很大影响，比人类历史上任何一种文化形态的影响都强大。体育故事、体育历史变迁、体育对世界历史的影响都是值得探索的话题。如果你对这个世界有足够多的了解，你就会发现体育能为你串起人类的历史、文明的进程。我们生活的现代社会，体育已成为一种生活方式，尤其是在西方世界。体育不但成了人们生活的一部分，而且也为我们提供了一个很好的角度来认识世界、认知人类。

我国台湾知名学者、业已仙逝的曾仕强教授曾在“百家讲坛”中谈到这样的观点：“人类仰观天象、俯视身体，万物皆备于我，”自然界有山，而人的“山”就是鼻梁，“我”就是个宇宙之中的小宇宙。宇宙所有东西的映像，在人类身上都有映衬……此言说形象地描绘了人类与宇宙的关系，即作为小宇宙的人类与作为大宇宙的自然界的自相似性。那么，作为人类社会文化形态一部分的体育文化，又与人类社会文化本身之间是怎样的自相似关系呢？

体育文化独立于人类生产劳动，是共知共识。原始社会人类只能以体能获取食物，身体是劳动的工具与载体，随着物化生产工具的产生与发展，身体从劳动中逐步解放出来，身体活动也由生产劳动转化为改造自我的专门性活动，于是体育诞生了。身体活动从劳动中独立出来，并逐步脱离劳动的表现形态，赋予了劳动之外的意义：强身、娱心、调情、增智等，由此体育文化诞生并逐步得以丰富和发展，与社会文化的发展一道，伴随着人类前进的步伐而不断扩大其内涵与外延。同时，也正因为人类身体从劳动中获得解放，活动越来越少，更需要体育来增加身体的负荷，提高其适应性，增强体质、增进健康。

人类历史就是文明进程史，在文明发展的历程中，不同的族群有不同的文化形态。回眸人类历史，可以比较清晰地看到，体育的发展与社会经济的发展有高度契合性：被认为是人类发展的第一个高峰、农业文明代表的古希腊，催生了奥林匹克文化；公认的工业文明代表的英国，催生了现代体育运动；而知识文明代表的美国，正在把健身休闲推向高峰。

有人说体育文化本身就是文化，这话没有错，体育文化是文化，但体育文化是有独立特征的文化，与社会文化本身既有相通之处，又有差异，和其他社会文化形态有区别，也有相通之处。那么，体育文化和社会文化的相通之处在哪里呢？分形理论又是什么呢？

将体育文化放进社会文化整体中考察，探索体育文化与社会文化的关系，并予以阐释，可以更清晰地认知体育文化本身以及体育文化与社会文化的关系。站在文化整体观的视角，文化相对论将某一文化放到和其他文化的联系当中进行考察，找出相似和差异之处，并予以说明。塞缪尔·亨廷顿在其著作《文明的冲突与世界秩序的重建》中把人类文化划分为不同的形态。首先，界定文明是大文化概念；其次，文化的核心层面是思想观念、价值观、制度等层面；最后，才是物质层面。

基于文化相对主义，看待不同的体育文化形态要持客观、包容的心态，尊重体育文化差异，欣赏不同的文化个性。人类学把人从体质方面和社会文化方面进行阐释。剥离生物学意义上的对人的分析，从社会文化学意义上对体育的社会文化属性建立分析框架，是本书的立意所在。人类对不同体育运动项目的选择与偏好，其实也是对运动项目本身所蕴含的运动项目文化的认同。而不同的选择导致了差异，这些差异表现在方方面面。

《毛诗序》云：“诗者，志之所之也。在心为志，发言为诗。情动于中，而行于言；言之不足，故嗟叹之；嗟叹之不足，故永歌之；永歌之不足，不知手之舞之，足之蹈之也。”既生动形象地描绘了以手舞足蹈来表达内心情感的情形，又侧面反映了身体与人类文化的关系。体育的萌发是人类认知本体的开始。对身体由表达感情的“情本体”到把身体作为工具进行教育的“工具本体”，体育就诞生了。

体育文化在器物、制度、精神等方面的规制来源于社会生活的规制，也就是说，我们可以看到在中国文明史研究中，体育诸因素的关系与原生的竞技关系、竞技场域、竞技精神等，成为同构关系，并在后来影响了体育关系的构成。随着社会文化的繁荣和发展，不论是在器物层面，还是在制度与精神层面，体育文化都呈现出越来越多的表达方式，“乱花渐欲迷人眼”，人们需要一个理解框架来解析这一现象，分形理论便为观察和理解体育文化与社会文化的关系提供了一个新的视角。在经济社会转型中，体育产业大发展，更需要重视体育的内在文化因素、强化体育文化建设，促进体育的协调发展。这也是本书的旨意。

学术研究总是站在前人的肩膀之上，本书亦如是。鉴于选题的特点，本书借鉴了不少中外体育史学、体育文化学研究的成果和史料，在此对相关作者致以诚挚的谢意。本书是在教育部人文社会科学规划基金项目“分形理论视域下体育文化与社会文化的关系研究”基础上写就的，在研究和写作过程中，课题组成员，南宁师范大学体育与健康学院龚飞副教授对于史料的收集与整理作出了很大贡献，吉林大学出版社编辑为本书的出版付出了辛勤的劳动，在此致以衷心的感谢！

赵　进

2022年8月于徐州

目　　录

第一章　关于分形理论

分形理论由美籍法国数学家曼德布罗特（Benoit Mandelbrot）于1975年创建。在此之前，他已经发表了一些重要文章，逐渐使分形思想系统科学化、具体化。其中最著名的就是1967年他在世界顶级杂志Science上发表的那篇《英国的海岸线有多长》论文，对看似不规则的海岸线的本质做了深刻分析，提出了局部形态和整体形态的相似论断。这是一篇引起学界震惊的论文，也是其分形思想逐步被公认的起始。通过混乱现象和不规则构型的具体存在，指出了本质上的部分与整体的运动规律及内在联系。其理论的科学性和系统性形成是逐渐发展的，直到1973年曼德布罗特在法兰西学院讲学时，才正式提出了“分形几何”的概念。但成为科学体系的标志是两年后，也就是1975年他的法文专著《分形：形状、机遇和维数》的出版，标志着分形学理论的诞生。19世纪的80年代，曼德布罗特所著的以《自然界的分形几何》（The Fractal Geometry of Nature，Freeman，San Francisco，1982）为代表的系列著作，推动了分形这一学科的继续发展。分形这一词汇，源自拉丁文fractus，原意是描述碎石的状态，与英文fracture（断裂、破碎）和fraction（分数、小块、碎片）是同源词，本意是指不规则的、破碎的。主要特征是：其一，分形的图形未必是连续的，但一定是自相似的，分形的图形是连续的，但未必是可微分的；其二，在时间的维度上，分形在不同时间标度上多有类似的统计特性；其三，分形的时间序列呈现随机运动，不呈现正态分布。

把分形的思想和观念进行具体化和系统化，进而升华为一种新的方法论——分形论，这是一种辩证的思维方法和认识论。“自相似性”是阐述部分与整体关系的核心概念。科学研究方法论的一个重要原则就是简单性原则，即把复杂事物分解为简单的要素进行研究。在哲学发展史上，人类早期就认识到整体由部分组成，也就是整体和部分的辩证关系，二者具有相互认识对方的通道。

人类认识世界，总是从部分认识到整体，抑或从整体推演到部分，无论对自然界，还是宇宙整体的认识，都概莫能外。2>1+1，这种数学上不被认可的逻辑，在现代系统论上却是正确的。在这种理论看来，整体总能大于部分的总和，整体组成要素的相互联系和相互作用，总会在耦合的过程中，整体的性质和规律远超个体单独存在的总和，也就发展成了组成系统，展示出了个体部分在孤立状态时所没有的新性质，这就是宏观的整体规律。构成整体的部分、系统的要素就是分形元，只是整体、系统的复杂性远远大于分形元之和。我们需要特别注意的是，分形理论揭示了分形元构成系统整体所遵循的原则和规律，可以说是对系统论的重要补充。从对事物认知路径的一般规律来看，分形论与系统论分别体现了从两个端点出发的思路，相互补充和映衬，较为完整地体现了一种辩证的思维方法。系统论描述的是从整体出发来确立各个部分的系统性质，它是从宏观到微观来考察整体与部分之间的相互关联性；分形论则相反，由部分出发来探究整体的性质，从微观到宏观来考察部分与整体之间的相似性。可以说，系统论强调的是部分依赖于整体的性质，是一种从整体出发认识部分的方法论；分形论则是强调整体依赖于部分的性质，体现的是从部分出发认识整体的方法论。二者并行不悖，极大地提高了人类对自然界的认知能力。分形论作为认识世界的一种新方法论，从整体与部分之间的信息“同构”中找到了从部分到整体的媒介和桥梁，为人们从部分中认识整体、从有限中认识无限提供了可能和根据。对于人们对整体与部分关系的认识方法、思维方法由线性阶梯进展到非线性阶梯，分形论揭示了它们之间多层面、多视角、多维度的联系方式。从这一个维度上说，分形理论作为新生非线性科学的前沿，也是一门新兴的横断学科，广泛应用于文学艺术、社会科学、自然科学、工程技术等领域，发展前景看好。①

分形理论可以说是一门新兴边缘学科，因其解释、描述复杂的无规则结构系统学，在哲学、化学、物理、地理等领域得到应用，用来分析几何体或类似几何体的存在，借助于几何语言，分析阐释其自相似性的内在规律。对于传统理论研究未能解释的问题，做了进一步的深入研究和分析。传统的欧式几何学，分析研究的是规则的几何图形，而对于不规则图形的解析力有不逮，分形理论正好弥补了这一缺陷，面对不规则的、复杂的几何图形，分形理论从宏观视角分析其自相似性。本书研究正是借用了部分与整体的自相似性这一主题，分析体育文化与

① 张国祺. 分形理论的科学和哲学意义［J］. 哲学动态，1998，（6）：31-33.

社会文化的微妙关系，以更深层次地了解体育文化与社会文化。

有关分形理论的应用研究，多见于机械工程学、材料学、物理学等理工科，以及城市规划、雕塑艺术、资源与环境科学等领域，从形态学、模型结构角度取分形理论最本真的意义，较少见于人文社会学科的研究中，仅有在经济学研究中的尝试。体育作为社会文化的客体，记载着文化的变迁；体育作为文化的主体，影响着文化的荣衰。本书旨在从分形理论视角研究体育文化与社会文化的关系，探索体育文化在人类社会文化发展过程中与之互利共生的关系，思考未来社会体育文化发展的价值取向以及体育文化对社会文化可能的影响。在以社会主义先进文化推进和谐社会建设的背景下，探讨体育文化与社会文化整体的关系，促进体育文化的发展，以期助力于更好地发展建设社会主义先进文化。

第一节　分形理论的内涵、发展及应用

自1975年创建分形理论（Fractal Theory）之后，美籍法国数学家曼德布罗特将分形理论定义为局部与整体按某种方式相似的集合，并强调分形的特点就是部分与整体之间存在某种自相似性。具有自相似性的一类形状在不同的放大倍率下看起来一样，可以理解为：分形的每一部分都是整体形状的一个缩小尺寸的“复制品”，都是整体形态的一个“缩影”。如图1-1所示。

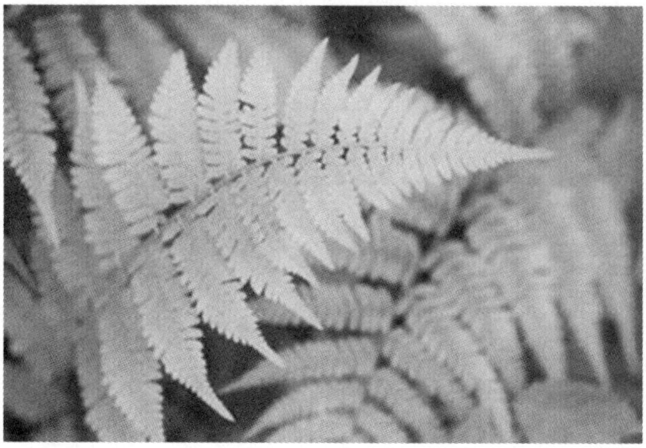

图1-1　分形的叶子[①]

① 徐娜. 数学之美：美妙的分形［EB/OL］. https: //www. sohu. com/a/46110917_115402. 2015-12-03.

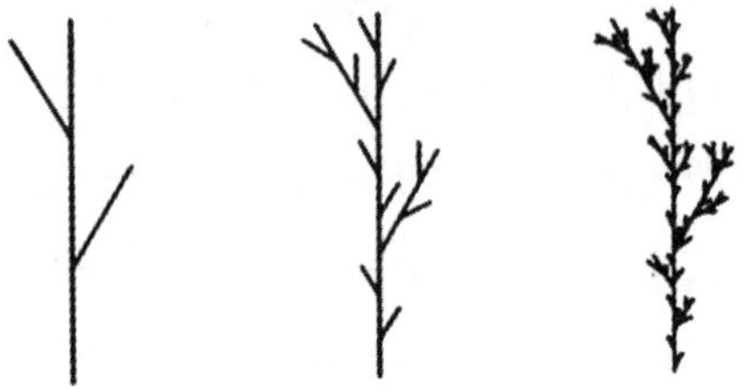

（a）　　（b）　　（c）

图1-2　自相似分形树的生长过程①

（注：迭代可以不断地进行下去，获得自相似的分形结构——像一棵树，它的每一部分均与整体具有自相似性。）

图1-3　亚马孙河流域分布图②

（注：亚马孙河流主流和支流的主干及其分支状态是相似的，从图上取出一小块，其形貌和整个图形近似（或统计上）相似，即河流具有分形结构。）

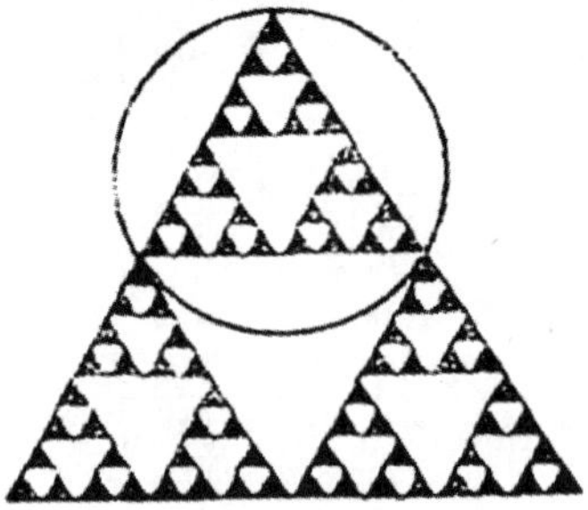

图1-4　植物花的平面分形模型③

① 褚武扬. 材料科学中的分形［M］. 北京：化学工业出版社，2004：5.

② 褚武扬. 材料科学中的分形［M］. 北京：化学工业出版社，2004：17.

③ 伯努瓦·B. 曼德布罗特. 大自然的分形几何学［M］. 陈守吉，凌复华. 译. 上海：上海远东出版社，1998：204.

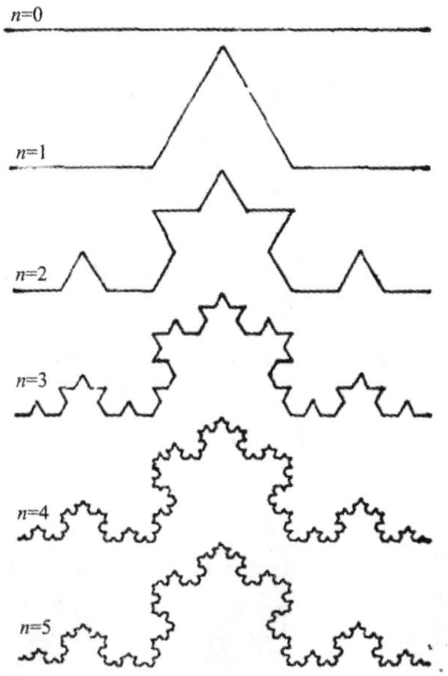

图1-5　三次Koch曲线①

图1-6　雪花图案②

① 董连科. 分形理论及其应用［M］. 沈阳：辽宁科学技术出版社，1991：51.

② 林鸿溢，李映雪. 分形论奇异性探索［M］. 北京：北京理工大学出版社，1992：2.

图1-7　局部与整体的相似性①

图1-8　不同测量尺度的海岸线

图1-9　分形蔬菜②

① 林鸿溢，李映雪. 分形论奇异性探索［M］. 北京：北京理工大学出版社，1992：83.

② 集智俱乐部. Science封面文章解读：花椰菜分形结构的起源［EB/OL］. https：//www. 163. com/dy/article/GG55UVEP0511D05M. html#. 2021-07-30.

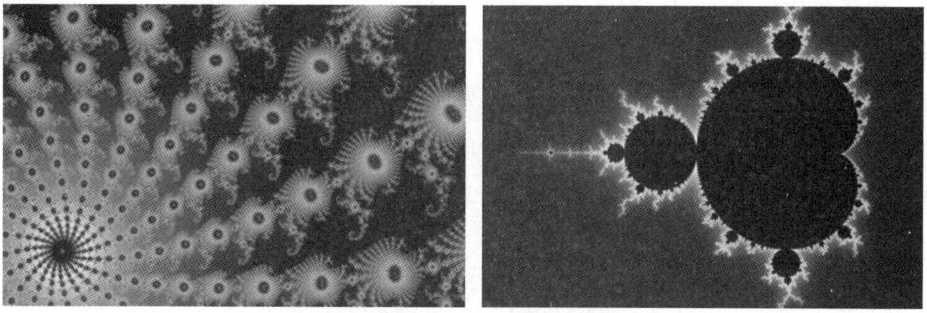

图1-10　用计算机按分形算法生成的精美图片[①]

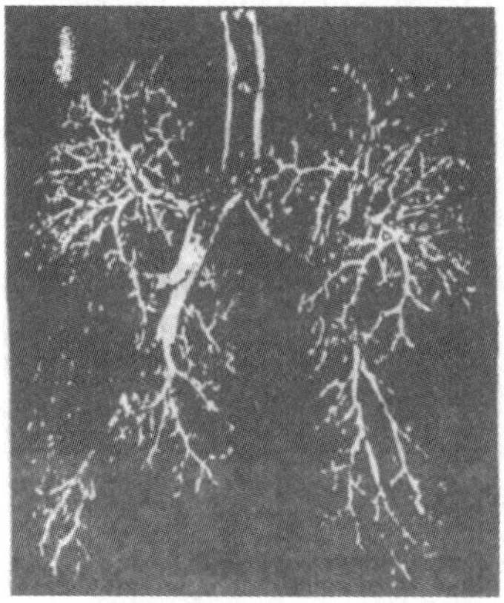

图1-11　由塑料制成的人类支气管树[②]

（注：上图是由曼德布罗特创造出的一种支气管树的模型，表示人类的支气管树，尽管结构复杂，但有其一定的规律。）

分形理论作为一种新的认识论和方法论，可以作为一种解决问题的新工具，具有多重启示意义：一是通过对于分形部分与整体形态的相似，启发人们从有限中认识无限、从认识部分来认识整体；二是分形理论揭示了人类世界可见与不可见、局部与整体、无序与有序、简单与复杂之间的新秩序、新形态；三是分形理论从某一特定层面阐释世界普遍联系和统一的存在[③]。以新的辩证思维方式，拓宽了人类认知世界的视野，尤其是部分以何种方式存在于整体之中的问题。由分形理论中部分与整体具有自相似性的特点，认识到部分可以与整体相似

① 徐娜. 数学之美：美妙的分形［EB/OL］. https：//www. sohu. com/a/46110917_115402. 2015-12-03

② 张志三. 漫谈分形［M］. 长沙：湖南教育出版社，1993：82.

③ 林夏水. 分形的哲学漫步［M］. 北京：首都师范大学出版社，1999：122-124.

的样态存在于整体之中，由此人类可以通过认识部分实现认识整体的目的。分形理论中存在的部分与整体的关系不同于传统的部分与整体的关系，传统对部分和整体关系的认识大多从系统论视角出发，强调部分对整体的依赖性质。而分形理论则相反，强调整体对部分的依赖性质。分形理论关于部分与整体关系的全新阐释，为我们更好地理解局部和整体的辩证关系提供了新的理论依据和方法论途径。

分形理论作为一门独立学科被创立，其发展过程大致可分为以下三个阶段①。第一阶段，从1827年到1925年的近百年时间。在此期间人们曾尝试对相对典型的分形对象和问题进行相关探讨和研究，如数学家对各种病态的或不规则的几何图像进行分类描述，有一些被后人认为是典型的分形；1926年至1975年被认为是分形理论发展的第二阶段，该阶段在数学领域对分形进行了系统和深入的研究，并取得较为丰硕的成果，逐渐形成分形理论。但此时分形仅限于解决数学领域的问题，未与其他学科发生联系，而其他学科已出现许多与分形相关亟待解决的问题。在此情形下，曼德布罗特以独特的思维研究海岸线的结构，并取得了一系列震惊世界的成果，分形理论也逐渐发展成为一门学科；第三阶段，从1976年至今，分形理论作为一门独立的学科在社会各个领域得到广泛的应用。分形理论在自然科学领域的应用得到迅速发展的同时，其方法论意义在社会科学领域的应用和解释也得到了大力发展。

生活中时时处处都能见得到分形，如，千姿百态的云朵、粗糙不平的地表、晶体结构以及高分子凝胶、枝繁叶茂的树木、材料断裂的表面、矿石分布，甚至于人的结构等，都符合分形的特征。分形理论的广泛应用对自然科学和社会科学的各个领域都产生了重大影响。现代科学中分形的概念早已渗透到各个学科当中，数学、化学、物理、生物、医学、地理、地质、材料学、计算机科学甚至经济学、哲学、社会科学和艺术作品等都离不开分形。因分形理论在自然科学和社会科学各个领域都有应用，因此分形被称为“串起多种学科的一条线”。学术界越来越多的研究者关注分形、学习分形和应用分形，最终运用分形理论阐释许多用其他方法论难以阐释的现象和问题，并取得丰硕的研究成果。如有学者运用分形理论，对长江流域的旅游系统进行研究，以处于长江流域的廊道为研究对

① 刘莹，胡敏，余桂英. 分形理论及其应用［J］. 江西科学，2006（2）：45-50.

象，分析长江流域旅游系统的结构、规模等级、不同位置区域之间的旅游均衡关联度等[①]；还有学者运用分形理论审视服务型政府，并对当下服务型政府的创新性建设进行思考[②]；以及利用分形理论的自相似性原则，分析中医和中国传统文化作为部分与整体关系的相似性，指出中医思维和中国传统思维的相似[③]等。

第二节　分形理论视域下体育文化与社会文化的研究意义

分形理论在各个学科领域的应用迅速发展，为本书的研究提供了参考和借鉴。对于体育文化和社会文化关系的探讨，既往研究多从系统论、结构论视角，认为体育文化是社会文化的一部分，对于二者之间的相似性关系研究，则鲜有涉及。社会文化体系既庞大，又复杂，相对于社会文化，体育文化虽然属于小范围的部分，但其中存在与整体相似的复杂性。分形理论提出的部分与整体在形态或结构上存在自相似性的特点，在一定程度上解释了体育文化与社会文化这一对部分和整体之间的关系。分形理论强调部分与整体的相似性，即可以通过认识部分更好地认识整体。因此，运用分形理论对体育文化与社会文化之间关系进行重新认识，可以在一定程度上实现通过认识体育文化达到认识社会文化的效果。

但是将分形作为认识论和方法论进行运用时，也要清楚分形的自相似性，并非是局域放大之后的简单叠加或组合重构，其自相似性的特点也只是在一定程度呈现的相似性。由此可以明确，体育文化与社会文化的关系探讨，并非所有的问题都可以用分形理论进行解决。在运用分形理论解释体育文化与社会文化符合分形特点，且可以用分形解释相关问题的同时，也必须清楚分形并不是万能的，分形的应用也存在一定的局限性。正确地认识分形的作用、准确地把握和应用分形，可以打开认识体育文化与社会文化关系的另一个视角。

---

① 张艳茹. 基于分形视角的长江流域入境旅游流时空动态规律研究［D］. 西安：陕西师范大学，2011：2-5.

② 李艳中. 分形理论与服务型政府建设的创新性思考［J］. 国家行政学院学报，2009（02）：26-29.

③ 杜立英，吕爱平. 利用分形理论探讨中国传统象思维对中医思维的影响［J］. 辽宁中医杂志，2012，39（2）：254-256.

一、理论价值

（1）从分形理论视角研究体育文化与社会文化之间的关系，从部分与整体的视角，可以弥补以往对体育文化和社会文化关系的认知缺陷，进而丰富和完善我国体育文化发展理论，以及体育文化和社会文化互动发展理论。

（2）体育文化可能在某些过程中，在一定条件下，或在某一方面（结构、形态、信息、时间、功能、能量等）可以表现出与社会文化在某些方面的自相似性，其时空维数的变化可能是离散的，抑或是连续的，因此拓宽了对于文化整体与部分关系的认知视野。

二、应用价值

（1）运用分形理论这种新的世界观和方法论，分析分形整体即社会文化与局部即体育文化发展形态的相似，即通过认识部分来认识整体，通过有限来认识无限。

（2）运用分形理论从新的视角与途径，揭示体育文化与社会文化普遍联系的图景。关注以人为主体的体育文化发展，既是“以人为本”思想在文化发展实践中的体现，又是人类社会发展的终极目标：厘清体育文化与社会文化的关系有助于把握文化体制改革和体育文化发展的方向，制定相关制度措施，促进体育文化和社会文化的和谐发展、统筹进步，从而尽快实现文化大发展、文化大繁荣的发展目标。

第二章　社会文化与体育文化交互发展史

中华传统文化是在先人不断劳动实践的基础上承续发展的，每个进步都是先人用智慧总结的劳动实践结晶，这种成果呈现了中国人民的价值取向和精神品格，这种文化体系体现了中华民族特有的思维方式和伦理规范。

易剑东在其所著的《体育文化学》一书中认为，农业社会文化、大陆民族文化、宗法制文化等是中国传统文化的主要特征，正是这些特征影响了体育文化，使其特色为注重礼仪，道德先行；以静为主，静动结合，修德养身，这些特色明显带有中国传统劳动人民的身份标识。传统宗法观念与伦理道德共存，讲究中庸之道、和为贵、儒道相互依存和互补，讲究顺其自然，排斥竞争，德教为重。这些特性影响了中国传统体育文化向着礼仪性、表演性、娱乐性的方向发展，削弱了体育运动中应有的竞争性。刘传俊、万健所著的《中国传统文化核心价值观的内涵与特征》一书认为，统摄性、稳定性和可操作性是中国传统文化的三大基石。但在王增福看来，不同学者对于中国传统文化的基本特征有不同论述，主要有五大代表性观点，在其所著的《中华传统文化研究进展与展望》一文中进行了归纳：①辩证统一观：有学者认为西方文化讲究的是人与自然、人与社会的分裂，而中华传统文化追求的是人与自然、社会的协调；②三特征说：相对于阿拉伯文化体系，中国传统文化体系具有独立性、早熟性、内向封闭性；③四特征说：即中国传统文化从社会形态上讲是封建社会的文化；从经济形态上讲是一种农业文化；从思想文化流派在历史上的地位看是儒家文化正统；从社会意识形态流层面来看是“内圣外王”的伦理政治文化；④五特征说：中国传统文化具有道德主体性、人本性、和谐整体性、实用性、兼容性五大特征；⑤六特征说：该观点具有辩证意义，认为中华传统文化具有对立统一的统一性和多样性，是融通性和独立性的统一、是变革性和连续性的对立统一，讲究“天人合一”的生存方式，追求真善美的理想化的道德人格、承袭了直觉体悟基础上辩证分析的思维方式。

体育文化是隶属于体育领域及其发展过程中所形成的社会意识形态，是体育活动范畴中一切文化现象的反映。体育文化应该反映体育的发展变化及其规律。从微观来看，体育文化大致可以划分为五个层次的内容：①观念层次的体育文化（体育观、体育价值观、体育行为准则、体育道德等）；②习俗层次的体育文化（如：赛龙船、划竹排、赛马、摔跤等）；③制度层次的体育文化（有关体育的体育目标、体育法规、体育活动规则、体育政策等）；④理论层次的体育文化（体育文化的指导思想、战略思想等）；⑤物化层次的体育文化（体育广场、体育建筑、体育名胜古迹和体育公园、体育用品、体育器材、体育服饰等）。

从宏观来看，中国体育文化的发展史大体上经历了三大阶段：第一个阶段是从先秦到五四运动期间大力发展的中国传统文化阶段，在这一时期，中国传统文化经历了形成、发展以及成熟衰落；第二阶段是从五四运动到中国改革开放这一时期，形成了中西结合的新文化；第三阶段是从中国改革开放至今，形成了中国特色社会主义市场经济的新文化。

第一节　古代中华民族传统文化中的体育文化

在划分中国民族传统体育文化发展阶段时，按照时间和历史架构可将其划分为秦汉三国、魏晋南北朝、隋唐、宋元明清等几个历史时期，不同时期的体育文化有很大的差异，这些差异与当时社会政治、经济、文化、生产力发展水平等社会文化大背景息息相关。

一、秦汉三国时期的体育文化

秦汉时期生产力低下，战争基本上属于这个历史时期的主旋律，在这个具有特殊的特征与印迹的时期，统一的多民族国家开始建立，秦朝和汉朝两大朝代是中国历史上大统一的朝代，秦统一六国建立了中央集权制度，国家的社会格局已经初步形成和发展，多民族统一的国家形成了多元的社会文化，相对应当时的社会文化背景，中国传统体育文化的基本格局也随之基本形成，多民族的多元体育文化构成了中国传统文化的内容。

先秦时期军事体育活动广泛开展，以军事武艺为中心，穷兵黩武，注重兵器制造和军事技术、技能的发展，对从军人员的训练非常严格，以巩固中央集权统治。统治阶级的意志决定了体育文化的发展方向，建立了以军事、武艺来选拔人才、选取武将的制度，这使得社会上好剑者和剑客盛行，为角力的发展奠定了基础[①]，体育文化与社会文化交互影响。随后军事体育表演大行其道，体育文化趋于娱乐化大发展。与此同时，在社会安定时期中华民族的养生文化也得到发展，如汉代导引术引发的养生观念，形成了中华民族特色的养生体育文化。由此，社会体育活动呈现出复杂多样性，多民族不同体育文化形态大发展，交相辉映、相互交融，并在此基础上实现了体育文化的统一，形成了先秦以来的全社会各民族体育文化大融合、大统一、重交流的繁荣局面，成为展现当时社会文化生活的一个重要窗口。

二、魏晋南北朝时期的体育文化

魏晋南北朝时期政权更迭频繁，战乱不休，封建割据，政权林立，这一时期虽然时局动荡，但由于各民族的大迁徙、大融合，反而为各民族的社会文化交流提供了可能。社会文化多元发展，社会思潮空前活跃，玄学、道教、佛教、希腊文化等争相出现在历史舞台[②]，出现了社会文化空前的交流、发展、融合和飞跃。体育文化发展则与对应时期的社会文化发展状况密切关联。

养生文化在春秋战国时期空前发展，在那个时代处于第一个黄金时代，经过秦汉的积累和沉淀后，在魏晋南北朝时期赢来了第二个高峰，这一时期养生文化内容丰富，养生流派众多，养生思想独特。但这一时期由于政治上的混乱与黑暗，广泛的人口迁徙等原因，使得军事体育得到发展，由于特殊的时代，各民族战乱，这一时期的“马射”体育活动得到空前发展。“马射”在战争中发挥着重要作用，在日常的社会环境中也表现出了丰富多变的娱乐性。

在魏晋南北朝这一重要的历史变革中，由于其纷乱的时代背景，儒家思想的动摇，玄学在民间的快速发展，促生了一种博戏游戏，并蓬勃发展。这是中国古代民间的一种赌输赢、角胜负的游戏，它不仅通过游戏来满足娱乐的需求，而且游戏的结果要以钱财来兑现。同时，这一时期的围棋、弹弓等棋类的博戏发展

① 刘秉果. 中国古代体育简史［M］. 上海：中华书局，2010：23.

② 王俊奇. 魏晋南北朝体育文化史［M］. 北京：北京体育大学出版社，2010：5.

也很迅速，而射礼这种有较多文化内涵的博戏则呈现颓势。

三、隋唐时期的体育文化

隋唐时期，随着国家的统一，经济发展，社会生活水平的提高，对外交流的增加，各民族之间的文化交融，出现了繁荣的社会局面。唐王朝政治开明，儒、释、道三教文化并行发展，这些都使得这一时期的体育文化出现了风格迥异、生动活泼的发展格局。对外交往频繁，带动联谊性质的体育文化活动也频繁出现，国家外交联谊表演活动丰富。国家体育活动项目繁多，重视军事人才选拔，武举制的实施调动了人们习武的积极性，军队体育活动角逐等项目的开展保证了人才质量和军队的实力，助长了军队的士气，在客观上促进了民间习武和体育运动的盛行。在隋唐时期，民间体育活动也得到了很大发展，在舞蹈中引用了保健体操，使得健体养生和艺术表演融为一体，斗鸡射箭等体育活动也广泛开展。这一时期马球发展较为广泛，蹴鞠、马球、步打球、射箭舞蹈等活动在民间也较为风行。女子体育发展必定有一定条件的社会氛围做铺垫，隋唐时期社会历史文化氛围是相对宽松的，少数民族文化也在推动女子体育文化的不断融合与发展，竞技类、舞蹈类、球类三类女子体育项目比较普及，荡秋千等活动也很受女性喜爱。河洛大地，一直是佛教和道教的重要信仰地区，宗教组织也会开展一些具有宗教特色的体育活动，如道教的导引、佛教的禅定等活动。体育文化趋于娱乐竞技性、融合扩散性、艺术表演性，是这一时期的显著特点。

四、宋元明清时期的体育文化

宋元明清时期是中国封建社会的后期，尚武之风流行，至明代恢复了武举制。清王朝是以射骑建立功勋、以武定天下的朝代，在冷兵器时期，中国的武术得到了长足的发展，并逐渐形成了少林、武当等派系，冷兵器时代发展到了巅峰。枪及刀术、锤类及其他兵器、官方的武艺表演、民间的武艺习练及各种拳术流行、武林宗派等派别林立，尤其是少林、武当两大响当当的宗派，都体现了兵器及武艺的大发展，形成了系统的武术体系，是当代武术与民族传统体育学研究的重要对象及内容。从唐代开始的武举制度直至发展到清代才被废止，武举制度的实施为民间、民俗武艺的传播与发展提供了制度保障。同时这一时期还出现了新的体育现象，即城市中下层人们的市民体育。市民体育的主要特征为兴起了以娱乐为主的体育社团，不少宫廷的表演开始流向民间，射骑活动从元时期的大力发展，到明清时期受儒家思想和其他活动的影响，逐渐淡出人们的视野，到清后期又演变为宫廷体育的重要组成部分。

养生文化从先秦时期人们对生命的本能探索孕育出来。秦汉隋唐时期人们对长生不老的追求促进了养生文化的发展，宋元明清时期人们大量普及养生知识，尤其是导引及养生术，通过对前人导引养生术的整理汇集，集大成为简便易行的养生导引术①，推动了养生文化的自我更新、传承与发展。

五、中国民族传统体育文化的特征

长期以来，以小农经营为主体的单一农业经济是古代中国社会的经济基础，中华民族传统体育是建立在宗法制度、血缘社会基础和生命哲学基础之上的，其价值取向通常趋于和谐与德行操守为重，其主要特征是和平年代重养生、重娱乐，战争年代则成为保家卫国的方式，成为冷兵器时代的文化符号。

上下五千年，我国民族传统体育文化主要是以儒家思想为核心的传统文化体系，受儒家思想的影响，我国传统的休闲活动往往是以健康长寿为目的的养生活动或者以娱乐为目的的体育活动。中华民族传统的养生体育主张整体观念，不孤立地锻炼身体的任何一个部位，并将体育融入生产、生活与战争。而休闲娱乐活动则主要有宫廷娱乐活动和民间娱乐活动两种形态，社会分层、分化比较明显，有明确的阶层意识，这些都与当时的社会制度密切相关。

第二节　中国近代传统文化中的体育文化

一、新文化运动时期的体育文化

在体育文化研究中，陈独秀是我国历史上不可忽略的一位，中国新文化运动、五四运动、上海工人武装暴动、中国共产党成立、北伐战争等重要事件，陈独秀都是重要的参与者和领导者。在特殊的社会环境中，他提倡体育运动，以新的文化观念打破中国传统旧文化，和那个时期很多文人不同，陈独秀是近代历史

① 杨向东. 中国古代体育文化史［M］. 天津：天津人民出版社，2012：259.

上为数不多倡导体育理论和实践的人。

《新青年》是20世纪初中国一份独具影响力的革命杂志，创办者陈独秀在《新青年》上就发表了《今日之教育方针》一文。目睹山河破碎，陈独秀以诗言志："英雄第一伤心事，不赴沙场为国亡。"1903年5月，他在安庆发表演讲时倡导成立"安徽爱国学社"，并亲自起草学社宣言和章程："发爱国之思想，振尚武之精神，使人人能执干戈卫社稷，以为恢复国权基础"。他把改造社会的希望寄托在青年身上，在《敬告青年》一文中，他写道，"青年之于社会，犹如新鲜活泼细胞之在人身，"拳拳爱国之心、殷殷报国之志，可昭日月。

在特殊复杂的社会环境中，陈独秀清晰地认识到，中国传统文化及思想已然与当时社会存在较大的不适应性。缺乏现代体育思想的中国传统文化禁锢了中国人敢于冒险奋斗的精神，故而他希望以体育锻炼为主要手段进行"兽性主义"教育，以此提高国民体质，振奋民族精神。他还提出弘扬尚武精神、敢于保家卫国的体育卫国思想、爱国思想。陈独秀不仅思想上崇尚体育，行动上还提倡在革命实践与教育实践中施行体育；他不仅重视兵式体操、军事体育，还特别重视学校体育教育工作，号召学生平时要积极参加体育锻炼，这种全面体育教育的思想贯穿于他一生的体育思想中。

新文化运动时期的相关体育思想是伴随着反封建、反帝制产生的，以科学为依据，以改造国民性、培养身心健康的国民为目的，积极借鉴西方具有民主性的先进体育文化，完成强国和救亡图存的使命，具有科学性、民主性。

二、延安时期以来的中国体育文化

毛泽东在延安时期对体育做出了许多重要指示，在中国特殊的社会背景中，他将体育融合在军事体育中，增强军民身体素质，增加战斗能力，为中国抗战的胜利打下了坚实的基础。为了克服在抗战时期经历的生活困难，他们自己解决生产问题，在开展生产劳动的同时，广泛开展群众运动，坚持军事训练。在延安时期，毛泽东还积极吸取西方的先进文化，开展中国特色的武术之类的传统文化，又加入攀岩角力等西方的体育项目，将中国传统的体育与西方各国的体育融合。在教育方面，积极结合学校体育教育和军事体育训练，将课程与军事项目结合传授教学内容，培养出一大批革命队伍中的人才。延安时期还十分重视女子体育，新中国成立后，大批的女干部在工作中都受益于这种体育思想。延安时期的毛泽东体育思想与实践，可以说为新中国的体育事业奠定了基础。

从新中国成立到1978年改革开放这一时期，是中国特色社会主义的体育文化的萌发和孕育阶段。当时的新中国，百废待兴，社会生产力低下，物资需求和实际供给之间的矛盾突出，新中国创造性地把马克思主义理论与社会实践联系起来，探索出一条符合中国国情的极具中国特色的社会主义建设道路和模式。这一时期对体育文化的发展虽有考究，但尚处于初级阶段，内容较为简单，对有关方面的认识较为浅显。但这一时期的体育政策、体育观念、体育制度、体育习俗、体育设施等方面都发生了很大变化。

有关体育观念的变化是从中国政协会议上通过的《中国人民政治协商会议共同纲领》开始的，该纲领规定，倡导国民体育参与的主体是全国人民。体育内容方面，除了传承下来的春节、元宵节期间的舞龙，清明节放风筝，端午节划龙舟等民族传统体育活动外，还发展了一些普及程度较高的体育活动，如耍狮子、耍龙灯、田间大秧歌、拔河比赛、荡秋千、跳绳等民间、民俗体育。在体育政策方面，倡导国民体育，面向广大人民；1959年的《政府工作报告》中关于体育的方针指出，我国的体育文化将普及广大群众。中国体育体制也发生了巨大的转变，国家体委由中央人民体育委员调整而成；中央国防体育俱乐部实行协会制，更名为“中国人民国防体育协会”，全国体育总会也实行了会员制。20世纪50年代中央体委发布文件，提倡施行群众锻炼。但后来为了顺应国际潮流，促进以竞技运动为核心的体育事业的发展，举国体制开始体现。20世纪50年代末，我国基本形成了国家体委、国家体育总会及单项运动协会、行业体育协会、地方体委、基层体育协会和国防体育协会为领导的全方位、多层级的体育管理机制。这一时期我国的运动场地器材由简单向多元化转变，体育场馆、游泳池建设数量也迅速增加。

毛泽东体育文化思想是优秀的中国传统民族体育的精华和积极实践探索出来的经验，融合了先进的西方体育思想共同创造出的成果，符合新中国的国情，切合民众的实际。具有科学性、合理性、实践性、人民性、哲理性。

三、“乒乓外交”

在新中国体育的发展史上，周恩来总理作为伟大的外交家，也可以称其为体育思想家，在他的主持下，中国的体育事业得到了空前的发展，取得了可喜的成就。

他主持制定了一系列体育规章制度，在抓好群众体育的同时，为提高我国的竞技运动水平付出了艰苦卓绝的努力。“乒乓外交”是一个通过体育促进外交工作的典型例子。为了打破当时西方世界对中国的孤立与封锁，毛泽东主席和周恩来总理敏锐地通过一场体育比赛活动，打开了中美交往的大门，这也是中国通往世界的大门，他们以伟大政治家的嗅觉和胸襟，及时地抓住了“乒乓外交”这个绝佳的体育舞台，以邀请美国乒乓球队访华比赛为契机，冲破外交重重障碍，充满善意地对美方的姿态做出了积极回应，这扇中美两国关闭了22年之久的大门被体育外交推开了，这也使得中国体育走出国门、走向世界竞技体育的舞台，体育为外交政治服务，促进了我国各方面的建设，团结了各民族人民，提高了民族凝聚力，从而提高了中国在国际上的地位。以体育为工具促进社会政治时局的关键性转变，其典型性可见一斑。

四、近代体育文化的基本特征

近代中国传统体育文化的特征呈三段式发展态势：其一是作为中国民族传统体育项目代表的武术，由最初的“武”发展为真正的“止戈”，由反封建反侵略的战争工具、生存手段到和平年代强身健体的手段，从文学作品到现实社会，由乡村到城市到象牙塔，可以说武术运动一直伴随中国近代体育的发展而发展，伴随着近代社会的转型而演变。特别是在反压迫反侵略的斗争中，武术运动得到了空前发展，各种拳种纷呈、门派林立，良好的民间基础是迅速传播和发展的保障；其二是义和团运动之后，社会研习传授武术为主的活动开始上升为主要体育活动，曾经被推崇的宫廷娱乐体育活动呈现衰落之势，并逐渐消亡；其三是民国之后，武术运动的战争工具性逐步淡化、削弱，武术运动逐渐由农村转向城市，回归强身健体的本原。民国时期，当时政府大力推行破除封建文化活动，受其影响，中国传统体育文化逐步和世界接轨，兼收并蓄，西方体育文化传入我国，中华民族传统体育文化开始融进世界体育文化大潮中，结合当时的国际形势，各国盛行的人文主义和民族主义思潮使得中国体育文化也开始面对竞技、健身、教育、审美、军事等价值观念，中华民族传统体育文化与西方体育文化分庭抗礼，历经两次“土洋体育”的辩论，最终奠基了新中国中西体育文化的共融之路。

第三节　中国特色社会主义体育文化

在人类体育文化发展史上，中国特色社会主义体育文化概念是一大创新，在改革开放以来，中国特色社会主义体育观念已初步普及，体育习俗渐渐形成，理论研究不断深化，体育制度不断推进，具有中国特色的社会主义体育文化也得到了长足的发展。

一、社会主义现代化建设时期的体育文化

1979—1993年这一时期，在以邓小平同志为核心的党中央的领导下，我国经历了改革开放的伟大历史变革。改革开放以来，我国进入了新变革的大时代，新的党中央领导集体坚持马克思主义，进一步探索社会主义道路，开辟了一条中国特色社会主义理论指导下、符合中国国情和发展道路的体育发展路径。这段时期，我国的经济发生了翻天覆地的变化，人民生活从温饱过渡到了追求身心健康愉悦的更高阶段，中国特色社会主义体育文化初步形成并迈进发展阶段。这一阶段中国体育文化的发展主要体现在体育制度、体育政策、体育观念、体育设施等几个方面的变化上，是社会主义体育文化的初步发展阶段。

这一时期我国倡导大众体育科学、和谐、文明、进步的体育观念。为了平衡群众体育与竞技体育之间的关系，调整了优先发展竞技体育的战略，协调了竞技运动与群众体育之间的关系。在科学、民主思想的指导下，对传统体育习俗进行大规模的移风易俗的改革，一些具有显著中国特色的中华民族传统体育项目开始走向海外，成为闻名于世的体育文化运动。此外，邓小平明确指出，要进一步研究体育方针，制定规划。20世纪80年代，国家先后颁布了《国家体育锻炼标准》《国家体育锻炼标准的施行办法》《中共中央关于进一步发展体育运动的通知》《中学生体育合格标准试行办法》等多项促进体育发展的法规制度，这些政策在实践中不断发展完善。体育体制和体育设施方面：这一时期的体育硬件设施得到了很大改善，大量配备了体育场地相应设施及辅助设备，体育文化建设也得到了前所未有的发展和完善。

这一时期体育文化思想的基本特征主要表现为：体育文化思想传承了马克

思主义思想，新的党中央领导集体坚持倡导科学、和谐、文明、进步，并进一步探索社会主义，开辟了一条具有中国特色的社会主义理论指导、符合中国国情的发展道路，确立了面向世界、面向现代化、面向未来的体育发展指导方针，具有明显的系统性、革命性、预见性和探索性。

二、新时期主流体育文化思想

从1994年开始，中国特色社会主义的体育文化进入全面发展的新阶段。我国成功举办了第11届亚运会，并成功申办了2008年北京奥运会，这一时期，我国提出了要在发展竞技体育的同时，注重竞技体育与群众体育协调发展，体育工作的根本任务为增强人民体质。2002年8月，在接见全国体育工作会议代表时，江泽民总书记指出："体育是关系广大人民健康的大事，体育水平是一个国家文明进步的重要标志。"江泽民同志还陆续提出了"全民健身、利国利民、功在当代、利在千秋""发展学校体育运动，促进社会主义精神文明建设""发展我国体育运动，促进社会主义物质文明和精神文明建设"等体育发展战略思想。展现了我国的综合实力，奠定了我国在亚洲的体育强国的地位。

党的十六大以来，以胡锦涛同志为总书记的党中央领导集体对体育事业高度重视，胡锦涛同志不但指出了"深入开展全民健身运动，不断提高竞技体育水平"的竞技体育发展方向，还提出了"竞技体育和群众体育协调发展""努力推动我国由体育大国向体育强国迈进"等体育工作发展思路，认为体育是社会文明的重要标志，是综合国力的重要组成部分。

胡锦涛同志坚持体育要"以人为本"的根本宗旨，指出体育事业不仅仅为生产建设和国防服务，而且还要放到实现人的自由解放的实践中去认识，实现全社会体育可持续发展这一伟大目标。

党的十八大以来，以习近平同志为核心的党中央，围绕坚持以发展新时代中国特色社会主义思想为指导，做好体育工作。2013年8月，在会见全国体育先进工作者时，习近平指出："发展体育运动，增强人民体质，是我国体育工作的根本任务和方针。"为新时期体育发展指明了方向。2017年6月，习近平在会见国际足联主席因凡蒂诺时指出："建设体育大国和体育强国，是中国人民实现'两个一百年奋斗'目标的重要组成部分。"这一指示体现了党中央把体育工作放到了国家发展战略的高度。此外，为了推进足球改革和发展，习近平总书记还亲自部署和审议了《中国足球改革发展总体方案》，把青少年参与性较强的足球项目作为体育改革的切入点。在十九大报告中对我国体育事业的发展思路又进一步明晰，提出了“广泛开展全民健身活动，加快推进体育强国建设，筹办好北京冬奥会、冬残奥会”等工作。一系列的政策从历史与逻辑相统一的高度，促进了体育强国梦与中国梦的辩证统一。重视体育外交，彰显中国软实力，遵从奥林匹克精神文化与中华体育精神文化，遵从团队合作、发展体育文化事业，以辩证的思维、宏大的视野、文化自信和政治智慧深刻地提出了新理念战略思想，融科学性、时代性、创新性、民本性为一体，具有很强的指导意义。

中国特色社会主义体育文化的特征：表现为顺应现代化及中国特色社会主义要求，中国特色社会主义体育文化发展必须符合现代化建设及我国文化的发展规律和要求。要顺应中国特色社会主义文化发展需求，立足于中国国情，以中国特色社会主义核心价值体系为导向，充分体现中国特色社会主义体育文化具有的时代性、民族性、开放性、广泛性、继承性和创新性。

第三章　体育文化与社会文化相似性的文化结构论视角

在分形理论视域下，以文化结构论划分为依据，从横向视角对不同国家的体育文化与社会文化在器物层面（物质层面）、制度层面和精神层面三个方面存在的关系分别进行论述与分析。在此基础上，探讨作为部分的体育文化与作为整体的社会文化之间存在的自相似性关系。

第一节　体育文化与社会文化的物质层面分析

马林诺夫斯基在其著作《文化论》中谈到，文化的物质层面，简而言之是作用于人的物质设备，其属于文化最容易明了，最容易捉摸，最容易感知的一个层面。器具、工具、房屋、武器等均属于文化的物质层面的内容。物质文化是人类与自然斗争的过程中采用的一切物质手段，以及所获得的物质成果。简言之，物质文化大多数是可以看得到，摸得着的表层文化。无论是社会文化的物质方面，还是具有浓厚体育标签的体育物质文化，其表层的物质文化均是与人类生存发展、日常生活紧密联系的具体实物。社会文化的物质层面包括人类衣食住行的各个内容，体育文化的物质层面涵盖体育场地、体育设施、运动器材、运动服饰等各种物质表象。

恩格斯曾指出：人们首先必须满足衣食住行的基本生存条件后，才能从事政治、宗教、科学、艺术等活动，物质生产资料是一个民族或时代存在与发展的前提。在物质文化的诸多方面，生存条件是必然的基础，同时也是人们的物质生活和物质生产水平的反映，是判断不同文明和不同文化的标准之一。

一、国内物质层面的体育文化与社会文化

体育物质文化的发展和繁荣以社会物质文化的进步和发展为前提，但体育物质文化的发展又不仅仅是对社会物质文化的简单模仿和复制，其与社会物质文化的进步之间在具体内容上存在着相似性。如，社会生产工具的发展与体育器材的演变；社会建筑水平的提升与体育场地的发展；人类服饰的演变与运动服装的出现等。下文从社会生产工具与体育器材、建筑与体育场地、服饰与运动服装三个方面，对物质层面的体育文化与社会文化存在的自相似性关系进行论证。

第一，社会生产工具的发展与体育器材的演变。石器时代，社会生产力落后，人们用于生产和劳动的工具多为石器工具、木质工具和骨制工具，如石斧、石刀、石镰、尖木棒、骨针等。体育器材的形成离不开社会生产、生活的现实环境，用于生存、狩猎和锻炼的器材也基本为石器或木质器材，如石块、石戈、石钺、标枪等。青铜时代，生产力水平提高，青铜器物逐渐应用于人类的生产和劳动，人类生产劳作出现一些新的生产工具，如犁、铜铲、铜锄、铜镰等青铜制品的农具，还出现了礼器、乐器、青铜祭祀品等生活用具。此外，青铜器在兵器制造上用途广泛，作为以战争为主要目的军事武艺器材得到发展，铜剑、铜戈等体育军事武艺器材开始出现。随着铁器时代的到来，人类的生产力发展水平大大提升，铁器被广泛应用于社会生活的各个领域，出现大量的铁器农具，如铁质的锄、铲、锸、锛、镐、斧、凿等。铁质兵器的出现，使军事武艺器械的杀伤力更加强大，铁质的弓箭、剑、弩、戟、刀等铁质器材在战场上的运用使军队作战能力增强。随着冶铁技术的不断发展，铁器农具得到迅速的推广，用于生产和发展的铁质农具和手工工具使用更为普遍。体育器材的发展不仅体现在军事武艺器械的丰富，还体现在发展体育运动项目所必需的器材的发展，如蹴鞠、弄丸、投壶、弹棋、围棋、马球、秋千、龙舟等。

近现代中国社会生产工具和体育器材均随着中国社会性质的演变发生着变化。鸦片战争冲破了中国自古以来自给自足的小农经济体制，中国的小农经济生产逐渐被机器大生产取代。在两次工业革命的影响下，中国的社会生产工具也逐渐由手工生产变为机器生产，开始出现使用新动力的新型生产工具，如轮船、电车、飞机等在中国出现且投入使用。在这一时期，无论是体育项目，还是体育器材，如同社会生产工具的变迁一样，经历了两个方面的变化：一方面，西方现代

体育比赛项目传入中国，体育项目增多，同时新型体育器材在中国出现，如西方军事体操传入中国，单杠、双杠、木马等体育器械开始在中国出现和使用；另一方面，受两次工业革命的影响，现代新型体育器材能较大量的被生产，如足球、排球、乒乓球、篮球等在中国逐渐推广。受西方体育文化传入的影响，我国体育项目和器材的来源，如表3-1所示。

表3-1　近现代部分体育项目和器材及其来源

时间	体育项目和器材	来源方式途径
1885年	网球	外国传教士传入
1895年	篮球	美国人传入
19世纪后期	现代田径项目	外国传教士传入
1901年	现代足球	英国大兵传入
20世纪初	排球	外国传教士传入
1904年	乒乓球	王道平从日本传入
1913年	垒球	外国传教士传入
20世纪20年代	体操：单双杠，木马等	外国传教士传入
20世纪30年代	滑翔	欧洲传入

进入现代社会，伴随中国社会生产力的发展和劳动生产力水平的不断提升，中国经济发生了翻天覆地的变化，社会生产工具种类多种多样，并逐渐实现机械化和电气化。农用工具由靠人力、牛马拉动到机械化生产和耕作，民用工具从靠牛马车出行发展到汽车、火车、轮船、飞机的全面普及。社会生产工具越来越规范化和标准化生产的同时，现代体育器材的生产也完成了由手工制造到规范化、标准化、机械化生产的转变。近年来，随着计算机技术和电子设备的普及，社会生产工具也逐步实现电子信息化，而体育项目也出现了电子体育竞技这种比赛。

从原始社会早期至现代社会，社会生产工具和体育器材的发展遵循类似的发展规律，两者均经历了从无到有、由简至繁、由少到多、由单一至丰富、由杂乱至规范、从特殊到普遍的过程。从物质层面，对我国不同时期社会工具发展和体育器材的演变过程进行分析，可知社会生产工具的变化和体育器材的演变之间符合分形理论提出的部分与整体自相似性的特点。

第二，社会建筑水平的提升与体育场地的发展。人类为了生存和延续生命，应对自然界恶劣变化的环境和猛兽虫蛇的侵害，不断地努力改善居住条件。旧石器时代的人类，没有建造房屋的能力，那一时期的人类只能利用天然的洞穴作为栖身之地，进行穴居和巢居。直至进入新石器时代后，农业开始有了发展，生产工具也得以发展进步，为人类建造房屋提供条件，人们开始在固定的地方利用夯土、木柱修建简易的居室。石器时代的古代中国基本没有正式的体育锻炼场地。奴隶社会随着生产力发展的提高，人们开始以夯土、土坯筑墙，木柱作房梁建造房屋。砖瓦的出现，为人类建造房屋提供便利，砖瓦逐渐成为一种普遍的房屋建造物。随着经济的发展，城市的出现，人们更加注重房屋的建造和格局。人口的聚集和城市的出现，为体育活动的发展提供便利，先秦时期在人口密集的都城已出现一些体育活动的场地。秦汉以后，人们体育活动的场所也得到相应的发展。如特定的蹴鞠练习和比赛场所、专门的马球训练场地以及比赛场地、专供体育表演和竞技活动的场所瓦舍和勾栏、专供下棋的棋社、专门溜冰的场地、专门摔跤的场地、专门狩猎的场地等体育活动场所。

近代中国社会的建筑和体育场地建设处于中西交汇，新旧交替的过渡时期，是一个急剧变化和发展的阶段。从鸦片战争到中日甲午战争期间，帝国主义列强在中国开始大量建造教堂、领事馆、银行等，这些建筑具有明显的西方建筑风格，并逐渐被世人模仿。同一时期，洋务派学习西方体操，在学校和军队开设体操科。单杠、攀绳、步法、枪操、军礼等“兵式体操”在该时期得到广泛推广，并且学校有专门授体操课的教学场所，军队有专门进行体操科训练的场地。甲午战争到五四运动期间，西方列强开始在我国办工厂、开银行、修铁路、开矿山等，该时期近代建筑材料在我国得到初步发展。此时，学校体育的正规化和体育教学内容的西式化，体操、田径、足球、篮球等西方体育运动项目在学校内发展迅速，推动了体育活动场馆的建设，如田径场、足球场、篮球场等。此外，对武术的大力推崇和发展，促进了武馆的大量出现。五四运动到抗战前，是中国近代建筑发展最快的时期之一，在上海、广州、天津、南京等地涌现出了一批具有现代化水平的建筑物。规模较大的地区性运动会、全国运动会、远东运动会和奥林匹克运动会在该时期得到大力发展。田径、足球、篮球、棒球、游泳、自行车、举重、体操等比赛项目日渐标准化和规范化，不同种类体育项目的场地设施建设也逐渐规范化和标准化。抗日战争期间，中国建筑基本处于发展停滞期。抗战胜利后，中国建筑逐渐复苏。受战争的影响，该时期我国的体育事业发展以及体育场馆建设也基本上处于停滞状态。

20世纪50年代到60年代，社会经济的发展，人民生活水平的提高大大带动了科技水平的发展，建筑科技也得到相应的提升。在这一时期，工业建筑开始推行标准化设计，装配式建筑方法得到大力推广，使得我国社会建筑和体育场馆建设均发生了翻天覆地的变化。这个时期，我国居民建筑主要为砖混结构的多层住宅楼，此时的体育场地设施建设原材料也基本上是砖混结构，场地建设较为简陋，功能较为单一，且这一时期的场馆多为室外场地，如室外田径场、足球场、篮球场、游泳馆等。20世纪80年代后，建筑材料发生变化，彩钢板在工业建筑中被大量使用，各类商业建筑得到快速发展。与此同时，体育场馆建设的势头良好，一批水上运动场、高尔夫练习场、网球场、射击场、跑马场、室内田径场、室内游泳馆、室内羽毛球馆等体育场地数量逐年增多，且规模不断扩大。随着社会建筑的集中化、多样化发展，体育综合性场馆开始普及，综合型的大型室内体育场地，例如体育馆、体育中心开始出现；亚运村、奥运村等专门为职业体育运动员进行规划和建造的建筑群开始出现。

房屋的基本功能是满足人们抵御风雨和野兽侵害的需要，只是社会阶级分层后，居住条件成为代表主人社会身份地位和阶层的符号。房屋从一个可以单纯用来遮风防雨的场所，逐渐成为社会文化符号象征。随着社会经济的快速发展，各阶层对房屋建造和设计的要求也越来越高，人们居所的环境条件也逐步得到改善。伴随着生产力水平的发展和社会的进步，凝聚着人类巨大智慧和劳动成果的各种建筑应运而生，体育建筑和体育场地设施也包括其中。生产力水平低下的原始社会，跑、跳、投、攀爬等动作是人类的生存本能和生产本领，那一时期基本不存在体育类建筑和固定的体育活动场地。随着社会生产力的发展，为体育场地设施的建造提供了可能，逐渐出现专供人们体育活动的各种特定场所。到了近现代随着西方体育的传入，对场地有特定要求的体育项目在国内传播并快速发展，促使我国体育场地设施建设迅速发展。我国现代体育事业发展迅速，开放的体育场地，安置各种健身路径的公园和街道，以及广场等都是人们健身活动的场所。从古至今，人类由居无定所到居住环境安逸舒适，从居住简陋到注重布局和装饰，人类的居住环境随着生产力的发展而得到改善。体育场地建设，同样经历了与人类居住房屋建筑相似的发展规律，也是由无到有、由简到繁、积少成多的发展过程。由此可知，体育物质文化中的体育场地设施与社会文化中社会建筑的发展，二者之间关系逻辑符合分形中部分与整体自相似的特点。

第三，服饰的演变与体育类服装的出现以及发展。石器时代，生产力水平低下，人们的衣服主要以各种植物的叶子以及兽皮制成。受生产力发展水平的限制，石器时代不存在体育活动类的服装。随着生产力水平的提高，制作服装的材料也相应增多，皮、革、丝、麻、刺绣、冰纨、锦、罗、绫、绢、木槿棉、锦布等相继出现。随着制造材料的丰富，体育服装也随之得到相应的发展，相继出现了蹴鞠服饰、马球运动服装、骑马服饰、滑雪服装、摔跤服饰等。

近现代后中国的服饰文化经历了一系列的变化。西方资本主义文化的入侵，对中国的社会制度和社会结构产生巨大冲击，中国的传统服饰也逐渐脱离封建社会的桎梏，步入现代化的发展进程。现代化的运动类服装也得到快速发展，适合各种体育项目的运动服饰被分门别类，如篮球服、篮球鞋、足球鞋、体操服、短跑服装等。随着人们对体育运动的重视和参与度的提高，对体育服饰的需求越来越大。与此同时，各种体育运动产品专卖店应运而生，出现了各种体育品牌，如耐克、李宁、安踏、阿迪达斯等。人们消费需求的增加和运动服饰的不断完善发展，促使运动服成为人们日常生活的必需品和必备品。

中国社会服饰与运动服装都经历了一系列的演变过程，且两者的演变与社会生产力发展水平密切相关。从几千年的服饰文化发展史看，社会服饰与运动服装二者经历了从“体育活动服装与日常服装基本一致”到“日常服饰基本上包括运动服装”的巨大转变。早期人类生产力水平低下，物质资料匮乏，衣物仅仅作为一种可以蔽体保暖且可以保护自己免受伤害的物品。原始社会的人们为适应自然，抵御寒冷和保护身体不受伤害，使用树叶、兽皮等遮盖身体；奴隶社会时期纺织技术出现，少量的丝织品被用于制作衣物。原始社会和奴隶社会时期由于受生产力发展和物质财富积累的制约，基本不存在专门的体育服装。随着社会的发展，生产力水平的提高，物质资料的积累，人们创造出更多的物质财富，能用于制造服饰的材料日益丰富。人类的服饰不再是一种简单的蔽体保暖物品，而是发展成为一种身份的象征、社会地位与财富的标志，以及人们对审美的追求和对物质的享受，并开始制造具有一定舒适度的衣物。进入封建社会后，随着社会化程度的不断提高，人们对服饰的追求越来越极致，不仅要求衣物的舒适度，还要求具有一定的美感和设计感。社会生产力的发展，社会的进步为体育类服装的出现提供了必要的物质基础，区别于日常生活所穿戴的，便于进行体育活动的服装开始出现。进入近现代社会，因文化新思潮的冲击、等级制度的瓦解，传统服饰逐渐失去赖以存在的社会和政治基础，服饰的阶级性逐渐被淡化。同时，受西方文化和思想的影响，我国出现了中西方服饰文化的融合与发展。同一时期，近现代西方体育的传入，为适合不同运动项目的专门运动服装的发展提供了契机。由于生产力水平的提高和物质财富的不断积累和丰富，使人们对服饰的要求越来越高，现代服饰成为时髦、风尚、新潮的象征，是人们热衷于追求的一种独特设计的艺术品。

运动类服装，在满足舒适感的前提下，也更多地注重设计感、时尚感和美感。回顾社会服饰以及体育服饰的演变过程不难看出，随着社会经济的发展和文化的进步，服饰及体育服饰逐渐由简单到繁杂再向实用、时尚发展[①]。我国运动服装的出现和演变与社会服饰文化发展和演变的脉络基本一致，两者整体上经历了从无到有、由简单到复杂、呈现逐渐多样的变化。从物质文化中的社会服饰与运动服饰的演变过程可知，两者在发展中存在分形部分与整体自相似的特点。

从社会物质文化与体育物质文化包含的生产工具与体育器材，社会建筑与体育场地，社会服饰与体育服装这三个具体方面，对社会物质文化和体育物质文化两者之间的关系进行分析和论证。具体剖析生产工具与体育器材、社会建筑与体育场地以及社会服饰与体育服装在社会变迁中的演变过程以及发展规律，发现两者具有一定的相似性。

体育物质文化与社会物质文化的相似性不仅体现在以上论述的三个方面，还体现在物质文化的其他方面。探究体育物质文化与社会物质文化在具体方面之间存在的关系，可知两者之间不仅存在相互影响和制约的关系，而且体育物质文化与社会物质文化在演变过程中遵循相似的发展轨迹和发展规律。社会物质文化产物和财富是人类通过对自然的认识、把握、利用和改造创造出来的，以满足人们基本的生存需要，是社会生产力发展水平的具体体现。体育物质文化产物的每一次变化或提升，也是社会生产力的发展水平的反映，是人类智慧的体现。

① 熊姿. 体育服饰研究［D］. 长沙：湖南师范大学，2009：5.

无论是社会物质文化的发展和积累，还是体育物质文化的出现和改进，都和社会生产力发展水平密切相关，也是在特定的社会文化大环境下得以发展和提升。两者在发展过程中，均遵循着特定的发展规律，经历由无到有、由稀有到丰富的过程。从物质文化层面看体育文化与社会文化之间的联系，发现体育物质文化与社会物质文化之间符合分形部分与整体自相似的特点，任取体育物质文化成果的一部分，均能在一定程度上反映整体社会物质文化的发展程度和水平。总结和归纳社会物质文化与体育物质文化的发展和演变过程，如表3-2所示。

表2　社会物质文化和体育物质文化发展的比较

	生产工具	社会建筑	社会服饰	体育器材	体育场地	体育服装
原始社会	石器、木、骨	穴居	兽皮、树叶	木棒、石头	无	无
奴隶社会	青铜器具	土坯、木柱简易房屋	皮、革、麻制品	青铜剑、铜矛	极少	简易的军用护具
秦汉时期	锄、锸、铲、犁、镰刀、斧等铁质工具	宫殿、长城、陵墓等	丝、锦	铁质军事器械；蹴鞠、围棋、投壶等体育器材	少量的蹴鞠场、斗鸡场	军用护具；蹴鞠服饰
隋唐时期	锄、锸、铲、曲辕犁等铁质工具的大量使用	皇宫、城市住宅、寺庙等	丝、锦、刺绣等	剑、马球、驴鞠、步打球、龙舟、纸鸢等体育器材	专门的马球场、棋社等	蹴鞠服饰，马球服饰
明清时期	各种铁质工具使用更加广泛	故宫、园林等	绫、罗、绸缎、纱、布等	滑雪器、秋千、风筝、毽子、水球、牌等体育器材	大量的摔跤场、武术场等	百戏服装；摔跤服饰等
近代	生产工具电气化、机械化	高楼大厦	材料更加丰富，趋向于注重	现代体育项目与器材的不断丰富	逐渐增多，且以室外体育场地为主	不同项目专门的体育服装
当代	生产工具科技化、信息化	综合性商业建筑群、智能化居住楼宇	追求时尚、潮流和独特设计	体育器材的科技化、普遍化	大型、综合性的室内体育场馆	运动服装的普遍化和大众化

二、国外物质层面的体育文化与社会文化

不同国家因社会环境、地理位置、自然资源、文化底蕴等方面存在的差异，造就出不同于其他国家的独具自身特色的体育文化和社会文化。通过对不同国家和地区的体育文化与社会文化之间的逻辑关系进行辩证分析，并结合国内体育文化与社会文化之间的相似性关系进行论证。

（一）古希腊的体育物质文化与社会物质文化

古希腊位于亚、非、欧三大洲的交界处，海上交通便利，古希腊成为多种文化的交汇处。不同文化的交流和碰撞使得古希腊在哲学、文化、科学、体育、艺术等领域为世界文化的发展作出了卓越的贡献。优渥的自然条件以及奴隶制的出现和发展，使古希腊积累了丰厚的物质文化财富，促进了古希腊社会的进步。古代奥运会产生于古希腊，其对古希腊社会文明建设意义重大，这种影响作用体现在古希腊社会物质文化的方方面面，如军事武器、雕刻、文学、艺术、绘画、建筑、诗歌等。例如，在建筑方面，古代奥运会时期的建筑是人类文明的宝贵财富，古代奥运会竞技场、神殿庙宇建筑、大祭坛等；在文学诗歌、绘画艺术等方面，古希腊时期出现过许多歌颂奥运会冠军的优美诗篇，还出现过许多体现古代奥林匹克文化的壁画、瓶画和各种陶制器皿画等。

图3-1　古希腊瓶画

（二）美国的体育物质文化与社会物质文化

北美殖民地时期的殖民者多为英国移民，他们为美国带来了社会生产工具，同时也带来了一些户外活动。这一时期的体育活动和体育器材较为简单，基本都是户外的体育娱乐活动，体育器械也基本为殖民者引进。该阶段的美国体育物质文化由殖民者带来，而社会物质文化也是通过殖民者带进美国。从这一点

看，美国体育物质文化和社会物质文化的发展符合分形自相似性特点。

独立战争结束后，人们开展各种娱乐活动，如跳舞、徒步旅行、骑马、射击、划船、下棋、足球、板球等活动。国家对学校教育的重视程度较高，越来越多的学校修建体育场馆。南北内战结束后，战后重建的美国，由于经济、社会、文化的变迁，开始向工业化、都市化的方向发展。第二次世界大战之后，各国的实力此消彼长，美国一跃成为经济实力最强的资本主义国家。与此同时，美国的体育运动也得到迅速发展，并逐渐步入现代体育发展时期，如橄榄球、棒球、高尔夫、木球、网球、排球、足球、拳击、射击、马术等体育项目在该时期得到普及和发展。随着人们对体育需求的增加，体育器材、场地等越来越向规范化和标准化发展。从美国体育物质文化与社会物质文化的发展历程看，两者均经历了由殖民传入到独立发展的变化过程。

（三）英国的体育物质文化与社会物质文化

英国是老牌资本主义国家，率先完成工业革命后、国力迅速壮大的英国，成为当时世界上最为强大的国家。开启殖民扩张后的英国，社会物质财富得到极大的积累。虽然在两次世界大战之后，英国的国力受损，并且资本主义世界霸主的地位不复存在，但英国在世界范围内的影响力依然相当强大。现代英国的社会物质财富丰富，人均GDP较高，各项社会保障制度健全，仍然是一个高度发达的资本主义经济强国。作为反映社会文化兴衰的体育文化，英国的体育文化仍引领世界潮流，当仁不让是西方体育文化的代表。英国体育运动历史悠久，众所周知，许多现代体育项目都起源于英国，如现代足球、曲棍球、高尔夫球、水球、桌球、羽毛球、乒乓球等。在早期的殖民扩张过程中，英国对现代体育运动在世界范围内的传播发挥了重要作用。现代英国的体育发展良好，足球在英国最为盛行，水平很高，有广泛的群众基础。除足球外，英国的拳击、板球、高尔夫、网球、赛马、登山、游泳、羽毛球等项目也开展得很好。通过对英国体育物质文化和社会物质文化的了解可知，英国体育物质文化与社会物质文化一样发展良好，且在世界历史中占据重要地位。因此可以认为，英国作为部分的体育物质文化与作为整体的社会物质文化在发展过程中具有相似性。

第二节　体育文化与社会文化的制度层面分析

社会实践过程中人类各种社会规范的出台、社会组织机构的成立构成了社会文化的制度层面。制度文化是人类社会文化的一个重要组成部分，与社会物质文化和精神文化于一体，形成了复杂的社会文化整体①。“无规矩不成方圆”，规矩即为一种制度文化，社会文化中存在“社会规矩”，体育文化中存在“体育规则”。张岱年在《中国文化概论》一书中提道：“制度文化是人类创造财富的同时，在社会实践过程中创造出来，并属于人类特有，且服务于人类社会，同时约束人类的行为，处理个人与个人、群体与群体、个人与群体之间关系的准则，是人类在物质生产过程中所结成的各种社会关系的总和。”②。另有学者认为：“制度文化，有广义的制度文化和狭义的制度文化之分。制度文化的广义层面则不仅包括强制性较高的相关条文，还包括强制性较弱的风俗习惯、道德、禁忌，甚至行为规范等；制度文化的狭义层面包含强制性较高的法律、政策、方针、规范等。”③“国有国法，家有家规”说明了制度文化对国家和家庭的重要意义。国家有其属于强制性较高的制度文化的法律，家族有其属于强制性较弱的制度文化的规矩，且无论是“大国法”还是“小家法”，均要求人们依据法律和规矩，规范行为、约束自我。

一、国内制度层面的体育文化与社会文化

制度文化集合了人类在社会生产、生活和社会发展过程中的各种社会关系的规范体系，其涉及范围之广、内容之丰富，涵盖了社会生活的方方面面，具体包括经济制度、婚姻制度、宗法制度、法律制度、选举制度、工商制度、地方行政制度、社会阶层制度、兵法制度、中央职官制度、社团制度等。由于涉及内容如此广泛，因此对制度文化的研究，选取社会制度文化中与体育制度文化关系密切的法律制度和工商管理制度两个方面，对中国制度文化的演变和发展过程进行

① 曾小华. 文化、制度与制度文化［J］. 中共浙江省委党校学报，2001（2）：30-37.

② 张岱年，方克立. 中国文化概论［M］. 北京：北京师范大学出版社，2004：4.

③ 钱斌. 制度文化概论［D］. 安徽：合肥工业大学，2002：7.

梳理和分析。

（一）社会法律制度的完善与体育法律制度的发展

法律制度是文化的“硬壳”，是文化最严厉的规范体系，是道德的最低要求，是保持社会稳定和文化延续的重要手段①。中国法律体系的发展经过古代、近代、现代几千年的延续、积累和相承，在演变过程中不断地修订和完善。中国古代法律体系在国家正式颁布的成文法典为主体的基础上，在各个朝代适时增加了各种单行法律作为补充，并辅以各种各样的行政法规，组成了一个主次分明、相对完整的古代法律法规体系②。从发展史上看，中国古代的法律法规制度文化，整体上经历了从战国的《法经》到清代的《大清律例》，是一个以刑法为主体的发展和演变过程。近代中国法律制度文化也经历了一系列的变迁，且中国传统法律体制在该时期开始出现解体，尤其在民国时期出现大规模的立法活动。新中国成立之后，中国的法律法规制度历经数次修订与完善，逐渐形成了现代的法律法规体系。在社会法律制度逐渐完善的同时，体育法律制度文化的发展在整个社会法律制度的背景下也经历了不断地修订和完善。

我国社会法律制度文化和体育法律制度的变化，主要表现在以下两个方面：首先，法律制度文化由习惯法向成文法的演变。从整个法律制度发展看，中国法律制度文化经历了由约定俗成的习惯法逐渐向成文法律的转变。原始社会和奴隶社会时期，社会法律制度文化基本为人们约定俗成的习惯和规则。随着国家的产生、形成和发展，习惯法逐渐上升到国家意志层面，转化为具有法律意义的成文法。战国时期我国出现第一部成文法律，随着社会文明程度的提高和法律制度文化的不断发展，各朝各代的成文法律越来越多，成文法成为修订和撰写法律制度文化的主要方式。受制于社会法律制度文化下的体育法律制度，同样经历了由氏族社会时期无文字记载、约定俗成的习惯法到文字出现以后有关体育领域法律的成文法的变化。封建社会以前的中国古代社会，体育的军用功能远远大于其社会功能，对于体育类的法规，大多数是人们约定形成，共同遵守和认同的规则。秦汉之后，出现了相应的体育类法规和条例，如《唐书・兵志》中有关于马球的相关记载。虽然体育法律制度文化在几千年的历史变迁中得到了一定的发展，但真正意义上的体育法律制度的确立是1995年国家颁布的《中华人民共和国

① 刘泽华，主编. 中华文化通志・学术典・法律志［M］. 上海：上海人民出版社，1998：1.

② 刘泽华，主编. 中华文化通志・学术典・法律志［M］. 上海：上海人民出版社，1998：2-3.

体育法》。从社会法律制度文化的演变和体育法律制度的发展过程可以总结出，社会法律制度文化和体育法律制度文化都经过了从不成文、无文字记录的习惯法，发展为专门编撰的成文法律条例，且两者的发展过程具有一定的相似性。

其次，法律制度文化从皇权到人权的转变。中国法律制度整体上经历了由皇权到人权的转变过程。中国古代法律制度文化是统治阶级进行统治的手段之一，“法自君出”，君主拥有立法权。法律由皇帝本人颁布，君主不受法律约束，凌驾于普通法律之上，是典型的“人治”而非法治。自战国编纂而成的第一部《法经》到清朝修订的《大清律例》，中国古代几千年的法律制度文化经历了不断发展和完善的过程，这一过程同时也是中国封建阶级统治不断加强的过程。随着西方文化思想的传入和影响，“君权神授”被资产阶级提出的“天赋人权”倡导的自由和平等理念所影响，中国人民不断觉醒，对平等、自由、民主、法治的要求越来越强烈，民国时期的《中华民国临时约法》中提出：“人人生而平等。”新中国成立后，《宪法》明确规定：“公民在法律面前人人平等。”中国法律制度从古至今，整体上经历了由“皇权至上”到“人权至上”的转变。体育法律制度文化的演变遵循社会法律制度发展的轨迹，两者的发展存在一定的相似之处。封建等级制度下的体育法律制度也是一种皇权至上的表现，历朝历代“王权即规则”的现象和事件不胜枚举，在本应公平竞争的体育赛场上更没有真正的公平可言，比赛规则的制定和比赛的胜负受人为因素的影响较大。近现代西方体育的传入，使得公平竞争的观念深入人心。体育项目的比赛规则以国际化的标准统一制定，使体育法律法规成为一种规范的法治条例。1995年我国颁布的《体育法》则是新中国体育进入“依法行政、依法治体”新阶段的里程碑。《体育法》明文规定：“体育工作要坚持以全民健身为基础”“公共体育设施应向全社会开放”，体现了现代中国体育法律制度坚持公平、平等、以人为本的原则。由以上分析可知，中国体育法律制度与社会法律制度相似，两者由古代社会皇权至上的人治发展到了现代社会人权至上的法治。

（二）社会工商制度的完善与体育经济制度的发展

工商制度文化包括国家工商政策和管理机构、税收制度、从市场管理制度、货币金融制度等诸多具体方面。中国的工商管理制度文化经历了古代到近现代的变迁过程，与体育相关的工商制度文化作为社会工商制度文化的组成部分，在历史文化变迁过程中也经历着类似的发展和变化。

古代至近现代中国社会工商制度与体育经济制度的变化，最明显的表现是税收政策的演变。封建社会历代推行“重农抑商”政策，国家对私营工商业者征收各种租税，并制定了对应的商税制度。十一届三中全会之后，党和国家政府转移工作重心，大搞经济建设，鼓励大力发展工商业，支持自主创业，并给予工商业在税收政策上大力扶持，以促进工商业的可持续发展，予以制度保障。与工商业发展相似，国家对体育产业的发展进行过多次税收政策的调整。现代体育产业快速发展，国家对体育事业发展的扶持力度逐步加大，在税收方面对体育产业税收政策做出下调，积极引导和规范体育产业，大力推动体育产业的发展、刺激体育消费。

对比中国社会工商制度与体育工商制度的演变过程和发展规律可知，作为部分的体育经济制度与社会工商制度的发展之间经历了由抑制发展到鼓励发展的变化过程。体育经济制度与社会工商制度在发展过程中遵循相似的发展规律，且两者在工商制度文化方面符合分形部分与整体自相似的特点。

二、国外制度层面的体育文化与社会文化

（一）古希腊的体育制度文化与社会制度文化

奴隶制的建立和发展是古希腊社会文化赖以生存和发展的条件，等级森严的奴隶制度为古希腊积累财富的同时也埋下了祸根。古代奥运会的发展过程，整体上受奴隶制社会文化背景变化的影响和制约，与古希腊社会文化基础、政治、经济、军事、地理位置、教育和宗教制度等因素之间的关系密切。如古代奥运会的起源具有浓厚的宗教神话色彩，是在宗教祭祀庆典下进行的体育竞技比赛，具有强烈的宗教仪式感。此外，古代奥运会还有明文规定：严禁女子参加和观看比赛。古代奥运会对参赛选手的规定，不仅体现在禁止女子参赛这样的不平等规定上，还存在对其他参赛人员的不公平规定。如奴隶、战俘和异族人完全没有参赛资格。古代奥运会对参赛者有极其严格的参赛资格要求，强调希腊人的身份：“凡参加奥运会的人，必须是属于伊利斯的希腊人，以及其他地方来的一切希腊人，而战俘、奴隶和异族野蛮人是不能参加祭祀和竞技活动的。”[①]这些严格的参赛规定实际上是等级森严的奴隶制社会一种不公平、不公正的参赛制度。等级

① 赵林. 赵林谈文明冲突与文化演进［M］. 上海：东方出版社，2006：106.

森严的制度和规定不仅使古代奥运会参赛人员受限，而且加剧了古希腊社会的阶级矛盾。

（二）美国的体育制度文化与社会制度文化

早期美国的体育活动基本是借鉴了英国的户外活动和德式体操发展过来的，体育活动的规则已基本成型。美国南北战争结束后，出现了越来越多的体育组织和体育协会，这些体育组织和体育协会共同推进了美国体育制度文化的发展。18世纪的美国已经出现体育联盟制度、职业经纪人制度等。与此同时，美国结束内战，完成了国家统一，1963年废除了存续已久的奴隶制度，颁布了《解放奴隶宣言》《宅地法》等法令，逐步规范美国社会的发展。在二战结束后，体育运动在美国得到了进一步的普及和发展，美国群众体育发展势头良好。政府部门修建了大量的公园、游泳池以及体育娱乐活动中心等设施，为群众体育的发展提供了必要的物质条件。此外，“八小时工作制”大范围普及，使美国民众有更多的余暇时间参与体育活动，为美国体育活动的普及和体育运动的开展提供了保障。同一时期，美国的经济、政治、法律制度等各种社会制度规范发展，社会保障制度逐步完善。整体上美国社会制度的发展，从殖民统治直接进入资本主义社会，实现了社会制度文化的跨越式发展。

美国体育制度文化起初是由移民者带进来一些基本成型的体育制度文化，而后经过改进和改良，使之适合美国本土发展。美国的体育制度文化在此背景下也实现了跨越式的发展。社会制度文化方面，欧洲国家已经开始从封建社会向资本主义社会转变，在美国进行殖民统治的欧洲移民者将资本主义的制度文化带进了美国，使其跨过奴隶社会以及封建社会，直接进入了资本主义社会，同样体育文化也随移民者进驻美国，汇集各国体育文化，使得美国体育文化别具特色，美式橄榄球、棒球、冰球、篮球等运动项目文化的激烈竞争性可见一斑。从以上两点看，美国的体育文化和社会文化在制度文化发展层面具有相似性。

（三）英国的体育制度文化与社会制度文化

作为最早完成资产阶级革命的国家，英国最先开创了体现“民主权利”的议会制度，确立议会制君主立宪的政治体制。早在13世纪，在英国制定的《自由大宪章》中就提出：人民具有平等自由的权利；至1689年，在英国颁布的用来限制王权的《权利法案》中也提到：以法律权利代替君主权利。但时至今日，在英国社会皇家特权和等级森严的法律制度仍清晰可见，王族享有绝对的特权且这种特殊待遇维持世袭制和终身制。这种贵族特权和等级制度的存在，对体育制度文化的发展有所影响。以马术运动为例，11世纪英国出现骑兵制度，此时的骑兵是为国王服务的。从14世纪开始，骑马逐渐成为一种娱乐方式，但之后马术运动逐渐成为一种高贵身份的象征，并在英国皇室中广泛开展，骑马代表着他们具有高贵血统和贵族气质。西方有一句话："会骑马的不一定是贵族，但贵族一定会骑马"，精辟地描述了马术运动的贵族化气质。现代马术起源于英国，且保留着贵族运动的高雅和绅士之风。现代马术比赛对参赛者的要求颇高，且这种高消耗的贵族化体育运动项目参与人群较为单一。分析英国体育制度文化与社会制度文化之间的关系，可知两者均受英国君主立宪政体的影响，并体现出明显的阶级性。因此，作为部分的英国体育制度文化与作为整体的英国社会制度文化，在一定程度上存在着分形自相似的特点。

（四）印度的体育制度文化与社会制度文化

一说起印度，人们很自然地联想到印度恒河文化以及种姓制度文化。印度的种姓等级划分历史悠久，这与印度社会的宇宙观、社会体系、人际关系以及宗教密切相关，是古印度社会制度与规范最重要的文化遗存[①]。在种姓制度下，社会成员依据姓氏被划分为不同等级，且种姓制度代代相传，不同种姓拥有不同的社会地位。受种姓制度的束缚，印度日常生活和风俗习惯均受到不同程度的影响。种姓制度一度成为阻碍印度社会发展的一大障碍。目前印度虽然在法律上提出了消除种姓制度和种姓歧视的各项规定，但由于社会阶级矛盾的存在，种姓制度的沉疴旧疾仍旧在印度社会中顽固地存在。时至今日，印度种姓制度文化仍然对社会政治、经济、文化、艺术以及人民生活等各方面产生影响。同样，由于印度种姓制度根深蒂固、历史悠久，难免对印度体育的发展产生很大影响，体育的等级特点较为明显。如作为印度体育文化典型代表的瑜伽术，起源于婆罗门教，在婆罗门教中被广泛习练，是一种宗教修炼技术；作为第二等级的刹帝利（包括国王、各级官吏和武士）则主要主持行政和军事主权，因此军事类技击类体育项目在此阶级中流传；第三等级的吠舍（包括农民、手工业者、牧民和商人）中盛行舞蹈和各种游戏；而地位最低的第四等级首陀罗种姓，则被剥夺了教育、体育和娱乐的权利。[②]印度的种姓制度将体育活动也打上了深刻的等级印记，使得一

① ［英］麦唐纲. 印度文化史［M］. 龙章, 译. 上海: 上海中华出版社, 1948: 145.

② 王占坤, 李海英, 李占平. 体育文化研究［M］. 北京: 原子能出版社, 2009: 172-174.

些体育活动只能在限定的种姓内进行习练和流传，这极大地限制了印度体育文化的传播和发展。

剖析印度种姓制度文化与印度体育制度文化之间的关系可知，种姓制度文化制约了印度体育文化的发展。同时，印度体育制度文化与印度种姓制度之间存在类似的等级标准，且两者在划分依据上存在明显的阶级性。因此，作为分形部分的印度体育制度文化与作为整体的印度社会种姓制度文化之间存在着自相似性。

第三节　体育文化与社会文化的精神层面分析

在文化结构论中，精神文化是社会文化的核心层面，精神文化是指人类在长期社会实践以及意识活动过程中所积累起来的价值观念、思维方式、审美情趣等。具体来讲，精神文化包括价值观念、文化心态、宗教情绪、思维方式、民族性格、道德情操、审美情趣等方面的内涵及外延。[①]

一、国内精神层面的体育文化与社会文化

社会精神文化中包含许多具体的外在表现形式，例如科学精神文化、宗教精神文化、企业精神文化、政治思想文化、伦理道德观念、价值观念等。关于精神文化本节主要从伦理道德观念和价值观念的演变过程，来论述社会精神文化与体育精神文化之间的关系。

（一）体育伦理道德与社会伦理道德

在社会文化体系中，伦理道德被认为是宏观世界的社会生活秩序，以及微观世界的人体生命秩序的深层设计，伦理道德是中国传统精神文化的核心[②]。传统的伦理道德对中国传统文化的延续和发展发挥了重要作用。时至今日，经过扬弃和改造的中国传统伦理道德，对现代社会人们的价值观念体系仍具有一定的影响力，以一种文化基因的形态在中华民族代代传承与延续。中国传统伦理道德经过长期的发展，不断丰富和完善，在漫长的历史发展过

① 卢元镇. 体育社会学[M]. 北京：高等教育出版社，2010(3)：92.

② 张岱年，方克立. 中国文化概论[M]. 北京：北京师范大学出版社，2004(2)：220.

程中，已建构起十分成熟的普世的伦理道德价值体系。先秦时期，中国伦理精神处于初始阶段，西周的“周礼”是我国早期确立的伦理道德规范，其对中国社会和中国文化产生过深远的影响。春秋战国时期诸子百家学说并存，形成了多种伦理思想体系。汉代以后，儒家思想的正统地位逐渐被确立，“仁”“义”“礼”“智”“信”“恕”“忠”“孝”“悌”为核心的道德伦理观念，成为不可动摇的礼教制度。儒家思想成为中国两千余年的伦理道德思想的主体。西方思想文化的传播，使中国传统思想受到严重冲击，民主、科学、自由、平等的理念逐渐深入人心。随着社会进步和发展的需要，对社会伦理道德观念的选择与确立，秉持科学扬弃的立场，提倡保留传统文化中优良的道德，摒弃不良的且不适应社会发展的伦理道德，建立起更加积极向上的伦理道德体系。

体育伦理道德的发展，与人类社会的伦理道德的发展遵循着大体一致的规律，但体育伦理道德形成的过程有其自身发展的相对独立性和自身的特点。远古时期由于人们对身体活动认知的局限性，类似体育萌芽的活动被赋予了浓厚的神话色彩和宗教色彩，多以“巫”与“舞”的形式存在。奴隶社会时期的体育活动则主要融合在祭祀和军事之中，且体育活动具有鲜明的等级性。封建社会时期，体育伦理道德以“礼”“法”为道德规范，作为一种维护宗法制度的统治工具，服务于封建制度的统治需要①。近代中国体育在以西方强势体育文化——奥林匹克文化的传播与影响下，更加注重体育运动的公平、公正和公开。受奥林匹克格言“更快、更高、更强”理念的影响，竞技体育运动在我国受到重视并大力开展。新中国成立后，竞技体育在我国得到迅速发展，竞技体育运动特有的不畏艰难、奋发进取、顽强拼搏的精神，极大地激发了人们的爱国热情和爱国信念。新时期我国的体育伦理道德观念也趋向多元化发展②，在由“体育大国”向“体育强国”迈进的过程中，体育伦理道德作为一种精神引领与社会规范，引导并约束着我国体育事业更加规范、健康、有序地发展。

（二）体育价值观念与社会价值观念

价值观是赋予人生意义并且指导人行为的重要指标，它尽管无形，但非常强大。不同文化的价值观差异很大，不同时期的价值观念也存在不同，甚至相同的社会或文化团体中，价值观也存在相互矛盾的时候。甚至具体到个人，每

---

① 赵立军. 体育伦理学［M］. 北京：北京体育大学出版社，2007：25.

② 赵立军. 体育伦理学［M］. 北京：北京体育大学出版社，2007：216-220.

个人的价值观念也多多少少或有不同。我国体育价值观念和社会价值观念经过一系列的演变，不断更新、发展，趋于合理和完善。社会价值观念在不断变化发展，远在春秋战国时期，社会主流价值观念有“重民轻君”的“民本主义”以及“重人轻神”的“人本主义”等；秦汉至明清时期，大一统的政治观念成为主流的价值观念；鸦片战争以后至新中国成立这一时期，否定传统的价值观念，强调的是民族独立、国家富强、民主、科学、自由等革命的价值观念；新中国成立以后，在吸收和弘扬传统的优秀价值观念的基础上，公民意识、公正意识、平等观念、诚信意识、改革开放意识、全球意识、开拓进取意识等价值观念得到发展与弘扬。经过不断地发展、丰富和完善，我国适时提出了“自由、公平、平等、法治、富强、民主、和谐、文明、爱国、敬业、诚信、友善”新时代社会主义核心价值观。

体育价值观念的演变也经历了不断发展演变的过程。先秦时期，除军事体育外，养生体育得到一定的发展，如五禽戏、导引图等。到秦汉时期，受儒家思想的影响，我国出现了“重文轻武”的思想观念，养生体育成为秦汉时期的主流。之后受道家思想的影响，出现了各种养生思想，如嵇康、葛洪、陶弘景等人不同的养生思想。至明清时期我国的养生体育逐步得到完善和系统化，出现了一些养生著作，改进五禽戏、八段锦、导引术，创编易筋经和太极拳等。随着社会的发展，以奥林匹克文化为主要代表的西方体育文化传入我国并不断发展，西方体育文化表现出的公平、竞争、规范、平等参与和勇于奋斗的精神，以及把竞技成绩作为主要追求目标的价值观念，影响了中国体育的价值取向，“锦标主义”一度盛行。西方体育文化的竞争、张扬、表现，以提高竞赛成绩为主要目的，主张突破人类极限，以比赛胜负为最终体现的竞技体育文化观念的弊端日益显现。中国传统体育文化提倡的“天人合一”的理念引发了西方社会对人与自然和谐关系的思考。中国传统体育文化注重和谐统一，以休闲养生为主，以娱乐消遣为乐趣，以身心独特体验为参与目的，以身心愉悦为终极追求，注重内在气质的培养和精神的修养①。现如今，在重视发展全民健身的国家政策支持下，我国体育的价值观念发生了相应的变化。体育强身健体、防病治病、娱乐身心、增强体质的本质功能受到重视，引起现代人们体育价值观念的相应转变。倡导回归自然、追

① 王岗. 体育文化的真实[M]. 北京：北京体育大学出版社，2007：45-50.

求以身心统一为核心的传统体育价值观，对促使人本性的回归和社会的和谐发展等方面具有重要的意义。

整体上看，体育精神文化的伦理道德和社会精神文化的伦理道德、体育精神文化的价值观念和社会精神文化的价值观念，其均经过长期的演变和发展，且在不同时期表现出不同的主流价值观念和思想观念。体育精神文化的变化与社会所提倡的主流精神文化密不可分，剖析作为社会精神文化重要组成部分的体育精神文化的任何一小部分，均能在一定程度上反映出社会文化精神的内涵。因此，体育精神文化与社会精神文化这两者之间符合分形理论部分与整体自相似的特点。从精神文化的伦理道德和价值观念演变看体育文化与社会文化之间的关系，可知体育伦理道德和价值观念分别隶属于社会伦理道德观念和价值观念的一部分，且遵循与社会伦理道德和价值观念一致的发展过程和类似的发展规律。但需要注意的是，体育伦理道德和价值观念又体现出其区别于社会精神文化的特点。

二、国外精神层面的体育文化与社会文化

国外不同国家、不同民族的思想文化传统、价值观念、精神文化存在较大差异，但在某一国内部，其体育文化与社会文化的发展却在一定程度上具有一定的相似性。

（一）古希腊体育精神文化与社会精神文化

谈人类文化“言必称希腊”。作为西方文明的精神源泉和西方的各种文化艺术的天堂，古希腊社会对“身体美”有一种独特的追求和推崇。人们对裸体展现出的肌肉、力量、健美的热爱，形成古希腊独特的“裸体文化”，影响着古代奥运会的参与形式（参赛选手需裸体），推动古希腊体育文化的发展。同时，动荡不安的社会环境需要人们拥有强壮体魄，实现保家卫国的愿望。因此，古希腊社会崇尚身体力量展示出来的肌肉美和力量美。此外，由于受社会生产力水平和人们对自然界认知能力的限制，该时期人们进行社会活动的宗教色彩较为浓厚。

古代奥运会的起源具有浓厚的宗教神话色彩，是在宗教祭祀庆典下进行的体育竞技比赛，表现出强烈的宗教仪式感。

（二）美国体育精神文化与社会精神文化

研究显示，20世纪90年代，美国北卡罗来纳州维克郡公立学校联盟曾提出，美国体育精神的内涵主要有：领会比赛规则、尊重裁判员、尊重对手、为

比赛每个精彩之处喝彩、自我控制[①]。美国的体育精神文化不仅包含诸如公平竞争、团体意识、克服困难、勇击对手等道德内容，还包括崇尚英雄主义、自由竞争、个人主义和集体主义结合等内容。美国社会精神文化方面，个人主义是美国精神的集中体现，其表达“人人都可以凭借自身勤奋工作或者其所具备的才华而迈向人生巅峰”的价值观[②]；美国精神文化典型特征是极富创新精神、冒险精神和追求自由。在体育精神文化方面，崇尚“肌肉文化”和提倡竞争意识的美国体育精神文化与倡导个人英雄主义的美国社会精神文化，两者之间符合分形理论的部分与整体自相似的特点，即在精神文化方面通过了解美国的体育精神文化可以在一定程度上认识到美国社会精神文化的内涵。

（三）英国的体育精神文化与社会精神文化

绅士文化是英国社会文化的一个代名词。早在13世纪，绅士文化就已经影响着英国各阶层的思想和行为。英国著名诗人霍金曾自豪地说过：“即使英格兰民族不能给世界留下别的东西，单凭绅士这一概念，他们就足以造福人类了。”[③]由此可见，绅士文化作为一种精神文化在英国社会文化中的地位根深蒂固，且这种绅士文化对英国社会的精神风尚、公序良俗影响深刻。英国的绅士文化在一定程度上是以贵族精神为基础的，这种贵族精神奠基的绅士文化延伸到体育文化领域，则表现为英国的绅士运动和贵族运动。整体上看，英国的体育精神文化以贵族运动特色的绅士文化为主。如，作为世界四大绅士运动的网球、高尔夫、保龄球和桌球在英国开展得相对较好。马术运动作为一种贵族运动，高贵典雅，是一种贵族身份的象征，是绅士运动的典型代表。此外，英国2005年在伦敦举办了第一届绅士运动会，该运动会不以打破运动成绩记录为主要目的，而以“不要肌肉，只要风度”为口号，旨在为绅士打造趣味性的运动会，这也体现了英国人对绅士文化的追求和推崇。由英国体育文化的发展可知，英国体育精神文化以绅士文化为主要内涵。通过对英国体育精神文化与社会精神文化的分析可知，英国体育精神文化体现的绅士文化与英国社会精神文化所推崇的绅士文化之间具有许多共同点，即可以这样认为：作为部分的英国体育精神文化与作为整体

① 马瑞，俞继英. 美国青少年精神教育的特点及启示［J］. 上海体育学院学报，2007（6）：45-48.

② 周珂，乔石磊，袁凤生. 体育与美国精神的表达——以棒球运动与个人主义的演进为例［J］. 体育文化周刊，2016（7）：56-70.

③ 盛春来. 二元对立在《远大前程》中的体现［J］. 三峡大学学报（人文社会科学版），2009，31（5）：99-101.

的英国社会精神文化之间具有分形自相似的特点。

（四）日本体育精神文化与社会精神文化

武士道文化是日本精神文化的核心，是日本特有的民族文化精神体现。一部日本文化史，几乎就是一部描述武士道精神文化的历史。日本武士道文化最早始于镰仓时代，一直发展到江户时期逐渐式微，在明治维新时期格外受到重视，直到现在日本虽不再明确提出倡导武士道，但武士道精神文化已经成为一种文化基因，在日本民族精神中仍占据着重要地位。武士道文化在日本具有很深的根基，且发挥着强大的力量。武士道精神作为一种无意识的、不可抗拒的力量，一直助推着日本大和民族及其国民向前发展。①在日本人的日常生活中，武士道文化业已深入日本社会生活的各个层面，作为一种民族精神文化不断驱策日本民族。日本人的思想和行为，受武士道文化的影响深远，日本的人文知识体系与伦理道德，均是武士道精神文化的产物。日本武士道精神文化如土地中的源泉，渗透到日本社会生活的各个领域，当然也包括对日本体育文化领域的渗透和影响。武士道精神文化对日本体育文化的发展影响至深，传统的日本体育运动项目如空手道、柔道、弓道、剑道等派生出来的各种道法，都是日本武士道精神文化在体育文化方面的体现。时至今日，日本相扑、柔道、空手道、合气道、剑道等对抗性的搏击类运动，在日本仍十分盛行，这与其推崇的武士道精神文化之间存在很深的内在联系。由此可知，日本的体育精神文化与社会精神文化所提倡和推崇的武士道精神理念一脉相承。日本秉承的体育精神文化是日本社会倡导的武士道社会文化的一个缩影，且作为部分的日本体育文化与作为整体的社会文化之间存在相似性的特点。

以文化结构论划分为依据，从物质、制度、精神文化的诸多具体方面分别对不同国家的社会文化和体育文化之间的关系进行比较分析。通过对不同国家体育文化与社会文化在物质、制度、精神层面具体方面的横向对比研究发现，无论是体育物质文化与社会物质文化、体育制度文化与社会制度文化，还是体育精神文化与社会精神文化，其在对应层面都具有一定程度的相似性，即任取体育文化的一部分，均能在社会文化中找到与其对应发展的部分。即作为部分的体育物质文化、制度文化、精神文化与作为整体的社会物质文化、制度文化、精神文化之间存在着部分与整体自相似的特点。

---

① ［美］本尼迪克特. 菊与刀［M］. 秦海霞，译. 北京：中国城市出版社，2010：161.

第四章　文化变迁背景下体育文化与社会文化的相似性

社会变迁是指一切社会现象发生变化的动态过程描述及其结果，是社会结构的重大变化①。文化变迁则是文化范畴内部的发展，以及不同文化之间相互接触后引发的文化改变，或者是文化本质性内容的减少或增加而引起的文化结构性的变化②。社会文化变迁融合了二者的内涵，是指在社会动态发展的过程中，社会文化内部结构发生的本质性或结构上的变化。

前文从结构论角度出发，运用横向分析，对作为部分的体育文化与作为整体的社会文化在物质、制度、精神等诸多具体方面进行论述，论证两者存在分形部分与整体自相似的特点。文化具有丰富的内涵和外延，体育文化（部分）与社会文化（整体）之间的自相似性关系，不仅体现在文化结构论层面上的相似性，而且在整个发展过程中也存在一定的相似性。因此，将体育文化与社会文化放置于整个文化变迁背景下，采用纵向研究的方法探讨两者发展轨迹之间的关系，论证作为部分的体育文化与作为整体的社会文化之间存在分形自相似的特点具有重要意义。以下结合纵向的研究视角，在文化变迁背景下以时间发展为主线，从整个社会发展的角度对体育文化史与社会文化史两者之间存在的关系进行分析。

第一节　国内体育文化发展史与社会文化发展史

中国历史悠久，文化底蕴丰厚，且在四大文明古国中是文化发展延续至今

① 郑杭生. 社会学概论新修（第三版）［M］. 北京：中国人民大学出版社，2003：321.

② 曾晓进. 变迁、互动、交融与发展——现代化进程中台江苗族体育调查研究［M］. 北京：北京师范大学出版社，2012：41.

且从未中断过的国家。在几千年的历史发展过程中，整个中国文化发展史，大致可以划分为古代、近代、当代三大历史阶段。

一、中国古代体育文化与社会文化发展史的相似性

不同朝代体育文化的发展状况在一定程度上能够反映出社会的整体发展水平。原始社会是体育的起源和萌芽阶段，此阶段人类进行的各种身体活动，从某一方面来说属于人类求生意识和自我防卫的本能体现。为了适应环境，更好地生存下来，出现了以觅食和攻防为主要目的的原始体育。根据自相似性推断，作为整体的社会文化方面，原始社会时期社会生产力水平低下，人们生活环境和生活条件恶劣。事实上也确实如此，原始社会人类居住环境差，多以洞穴为居住地，社会生产工具落后，物质资料短缺，整体上人类生存条件处于较低水平。

奴隶社会制度的建立，在一定程度上将古代中国体育向前推进。奴隶制度的建立和频繁的战争，使该时期的军事武艺如射箭、驾车、兵器演练、田猎等得到很好的发展。当时的学校体育教育中也很重视“御、射、乐”能力的培养。奴隶社会相对于原始社会是一个很大的进步，其社会生产力水平得到了极大的提高。奴隶社会时期，中国开始使用青铜器，农业生产得到了较快发展，手工业和货物贸易也逐渐兴起。随后铁制生产工具的使用和牛耕的推广，进一步提高了当时的劳动生产力。

封建社会前期，是体育活动迅速发展的阶段，该时期的体育文化整体上得到了较快发展。秦朝统治期间军事武艺得到了统治阶级的重视，养生术和导引术得以保留和发展，乐舞杂技也在宫廷中盛行。两汉的体育，在中国古代体育史上占有较为突出的地位，在某些方面曾走在当时世界的前列。①汉代体育在继承先秦体育的基础上得到了很大发展，呈现出内容丰富、项目繁多、技艺精湛、活动广泛等特点。汉代重视发展手搏、角力、骑射、剑术、刀术等军事武艺，并在军中大力开展蹴鞠项目以提升军队的作战水平和能力。汉代宫廷中盛行秋千、投壶、弹棋、围棋、蹴鞠、击鞠等体育活动，而登高郊游、骑竹马、荡秋千、蹴鞠等体育活动则在民间流行。这一时期的体育文化在中国古代体育发展史上有着承上启下的作用，先秦时期的体育活动得以很好地继承，并逐渐规范化发展，新的

① 李季芳，周西宽，徐永昌. 中国古代体育史简编［M］. 北京：人民体育出版社，1984：73.

体育活动形式也次第出现，引导未来体育文化的发展。整体上看，封建社会前期社会生产力水平有所提高。秦统一六国后采取了一系列巩固统治政权的措施，促进其经济、文化等方面的发展。汉初期为恢复和发展生产，国家实行了“休养生息”的利民政策，经济生产生活得以恢复，人民生活相对安定，生产力水平在该时期得到发展，手工业、商业也出现繁荣景象。秦汉时期最大的特点就是统一的封建制中央集权国家的创建，政权的巩固提供了相对稳定的社会政治环境，极大地促进了当时社会经济和文化的发展，这也为其后隋唐的繁荣奠定了社会基础。

封建社会中期，是我国古代体育发展的繁荣和鼎盛时期。该时期的体育活动在宫廷、军队、民间都非常活跃，对外体育文化交流空前发展。隋唐时期的体育文化整体上呈现出内容丰富、形式多样、规则规范化、参与人群广、规模大、普遍化程度高等特点。隋唐两代的统治阶级极其重视军事力量的组织和训练，军事制度的发展直接促进了以骑马、射箭为主的各类军事武艺体育的提高。球戏在该时期也有很大的发展，如蹴鞠、马球、驴鞠、步打球、踏球、十五柱球等，其中马球深受唐代统治阶级的喜爱和推崇，在皇室、贵族和军队中盛行。隋唐乐舞在南北朝的基础上也有了显著的发展与提高。隋唐时期角抵戏盛行，棋类游戏得以延续和发展，围棋、象棋、弹棋均得到不同程度的发展。民间体育活动内容更加充实和丰富，登高、郊游、秋千戏、百戏、拔河、各种水上活动在民间广泛开展。除了以上论述的各种体育活动外，这一时期的对外文化交流日益频繁，特别是在唐朝时期，体育活动的对外交流得以空前发展。中国的杂技、围棋、相扑、蹴鞠、马球等项目传播到其他国家，并对这些国家体育文化的发展起到了推动作用。总之，隋唐时期的中国体育达到空前繁荣。封建社会中期体育文化的快速发展的基础，离不开社会文化发展和进步的大环境。中国封建社会文化在隋唐时期达到顶峰，是多民族国家统一后的迅速发展和封建社会经济和文化繁荣的结果，在经济、政治、文化、军事、外交等各个方面，处在了历史发展的顶峰时期，交通、军事、体育等各方面在该时期也呈现空前繁荣的景象。

封建社会后期我国体育的发展则逐渐走向衰落，一些体育项目甚至消失。虽然两宋时期的体育在传承与发展前朝的基础上得到了进一步的完善，但一些体育运动项目也开始呈式微之势。元朝时期，在民族压迫政策下的体育文化发展进入低潮。宋元时期的体育虽然在某些领域得到了发展，但从整体上看该时期的体育文化也逐渐呈现衰落趋势。明代体育在沿袭前朝的基础上也有了很大的变化，特别是武术运动得到了空前发展。虽然明代体育大多延续宋元时期的旧制，在一定程度上有所发展，但从整体上看，明朝依旧没有改变体育文化的衰落趋势。清朝建立后，体育文化衰落迹象明显。作为满族传统体育活动的骑射、摔跤和滑冰运动在清朝统治时期广泛盛行。但从总体上看，整个清朝社会的体育文化发展缓慢甚至出现倒退，许多体育项目在清朝衰落甚至消失。以火器为代表的热兵器在战争中的普遍使用，意味着冷兵器时代的结束，这使清朝时期军事武艺发展式微。注重满族传统体育运动项目的发展，轻视其他体育运动项目，使凝聚着古代人民智慧结晶的各种球类活动在清朝灭亡。总之，封建社会后期是我国传统体育文化发展由盛转衰的时期。对于社会文化而言，该时期社会发展不稳定，北宋面对内忧外患生存艰难，元朝统治未步入正轨，因各种民族矛盾、政治腐败、内忧外患等问题，最终走向灭亡。明朝建立后，实施了一系列恢复和发展生产的举措，社会经济在一定程度上得到恢复和发展，但也伴随有明朝统治期间显著的宦官专权现象，倭寇侵扰、统治腐败等问题也很严重。整体上看封建社会末期的社会文化发展相对缓慢和滞后。直至清朝初期封建经济有所回升，社会文化虽有一定的发展，但整体上无法阻挡封建社会衰落的趋势。到清朝中期以后，政治腐败，社会动荡，经济衰退，封建社会制度最终走向崩溃。

二、中国近代体育文化与社会文化发展史的相似性

中国近代史可以划分为旧民主主义和新民主主义两个阶段。两个时期的社会文化都发生了翻天覆地的变化，作为社会文化的重要组成部分的体育文化，自然在社会文化大背景下也相应发生了改变。中国近代体育文化形态、内涵主要有两个方面，一是从古至今延续下来的中华民族传统体育文化；二是近代西方传入的西方体育文化。所以，对中国近代社会文化的剖析也应该从中国传统文化和被西方文化思潮影响的中国近代文化两个方面来论述。

第一阶段，旧民主主义革命时期的中国体育文化与社会文化。鸦片战争以后，中国开启体育近代化的进程。近代西方体育文化传入中国，其中“师夷长技以制夷”“师夷长技以自强”的观念发挥了重要作用，使得西方体育文化的传入成为可能。以练兵为主要目的的“兵式体操”首先在近代中国开展起来。“照搬模仿”是洋务派训练新式军队的方式，他们创建了新式军队，以习练洋枪、洋炮、洋操为主要训练内容，依照外国学校体育课程设置新式学堂。

在西方体育文化被大量引进、消化、融合、同化的同时，中国传统体育文化并没有此消彼长，依然拥有较为广泛的群众基础，继续在民间传承与发展。西方近代体育文化的引入和中华民族传统体育文化的同时发展，是中国近代体育文化初期发展的特色[①]。戊戌变法期间，中国近代体育由洋务派提出的器物层面的学习，发展为对西方制度文化的吸收和接纳。辛亥革命前后中国近代体育进入新的发展时期，这一阶段国家模仿西方体育竞赛模式，举办各种运动会，如校运会、校际运动会、省运会、全运会等。与此同时，中国传统的武术文化在民间也得到重视和发展，大众体育和女子体育在该时期也得到发展。

体育文化的发展受制于社会文化的背景，且体育文化与社会文化在社会变迁中又存在密切联系。晚清时期西方列强在侵略中国的同时，也输入了文化，在这种西学东渐思潮的影响下、受西方文化的冲击，中国社会文化面临着巨大的挑战。中国社会文化与西方文化之间发生了碰撞和融合，且早期“西学东渐”对中国的影响主要集中在洋务派对西方器物层面的引进和学习上。

随着对西方思想文化和中国社会现状认识程度的加深，资产阶级维新派意识到西方社会文化制度层面的先进性，并提出向西方制度文化学习的意愿。中国从最初对西方器物文化层面的学习，逐渐发展到对西方制度文化层面的学习、引进、消化和吸收，这些制度文化层面的学习，在现实中受根深蒂固的封建制度与沉疴旧疾的约束与阻碍，并没有掀起多大的波澜，从而改变历史，但毕竟种下了一颗颗思想的种子。

第二阶段，新民主主义革命时期的中国体育文化与社会文化。新民主主义革命时期，新文化运动提倡民主与科学，启发人们的民主意识觉醒。民主与科学观念日渐深入人心，给中国近代思想文化领域带来巨大变革。新文化运动和五四运动掀起了民族反思的热潮，与此同时，中国近代体育在该时期进入新的发展阶段：学校体育课的教学内容、项目日渐丰富和完善，竞技体育和社会体育也有相应的不同程度的发展。近代体育运动项目的普及和体育文化的发展使体育运动竞赛在全国范围内空前发展。

---

① 罗时铭. 中国体育通史·第三卷［M］. 北京：人民体育出版社，2008：6.

三、中国当代体育文化与社会文化发展史的相似性

新中国成立后，在一段时期，与旧社会割裂成了我们的主要工作，批判旧体育的同时谋划新体育，是这一时期体育界的主要任务[①]。1949年到1956年是新中国的初创阶段，也是中国体育事业的初始阶段。该阶段体育发展的主要任务是接管和改造旧体育并建设和发展新体育，我国体育事业在该时期得到一定的发展。社会主义建设初期，中国政治、经济、科技、文化、教育和体育等各方面发展迅速，但在前进过程中也面临着失误、挫折和挑战。1958年，随着社会政治、经济、文化的变化，中国出现了发展高峰，“左”倾思想开始成为主流，受“文化大革命”的影响，我国社会主义初级阶段的社会文化建设受到重创，其影响扩散到社会文化的各个层面，体育文化也包含其中。“文革”结束后，拨乱反正使中国各项事业得以复苏。中国开始了不断反思，寻求路径以冲破旧观念和旧思想的束缚，体育事业得到快速发展，并为日后中国体育事业的腾飞奠定了良好基础。

改革开放后中国社会取得了突飞猛进的发展，同时中国的体育事业也进入了前所未有的发展时期。确立了“举国体制”以促进我国体育体制的改革，推动了体育文化的建设和发展。中国竞技体育迅速发展，且在奥林匹克运动会上取得了卓越成绩。群众体育和学校教育在该时期也得到蓬勃发展。20世纪90年代，我国在经济体制改革方面取得巨大成功，这为深化体育改革提供了借鉴，指明了方向，我国体育事业开始进入新的历史发展阶段，其主要趋势是向法制化和规范化发展。在这一时期，《中华人民共和国体育法》《全民健身计划纲要》《体育产业发展纲要》等法律法规相继颁布，使现代体育在国家法律制度层面下更加规范化。进入21世纪，我国的体育事业处于持续上升状态。未来很长一段时间，我国体育事业的主要任务是由“体育大国”向“体育强国”迈进，奋斗的目标是提升文化软实力，体育文化助力社会文化发展，实现中国文化强国梦。

---

① 罗时铭. 中国体育通史·第五卷［M］. 北京：人民体育出版社，2008：8-10.

第二节　国外体育文化与社会文化发展史

无独有偶，西方体育文化与社会文化的发展同样存在着自相似性的特点，无论是具有典型代表性的古代奥运会发源地的古希腊，还是善于学习借鉴他国文化的日本，以及移民强国美国、所谓的“体育强国”牙买加，其体育文化的发展都伴随着社会文化的进程而“同呼吸，共命运”。

一、古希腊体育文化发展史与社会文化发展史的相似性

古代奥运会起源于古希腊，是古希腊伯罗奔尼撒西部半岛的城邦参加的小范围祭祀活动中的赛事。公元前776年，古希腊的宗教与体育竞技融合为一体，举办了第一届古代奥运会，但起初的奥运会并没有得到广泛响应，只限于伯罗奔尼撒半岛的城邦参加。而该时期古希腊的社会文化呈现的特点是：古希腊出现了奴隶制的城邦国，但该阶段古希腊的社会生产力比较低，交通不发达，不同城邦之间交流困难。公元前490年，希腊雅典取得战争胜利后，国力渐强、国威大振，希腊在该时期修建了许多运动设施和庙宇等。之后，古代奥运会赛事的规模和影响不断扩大，参赛者来自希腊各个城邦。公元前6世纪至公元前4世纪时期，古代奥运会不断发展和扩大，形成了特有的古代奥林匹克文化传统①。而该时期古希腊的社会文化经历了从社会生产力低下、交通不发达、不同城邦之间的交流困难到社会生产力发展迅速、奴隶制巩固、经济水平提高、手工业和商业繁荣的过程。商品经济的发展促使城邦间经济、文化交流日渐频繁，古希腊城邦的奴隶制进入鼎盛时期。从公元前4世纪到公元4世纪，古代奥运会慢慢进入衰落期，盛极一时的古代奥运会逐渐走向衰败。至公元392年，狄奥多西一世把基督教立为国教，此外他还下令废除古代奥运会。经过战争、人为的破坏以及自然灾害，古代奥运会遭到彻底的毁坏，延续1000多年的古希腊奥运会不复存在。在古希腊社会发展方面，这一时期古希腊奴隶起义，各城邦之间战争不断，社会动荡不安，古希腊先后被马其顿和罗马帝国征服，城邦奴隶制走向崩溃。奴隶起义、各城邦

---

① 全国体育学院教材委员会主编. 奥林匹克运动［M］. 北京：人民教育出版社，2000：21.

之间战争不断、宗教信仰冲突，最终引发了伯罗奔尼撒战争。伯罗奔尼撒战争直接导致了整个古希腊的衰落，自然灾害、各种人为的破坏给古希腊文明以重创。自此，辉煌灿烂的古希腊文化不复存在。

由古希腊的体育文化发展史与社会文化发展史，可知古代奥林匹克文化随着古希腊的发展而发展，随着其兴盛而兴盛，随着其衰落而逐渐衰落，并最终随着古希腊文化的消亡而彻底消亡。古代奥运会文化，在特定的发展时期，是伴随奴隶制的兴衰而发展的。从古希腊社会文化与古代奥运会文化的发展过程可以发现，无论是作为整体的社会文化，还是作为部分的体育文化都经历了由产生、发展到兴盛、衰落这一规律，通过对古希腊体育文化与社会文化的分析可知，作为部分的古代奥林匹克文化与作为整体的古希腊社会文化之间存在分形部分与整体自相似的特点。

二、日本体育文化发展史与社会文化发展史的相似性

日本是亚洲第一高度发达的资本主义国家，和西方也最为接近。日本得以迅速发展，与日本对异质文化的学习、吸收、包容、创新、消化的态度和观念紧密相关。整体上看，日本文化是借鉴东方文化、融合西方文化之后而形成的特有文化。

早期古代日本以中国文化为学习目标，崇尚和大力推崇中国文明。在早期中日文化交流的过程中，古代中国文化作为一种强势文化，对包含日本在内的许

多国家文化产生过巨大的辐射力。日本大量吸收中国先进文化，当时对中国文化的学习和引进极大地促进了日本民族文化和日本社会的发展。在中日文化交流期间，古代中国政治、经济、文化、法律、制度等对日本文化发展产生了极大的影响，促进了日本历史和文化的飞跃发展。在早期中日文化交流的历史中，以唐朝时期最为频繁。唐朝时期，日本曾多次派出遣唐使者到中国学习各种文化。如，学习中国的汉字，丰富了日本文字的词汇量；引进中国的典章律令，完善了日本法律体系；模仿中国的习俗，丰富了日本的民俗活动等。在文化交流过程中，日本大规模地模仿中国的政治、法律、教育制度、文化艺术、经济制度，甚至建筑风格等。与此同时，中国的书法艺术、绘画雕塑技巧、音乐舞蹈、医学建筑等，也都经过消化和改造，逐渐融入日本社会文化，并对日本文化的发展产生了深远影响。早期中日文化交流中，中国文化影响了日本社会文化的各个层

面，日本对中国文化的学习内容广泛，其中包括体育领域。早期日本的体育文化以中国的体育文化为范本，体育文化方面该时期引进中国的马术、蹴鞠、相扑、武艺、柔术、围棋、马球等体育运动项目，并积极学习和开展此类体育活动。这些由中国引进的体育运动项目对日本体育文化发展产生了巨大影响。其中相扑运动发展成为日本的国技，在日本占据重要地位。

近代以后的日本，以学习西方文化为主要方向。近代以来，日本置身于西方文化的浪潮中，受西方文化的影响较大。明治维新后日本向西方打开门户，对西方文化的接纳逐渐完成从学习表层的物质技术层面到学习深层精神文化层面的转变①。日本大范围地接受和引进西方文化，学习西方的政治、制度、法律、经济、教育、文化等，不断吸收西方先进的物质文明和精神文明成果。在广泛吸收西方文明成果的前提下，逐步实现了自身文化系统的丰富和完善。近代日本文化在接受和消化西方文化的基础上，呈现适应性和多样化的发展。近代日本文化的多元化体现在社会文化的诸多方面，其中包括体育文化。在明治维新后，日本在体育文化方面开始全面接受欧洲先进的体操、竞技运动和学校体育，并逐渐发展出一套具有军国主义色彩的体育文化②。西方体育文化的大规模传入，给日本带来了许多新型的现代体育运动项目，如棒球、垒球、足球、网球、高尔夫、马拉松、羽毛球、乒乓球、游泳等，并逐渐在日本普遍开展。

分析日本体育文化发展史与社会文化发展史可知，古代日本文化受中国文化的影响较大，对社会文化的引进和体育文化的学习均具有浓厚的中国文化印记。近现代日本受西方文化的影响较大，其社会文化的模仿和体育文化的引入具有浓厚的西方资本主义文化色彩。无论是对中国传统文化或西方社会文化的模仿，还是对体育文化的引进，日本文化发展的历史整体上是借鉴中国文化后融入西方文化形成的独具自身特色的文化。通过对不同阶段日本体育文化与社会文化发展史的分析可知，作为部分的日本体育文化与作为整体的社会文化之间符合分形自相似的特点。

三、美国体育文化发展史与社会文化发展史的相似性

美国体育文化发展脉络如下：从殖民统治时期的体育发展停滞，到美国独

① 叶渭渠. 日本文化史［M］. 桂林：广西师范大学出版社，2003：145.

② 王玲. 日本文化新论［M］. 成都：电子科技大学出版社，2009：164-169.

立后体育得到初步发展，再到南北战争后体育的迅速发展，进而至两次世界大战后美国体育进入黄金发展时期，最终到现今美国成为体育强国，霸占体坛重要地位。[①]从美国体育文化的发展历程中大体可知，美国体育的发展经历了一个从无到有、由弱到强的过程。美国社会文化的发展脉络：从殖民统治时期的被压迫、被奴役，发展到美国独立后获得的解放和自由，再到南北内战后实现的国家统一，接着在两次大战后美国成为超级大国，一跃成为世界霸主，发展到现今的美国依旧在世界舞台上占据重要地位。从美国社会文化的发展进程可知，美国社会历经了从压迫到解放，从弱小到强大的地位转变。分析美国作为部分的体育文化发展史与作为整体的社会文化发展史，发现两者之间存在分形自相似的特点，即取美国任何一时期的体育文化（部分）发展，都能从中分析和解读出对应时期的社会文化（整体）背景。因此，作为社会文化重要组成部分之一，美国体育文化与作为整体的社会文化的发展过程符合分形理论提出的部分与整体自相似的特点，两者具有自相似性。

四、牙买加体育文化发展史与社会文化发展史的相似性

牙买加是加勒比海的一个岛国，早期先后被西班牙和英国作为殖民地统治，直至1962年才宣布独立，正式脱离殖民统治。获得独立发展后的牙买加是一个体育发展较好的国家，特别是在田径运动上表现非常出色。从第一次参加奥运会至今，牙买加在奥运会短跑比赛上取得多块奖牌并多次打破世界纪录。牙买加在短跑项目上取得的优异成绩，使世界短跑进入牙买加运动员统治赛场的时代，牙买加也由此被外界冠以“体育强国”的称号。[②]

牙买加早期被西班牙和英国进行殖民统治，1962年独立后脱离殖民统治。在漫长的殖民统治期间，牙买加的政治、外交、文化和经济等发展一直受到殖民当局的极大钳制。独立以后的牙买加，虽然在各方面都得到一定的发展，但发展过程中诸多问题和困难也开始显现。与牙买加短跑项目创造的辉煌成绩形成强烈反差的是牙买加的社会发展现状。牙买加虽被外界称为“体育强国”，但它依旧

① ［美］勒恩斯（Le Unens, A. ）. 运动心理学导论（第三版）［M］. 姚家新，等译. 陕西师范大学出版社，2005：39-52.

② 苏荣海，邵作刚，刘慧慧. 第30届伦敦奥运会世界田坛竞争格局新变化及对中国的启示［J］. 山东体育科技，2015，37（3）：6.

是一个相对贫穷的国家，国家各方面发展仍处于相对较低水平，失业率、贫困、贩毒和暴力犯罪等社会问题突出①。在政治上，牙买加虽然于1962年实现民族独立，摆脱了英属殖民统治，但其成为英联邦成员之一后，其政治生活依旧受英国的影响。在经济上，牙买加属于发展中国家，且经济处于中等偏下水平，人民生活虽然能够得到基本保障，但在牙买加国内依旧存在着大量的贫困人口，面临就业困难等社会问题。牙买加面临巨大的财政赤字，外债负担沉重，经济发展受到制约。由于受诸多因素的制约，牙买加社会文化的发展并未像体育文化一样得到迅速发展和提升。从整体上看，牙买加国家的综合发展水平离强国水准还相差甚远，与其“体育强国”的称号极其不匹配。

从牙买加体育文化发展与社会文化现状之间的差距上，依据分形的自相似特点，似乎看不出牙买加体育文化与社会文化之间存在部分与整体自相似的特点。但深究其背后的各种因素，依旧能够找出体育文化与社会文化之间存在的相似性，牙买加体育文化的发展在一定程度上可以呈现出其社会文化的发展状态。剖析牙买加“体育强国”称号（体育文化）与实际“强国”之间（社会文化）存在的落差，可知牙买加的体育文化与社会文化两者之间还是存在自相似的特点。牙买加“体育强国”的称号，仅表现在田径项目上，尤其是在短跑项目上创造出的辉煌成绩。但一个体育项目的强势，并不代表体育整体水平的发展和提高。事实上，牙买加的其他体育项目发展的并不好，牙买加短跑取得的成绩与其他体育项目，如游泳、羽毛球、跳水、足球等其他体育项目之间形成鲜明对比，短跑项目的“强势”发展与其他项目的缓慢发展，是体育不均衡发展的表现。从总体上看，牙买加体育文化的发展并未真正达到体育强国的标准，体育的整体发展水平还较低，并不能将其真正列入“体育强国”的行列。

由以上分析可知，对于体育文化而言，牙买加的体育文化存在单一性和不均衡性的特点，整体发展水平并不高。从社会文化发展的角度认知，牙买加属于发展中国家，且经济处于发展中国家的中等偏下水平，国家整体发展水平不高。因此，无论是体育文化，还是社会文化，牙买加均未真正达到强国水准。由此可知，牙买加的体育文化与社会文化的发展也符合分形部分与整体自相似的特点。

从中国体育文化与社会文化的发展史看，无论是古代体育文化与社会文

① 中加经贸合作论坛. 牙买加国家概况［EB/OL］. http: //cncforum. mofcom. gov. cn/article/e/g/k/201108/20110807707376. shtml. 2011-08-23.

化，还是近现代的体育文化与社会文化，两者的发展历程存在相似性，也符合整体与部分的自相似性特点。古代中国体育文化发展整体上从原始社会开始萌芽，经历奴隶社会的初步发展，到封建社会前期迅速得以发展，封建社会中期的繁荣、封建社会后期的衰落这五个阶段。同样，中国古代的社会文化进程也整体经历了原始社会时期的出现、奴隶社会时期的初步发展、封建社会前期的迅速发展、封建社会中期的鼎盛、封建社会后期的式微五个阶段。由古代体育文化发展史（部分）与社会文化发展史（整体）可知，在不同的时期和发展阶段，体育文化与社会文化都有一定的相似性。中国近代史是一部屈辱史和奋斗史，中国人民经历了被压迫、被奴役，到反抗并独立的过程。中国近代体育文化的发展与近代社会文化发展进程相似，在帝国主义的压迫和西方文化思潮的入侵下，西方体育文化逐渐成为近代中国体育文化的主体，而中国传统体育文化开始衰微。随着中国人民民族意识的觉醒，以武术为代表的传统体育文化逐渐走向世界。当代中国在摸索中发展、在曲折中前进，努力探索和实践，经过不断的改革，经济迅速发展，综合国力提升，文化软实力增强，在国际上拥有了更多的话语权。现代中国国际地位的提升，使传统体育文化发展势头明显得到了改善。当代中国体育文化与社会文化经历了由弱到强的发展过程，体育文化的发展过程与社会文化的发展过程存在一定的相似性。依据分形理论部分与整体之间存在的自相似性的关系，任取中国体育文化发展史（部分）中的一个时期，在一定程度上均可以反映和折射出该时期社会文化（整体）的发展特征。

从古希腊体育文化与社会文化发展史看，以古代奥林匹克文化为代表的体育文化映衬了整个古希腊社会制度、物质、精神文化各方面的变化过程。因此，作为部分的古代奥林匹克文化与作为整体的古希腊社会文化之间符合分形部分与整体自相似的特点。我们通过对日本的体育文化和社会文化发展史进行研究，可知在社会文化大背景和文化大思潮的影响下，日本的社会文化和体育文化均受不同类型的外来文化影响，且作为部分的体育文化的发展与作为整体的社会文化的发展遵循相似的发展规律和发展方向。通过对美国体育文化与社会文化的分析，可知美国社会文化发展与体育文化发展整体上符合分形理论的特点。独立战争前后美国的体育文化迅速发展，当时的美国面临一系列政治、经济、文化冲突等问题，看似该时期体育文化发展与社会文化发展之间不符合分形自相似的特点。但从本质上看，殖民统治者给美国带来了先进的制度和文化，虽然美国经历着文化的冲突，但在文化冲突过程中美国文化仍然在发展。由此可知，在特定时期看似不符合分形自相似特点的美国体育文化与社会文化，从本质上去分析两者的发展背景，实则两者符合分形自相似的特点。因此，美国作为部分体育文化与作为整体的社会文化之间依旧存在分形自相似的特点。对牙买加体育文化与社会文化的深入分析可知，“体育强国”称号的牙买加，与真正强国之间存在着巨大差距，体育文化的发展与社会文化的发展之间，在一定程度上也存在部分与整体的自相似性特点。

总之，无论是历史悠久、年代久远的古希腊和古代中国，还是善于吸收和模仿的日本，还是“年轻”的美国，或是看似体育文化与社会文化之间不存在分形自相似性的牙买加，通过对不同国家体育文化发展史与社会文化发展史的深入剖析，可知不同时期、不同国家的体育文化与社会文化之间具有一定的相似性。对中国、古希腊、日本、美国、牙买加体育文化发展史与社会文化发展史的关系进行探讨和分析，可见不同地域的体育文化和社会文化的发展都基本遵循相似的发展规律，且体育文化发展史（部分）与社会文化发展史（整体）之间存在着分形自相似的特征。

第五章　分形理论视域下古代中外典型体育文化事象比较

综观中西方古代体育文化，在发展演变的历史长河中，出现了一些典型的体育文化事象，这些事象的发生发展看似具有偶然性，实则有其历史必然性与对应的社会文化背景，本章以分形理论为视角来分析不同时期的中外体育文化典型事象，与当时的社会文化相较而言，亦具有一定的相似性。

第一节　学校体育方面的形似

一、奴隶社会时期的学校体育

中国作为世界文化发展最久远的国家之一，约公元前14世纪的殷商后期产生了文字。早在西周以前，以习射为主的武士教育与习礼乐的宗教教育作为主要的教育内容。因为生产力的不断提高，奴隶主阶级有机会摆脱生产，有精力和时间兴办教育或接受教育，于是专门从事教育的学校便应运而生。夏朝专门从事教育的学校有“序”“学”“校”等较为固定的组织形式。文字知识、生产生活技能和战争经验与技能是教育的主要内容。换句话说，夏代的学校教育具有“文武合一”的特点，而教育中的武则和体育密不可分，如夏朝以习射等为主要教育内容的学校“序”的诞生。《孟子·滕文公上》云：“序者，射也，”这说明“序”是学习射礼的主要场所。商朝时期，几乎只有奴隶主的子嗣才能进入学校学习，当然也会有极少数平民的后代能够有机会进入学校学习。进入学校以后，他们首先学习文字知识和典册书籍，通过典册书籍可以学习文史、社会以及自然等其他方方面面的知识。然后进行礼、乐、射、御的学习，学习礼的地方被称为庠，学习乐的地方被称为瞽宗，学习射的地方被称为序，不过庠也时常被作为学武的场所。《礼记·王制》篇中说："耆老皆朝于庠，元日，习射上功"，意思是，宗教者中较为年长的人都到乡学那里去了，他们挑选了元旦这个较为吉利的节日来学习射礼，射中则称为上，因此称作上功。商朝占卜用的卜辞曾提及，"戒"也是当时学校教学的一部分，戒是一种象形文字，有两种含义：一种是指拿着戈来舞动；另一种则是拿着戈来警戒。从这里可以看出把"戒"作为当时的教育范畴，涵盖了习武和习乐两种不同的含义。对比夏、商两代的教育体系，西周则表现得更加完善。从小学到大学，从地方到中央，已经建立起了一套较为完善的教育制度。西周的学校被划分为"国学"与"乡学"两种不同类别。前者设立于都城，是官方学校的总称，后者则是指设立于都城以外的六乡行政区，是地方学校的总称。国学又被分为小学和大学两种，小学的基本教育内容称为"六艺"，包括礼、乐、射、御、书、数等内容。大学则以"四术"为主，春秋教礼乐，冬夏教诗书。而乡学的教育内容也是一样的体系，把礼作为教育重心，把武作为主要内容。教育制度不断完善，教学内容日趋丰富，涵盖了德、行、艺、仪等四方面，并且把礼、乐、射、御、书、数"六艺"作为教育体系的基本内容，小学重点在于书和数，而大学重点则在于礼、乐、诗书，在学习射御时，不仅要传授和培养相关的知识与技能，还要与礼、乐的教学内容相适应，德、智、体三育并举的教育思想已经基本形成。

古代埃及是最早的世界文明发源地之一，其地处亚非大陆东北部，尼罗河作为埃及的母亲河，由南到北绵延不息，尼罗河在雨季经常泛滥成灾，河水退去留下肥沃的淤泥则非常有利于埃及的农业生产。在当时，采集和打猎是古埃及人主要的生产生活方式，历经漫长的原始社会，统一的奴隶制国家于公元前3000年前终于在埃及建立起来。公元前332年，马其顿王亚历山大大帝侵入埃及，推翻了波斯王朝的统治，此时的埃及前后经历了30个王朝的洗礼，奴隶制专制国家制度日趋完备。最大的奴隶主是国王，世人以法老尊称他，法老包揽了行政、司法和军事等国家大权，权力至高无上。公元前2635年至公元前2155年，古埃及进入古王国时期，古埃及君主专制得到确立后，手工业得到快速发展，生产资料得到扩充，青铜器代表了当时的金属加工业发展水平，而以金字塔为代表的建筑物彰显了当时的建筑技术发展水平，第四王朝的胡夫金字塔是世界古代建筑中规模最大、高度最高的建筑物。公元前2134年至公元前1650年，古埃及进入"中王国"

时期，叙利亚等地开始被十二王朝军事侵略。公元前1550年至公元前1080年，古埃及进入“新王国”时期，第十八位王朝的军事占据霸主地位。随后古埃及一直处于战乱状态，最终于公元前332年，马其顿王亚历山大大帝侵入埃及，希腊文化开始渗透古埃及。公元前30年，罗马帝国将古埃及吞并，罗马文化对古埃及产生了潜移默化的影响。历经三千余年的奴隶专制，尽管充满了压迫和剥削，但不可否认古埃及文化的辉煌。埃及古代建筑上现存的壁画和浮雕使我们对古埃及奴隶社会学校体育的研究有据可依，从这些现存的记录中可以看到奴隶主阶层的教育训练包括游泳、划船、角力、击剑、摔跤、射箭、球类等体育项目。①

两河流域位于亚洲的西部，是指幼发拉底河和底格里斯河流域，古希腊时期被称为美索不达米亚，包含了现在的伊拉克、伊朗等地区，是世界文明的发源地之一。两河流域东边是扎格罗斯山，西边是叙利亚沙漠，南边是波斯湾，北边是亚述山地，地理位置导致其是个干旱地区，但雨季低地泛滥，土地沉淀了很多盐分，由人工灌溉系统来应对土壤问题。公元前30世纪左右，奴隶制城邦陆续在阿卡德、苏美尔地区成立。公元前20世纪至公元前6世纪，先后崛起了古巴比伦（公元前1894年—公元前1595年）、亚述（公元前3000年左右—公元前612年）、新巴比伦（公元前626年—公元前538年）三个奴隶制城邦，随后波斯人在公元前6世纪将其征服。两河流域的文化中，学校体育与军事训练紧密相连，骑马、射箭、驾车、投枪、游泳是主要的教学内容。

古代波斯起源于亚洲西部的伊朗高原西南部，国土气候主要为亚热带草原和沙漠气候。公元前550年，居鲁士领导波斯各部落对外进行扩张，逐渐强化自己的军事实力，他们的部队由骑兵和步兵组成，骑兵主要是贵族，步兵主要为平民。波斯人信奉拜火教，生活习惯与宗教信仰融为一体，因此波斯人表现出爱干净、讲卫生的特点，这也是古波斯军队战斗力始终保持较高水平的原因之一。公元前330年，马其顿国王亚历山大对古波斯实施侵略并成功将其吞并。波斯作为一个军事帝国，其学校体育是为军事服务的。他们对青少年进行严格的教育，男孩子学习射箭时仅为五岁，教导其诚实守信、服从指令。两年以后，国家进行统一培养，在清晨就进行跑步、骑马、投射等与体育活动有关的身体练习。得益于这种军事化教育，波斯创建了曾经是亚洲战斗力最强的骑士军队，并对亚洲诸多

① ［美］亨德里克·威廉·房龙. 西方美术简史［M］. 吕苗 译, 吉林文史出版社, 2012: 14-18.

国家的军事和体育都产生了深远的影响。

古代印度文明起源于印度河和恒河流域，该地区造就了世界最早的人类文明时代。印度取名源自印度河。公元前3000年前，印度本土的达罗毗荼人在此创造了哈拉帕文化，从而进入奴隶制社会。来自中亚高原的雅利安人在公元前1500年左右自印度西北部快速入侵印度，印度河流域很快被其攻占，并建立起军事民主制和奴隶制并存的王国。古代印度重视公共卫生，笃信神灵，擅长瑜伽术。古代印度学校体育受宗教的影响，享受教育属于高等种姓人的权限，从古印度的文献记载来看，古代印度的学校体育包括驾车、骑马术、乘象术、驾船术、射术、徒手格斗等内容①，这些内容有利于受教育者身体训练，有助于对古代印度的统治阶级地位的巩固。

欧洲教育制度的建立比我国晚得多，直到公元前6世纪才形成比较完备的教育体系。斯巴达教育和雅典教育是当时最著名的两种教育。斯巴达教育体系特别注重体育和军事训练，一切体育活动均以军事为出发点，尚武成为斯巴达人的灵魂。而雅典教育不仅着眼于军事活动，也注重德、智、体三育并举，目的在于培养全面发展的良好公民。

二、封建社会时期的学校体育

春秋战国时期，私学兴盛，百家争鸣。秦始皇统一六国以后，焚书坑儒，奉行高压政策，加强思想禁锢，从而巩固秦朝封建专制统治。汉朝以后，私学再度兴起，汉武帝统治时期，在都城设立官学，地方设立私学，中国封建社会史上最早的官学与私学结合的教育体系得以形成。

不同历史时期有着不同的人才需求，同时也造就了不同的教育观念。西周时期学校教育以“文武合一”为主，随后春秋战国时期出现“文武分途”。秦汉以后，学校教育开始朝着“重文轻武”的方向发展。

秦汉以后，学校教育开始朝着“重文轻武”方向发展的原因有二：第一，秦汉的统治阶级都是依靠武力建立起来的，为了维护封建统一的政治秩序，让民众难以出现与封建阶级抗衡的力量，而汉朝吸取了秦朝灭亡的教训，因此加强了政治统治；第二，因为“文”在当时的社会具有不可替代的作用。汉朝建立以

① 郝勤. 体育史［M］. 北京：人民体育出版社，2006：24.

后，由于战争的频繁导致民不聊生，统治阶级在政治上提出“休养生息”，在思想上推崇“无为而治”，最终汉朝的统治得到巩固，经济得到复苏。随后出现的“私学兴起、百家争鸣”的现象，十分不利于加强中央集权的封建统治。公元前136年，西汉思想家董仲舒“罢黜百家，独尊儒术”的建议被汉武帝采纳，儒家思想被确立为主体思想。因此董仲舒、公孙弘等人官至极品，朝中的显要位置迅速被精通儒家经学的人所占据。汉武帝在长安兴办太学，废除先秦六艺教育中的“射、御”等内容，将《诗》《书》《礼》《易》《春秋》五经作为教学的基本内容，开辟了“重文轻武”的先河，并对后来的体育与教育产生了深远影响。

统治阶级所主张的教育理念的变化会影响当时社会学校体育教育内容的变化，与先秦时期的学校教育内容相比减少了很多，换言之，秦汉时期，学校体育已经开始衰退。

尽管学校体育在当时社会未能占据重要地位，但体育教育的因素仍然保留在学校体育之中。官学中要学习“五经”，而“五经”之一为礼，内容包括射和礼，即体育教育的因素。在学习礼的过程中，不仅仅只是听礼，而且要亲自实践，通过各种礼仪活动的练习，使身体得到锻炼。每年还经常举办武术试讲，“设斧钺旌旗，习射御之事”（《汉书·卷七六·韩延寿传》）是常有的情景。官学如此，私学亦如此。秦汉以后，学校体育开始朝着“重文轻武”的方向发展，但体育教育的因素依旧贯穿始终，这也为后来学校体育的发展打下了基础。

在隋唐之前，大部分武学的人才都是紧急召集的，并没有成文的要求。不过隋唐时期的普通百姓大多数是没有机会入仕途的，因为有着阶级地位的限制，这就导致许多拥有远大抱负却出身寒门的有志之士一再被阻隔在仕途之外。直至隋炀帝创立武举制，这一僵局才被打破，而唐代实行武举制七八十年，不少武学人才为统治阶级所用。此后历朝历代都在延续这种不分阶级选拔武人的办法。儒学在隋唐时期也发生了新的变化，开启了空言说经的新风，不再像过去那样墨守成规、拘泥古训。同时，礼学风气的改变导致了儒学者的文弱风气也发生了相应改变，儒学者从事体育活动的现象开始出现。唐朝选才采用的是科举制，考生中大部分是儒生。考中进士之后常会设一些应祝会，而应祝会包含体育因素，如马球、剑术等，儒生中甚至不缺马球及剑术的高手。说明在唐代儒生的文弱之风有所转变。在儒家学者的主张中也存在着不重视体育，甚至有反对体育的人，如韩愈。他觉得打马球不仅伤马，而且伤人，因此韩愈并不赞成儒生从事马术运动，韩愈强调“静”，提倡服用丹药从而羽化升仙，但结果正如白居易诗中说道：“退之服硫黄，一病讫不痊”，可见服用丹药并不靠谱。

由于时局动荡、政权对峙，宋朝统治者十分重视武学，于是宋朝开始兴办专门习武的学校，即为“武学”。宋仁宗庆历三年（公元1043年），开始兴办武学，但仅仅维持三个月就被叫停，直至神宗熙宁五年（公元1072年）武学在武成王庙复兴，并被后来历朝历代所沿袭。

宋代的国学中也开展有学校体育的内容。北宋初期的教育家胡瑗在执掌国子监时告诉学生“食饱未可据案或久坐，皆于气血有伤，当习射、投壶、游息焉”[①]。南宋初期，统治者为抵御外侵，要求学生一到节假日就去武学中学习射，并且射礼被纳入考核。南宋的理学家朱熹在任同安县主簿时，曾在地方开设射场，要求学生学习射礼，他还主张学生在年幼时期要学习六艺。这些都说明北宋时期体育教育活动存在于国学教育中。即使宋朝兴办了专门习武的学校，并使学校体育融入国学之中，但学校体育仍然受到理学思想的影响。理学家觉得宇宙的本原是“理”，主张通过“持敬”和“格物”，从而达到“致知”与“穷理”，进而存天理、灭人欲，以求达到天下大同[②]。宋代的理学家可以划分为主观唯心主义和客观唯心主义，前者以陆九渊为代表，后者的代表人物包括程颢、程颐和朱熹等。理学家们主张“静”，宋朝统治者利用理学宣扬“天命”，这种统治思想导致当时的社会风气发生了一些改变，再次造成“文弱之风”的现象。宋代往后的历朝历代，许多理学家们依旧反对体育活动，采取“静坐健身”，但也不可否认，理学推动了气功的发展。武举制在唐朝得到推行，但是在晚唐时期被逐步废除，后来又在宋仁宗时期得到恢复。“仁宗天圣七年（1029年）闰二月二十三日设置武举”这代表着宋朝武举制正式成立。从那以后，武举并入进士，开设一系列科目。武举贡选一开始并没有定期，直到宋英宗赵曙确立三岁一贡举的制度，随后宋英宗治平年间（1064—1067年）至南宋度宗咸淳（1265—1274年）期间也保持着这项规定。

武举考核在宋朝包含比试、解试、省试、殿试四项。其中“比试”也被称为“引试”[③]，是能够参加“解试”前的资格考试。兵部委官主持在京师的比

① 张利华. 宋代体育研究［D］. 开封：河南大学，2013.

② 高隽娴. 程朱理学的管理认识论价值研究［D］. 哈尔滨：黑龙江大学，2019.

③ 《中国武术百科全书》编撰委员会. 中国武术百科全书［M］. 北京：中国大百科全书出版社，1998.

试，偏远地区的比试则由帅司主持。参与比试的人数一般在两百人上下，偏远地区可根据其军事需求进行增减。解试是由兵部主持，在各州府举行，参与人数大约在七八十人左右。省试又称兵部试，在获得解试名额中选拔七十人左右。殿试是由皇上亲自主持，在获得省试名额中选拔十二人，前三名分别被称为状元、榜眼、探花，其余的人则被称为进士。

唐朝武举考试内容包括武艺和程文。武艺一般先考弓马射、弓步射、弩踏、抡使刀枪器械等项目，武艺不合格者直接淘汰。程文又可以分为策问和墨义，策问是指是以时务边防或经史事涉兵机者为问题，700字以内；墨义是指能讲释《韬》《略》《孙》《吴》《司马》等兵书，并且用自己的话来阐述前人的注释，表述自己的见解等。在唐朝的基础上，宋代的武举制保留了骑射和武艺这部分内容，删减了身体负重项目如“翘关”等，加设了兵书策划，对一般身体素质要求也有所降低。

女真族骁勇善战，于1115年建立金国，并采取军政一体的政策。以变氏族为军事称谓，规定每三百户为“谋克”，十谋克为“猛安”，壮者皆兵，军民合一。所以金军骁勇善战，成功灭辽后，又推翻了北宋统治。金国模仿宋朝武举制度，设置府试、省试和殿试，从而招募武学人才。考试场地分为外场与内场。外场进行步射、马射和马枪，内场考核兵法。金国规定：“凡不知书者，虽上等为中，中则为下，降格计成绩。武举考试合格的人员，量材任职”[①]。可见其对军事素养的重视程度，并且武艺人才的举荐也受到统治者的关注。辽金元时期，出现了官学和私学并存的现象，二者都特别关注学校体育，这与北方民族的尚武精神有一定关联。辽金元时期学校体育的教育观念强调文武并重，武艺教育也深受重视，理学观念所导致的文弱之风对辽金元的影响并不大。

明代时期，正式设立武举制。考试分为乡、会、殿三级。乡试举办在省城，会试举办则在京师，三年一次，一开始由兵部负责，后来移交给翰林院。各地乡的武举人才有资格参加会试，称其为“武进士”。一开始的武举是没有殿试考核的，1631年，崇祯四年有了殿试这一环节。武举先考笔试再考武试，笔试考军事策略，武试主要考骑射技能。笔试不达标者，直接淘汰。“武举会试弓马、策论俱优者为上等；策论颇优而弓马稍次者，列为中等之前。弓马颇优，而策论

① 张小花. 南宋初期使臣对金国文化的影响［J］. 宋史研究论丛，2022（01）：221-229

粗知，兵法其说事状，文藻不及者，列于中等之后。其或策论虽优而弓马不及，或弓马偏长而策论不通，俱默之，以俟后举及期”①。可见明朝武举制度也强调文武并重。明朝后期，边疆战事吃紧，武学人才供不应求，武学制度的天平开始向武技方面倾斜。武举考试在当时是直接与官职挂钩的。“原有武取者，上等成绩者加官升二级，中等者升一级。一般士兵，上等成绩授镇舞官衔，中等者授总旗官衔等。一般武举考试取三甲，一甲三名，二甲三十名，三甲百余名。一甲三名，第一名为状元，第二名为榜眼，第三名为探花。凡取三甲的人，被授予不同的官职”②。明朝武举一定程度上改变了重文轻武的风气。

明朝的教育也沿袭到了清代学校，官办学校分国、府、州、县学，并增设八旗宗室学校。骑射和教习是所有官办学校的教育内容，可见其文武并重。官学中，武生不单独划分，而是被纳入儒学。儒学教习和武学教习同时在官学中推行，因此武科学生需要同时准备马箭、步箭、技勇（弓刀石）等武学以及《武经七书》《百将传》《孝经》《四书》等儒学。

清代的武举制包含童试、乡试、会试、殿试四个等级。童试就是初试，每三年举办两次，考生需要先通过县试、府试，再进行院试，中试者被称为“武秀才”；乡试三年举办一次，各省的武秀才以及其他武学人才，都会参加乡试，中试者被称为“武举人”；会试三年一次，中试者则被称为“武进士”；殿试又叫廷试，于会试后的次日举行，取得“武进士”资格者才可以参加，由皇上亲自主持考试，殿试前三名分别是状元，榜眼、探花。武举考试内容分为三门：第一门考核马箭射毡球，第二门考核步射和技勇，这两门合格者，才有资格进行第三场考试，第三场考核内容为策论。西方列强用洋枪火炮轰开了清朝的闭关锁国，使清政府深刻地认识到武举制度已经被历史所淘汰，于是废除了武举制度，取消了官办武学机构。

直到公元5至6世纪，欧洲才进入封建社会，比我国晚了几个世纪。公元6至11世纪，封建制度逐步形成，教会学校起主导作用，公元21世纪，带有世俗封建阶级色彩的“骑士教育”逐步出现；公元12到13世纪，由于生产力不断发展，导致许多自由城市出现，大学和城市学校也随之出现；公元14到16世纪，资本主义开始萌芽，人文主义教育与文艺复兴运动盛行，“七艺”（文法、修辞学、辩

① 李洵. 读《明武宗实录》条记[J]. 明史研究, 1991(00): 131-140.

② 李建军. 明代武举制度述略[J]. 南开学报, 1997(03): 56-58.

证法、算术、几何、天文学和音乐理论）与神学是教会学校的主要教学内容。教会学校倡导损害儿童健康的禁欲主义，排斥体育活动。骑士教育内容以“骑士七技”为主（即骑马、游泳、投枪、击剑、狩猎、下棋和吟诗），其中的大部分活动内容和形式，与现代体育和军事训练十分相似。人文主义教育强调教育的主要任务是发展人格，重点在于发展具有个性、身体健壮和知识丰富的人。人文主义教育者关注学生的身体健康，并采用多种手段来促进体格健全。

三、近代社会的学校体育

洋务运动时期，陆续开办了一些新式学堂和普通学堂，学堂引进了国外的军事和兵操。洋务运动主要学堂以1880年兴办的北洋水师学堂、1866年福建船政学堂、1890年南洋水师学堂等为代表，聘请德国、日本外交进行以军事为目的训练，在校内开设体育课。如当时北洋水师学堂属于体育课程的内容有击剑、刺棍、木棒、拳击、哑铃、标术竞走、三足竞走、羹匙托物竞走、跳远、跳高、跳栏、足球、爬桅、游泳、平台、木马单杠、双杠及爬山等。[①]一般由三十人左右组成一个班上课。洋务运动时期学校体育教学情况基本上可以通过北洋水师学堂的体育课反映出来。

1. 洋务派代表性人物与体育

洋务运动时期，派遣了一批青年出国留学，目的在于培养军事工业人才和指挥军官。1872年，第一批以詹天佑为主的赴美留学生将棒球等项目带回国内。

1894年，中日甲午战争爆发，中国存亡危在旦夕，列强侵略的不断加深。国内许多有志之士，为探索“救亡图存”的道路，开始寻求真理于西方，进而推动了国内一波改良主义思潮。许多改良派的代表人物也提出了近代学校体育一系列思想。具体如下：

（1）康有为（1858—1927年），广东南海人，维新运动代表人物之一。在体育上，它认为武举考试内容已经不适合现代战争，提倡取消武举考试并转战学习类似于德国普鲁士之类的兵式体操。康有为曾经说道：“若夫当列国争强之世，尤重尚武”，想要扭转“中国儒缓之俗”。他上书请求统治阶级“断发易报”，“与民更始”，以提倡“尚武之风”。他还反对妇女缠足，认为于“卫生

① 单炜炜.“学堂”里的体育记忆［EB/OL］. https://www.sohu.com/a/166044511_99925888. 2017-08-20.

实有所伤”。这些观点都与军事和体育密切相关。[①]

1891—1894年，康有为在广州长兴里兴办的“万木草堂”中要求学生“每间一日有体操，每年按时从事游历”，教学课程也是根据德、智、体等三育进行设置，可见对体育的重视。《大同书》是康有为乌托邦式的代表作，他在书中构建的小、中、大的各级学院都得关注体育卫生、体育设备以及体育环境布置。康有为还提出：儿童阶段应把体育放在第一位，可见康有为的儿童体育观十分前沿。当时的中国已沦为半殖民地半封建社会，康有为的思想虽然停留在空想层面，但他依旧是从资产阶级全面教育观出发、有科学依据地来论述体育的第一人。

（2）梁启超（1873—1927年），广东新会人，师从康有为，维新运动核心人物之一，他在继承康有为体育思想的基础上，广泛学习西方资产阶级体育教育观点。他认为德育、智育、体育三者缺一不可，并倡导儿童时期应进行体操学习，反对男女早婚早育。1897年，梁启超在湖南时务学堂出任总教习期间，他要求学生进行体操练习，含有体育的因素，但同时他也受到理学思想的影响，要求学生静以修心。

（3）谭嗣同（1865—1898年），湖南浏阳人，改良派的领军人物，“戊戌六君子”之一，变法失败后被杀害。他严厉批判儒家思想和三纲五常，是改良派中富有革命精神的激进人物。谭嗣同广博地学习了数学、力学、解剖学和近代自然科学等知识。唯物主义方面，他在《仁学》中主张“主动论”，不赞成世界是一个静止的世界，提出“君子之学，恒其动也”，社会的“崛兴”依靠的是人们的“喜动”，故“西人以喜动而霸五洲，驯至文士亦尚体操，妇女亦侈游历，此其崛兴为何如矣，顾哀中国之亡于静。”“主静者惰归之暮气，鬼道也。”“唯静故惰，惰则愚”。认为“主静是愚黔首之惨术”，又说“世俗小儒，以天理为善，以人欲为恶，不知无人欲尚安得有理？”[②]解剖生理学方面，他在《仁学》中也有提及：“心司红血紫血之出纳”“剖脑察之，其色灰败，其质脂，其形洼隆不平，如核桃仁”。

不过谭嗣同单纯以“动”“静”的观点来阐述复杂的社会问题，未能从根本上理解社会的发展，具有一定的片面性；但他提出的“主动论”在一定程度上促进了体育运动的发展。谭嗣同也是一位体育爱好者，他自述“嗣同弱娴技

① 谷世权. 中国体育史［M］. 北京：北京体育大学出版社，2005. 08.

② 蔡尚思，方行. 谭嗣同全集［M］. 北京：中华书局，1981-01：177.

击，身手尚便，长弄弧矢，尤乐驰骋”①。他曾同人组织“延年会”，在他所拟的该会章程中规定：“每日六点半钟起，学习体操一次”②。他有不少诗文谈刀吟剑，豪气横溢，其剑术相当精湛，并著有《剑经衍葛》一卷。谭嗣同的尚武精神，对当时的人们，乃至辛亥革命时期的革命者，影响都是很大的。

（4）严复（1853—1921年），福建侯官人。中国近代启蒙思想家、教育家、翻译家，是中国维新派最先系统介绍西方社会政治学说第一人。维新运动时期，他所翻译的《天演论》和他所写的文章发挥了重要作用。严复在进化论原理基础上倡导运动，并提出了运动强年的观点。他在《原强》里曾写到：身体“逸则弱，劳则强”，认为“劳心劳力之事，均非体气强健者不为功”。他还抵制鸦片和缠足，在《救亡决论》中批判洋务派“中学为体，西学为用”的主张，认为是“以牛为体，以马为用”，如同在牛肚子下面接上马的四足，“从而责千里焉，固不可得，而田垅之功，又以废也”，可见洋务派的观点是不被严复所接受的。

总之，资产阶级改良派代表了中国最早一批接受近代教育观点和体育思想的有志青年，他们通过推崇近代体育，从而推翻封建教育和封建武举，西方近代体育才得以传入中国。

2. 教会学校和基督教青年会

西方近代体育运动中的一些相对正规的田径类、球类运动及其竞赛，通过教会学校和基督教传入中国。一方面来看教会学校和基督教青年会是我国学习先进体育制度的门户，另一方面，传教活动是帝国主义作为入侵中国的主要手段之一，但它在一定程度上促进了西方近代体育的传入。

西方强势文化自鸦片战争以后不断渗入中国，西方传教活动开始推行，大量的教会学校在中国建立起来，直至1916年，已有5517所教堂，610所英、美两国所建的教会在中国建立。③教会的活动使宗教事业上升到教育文化事业甚至“慈善”行为。自1871年开始，中国创办了许多小、中、大学学校，教育思想以美国为主的美英各教派为代表，包括1871年的武昌文华大学；1879年的上海圣约翰书院；1899年，由“中西”“博习”两书院合并而成的东吴大学；1903年，原名上海浸会大学的沪江大学；1885年，原名怀理书院的北京江文书院；1904年，

① 蔡尚思，方行. 谭嗣同全集［M］. 北京：中华书局，1981-01：431.

② 蔡尚思，方行. 谭嗣同全集［M］. 北京：中华书局，1981-01：142.

③ 谷忠玉. 中国近代女性观的演变与女子学校教育［M］. 合肥：安徽教育出版社，2006：52.

原名山东基督教大学的济南齐鲁大学；1912年由“汇文”“宏育”两书院合并而成的南京金陵大学等，同时附属的中小学也比比皆是。

体育课一开始并未被设立在教会学校中，但有体育组织、运动代表队以及活动场地，因此田径、球类等运动项目较早地被开展。体育赛事最早在北京、上海的教会学校举办。如1890年5月在上海圣约翰书院举办的中国最早的一次田径运动会；1895年左右在北京汇文书院和北京通州的协和书院开展的棒球、墙球、网球、足球运动等。天津青年基督教徒传入的筐球（篮球）运动于1896年在京津等教会学校开展。以球类和田径为主要项目的校际运动会于1900年在教会学校中出现。1905年左右，上海圣约翰书院，东吴大学等参加了苏州举办的“联合运动会”，“汇文”与“协和”两书院先后举办单项运动会，包含田径、网球、棒球、足球等项目。还有教会学校同外国人进行的交流比赛。1906年，北京驻兵足球队举行了一次足球赛，出现了中国队战胜外国球队的先例，北京通州协和队以2：0战胜英兵队。白瓷“九龙杯”被高高举起的场景也成为中国近代体育史上的佳话。近代体育项目的引进离不开教会学校，为体育文化传播作出了贡献。

最初英、美等国通过基督教青年会对青年进行宗教宣传，19世纪末，基督教青年会由北美走向世界。自1885年，中国一些学校及校际之间在外国传教士的引导下开始组织青年会。中国诸多城市在20世纪初期都存在青年会。青年的兴趣、爱好及特点深受青年会的重视。青年会的体育活动主要包括：①传播近代体育。美国于1896年前后在天津介绍筐球（篮球）运动；天津青年会干事C.H.罗伯逊于1904—1908年间在京津各校进行讲演，其“西洋体育”深受学生喜爱；上海青年会干事C.H.梅克洛（旧译麦克乐）也在上海等地的学校开展体育演说，1916年他在做南京高师体育科主任时，曾撰写了许多体育教科书。1920年左右，他还在东南大学体育科创办了《体育季刊》（原名《体育与卫生杂志》）。以上海、天津为代表的青年会主持修建了体育馆、游泳池，开展体育表演来激发青年参加体育的兴趣。②早期运动竞赛组织。1910年，以美国人M.J.埃克斯为运动会主席的上海青年会成功组织了旧中国第一届全运会，而第二届实际上也是由北京青年会筹办的。1913—1923年，组织筹办与选拔远东运动会的工作也有青年会的外国体育干事坐镇，随后因为中国民众的不满，这种现象于1926年被打破。③开展体育人才培训。上海青年会于1908年创立了“体育干事训练班”（后改为“中华全国基督教青年会体育专门学校”），随后女青年会于1915年创立了“女子体育师范学校”。此外，天津青年会也开设过“体育场干事训练班”，各地青年会通过这些训练班和学校培养了一批批的体育专业人才。

3. 奏定学堂章程与体操课

虽然戊戌变法以失败告终，但是民众革命热情高涨，随后的八国联军侵华导致义和团运动等大规模的起义爆发。1901年，清朝统治者颁布“新政”以谋求富强，根本目的在于缓和阶级矛盾，维护封建专制。新政涵盖练新军、裁汰绿营、废科举、兴学堂、派遣留学生出国等内容。民族资产阶级的部分文化教育需求得以满足。

在这些措施中，当属学堂章程的颁布与教育、体育的关系最为密切。1902年，清廷颁布并实施《钦定学堂章程》，次年又颁布《奏定学堂章程》。《奏定学堂章程》一直沿用至清朝灭亡，它是中国首个近代学制，详细规定了当时各级各类学堂的教学学制（即癸卯学制）、课堂体制和标准要求，另外还涉及教师与学生的若干规定。《奏定学堂章程》几乎是在日本学制的基础上仿制而成的。章程的颁行与实施促进了学制系统的建立，中国近代教育制度和体系逐渐确立，为近代体育的普遍实施奠定了坚实的基础。

《奏定学堂章程》要求，“体操课”需在各级各类学堂开设：小学堂每周进行三学时的体操课，体育课的教学内容有普通体操以及有关的体育活动，主要是以兵式体操学习为主。中学堂每周进行二学时的体操课，体育课的教训内容讲究实用。普通体操方面，应该先传授准备法、矫正法、徒手、哑铃等体操，再进行球竿、棍棒体操；兵式体操方面，先传授单人教练、小队教练、器械体操及柔软体操，再进行中队教练、枪、剑术、野外演习及兵法学习。在水乡地区应该开展游泳等水性练习，中学堂的体操课应以兵式体操为主。高等学堂每周进行三学时的体操课，教学内容也以兵式体操为主，普通体操为辅。额外还设有“兵学”一学时，内容包含军制学、战术学、战史等。针对蒙养院、师范学堂也采用了相应的要求。“癸卯学制”要求，学校体操应以学习兵式体操为主，同时设有普通体操。普通体操主要是以瑞典和德国的体操为主，再配合一些轻器械编制而成，由美国传入日本最后传入中国，兵式体操主要是德式兵操。军国民主义思潮决定了当时各级学堂需以兵式体操为主。军国民教育就是军国主义教育，最初资本主义国家利用“尊君”“爱国”的口号进行反动教育，美其名曰培养“军国民”，实际上对青少年和国民进行专制主义和沙文主义教化，从而培养抵御外侵和镇压人民的士兵。军国民主义思潮由日本传入我国，随后影响中国社会二十余载。军国民主义下的体操教学，表现出强烈的封建专制色彩，内容枯燥乏味，不符合青少年的身心特点，加上教师多为部队士兵，其大部分无知识、无道德，言行举止军阀作风，使学生和社会各界对学校体育失去了兴趣。

《奏定学堂章程》实施后，各级各类新式学堂数量以及学生人数不断上升。据统计，截至民国元年（1912年）全国共有学校87272所（小学86318所、中学832所、高等学堂122所），学生总计2933387人①。由于学校和学生激增，当时中国又没有体育专业的教育，导致了体操师资的奇缺。士兵的滥竽充数更是导致社会各界愤愤不平。清政府学部于1906年通令各省，并在省城师范“附设五个月毕业之体操专修科”，包含体操、游戏、教育、生理、教授法等科目。紧接着一批留日归国的留学生也在地方开办了一些体育学校和体操专修科。1905年以后，大量专门培养体育师资的学校和专业逐步涌现。

同时，许多先进的知识分子在国外资产阶级革命的影响下开始觉醒，通过创办学堂来聚集，培养武装革命力量，力求推翻腐朽的封建统治阶级。兴办的学堂以大通师范学堂、松口体育会、重庆体育学堂、浙江台州耀梓体育学堂等为代表。1905年8月，由徐锡麟、陶成章等人兴办的浙江绍兴的大通师范学院，是我国近代最早设立的体操专修科师范学堂之一，影响最为深远。其体操专修科共招收三期，课程以兵式体操和器械体操为主，以及部分文化课学习，学校采取严格的军事化管理。1907年1月，徐锡麟去安庆后，由“鉴湖女侠”秋瑾主持，秋瑾被害之后，大通师范学堂被迫解散。

4. 官办的学堂

官办学堂体操教员多由留日归国的学生出任，其课程内容也较为全面，注重技能与理论相结合。例如1905年创办的江苏两级师范体操专修科，1906年创立的四川体育专门学堂，1907年创立的浙江两级师范学堂体操专修科等。

5. 个人或团体办的学校

中国体操学校和中国女子体操学校是历史最悠久、贡献最突出的个人或团体办的学校。②中国体操学校是由留日归国学生徐一冰、徐傅霖和王季鲁等人创办的，学校始建于上海，1920年迁至浙江吴兴。体操学校修业期限为两年，1924

① 王蕊. 清末之《奏定学堂章程》[D]. 北京：中国政法大学，2011.

② 周坤. 1903-1949我国体育师资的培养[D]. 北京：北京体育大学，2017.

年学校经战火洗礼，苦苦支撑三年后，于1927年停学。36届毕业生共计1500余人。该校师生后来在学校体育方面不断开枝散叶、奉献社会。中国女子体操学校同样定址上海，由徐傅霖之妻汤剑娥担任第一任校长，随后更名为中国女子体育师范学校，后因抗战于1937年停办，有46届毕业生，共计1700余人。

在华的外国人创设了中国早期的体育团体。如英、德侨民于1870—1879年在上海建立的“总会”中涵盖体操、游泳、骑马等协会。不过中国人很少参与，随后国人开始自己组织体育团体，以资产阶级改良派创立的“延年会”为代表。

各种体育团体在清末民初时期开始涌现。当时的团体根据其活动目的可分为三种：第一种是专为组织竞赛活动、运动会而成立的。1904年在广东省广州建立的广东体育协会；1908年在香港建立的南华体育协会；1910年在南京建立的“全国学校区分队第一次体育同盟会”等。许多单项运动的对抗赛、锦标赛以及联合运动会常由该体育团体组织开展。

第二种是专为武装革命力量的积聚和训练而成立。以陈独秀等人于1903年5月在安徽安庆兴办的爱国会附属的体操会为代表，“发爱国之思想，振尚武之精神”是其宗旨，每天两小时体操练习、每周日要会操等是其要求，推动了学校体育的开展。光复会会员徐锡麟于1905年初在浙江绍兴创建绍兴体育会，以培养武装革命力量为其目的，其后绍兴体育会与大通师范学堂的体操专修科联合，领导人徐锡麟、秋瑾相继去世，大通师范学堂停学，绍兴体育会也被迫解体。绍兴体育会也带动了江浙一带的革命者曾组织过类似的体育团体。谢逸桥等同盟会成员在广东起义失败后进行反思，认为起义要想成功，革命士兵和军事干部至关重要，便在梅州（今梅县）创立了松口体育会，作为积聚与训练武装革命力量的学校。1908年的河口起义、1911年的广州起义和武昌起义等革命骨干分子很多源自松口体育会，还有名气较大的，1908年创立的重庆体育学堂，它名义上是培养体操教员，实际上是训练推翻清朝统治的革命人才。

第三种团体是为了研究和开展体育运动，1911年之前这种体育团体并不多见，但影响深远。1904年，香港足球爱好者中的华人创立了华人足球会，1908年创立了南华足球会，1910年“精武体育会”在上海成立，其中以精武体育会的影响最为显著。精武体育会的产生与精武体操学校有必然的联系。1909年春天，有位名叫奥皮因的外国力士在上海进行技艺表演，表演结束后，他叫嚣要与华人角力。次日该事件登报，引发了很多人的不满，一些武术爱好者立即快函邀请当时河北著名的武术家霍元甲前来应战，霍元甲携带弟子刘振声到上海后，约定与奥皮音角力，但后来奥皮因却失约未能出席。随后另有两名西洋拳师自告奋勇要同霍元甲交手，霍元甲让弟子刘振声先与两位拳师较量，结果是一胜一和，后来霍元甲亲自出马，击败了与刘振声打成平局的拳师。此后上海武技高超的日侨也被霍元甲打败了。于是，霍元甲名声大震，当地武术爱好者在闸北创办了一所武术学校，挽留霍氏师徒在上海教拳，这就是后来的“精武体操学校”，该校教师由霍氏师徒出任，但学校成立不久以后，霍元甲逝世。霍元甲逝世后，以精武体操学校为基础，在“万国商团中国义勇队”的故址创办了精武体育会。该会宗旨是提倡智育、德育、体育、强国强民，会旗为红、黄、蓝三色旗帜，广纳人才，以普及推广武术活动为主。后来又陆续组织了篮球、足球、自行车、单杠、双杠、摔跤、台球等多种体育活动。精武体育会还整理编撰了武术书籍，包括《功力拳》《谭腿》《合战》等。1920年起，精武体育会开始在东南亚各国的华侨聚居区开设分会。精武体育会把武术作为一种近代体育运动，推动了各类武术的发展，促进了近代中国体育文化的发展。

资本主义社会，欧洲资产阶级教育家大都重视体育。例如英国著名教育思想家约翰·洛克（John Locke）率先提出了包含德、智、体在内的初步三育教育体系。法国执政党雅各宾党领袖罗伯斯庇尔为适应广大人民群众的要求，于1793年7月向公会提议了由雷佩尔第（Leplletier）拟订的国民教育改革方案并全票通过，在方案中，德育、智育、体育和劳动教育都被重视，增强儿童体力，助长发育并发展其敏捷性和主动性是体育的核心。体育不仅仅限于体操，儿童在田间和实习工场中的体力劳动也被计算在内。此外，1861年英国著名教育思想家斯宾塞（Herbert Spencer）撰写了《教育论：智育、德育和体育》，斯宾塞认为资产阶级利益下体育是必需的，原因有以下两方面：①谋求个人利益以及他人的幸福；②现代社会中日益加剧的生活竞争。他还认为，不仅应以培养儿童道德为目的，还要关注孩子的体力锻炼以抵御未来的斗争。这些见解与主张体现了资产阶级教育家重视体育的内在原因。

第二节　宗教祭祀方面的形似

为了更好地表达既有的宗教信仰和文化追求，祭祀促使了民间原始舞蹈的产生和发展。每当丰收的季节和祭祖等大事件举办期间，人们用模仿动物的姿态动作、踏跳节奏等方式来表达他们当时的心情和对大自然的敬畏以及对祖先的尊敬。“昔葛天氏之乐，三人操牛尾，投足以歌八阙”[①]，是《吕氏春秋·古乐》中记载的画面，具体说的是：祭祀时的葛天氏人，手拿牛尾、脚踏节奏，边歌边舞，所具有的形式达到八种之多。青海大通在1973年出土了新石器时代马家窑文化的文物，在出土的文物中有几件彩绘陶盆记录了原始社会的舞蹈，为研究原始舞蹈文化提供了鲜活的材料。此次出土的陶盆直径长约24厘米，四幅舞蹈图案印制在陶盆内侧，在每幅图案中五个人为一组手牵手，呈现踏跳姿势，并且有节奏地向不同方向摆动辫子和装饰品[②]，生动地再现了当时原始舞蹈的节奏性和韵律性。原始宗教活动和祭祀的主要形式是原始的宗教祭祀舞蹈，主要的作用是通过自身的祈祷希望得到神灵庇护、答谢神灵的恩赐、消除自身的病灾、以此实现人畜兴旺、风调雨顺和五谷丰登的愿望。文化传承性、民俗性、宗教性、地域性等特征是原始宗教祭祀舞蹈的主要特征。在我国现存的民族舞蹈中，多数的舞蹈都具有极强的宗教特性和仪式性特点。世界各民族产生和发展初期，巫术仪式是宗教性活动的主要内容，是各民族传统文化的起源。随着巫术仪式的发展由此产生了巫舞，并逐渐演变发展成现今传统民间舞蹈的重要组成部分，深刻影响着人们的生活、思想观念、意识形态等方面。神农氏、后稷、农夫神、井神、猫虎神、堤神、河道神、百谷神等八位伊始于有巢氏时代与人们农事相关的神灵，在年终举行的庆祝丰收、酬谢神灵的祭祀中，巫身着黄色的桂冠、唱着祭祀的歌曲、跳着祭祀舞蹈对各位神灵进行祭祀。这一天成了当时人民休息娱乐的日子。神的形象在《九歌》中是由巫来扮演的，祭坛上，琼花芳草、桂酒椒浆，巫穿着祭祀衣

① 《吕氏春秋·古乐》

② 李一珊. 看见文物：新石器时代的舞者——舞蹈纹彩陶盆［EB/OL］. 文旅中国，https：//baijiahao. baidu. com/s?id=1689394350943043260&wfr=spider&for=pc. 2021-01-20.

而翩翩起舞，主祭者指挥着乐队的合奏[①]。

我国学者朱凤瀚研究认为：“在中国青铜时代，礼器的用途多用于祭祀这种重要的礼仪”[②]。对于该时期的统治者来说，祭祖和祭祀神灵是维护阶级统治必不可少的保障；对于各级贵族来说，祭祀祖先成为庇护自己家族和后代的象征。大部分的祭祀器物都是由青铜制成，所以青铜器被视为祭祀时的象征物，即“藏礼于器”。由祭祀的青铜礼器来看，反映了夏朝当时制作青铜器械的水平，同时在侧面也反映了当时奴隶主阶级生活的奢靡状况。祭祀中的宴乐和游猎与礼器的发展无不相关，而宴乐和游猎又包含有体育的元素，在祭祀中青铜礼器的出现推动了宴乐和游猎中体育因素的发展。

史书记载，在夏启继承王位之初，王位不稳，他还能严格要求自己，过着艰苦朴素的生活。但王位稳定以后，便开始慢慢地沉迷于饮酒作乐和外出打猎游玩。“启乃淫溢康乐，野于饮食[③]”。生动地描述了夏启沉迷于乐舞和狩猎的场景，表现了当时奴隶主阶级生活的奢靡。

另外，有众多的史书中都记载了古代体育因素的发展雏形。首先，“夏后开舞九韶”[④]。当时频繁的外出狩猎活动，促进了“射”的良好发展，九韶作为乐舞的一种，也得到了积极的发展。夏朝是以巫术为主导的朝代，夏鲧、夏禹、夏启祖孙三代都是大巫；其次，《法言·重黎》中也提道：“昔者姒氏治水，而巫步多禹。”姒氏即大禹也，治理了水土，涉足了山川，病足，故跛行也。跛为一步高一步底，具体指的是巫师做法时跳舞的动作，在做法时，巫舞是必不可少的；最后，《山海经·海外西经》中也记载到：“大乐之野，夏后启于此舞九代，乘两龙，云盖三层。”意思是说夏启唱巫歌、跳巫舞，飞到天上去了。在那个时代的巫师相当于现在的知识分子，不仅上知天文、下知地理，而且还可能是某个部落的首领或者国家的国王。虽然迷信的色彩充斥着整个巫舞的体系，但是也更好地促进了其中娱乐和体育因素的发展。

经历了一个朝代的快速发展，到了商朝，祭祀活动变得越来越多，以至于国家的首领做任何事情，都要首先进行占卜，以此来请求鬼神的庇护和指引，在

---

① 李晓鹏. 浅谈原始宗教祭祀舞——巫舞的发展及艺术特征［J］. 科教文汇，2010（02）：143+163.

② 朱凤瀚. 中国青铜器综论［M］. 上海：上海古籍出版社，2009.

③ 《墨子·非乐上》

④ 《竹书纪年》

此基础上尊神、信神的文化由此而生，体育的因素也蕴含于这种文化之中，其中表现最明显的形式便是巫舞。

巫舞：巫和史在巫祝仪式中代表了两个方面，各有侧重：巫侧重于鬼神，而史则偏重于人事。首先，“史”不仅可以记人事，还可以观天象和熟悉旧时的典故，其所用的卜法是代替鬼神发言的工具；其次，“巫”不仅仅可以唱歌跳舞，还可以治疗某些疾病，巫是代表鬼神发言的，在做法时，时常伴随着歌舞。在巫祝仪式中其他陪伴的人称之为祝丁，在仪式中配合“巫”进行作法，他们同样也能歌善舞。在某种意义上讲，祝丁和巫可以称之为那个朝代的“舞蹈家”。巫和祝丁在一起共同跳的舞称之为巫舞。①

足球舞：足球舞作为商朝祭祀舞的一种，其主要作用是在农业丰收时向上天祈求风调雨顺时所跳的舞蹈，又可以称之为“鞠舞”。有关足球舞的记载可以追溯到《殷墟文字类编》一书，在此书中的“卜辞”中有“庚寅卜，贞：乎鞠舞，从雨”等关于足球舞的记载，同时这也是我国关于足球最早的文字记录。由此可知，在商朝就有了足球运动，但这时的足球运动的主要目的不是为了锻炼身体，而是作为一种舞蹈的形式出现，更多的是为了在祭祀的时候使用。可见，一种舞蹈的产生与发展，是与该舞蹈所处时代的生产、生活和社会意识形态紧密相关的，足球舞作为一种反映农耕图腾崇拜的舞蹈，是对原始社会渔猎和庶物崇拜类舞蹈的继承和发展。从足球舞所处时代的祭祀思想来看，可以把足球舞归类为尊神的舞种。

“六代舞”和“傩舞”：是当时祭祀舞的主要分类。据古籍记载，六代舞主要分为文舞和武舞。文舞主要分为：尧乐《大章》、帝乐《云门》、舞乐《大韶》和禹乐《大夏》等四种；武舞则分为：商乐《大镬》和周乐《大武》等两种。其中《大镬》舞是歌颂开国元勋和祭祀祖先的乐舞，《大武》是歌颂武王伐纣的舞蹈，后来演变为祭祀祖先的乐舞。而另一种舞蹈“傩舞”，则是由商代的巫舞演化而来的，并在发展的过程中逐步礼仪化，最终发展成为祭祀节日时的舞蹈。所谓傩舞也称“打鬼舞”，傩具有驱逐鬼怪的意思。《礼记》中记载：在孟冬祭祖时、在腊八和除夕祭祀百神的时候都会有巫跳傩舞的活动。其作用就在于驱赶鬼灾、祈祷平安。虽然以上两种舞蹈存在着非常浓烈的迷信色彩，但也不难

① 程家跃. 古代巫舞当今流传和心理分析［J］. 文艺生活，2013（10）：122-123.

发现其中的娱乐和体育因素的存在。综上所述，祭祀舞在古代不仅有维护阶级统治的教化作用，还有娱乐和健身意义。

孝悌之道的精神文化不仅是儒家文化的重要组成部分，更是中原传统文化的重要组成部分，这种精神正是西方文化所没有的。同样在西方文化中，令他们崇拜与尊重的上帝在中原历史文化传统中是不存在的。许多的教派伴随着中原历史文化的漫长发展而出现，比如大家所熟知的儒教、道教、佛教等教派，但是这些与真正意义上的教派还是有非常大的区别的。赛龙舟是为了纪念古圣先贤，古希腊奥林匹克竞技会是为了悼念伟大的英雄珀罗普斯，原始宗教仪式的舞蹈的形成和发展源于原始武术，传承了原始武术套路遗存，成为具有巫术性质的原始宗教仪式舞蹈东巴刀舞。宗教文化为体育文化的产生与发展奠定了基础，并赋予体育以神圣的文化内涵，随着社会的发展，宗教信仰的多元化，体育文化的发展亦趋于多元化发展，而且体育与宗教的关系也更加复杂，有融合亦有分离。①体现了体育文化与社会文化发展的相似性。

第三节　军事体育方面的形似

一、史前及奴隶社会的军事体育

在我国原始社会的群居时期，人们为了逃避野兽的追击、同野兽搏斗，掌握了必要的生存技能，并在此基础上逐渐发展出了军事体育。私有制出现在父系社会晚期，军事民主制度在该时期产生，同期祭祀礼仪中的军事训练的内容增多，而且在成年礼中军事训练性质的内容也逐渐增多。在此背景下，产生了流传千古的英雄传说，比如：后羿、大禹、夸父等，这些传说的人物都是具有军事代表意义的巨人。原始性是史前体育的固有特征，具体表现为未与劳动过程实现最后的分离，该时期的劳动工具主要有：弓箭，标枪、石球、船等；而生产和军事技能主要是：跑，跳、投掷、攀爬、游泳，划船等。部落出现于氏族公社阶段以后，由于部落数量的剧增，为了争夺食物和生存空间，涉及到自己部落的利害，就会使用武力解决，这就是原始战争的雏形。到了后期，阶级出现以后，战争的

① 伍晓军. 宗教与体育文化的发展[J]. 体育文化导刊，2003（10）：41-42.

数量越来越多，规模也越来越大，其主要的目的就是争抢地盘、抢夺奴隶和掠夺财产，这些战争的出现极大地促进了军事体育的发展。[①]

“轩辕之时，神农氏世衰，诸侯相侵伐，暴虐百姓，而神农氏弗能征，于是轩辕乃习用干戈。”这是《史记》中描写的战争时的画面。主要意思是说：神农氏力量的不断衰弱，导致其不能继续再担当部落的首领，因而被轩辕帝（黄帝）取代了，轩辕为了更好地应对经常出现的部落战争，组织部落成员练习干戈。据史书记载，蚩尤身为九黎族的首领，居住在我国的东部地区，并且与轩辕为敌，但在后来的“涿鹿之战”中，轩辕打败了蚩尤。“轩辕之初立也，有蚩尤兄弟七十二人，铜头铁额，食铁石，轩辕诛之于涿鹿……耳鬓如剑戟，头有角，与轩辕斗，以角觝人，人不能向。[②]”以上记载的是当时的实战训练及战争场面，但是在日常军事训练中，内容多采用“舞”。《韩非子・五蠹》记载：“当舜之时，有苗不服，禹将伐之……乃修教三年，执干戚舞，有苗乃服。”[③]执干戚舞是当时训练时所用的舞蹈，同时也是后期军事体育项目的雏形。

我国第一个进入奴隶主社会的朝代——夏朝，标志着人类已经从石器时代迈进了青铜时代。青铜器械的铸造始于夏朝初期，“禹穴之时，以铜为兵”“昔有夏后（启）使蜚镰折金于山川，而陶铸之于昆吾”“昔夏之方有德也，远方图物，贡金九牧，铸鼎象物”[④]。史料记载在夏朝建国之初就进行了铜矿的开采，并用铜矿来铸造兵器和礼器，现代考古出土的大量的青铜器也证实了这一点。正是因为这些青铜兵器的出现和运用，导致了战争的发展、战事的升级，同时战争发展也推动了人们武艺的进步。每种兵器的操作技术和使用会随着战争的发展而普及到每个作战的士兵。在那个时代，决定战争胜负有两个主要因素：先进的武器和娴熟的武艺，两者缺一不可，少了哪一方面的都不能取得战争的胜利。而娴熟的武艺则促进了军事体育的发展。

由于夏朝的建立和繁荣发展，挤压了传统禅让制的地位，统治者不甘心退位，为了能更好地巩固王朝的统治，用战争的手段来巩固统治是不可避免的。大禹死后，反对世袭制的东夷族首领伯益被启杀掉。在夏启死后，他的儿子太康继

① 袁斌. 从体育文化视域追溯远古时期的狩猎行为[J]. 芒种, 2013(03): 239-240.

② 《蚩尤戏》

③ 《韩非子·五蠹》

④ 《越绝书》

承王位，但是后来被东夷族首领羿所灭，历史上称之为“太康失国”。孙少康是夏启的曾孙，他发愤图强，想成为一个文武双全的人，为此他组织了武装，最终消灭了东夷寒浞的后裔，终于恢复并巩固了夏朝的统治。历史上称之为“少康中兴”。少康的儿子杼在夷夏战争中发明了护身衣甲，甲的发明对战胜东夷族发挥了重要作用。此外在这个时期已经出现了车，“薛之皇祖奚仲居薛，以为夏车正。[①]”这句话的意思就是奚仲是管理车的官员。这表明在那个时期设立了专门管理车的官员，说明了夏朝已经有了各种类型的车辆，可能也包括战车。“奚仲作车”是对当时驾驶技术的描写，在《吕氏春秋》《墨子》《淮南子》《荀子》等古书籍中都有对驾驭车辆技术的描写，这成为当时夏朝已有车辆存在的有力证据。在后续的考古发掘中，也发现了在夏朝城内各种车辆和车辙的痕迹，这种种迹象和证据表明在夏朝已经存在了各式各样的车，当然也有可能包括战车。我们从体育的角度来分析，以上项目的快速发展是和阶级的统治及政治矛盾密不可分，而矛盾导致的战争促进了军事体育的发展。

到了商朝，战车作为主要的武装力量，要求战士必须要有能驾驶战车的技术。“良车七十乘，必死六千人”[②]，就是对商朝用战车打败夏朝的记载，这也从正面说明了当时战车在战争中不可代替的地位。一辆战车、四匹战马、三名战士、三套武器构成了当时基本的作战单位。三名战士的分工不同，一名战士负责驾驭马车、一名战士负责在车左侧手持长弓、一名战士在战车右侧手操戈矛。三套武器也是不一样的，主要有戈、兽头刀、弓箭等种类的武器。在作战的时候，不仅有控制战车的三名战士，在战车的车旁车后还有步兵的配合。当时士兵所持的戈矛长度约为三点二米左右，是因为战车的车毂较长，在两车相错时，中间要保留一米以上的距离，所以这就导致了戈矛的长度要在三米左右。[③]我们由此可以得出，古代长武器的发展是受到了车战的影响，后来也出现了戈矛混体的戟。

有关箭的诞生，抛开神话传说，有历史记录的是西周时期出现了以射箭为主要内容的比赛。[④]青铜的广泛应用，为箭术的发展创造了优越条件，促进了箭

① 《左传》

② 《吕氏春秋》

③ 赵媛媛. 春秋以前和春秋时代的战车和车战略考[J]. 西安社会科学, 2009, 27(01): 55-57.

④ 刘曼玉, 董思宇. 中国传统弓箭的历史演进研究[J]. 体育科技文献通报, 2019, 27(10): 146-147+150.

术发展。从殷墟出土的铜镞可以得知，当时的箭都是中有脊及倒顺式，这就大大提高了箭的杀伤力度。据考证，在当时也有专门管射事的官吏，同时也是军队中射手的重要组成人员。骑兵出现在商朝的后期，在刚出现的阶段，只有马单独驾车，人不参与单骑。再后来由于要适应战争的快速发展和战争的瞬息万变，所以从车战发展成了骑马作战。商朝后期的骑兵被称之为“多马”，骑射被称之为“多射”或“新射”。这些战争技术的发展都对古代体育的发展产生着积极的影响。

在原始社会时期，人类徒手搏击活动产生，经历了萌芽阶段，直至商朝，才逐渐形成具有一定技巧的拳搏之术。甲骨文时期的象形文字鬥（斗），形象地刻画了两人徒手相搏、相互击打对方头部的情形，在《说文解字》中解释为：“两士相对，兵杖在后，象鬥之形”[①]。虽然古代人在作战和狩猎等过程中主要凭借的是武器，但是武器不在身边却又需要作战的情况时有发生，这时候就要进行徒手的战斗或狩猎。同时，在有武器的情况下不用武器而进行徒手搏斗，更成为一种彰显自身力量和武艺的方式，“纣王材力过人，手格猛兽”[②]，就是对商朝末代帝王纣徒手搏兽的生动描写。

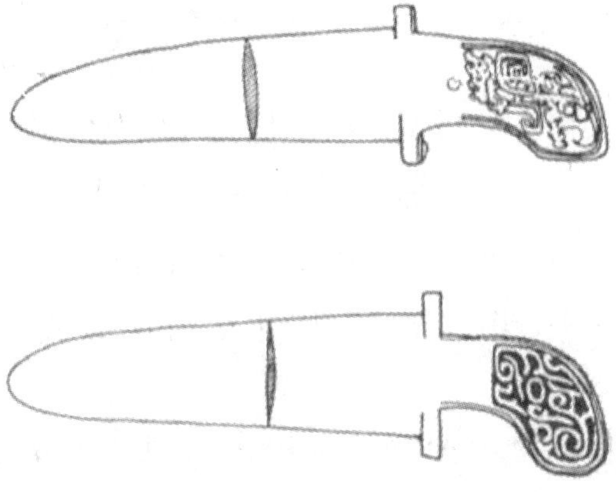

图5-1　铜曲内戈（商代）

① 《说文解字》

② 《史记·殷本纪》

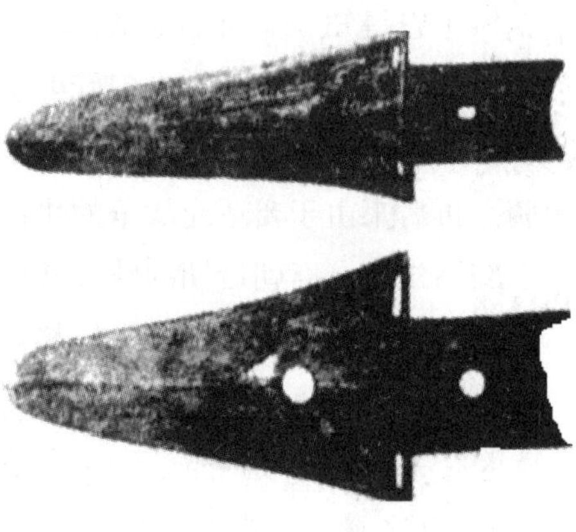

图5-2　铜戈（西周，四川彭县出土）

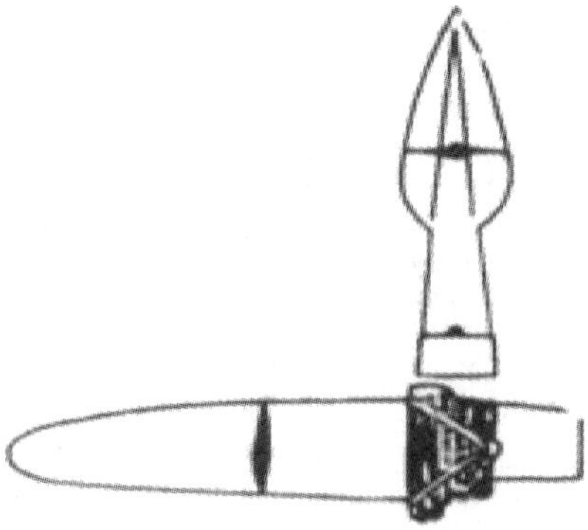

图5-3　铜戟（商代）

青铜冶炼技术的进一步改进，促使了青铜制造的武器更广泛地应用在战争之中（见图5-1、5-3），比如铜戈的使用（见图5-2），西周的战车较商代更加先进，“戎车三百乘”[①]，记载西周车战规模比商代庞大，周武王靠战车消灭了商朝。“操吴戈兮被犀甲，车错毂兮短兵接。旌蔽日兮敌若云，矢交坠兮士争先[②]”也是对当时战车在战场上作战的生动写照。车战的发展在另一方面也促进了兵器的发展还有“殳”也在这个时期出现的广泛应用。铜剑在，在西周时期，人们把青铜矛和戈铸成一体的戟。“伯也执殳，为王前驱”[③]。说明了“殳”在西周当时也有了一定的发展，初期只作为近身的肉搏或者防身所用。直到春秋战

① 《史记·周本记》

② 《楚辞·九歌·国殇》

③ 《诗经·伯兮》

国时期，剑术才有了实质性的发展。

在西周时期，搏斗是主要练习内容，而军事训练的主要内容则是角力。“孟冬之月，天子乃命将帅讲武，习射、御、角力”“凡执技论力，适四方，裸股肱，决射御”[①]。这些都说明了在西周时期挑选武士的标准，主要是考查武艺与勇力，在冬天时还要进行包括角力的武艺训练。“裸股肱”指上下肢均裸露，赤体地进行徒手的搏斗、角力及射御等。在当时，把身体、技术、战术于一体的军事训练成为田猎：“季秋之月，天子乃教于田猎，以习五戎，班马政”[②]，这是对当时田猎训练时场景的记载，弓矢、殳、矛、戈、戟等五种兵器合称为“五戎”；驾驭战车技术称之为“马政”，以熟练各种武器的使用和马车、战车的操控为田猎训练的主要目的。“春蒐、夏苗、秋狝、冬狩，皆于农隙以讲（武）事也”[③]。表明在当时田猎已经成为一种制度。以集合布阵训练为主称之为“春蒐”（见图5-4）；以训练野营和整编军旅为主称之为“夏苗”；以训练发兵出征为主的训练称之为“秋狝”；对全年训练成果的总体检阅称之为“冬狩”。在一年四季的演习完以后都要举行围猎。田猎在不同的季节有不同的内容和要求，要想提高军队士兵的身体素质和作战能力，需要把军事训练与狩猎结合起来，这样既可以提高军队的战斗力，也可以丰富军事训练的内容。

图5-4　“春蒐”图

① 《礼记》

② 《礼记·月令》

③ 《左传·隐公五年》

"象舞，是象用兵时刺伐之舞"，是周代模拟用兵时的动作，在当时是训练军队进攻的一种重要手段。"六步七步，乃止齐焉""六伐七伐，乃止齐焉"[①]，描述了象舞时的情形。"步，进趋也，伐，击刺也。"在队伍在前进的时候，六步七步整齐一下队列，击刺中六伐七伐也要调整一下阵容，步伐要整齐划一。周朝军队以整齐统一的攻防和严明的纪律为优势，从而战胜了商朝的军队。后来，周朝的将士把军队中的攻防动作改编成舞蹈，并用于学校教育和军队日常的训练。

甲士、车兵，是车上披甲持械的士兵，其组成的人群是由贵族奴隶主及其子弟组成。每辆战车上除了有甲士以外，还有一定数量的步卒，步卒由奴隶或者贫民组成。在战斗的时候，只有甲士能乘车，步卒只能在车下，不能上车，做引路和跟车的工作。"先马走"（见图5-5）是跑在车前的步卒，具有很强的奔跑能力。在周代的《令鼎》中有这么一处记载："周王从淇田场返回王宫时，命令步卒与马车赛跑。并说，你们若能一直跟上我的马车跑回宫中，我就赏赐你们十家奴隶。两名步卒紧随马车跑，一直跑到王宫，周王如约赏赐"[②]。此后，"先马走"的奔跑就成为军事训练中的一项重要技能。

图5-5 "先马走"铭文

① 《尚书·牧誓》

② 刘芳梅，苏平. 我国西周时期体育活动的特点及其发展原因[J]. 韶关学院学报（自然科学版），2006(03)：101-104.

“舟师”产生于西周时期，出于当时水战的需要，并由此出现了“苍兕”一职位，主要的职责是掌管舟楫。在周武王上位以后，命令各路的诸侯来朝会，各路诸侯乘舟前来朝会，说明在当时舟已经成了人们日常出行的重要交通工具以及战时的战船。

关于舟的描写在《诗经》中较多：“泛彼柏舟，在彼中河”“泛彼柏舟，在彼河侧”[①]，是《柏舟》一诗中描写的泛舟娱乐的场景。由此说明划船运动在当时已经成为娱乐活动的组成部分。

二、封建社会的军事体育

春秋战国时期战争多发，作战方法和兵法也因战争规模的扩大和战时的延长而发展变化。军队在各种兵种选材时就对身体条件作出了具体规定，兵书《六韬》主张根据士兵的素质特长进行编队，按照不同特长如“有大勇力者”“能逾高绝远，轻足善走者”“能负重致远者”分别将士兵纳入不同队伍[②]；《吴子》一书中提出，“一军之中，必有虎贲之士，力轻扛鼎，足轻戎马，搴旗斩将，必有能者”[③]，士兵要根据作战的需要进行相应的训练，如举重、负重跑、游水、投掷、角力等。魏之武卒，齐之勇兵，都以英勇善战著称。地方还要向国家输送优秀的军事人才，通过全国性比武选拔“豪杰”，并根据勇力强弱授予体禄。

古代称剑术为剑道，传说起始于黄帝时期。铜剑在商代便已出现，在西周时期得到了初步发展，到春秋时期便出现了铁剑。剑是一种精良的短兵器，短小轻便，携带方便，有两刃和尖锋，两刃可劈，尖锋可刺。佩剑受到了将相、侠客游士们的青睐，成为时人尚武的象征。这一时期涌现出了一大批剑术家，也积累了一些实用的剑术理论知识。以力大勇猛著称的鲁国名将曹沫尤善剑术，据《战国策》记载：“曹沫之奋三尺之剑，一军不能当。”[④]孔子弟子子路剑术精湛，“子路戎服见孔子，拔剑而舞之，曰：‘古之君子，以剑自卫乎？’”[⑤]“卫周殷之宝剑，童子服之，却三军之众。”“兰子七剑，迭而跃之，五剑常在空

---

① 《诗经·国风·鄘风·柏舟》

② 《六韬》

③ 《吴子》

④ 《战国策》

⑤ 《孔子家语》

中”①。《名剑记》记载表明，剑不但可供玩耍，而且有御敌之用。《吴越春秋》一书中载有“越女论剑”的典故，说明剑术理论在当时已经发展得比较精深。越女指出舞剑时要想进退有度、收放自如、形神兼备，就要做到全神贯注、从容不迫。这些都是当时剑术经验的体现，为后来剑术的发展奠定了基础。

图5-6　角力图壁画（河南密县打虎亭出土）

拳斗从徒手格斗中得以发展。《诗经・小雅・巧言》云“无拳无勇，职为乱阶”，强调了武力和勇气的重要性。管仲在治理齐国时就倡导拳斗，大大提高了军队的战斗力。《管子・小匡》中就有关于拳斗的记载：“于子之乡，有拳勇股肱之力秀出于众者，有则以告。”②其中“拳勇”一词便是指拳斗。拳斗与如今的拳术非常相似。角力是和拳斗联系非常密切的一项战斗技能，在春秋时期得到了较快的发展。据《左传》记载，“鲁公子季友帅师败莒挐，公子季友谓挐曰：‘吾二人不相悦，士卒何罪？’屏左右而相搏。”③两人先用拳斗，随后扭在一起，形成了角力，角力与现在的摔跤非常相似（见图5-6）。古代城门的门闩或悬门名关，举起城门的门闩或悬门叫拓关，在战争过程中举起沉重的门闩或悬门对战争的胜负起着决定性作用。据《左传》记载，孔子之父叔梁纥在攻打谜阳的战斗中，为救鲁军，徒手举起了突然落下的城门。孔子也是能“拓国门之关”的大力士。总的来说，春秋时期兴起的拓关与如今的举重较为相似。

在春秋时期，有两种重要的军事训练方法：奔跑和跳跃。孙子在训练吴王

① 《列子》

② 《管子・小匡》

③ 《左传》

的军队时，就特别重视提升士兵的奔跑能力。《墨子·非攻》中说："吴阖闾教七年，奉甲执兵，奔三百里而舍焉"[①]，即墨子说吴王教战士兵七年，让他们身着甲胄，手拿兵器，行军三百里后才可宿营。马拉松跑起源于公元前490年，而吴军疾行三百里是在公元前506年。相比之下，吴军训练中疾行三百里不但比欧洲最早的赛跑早，而且奔跑的距离也要远于欧洲的马拉松。《吕氏春秋》中介绍了吴国军队选兵和吴楚战争的状况。吴王选"利趾者三千人，以为前陈，与荆战，五战五胜，遂有郢。"[②]"利趾者"就是指那些善于奔跑的人。以上材料可以证明，我国古代的奔跑发展水平与同一时期的他国相比，处于领先水平。春秋时期的士兵不仅要善于奔跑，而且要善于跳跃。《左传》载：鲁哀公八年三月，吴国在攻打鲁国时，鲁国大夫微虎就用"三踊于幕庭"的办法选拔了一批勇士对吴军进行夜袭。凡是能三次跳过帐前跳高器具的人就能被选中，最终跳过了三百人。这说明士兵的跳跃能力在当时的军事斗争中尤为重要，跳跃与如今体育运动中的跳高相似。

游水、操舟也是春秋时期军事训练的重要内容。据《管子》记载，在春秋时期，管仲曾"立沼池"，垒"十仞之渊"，以训练游水和操舟的水师，并通过赏罚千金的方式来促进齐民游水，目的就是提防吴越水上偷袭。训练取得了好的成果，"齐民之游水，不避吴越"，齐军也可在水战中大败越人。由此可见，游水和操舟早在齐国就已普及到军民之中，成了重要的军事技能。游水类似于现在的游泳，而操舟则类似于现在的划船。

《墨子》载："昔者，楚人与越人舟战于江。楚人顺流而进，迎流而退。见利而进，见不利则其退难。越人迎流而进，顺流而退，见利而进，见不利则其退速。越人因此若势，亟败楚人。公输子自鲁南游楚，焉始为舟战之器，作为钩强之备。退者钩之，进者强之"[③]。随后在荆楚一代的民间便兴起了"施钩之戏"，拔河运动就由此演变而来。西周时期的"六艺"教育在春秋时期的军事训练中也得到了继承。士兵在进行射、御训练时不仅要掌握技能，还要培养自身的礼仪和道德观念。这些都是现代民俗、民间体育的基础。

战国时期，各国都在扩充军队以增强国家的实力，战争规模空前庞大，曾

---

① 《墨子·非攻》

② 《吕氏春秋》

③ 《墨子》

出现过投入几十万甚至数百万兵力的战争，而春秋时期最大规模的战争所投入的兵力也不过十几万。如公元前206年，赵国军队在长平之战中死亡人数就达到了四十多万。战争频繁，军事操练在各国军民中得到了广泛开展，大大助长了各国尚武的风气。作战方式也在长期的战争历程中得到了演变，春秋初期的作战方式主要是以车战布阵为主，而战国时期的作战方式则已演变为以步战为主，骑战、车战次之。随着作战方式的改变，各国对步兵和骑兵训练的重视程度也有所加强，而对车兵训练的重视程度则相对减弱。由于战国时期的作战方式以步战为主，所以各国都尤为重视对步兵的训练。《汉书·刑法志》载：“齐愍以技击强，魏惠以武卒奋，秦昭以锐士胜。”意思是齐愍王以技击士壮大自己的军队，魏惠文王以武卒而奋起，秦昭襄王以英勇的锐士取得胜利。由此可见，战国时期各国对步兵的训练颇有心得。具体的训练内容包括：习剑、角力、举鼎、投石等。举鼎是战国时期步兵训练项目中比较重要的内容。古代祭祀和吃饭时所使用的食器叫作鼎，举鼎是战国时期人们比试力量常采用的方式。秦武王颇有气力，且喜欢举鼎，常常以高官厚禄广纳力士。《史记·秦本纪》载：“武王有力，好戏，力士任鄙、乌获、孟说皆至大官。王与孟说举鼎、绝膑。”意思是秦武王与孟说在比赛举鼎时，不小心折断髌骨而死。《吴子·料敌》中所提到的“力轻扛鼎，足轻戎马”体现出举鼎在当时军事训练中的重要性。战国时期的角力也有了进一步的发展，出现了抱腰和搬腿等技术，1955年陕西省长安县客庄墓葬出土的战国透雕摔跤铜牌，反映出当时摔跤运动开展的状况。[①]

投石和超距也是战国时期开展军事训练的重要内容，投石即投掷活动，超距即跳跃活动。秦国军队强大的原因就包括善于运用投石和超距等体育手段练兵。公元前224年，王翦受秦王之命率领六十万大军攻打楚国，楚国几乎动员了所有兵力来抗击秦国。王剪拒不出兵，对军队进行休整。随后，王翦使人问：“军中戏乎？”对曰：“方投石超距。”于是王翦曰：士率可用矣”[②]。随后，王翦率秦军大败楚军。秦国利用体育项目训练士兵，在增强士兵战斗力的同时，也活跃了士兵们的生活。

剑术兴起于春秋时期，在战国时期得到了进一步发展。战国时期部分国家

① 郝勤，张济琛. 秦始皇帝陵K9901出土角抵俑及铜鼎考——兼论战国秦汉角抵百戏的演变[J]. 体育科学, 2019, 39(06): 28-35.

② 司马迁. 史记·白起·王翦传[M]. 北京：汉语大词典出版社，2004: 991.

已有明令规定官吏须佩剑。《史记》载：“秦简公六年，令吏初带剑。”[①]战国时期水陆攻战图上的士兵都佩有短剑，这些史料便可以体现出战国时期的剑术更为普遍。剑客死士的出现也使剑术向专业化的方向发展，“昔赵文王喜剑，剑士夹门而客三千余人，日夜相击于前，死伤者岁百余人，好之不厌。”文中说的就是这一情况。在斗剑的过程中剑术理论的发展也愈发成熟，《庄子·说剑》中的“示之以虚，开之以利，后之以发，先之以至”[②]，说的就是击剑，意思是击剑时须先诱敌深入，再后发制人。由此可以看出，剑术理论在当时已经极其精辟。除以上介绍的项目外，还有拳搏、奔跑等项目，相比春秋时期开展得更加广泛，这里就不再赘述。

骑兵凭借机动灵活的特点在战场上的地位也愈发重要。战国时期，赵武灵王率先训练骑兵，并创建了骑兵部队。赵国的西北边境邻近少数民族地区，经常受到少数民族骑兵的骚扰，于是赵武灵王立志向少数民族学习。赵武灵王上位后，便发布了“胡服骑射”令，将他们平日所穿的长袍大褂改为了窄袖短襦的胡服，以便于“骑射”。赵国训练出了一只强大的骑兵部队，也解决了少数民族屡次骚扰的问题，大大提高了赵国的综合实力，成功跻身于“战国七雄”的行列。后来各国也纷纷效仿“胡服骑射”。

弩射在战国时期也得到了进一步发展，具有弹力大、射程远、能连续发射等优点。《荀子》中提到魏国有“十二石之弩”，《战国策》中提到韩国的强弓劲弩有“谿子、少府、时力、距来，皆射六百步之外。韩卒超足而射，百发不暇止。远者达胸，近者掩心”[③]，形象描述了弩的威力。

车战也是战国时期作战的主要方式之一，而且辎重部队也需要用车，所以御在战国时期也是一项重要的军事技能。在战国时期，每个国家都需训练一些武车士，有些君主也会学御。《韩非子·喻老》篇记载：赵襄主学御于王子期，俄而与子期逐，三易马而三后。襄主曰：“子之教我御，术未尽也”。对曰：“术已尽，用之则过也。凡御之所贵，马体安于车，人心调于马，而后可以进速致远。今君后则欲逮臣，先则恐逮于臣。夫诱道争远，非先则后也。而先后心皆在

① 《史记》

② 庄周. 庄子·说剑［M］. 北京：中州古籍出版社，2000：43.

③ 《战国策》

于臣，尚何以调于马？此君之所以后也。”[①]由此可以看出，战国时期的人们已经总结出了御的经验，并提出了“马体安于车，人心调于马”的观点。这一观点在哲理层面精辟地分析了人、马、车之间的关系，也在心理层面解释了人的心理活动对御的影响，可以说是运动心理学的鼻祖。

战国时期冶铁、竹木等手工业也随着生产力的进步得到了发展，军事器材的种类相比之前更加丰富，质量也更加精良。战国时期主要的军事器材有刀、枪、剑、车、匕首、矛等。铁兵器在当时已经相当锋利。据《史记》中记载，楚国的剑锋利无比，在战国时期尤为出名，但铁兵器并没有在战国时期得到全面普及。总体来说，兵器武艺和军事体育的发展取决于兵器的进步。

公元前221年，秦统一中国，建立起中国历史上第一个统一的封建王朝，秦王嬴政为秦始皇，秦始皇通过收缴天下兵器来维持皇权专制和国家统一。据《史记·秦始皇本纪》载：“秦王隳名城，杀豪杰，收天下之兵，聚之咸阳，销锋镝，铸以为金人十二，重各千石，置廷宫中。”[②]收缴兵器的目的其实是为了禁止民间习武，以此来削弱百姓反抗的力量。

秦始皇虽然禁止人们在民间习武，但军队的习武活动并未受其影响。1974年，在秦皇陵兵马俑一号坑中出土了陶制士兵俑和六千余匹陶马，并已探知在尚未发掘的二号坑中也有四千个武士俑和陶马俑。步、弩、车、骑四个兵种的战士手持青铜刀、剑、弓、弩、戈、矛威武地面向东方。由此可见，秦国非常重视武术、射、御等军事体育在军事训练中的运用。

汉朝尤为重视骑兵建设，汉高祖刘邦曾设置并完善了马政机构。文帝时，晁错指出：“车骑者，天下武备也，故为复卒。”民间养马一匹的“马复令”也由此而来，“当为卒者，免其三人，不为卒者，复其钱耳”[③]。该政策与汉朝的“义务”兵役制结合使得人们养马的热情程度越来越高，西汉很快便建立了一支强大的骑兵部队。西汉时期，骑兵的训练通常在平地或马多的地方开展。在训练中，加强骑兵使用环柄刀的熟练度，以提高骑兵的机动性。环柄刀凭借劈砍杀伤力大的特点逐渐取代了长剑，成为骑兵使用的主要武器。同时，聘请匈奴骑士训练士兵骑技。骑兵作战成了汉朝与匈奴战争中的主要作战方式，汉朝骑兵的战斗

① 《韩非子·喻老》

② 《史记·秦始皇本纪》

③ 班固. 汉书·食货志［M］. 北京：汉语大词典出版社，2004：501.

力与匈奴骑兵不分上下。

汉朝仍重视开展步兵训练，实行义务兵役制，规定“民年二十三为正，一岁为卫士，一岁为材官骑士，习射、御、骑、驰战陈”，规定材官“年五十六衰老，乃得免为庶民，就田里”。在山地或少马的地区训练步卒，就为“材官”。西汉时期步兵训练的主要项目如下。

手搏：春秋战国时期流行拳勇，西汉时期流行手搏，手搏由“相搏”分化而来。班固云：“技巧者，习手足，便器械，积机关，以立攻守之胜者也。”意思是指手搏通过“习手足”的练习达到强身健体，提高步兵技战术的目的。汉代后期的手搏逐渐趋于娱乐化。

投石和拔矩：秦军训练中的投石和超矩在西汉时期得到了继承，主要用于训练步兵。投石是指用手或者机器将石头投出。《汉书》载：“飞石重十二斤，为机发，行二百步”[①]。拔矩则用于训练跳远。《汉书》记载甘延寿“投石拔矩绝于等伦，尝超逾羽林亭楼”[②]。

蹴鞠：蹴鞠又名“蹋鞠”在汉代开展得较为普遍。从宫廷到民间，无论帝王百姓，都很喜好这项运动。汉高祖曾在自己的宫苑内建立了专业的足球场，即“鞠城”（见图5-7），汉武帝对蹴鞠更是喜爱有加，《西京杂记》载：“成帝好蹴鞠，群臣以蹴鞠为劳体，非至尊所宜”[③]，于是有人便给他发明了弹棋的游戏来替代蹴鞠。民间开展蹴鞠的盛况此处不再一一赘述。以蹴鞠练兵是汉代开展蹴鞠的一大特色。刘向《别录》中记载的“蹋鞠，兵势也，所以练武士，知有材也，皆因嬉戏而讲练之”[④]，阐明了用蹴鞠练兵的原因。用蹴鞠练兵既增强了士兵体质的同时，也丰富了士兵的生活。汉代名将霍去病常以蹴鞠训练士兵。

据《汉书·霍去病传》记载，“其在塞外，卒乏粮，或不能自振，而去病尚穿域蹋鞠也”。[⑤]“穿域蹋鞠”是指开辟场地踢球。汉代通过蹴鞠比赛的方式练兵，《鞠城铭》中就介绍了汉代蹴鞠的比赛方式：“圆鞠方墙，仿象阴阳。法月衡对，二六相当。建长立平，其例有常。不以亲疏，不有阿私。端心平意，莫怨

---

① 《汉书》

② 《汉书》

③ 《西京杂记》

④ 《刘向别录》

⑤ 《汉书》

其非。鞠政犹然，况乎执机”[①]，文中提到了蹴鞠比赛的器材，场地，规则，运动员和裁判员等诸多方面，可见蹴鞠比赛规则在当时已经较为完备。

图5-7　汉代宫苑内校阅的足球竞赛示意图

在汉代，蹴鞠还具有祈祷的作用。山东临沂出土的西汉帛画和河南嵩山汉代“少室石阙”上，就有“蹴鞠舞”的图像。“少室石阙”上的“蹴鞠舞”具有祈祷的作用，这一点在“嵩岳庙”祈祷农事的碑文中便可以看出。商代“足球舞”也有类似作用。总而言之，汉代蹴鞠有着诸多功效，但最主要的作用还是练兵，服务于军事体育。

汉代与匈奴的战争在促进汉代骑兵发展的同时，也推动着汉代射技的进步。汉代统治者对射极其重视，曾设射声校尉来管理射士。汉代射箭分为战射和礼射。骑射属于战射（见图5-8），随着骑兵的发展而兴盛。汉代骑兵中涌现出了许多优秀的射手，最出名的当属“飞将军”李广。李广狩猎时，“见草中石，以为虎而射之，中石没镞，视之石也”，此后夜射饮羽便成了一段佳话。东汉顺帝尤为重视骑射，永建元年令幽州刺史教习战射，永和二年，诸王东朝，事毕，顺帝令骑兵护送，这些骑兵“皆北军胡骑，便兵善射，弓不空发，中必决眦。”[②]射技之高超，可见一斑。

① 《鞠城铭》

② 范晔. 后汉书·中山简王焉传［M］. 北京：汉语大词典出版社，2004：967.

图5-8　骑射（汉空心砖）

弩射也是汉代战射的一种，秦国军队最早使用弩。《汉书·地理志》载："汉兵器以弩为尚"，晁错对汉和匈奴的军事力量进行了对比，指出："劲弩长戟，射疏及远，则匈奴之弓弗能格也；坚甲利刃，长短相杂，游弩往来，什伍俱前，则匈奴之兵弗能当也；材官驺发，矢道同的，则匈奴之革笥、木荐弗能支也。"①

汉代弩的种类繁多，包括"连弩""石连弩""元戒弩""药弩""大黄弩""万钧神弩"等（见图5-9），其中最著名的是"连弩"，即可以连续发射的弩。《汉书·李陵传》载："连弩乃三十絭共一臂"②。《汉书·艺文志》书有十五篇《望远连弩射法具》，由此可见，连弩在当时已很普遍。遗憾的是，连弩的制作和使用方法都已失传。汉代出现了很多擅长弩射的人，擅长骑射的李广也精通弩射。公元前121年，李广的军队被匈奴骑兵包围，匈奴骑兵人数为李广军队人数的十倍，"汉兵死者过半，汉矢且尽。广乃令士持满毋发，而广身自以大黄（弩名）射其裨将，杀数人，胡虏益解"③。汉代使用的弩机上已装有"望山"，其作用等同于步枪上的标尺，以提高弩射的精准度。"望山"的应用也可体现出古代射手和工匠已经对斜抛物体运动中的投射角和射程的关系有了较为正确的认识，这是兵器史和物理学史上的一大成就，也可用现代的运动生物力学来解释。

① 班固. 汉书·晁错传[M]. 北京：汉语大词典出版社，2004：1074.

② 《汉书·李陵传》

③ 班固. 汉书·李广传[M]. 北京：汉语大词典出版社，2004：1159.

图5-9　蹶张弩（汉代，山东沂南出土）

弓射和弩射都需要用箭。汉代时期，只有部分少数民族的箭使用石质箭头，其他箭头基本都由钢铁所制。汉代时期还有使用毒箭的记载，据《后汉书·耿恭传》记载，耿恭在攻打匈奴时，"以毒药敷矢因发强弩射之"，"杀伤甚众，匈奴震怖"。据《汉书·艺文志》记载，汉代介绍骑射方法的书籍有八种之多，其中《逢门射法》二篇、《望远连弩射法具》十五篇、《阴通成射法》十一篇、《魏氏射法》六篇、《强弩将军王围射法》五篇、《护军射师王贺射法》五篇、《蒲苴子弋法》四篇、《李将军射法》三篇，足以说明射术理论在当时已经非常丰富，且自成流派。汉武帝推崇"独尊儒术"后，部分文人雅士提出了复古行礼射的主张。新朝王莽时代，便有一些人开始行礼射。据《后汉书·明帝本纪》载："永平二年，临辟雍，初行大射礼"①，礼射实则是汉代射箭活动中的一股逆流。

铁剑在战国时期已被广泛使用，青铜剑在当时也较为常见，其制作技术已达到炉火纯青地步。秦代多数军队仍装备青铜剑，秦始皇兵马俑坑曾出土过一批长81～94.4厘米，宽3.14～3.6厘米的青铜剑，剑脊和剑刃均由青铜所制，且含有不同比例的锡元素，在保证剑韧性的同时，剑刃也很锋利。从秦始皇兵马俑二号坑出土的长86厘米的青铜剑，剑身上多达8个棱面，历经两千多年依旧光洁如新（见图5-10）。

① 《后汉书·明帝本纪》

图5-10　秦始皇陵出土的青铜剑

这批青铜剑出土时部分表面为灰黑或深黑色，毫无锈迹，光洁度及耐磨性能良好。研究发现，这批青铜器通过铬盐的氧化处理，在剑的表面上已形成了厚度约为10微米的致密氧化层。该技术让世界科学界震惊，因为这项技术直到1937年和1950年才被德国和美国列为专利。汉代时期，青铜剑逐渐被铁剑替代，形状与用途也随之发生了变化。汉代初期，剑仍然是极其重要的军事武器，据《史记·项羽本纪》记载：项庄舞剑刺杀刘邦，刘邦被拔剑起舞的项伯所救，樊哙也“带剑拥盾”前来保护刘邦。由此见得剑是汉初军队中较为常见的武器。此外，佩剑还成为了汉代礼仪（见图5-11），《晋书》记载：“汉制，自天子至于百官，无不佩剑，其后惟朝带剑。”佩剑不仅有防身之用，也是个人身份的象征。后来，剑术随着汉与匈奴战争的发展逐渐消失，成为一项供人们健身、娱乐、自卫的武术运动。

图5-11　佩剑武士图（汉代，山东沂南出土）

秦汉时期，剑术受到了封建贵族和文人雅士的青睐。据《汉书·地理志》载："吴、粤之君皆好勇，故其民至今好用剑，轻死易发。"东方朔"十五学击剑，目若悬珠，勇若孟贲"[①]。司马相如亦"少时好读书，学击剑"[②]。秦汉时期还有单人剑术和双人剑术套路舞练表演和斗剑表演，并有《剑道》等专门的剑术理论专著。

剑身轻薄，在战场上不适合用力砍杀，面对身着盔甲的敌人，更是发挥不出剑的威力。于是剑被厚重坚韧的"环柄刀"所替代。刀在汉与匈奴的战争中得到了发展，成为军队中最常见的短兵器，刀术也成为了军事训练的重要内容。在西汉与匈奴的战争中，军队主要使用的是环首柄刀。在河南洛阳曾出土过一批长度为86～114厘米的环首柄铁刀（见图5-12）。山东沂南石墓的墓门上也有汉代军队持刀拼杀的画像。画像显示，在当时刀和盾已成为军队作战的主要装备，士兵们一手操刀，一手执盾。佩刀的习俗起始于汉代，汉代将军李陵和使节苏武都有佩刀的习惯。

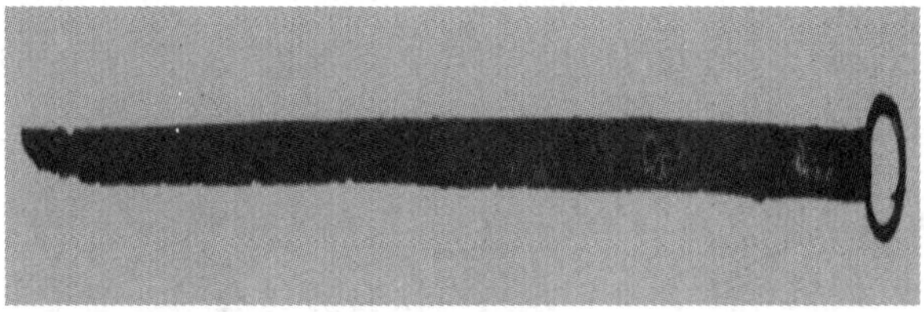

图5-12　河南洛阳出土的环首柄铁刀

三国时期，战争四起，各国统治者异常重视武备，由此促进了兵器武艺的发展。当时人们有着久经沙场的经验和习武的功底，出现了许多武艺水平很高的人。就长武器而言，魏国将军张辽擅长使用长戟，据《三国志·魏书·张辽传》载：张辽在一次战斗中"披甲执戟，先登陷阵，杀数十人"[③]；魏国将军典韦擅长使用双戟，《三国志·魏书·典韦传》："军中为之语曰：'帐下壮士有典君，提一双戟八十斤'"[④]；吴国将军程普，蜀国将军张飞擅长使用长矛。有一

① 班固. 汉书·东方朔传[M]. 北京: 汉语大词典出版社, 2004: 1353.

② 班固. 汉书·司马相如传[M]. 北京: 汉语大词典出版社, 2004: 1211.

③ 《三国志·魏书·张辽传》

④ 《三国志·魏书·典韦传》

次孙策被敌人围困，程普“驱马疾呼，以矛突贼，贼披，策因随出”①；《三国志·蜀书·张飞传》：“先主奔江南，曹公追之。使飞将二十骑拒后，飞据水断桥，瞋目横矛曰：‘身是张益德也，可来共决死！’敌皆无敢近者，故遂得免”②。此外，吕布“辕门射戟”，曹彰“射胡骑”，太史慈“猿臂善射、弦不虚发”，均可见他们在骑射方面的功底。

剑术在三国时期的军事价值虽有所下降，但击剑作为一项竞技活动，在理论与实践等方面均有所发展。据曹丕《典论》载：“予幼时学击剑，阅师多矣。四方之法，唯京师为善……余从阿（史阿一剑师）学之精熟，尝与平虏将军刘勋奋威将军邓展等共饮。宿闻展善有手臂，晓五兵，又称其能空手入白刃，余与论剑良久……因求与余对。时酒酣耳热，方食芋蔗，便以为杖。下殿数交，三中其臂”③。由此可以看出，剑术理论在当时已发展得相当丰富。曹丕能打败“善有手臂，晓五兵”“空手入白刃”的邓展，足以见得曹丕武艺高强。

刀是三国时期军队中装备最多的短兵器。据《诸葛亮集》载：西曹掾蒲元“性多巧思”“镕金造器，特异常法，为诸葛亮铸刀三千口”“刀成，以竹筒密纳铁珠满中，举刀斩之，应手虚落，弱雉水刍，称绝当世，因曰神刀”④。东吴孙权亦曾于“黄武五年（226年）采武昌铜铁，作千口剑，万口刀，各长三尺九寸，刀方头，皆是南铜越炭作之”⑤。可见，三国时期制造的刀不仅产量高，而且质量也优。

蹴鞠：三国时期，蹴鞠在民间开展得极其广泛，开展这一体育活动的目的不仅仅是供人们娱乐，更重要的还是满足军事战争的需要。据《会稽典录》载：“三国鼎峙，年兴金革，上以弓马为务，家以蹴鞠为学”⑥，即战乱期间，民以弓马为要务，还要学习蹴鞠，民间盛行蹴鞠，也就顺理成章了。

击鞠：古代的马球运动就是击鞠，击鞠兴起于东汉，盛行于三国，曹植在其所著的《名都篇》中描述了当时的马球运动：“连翩击鞠壤，巧捷惟万端。”

两晋南北朝（265—581年）时期的中国四分五裂、战争频发。西晋统一后

---

① 《三国志·吴书·程普传》

② 《三国志·蜀书·张飞传》

③ 《典论》

④ 《诸葛亮集》

⑤ 陶弘景. 古今刀剑录［M］. 上海：上海古籍出版社，1989：217.

⑥ 《会稽典录》

不久，便出现了“八王之乱”，使西晋迅速走向灭亡，随后南北分裂。东晋偏安于东南一隅，而在北方，各族在多年的混战中相继建立了多个国家。东晋灭亡后，南北方都在频繁地更朝换代。南方在近一百六十年期间先后建立了宋、齐、梁、陈四个朝代，而北方在近一百七十年间经历了五个朝代。

军事武艺在这个战争多发的时代取得了较大的发展。两晋的兵制仍以汉魏的“世兵制”为主。“世兵制”就是将士兵家属集中管理，形成军户，世代为兵。“世兵制”有利于军事技能及武艺的传承，对武艺的提高也有促进作用。此外，各地方豪强为扩大自家势力，组建了自己的军队，建立“坞壁”，农民成为了依附豪强的“部曲”，他们常在民间练兵习武，使武艺得到了进一步推广。梁武帝萧衍广纳勇猛之士，组建了一支强大的私人军队，为取代南齐打下了基础。西魏时期，“府兵制”创立后便取消了“私兵部曲”，军权都由中央管控。这一时期主要的作战方式为骑兵作战，骑射与长兵器在军事训练中愈发受到重视。

这一时期的军事武艺发展并不均衡，北朝的武风要略好于南朝。当时骑兵使用的兵器主要是矛和矟，二者本是同类兵器。据《太平御览》解释：“矛丈八曰矟”[①]，一丈八尺相当于现在4.15米。双方在马上作战时，需执矛前刺，矛长的一方便会先刺中另一方，因此矛变得越来越长。北方鲜卑族常用矟，后来在战争中得到普及。这一时期涌现出了一批擅长用矟的人物。据《魏书》载：“陈留王虔，姿貌魁杰，膂力绝人，每以常矟细短，乃大作之，犹患其轻，后缀铜铃于刃下……虔常临阵，以矟刺人，遂贯胸高举，以示于众。”[②]意思是说陈留王元虔为了让矟在战斗中发挥其威力，将矟加重加长，可轻松刺透敌军胸膛，并挑起来示众。于栗磾因擅长使用黑矟，便有了“黑矟将军”的称号。随着矟在战场上的广泛使用，其应用技巧也得到了较快的发展。南朝梁简文帝著有《马槊谱》一书，在序言中写道：“马槊为用，虽非远法，近代相传，矟已成艺。”[③]文中提到的马槊便是矟，由此可见，矟的技巧在短时间内得到了较快的发展。梁简文帝将矟的应用技巧凝练成谱，但如今该谱已失传。

自上古以来，射术一直都是军事武艺的重要技能。两晋、南北朝时期，北方民族精通射术，推动着射术的发展。各国统治者也都非常重视射术。如魏太武

① 《太平御览》

② 《魏书》

③ 《马槊谱》

帝时修建了专业的习射场地，“筑马射台于长川，帝亲登台观走马；王公诸国君长弛射，中者赐金、锦、缯、絮各有差”[①]，在全国掀起了习射的热潮。北朝民族政权继承了汉族古代的燕射、大射、乡射，并通过类似活动讲武习射。射术在士兵的选拔和训练中居于首位，将士对射术的精通程度将会决定武艺的高低。当时部分习武之人精通射术，据《北史·魏宗室常山王遵传》记载，魏武帝曾将一个银酒杯“悬于百步之外，命善射者十余人共射，中者即以赐之”[②]，当时王顺射中并赢得了酒杯，这是中国体育史上第一个银杯奖。北魏的妇女也善于射箭，“李波小妹字雍容，褰裙逐马如卷蓬。左射右射必叠双。妇女尚如此，男子安可逢”，便可见北魏妇女射术之高超。

“手搏”即徒手搏斗，起始于先秦时期，后演变为拳术。拳术讲究对人基本功的训练，在西晋、南北朝时期取得了较大的进步，《释名》中将“搏”解释为“四指广搏以击之也”。可见，“手搏”并不用兵器，而是用拳掌攻击，且对指掌功夫有较高的要求。史实中显示，古代将领基本都有着深厚的武术功底。北魏孝文帝文武双全，据《魏书》载：“孝文帝有膂力，年十余岁，能以指弹碎髀骨”[③]，足以见其指掌功力。南朝名将羊侃武艺惊人，据《梁书·羊侃传》载：公元537年，梁武帝在乐游苑观宴，“时少府奏新造两刃矟成，长二丈四尺，围一尺三寸，高祖因赐侃矟，令试之，侃执矟上马，左右击刺，特尽其妙，高祖喜之”[④]。羊侃能执此矟，足以见其武艺高超。“侃少而雄勇，膂力绝人，所用弓至十余石。尝于兖州尧庙踏壁，直上至五寻，横行得七迹。泗桥有数石人，长八尺，大十围，侃执以相击，悉皆破碎”[⑤]，也可见羊侃武功之深厚。晋朝名将郭默武功惊人，据《前赵录》载：“郭默，字玄雄，河内怀人，世以屠沽为业，默少勇，拳捷能贯甲，跳三丈堑，时人咸异之。”[⑥]郭默的手可以将皮甲穿透，足以见其指拳功力深厚。

由于战争多发，社会各地掀起了一股习武之风，寺院也不例外，很多寺院拥有了自己的武装力量。据《魏书·释老志》记载，公元438年太武帝在长安的

① ［北齐］魏收. 魏书·太武帝本纪［M］. 上海：汉语大词典出版社，2004：37.

② 《北史·魏宗室常山王遵传》

③ 《魏书》

④ 《梁书·羊侃传》

⑤ 《魏书》

⑥ 《前赵录》

一座寺院里发现了大批武器，由此便怀疑寺院僧人与叛臣贼子勾结，部分僧人确实参加了这一时期的叛乱。据《魏书・肃宗本纪》记载："沙门法庆聚众反于冀州"[①]。据《宋书・王僧达传》载："南彭城蕃县民高阇，沙门释昙标、道方等共相诳惑，自言有鬼神龙凤之瑞，常闻箫鼓音，与秣陵民蓝宏期等谋为乱。"[②]叛乱被平定后，参与叛乱的僧人不得不充军或还俗。魏太武帝就曾因怀疑僧人参与叛乱，下令五十岁以下的僧人必须还俗或参军。北魏文成帝时期崇尚佛教，有些参军的僧人又重归寺庙。这些参过军的僧人对寺庙习武起到了促进作用。僧人习武的主要目的之一便是保护寺院的财产。文成帝崇尚佛教，赏赐寺院大批田产和财物，为了保护田产和财物，寺院普遍要求僧人习武。寺院之间存在争夺财产的纠纷也会用武力来解决。僧人习武有一部分原因也是为了健身和娱乐，据《续高僧传》记载："宫中常设曰百僧斋，王及夫人手自行食。斋后消食，习诸武艺"[③]，说明了习武在健身和娱乐方面的价值。寺院在长期的习武过程中出现了少林武术。少林寺建立之日起便崇尚武术，公元495年，北魏孝文帝在嵩山建立了少林寺，少林寺因坐落于竹林茂密的少室山五乳峰下，故取名"少林"。佛陀禅师的传略中虽未见有其习武之事，但从他两位弟子慧光与僧稠的功力看，佛陀禅师必然是位武术大家。慧光与僧稠武功高强，僧稠能"横塌壁行，自西至东凡数百步""引重千钧，其拳捷骁武劲"[④]。作为少林首任主持佛陀禅师的弟子，武功竟然有如此惊人，可见少林武术有很好的传统和氛围。达摩号称少林武功之祖，但他在少林传授《易筋经》纯属子虚乌有。这一传说始于明代，未见有古典文献典籍证实。这一时期，北方军事武艺的发展速度相对较快，而南方军事武艺的发展较为缓慢。为缓解南北方军事武艺发展不均衡的现状，南方与北方开展了一系列的军事武艺交流。据《北齐书・綦连猛传》记载，梁派勇士到北齐比武交流，受到北齐帝王的热情款待，并派人与梁朝勇士切磋了刀术，左右驰射和挽强弓，北齐人大败梁人，这是一场国际间的军事体育交流赛。

隋朝时期的府兵制度相对完善，"凡是军人，可悉属州县，垦田籍帐，一

---

① 《魏书·肃宗本纪》

② 《宋书·王僧达传》

③ 《续高僧传》

④ 《朝野佥载》

与民同。军府统领，宜依旧式”①。隋朝设有十二卫所，并由十二卫大将军统领，各卫所设有统兵府。隋炀帝时期，统兵府改名为鹰扬府，唐太宗时期又将统军改为折冲都尉，将车骑将军（即别将）改称为果毅都尉，将诸府总名改为折冲府。全国共有六百三十四府，由中央十二卫所分别统率，各卫所设有大将一人，将军二人。折冲府是府兵制度的基层组织，“凡府，以卫士一千二百人为上府，一千人为中府，八百人为下府。在赤县为赤府；在畿为畿府。卫士：以三百人为团，有校尉；五十人为队，队有正、副；三十人为火，有火长”②。隋唐时期的府兵制度与中国现代军事制度相似。府兵士兵主要出身于农民，在三个男丁中征点一个士兵，士兵需自备兵器。唐朝统治者对府兵的训练非常重视，命折冲府来训练士兵，“居常则皆习射”③（见图5-13）。府兵训练一般在冬季进行，由折冲都尉负责，设有专门的教习，若士兵考核不合格，他们的领导将会受到惩罚。该制度提高了基层对习武的重视程度，间接推动了这一时期军事体育的发展。

图5-13　射手图敦煌壁画

隋唐时期统治者非常重视弓箭在远射武器中的地位，大力倡导射艺，并将射纳入武举考试的内容，推动了射艺的发展。骑射在唐朝击败隋朝完成统一的诸

①《隋书·高祖传》

②《唐会要·府名》

③《旧唐书·职兵志》

多战役中，均发挥了重要作用。在唐朝初建时，统治者便重视对士兵进行骑射训练。如破历山飞役是这样记载的："及战，帝（李洲）遣王威领大阵居前，旌旗从。贼众遥看，谓为帝之所在，乃帅精锐，竞来赴威。及见辎驮，舍鞍争取。威怖而落马，从者挽而得脱。帝引小阵左右二队，大呼而前，夹而射之。贼众大乱，因而纵击，所向摧陷，斩级获生，不可胜数"①，生动描述了唐军在战争中靠精妙的射艺取胜的场景。唐朝建立后，经常受到北方突厥侵扰，所以统治者重视骑射。唐太宗李世民曾"引诸卫骑兵统将等习射于显德殿庭"②。唐太宗亲自教授、亲自考核，对表现突出的人发放弓刀布帛以作奖励。唐玄宗时期，边境威胁基本得到消除，社会安定，武备未受到统治者重视，致使骑射久废。于是，在755年唐朝"安史之乱"时，许多州县便已无兵可用，骑兵在此时更是稀缺。武器库中存放已久的兵器早已生锈，临时招募的士兵手执木棒作战，后"安史之乱"又引起了统治者们对骑射的重视。

隋、唐、五代，善射者辈。据《太平广记》载："隋末有昝君谟善射，善闭目而射，志其目则中目，志其口则中口。有王灵智者学射于君谟，以为曲尽其妙，欲射杀君谟，独擅其美。君谟志一短刀，箭来辄截之。惟有一矢，君谟张口承之，遂啮其镝而笑曰：'汝学射三年，未教汝啮镞法'"③。闭目而射、咬住箭头虽说有些荒谬，但此人射术高超是不容置辩的。唐朝名将薛仁贵亦射术高超，唐高宗在宴会上说："古善射有穿七札者，卿试以五甲射焉。"结果"仁贵一发洞贯。帝大惊，更取坚甲赐之。"薛仁贵迎战突厥铁勒部军队时，"九姓众十余万，令骁骑数十来挑战。仁贵发三矢，辄杀三人。于是虏气慑，皆降"。故"军中歌曰：'将军三箭定天山，壮士长歌入汉关'"④。此外，高骈"一箭贯双雕"，王栖曜"一矢殒之，遂拔曹州"等典故均可说明当时善射者众多。

唐代总结射箭理论的著述很多，《新唐书·艺文志》著录有：王琚《射经》一卷、张守忠《射记》一卷、任权《弓箭论》一卷，后两种已佚失。《新唐书·王琚传》载："王琚，怀州河内人。少孤，敏悟有才略。玄宋时进户部尚书，封赵国公，常参闻大政，后历九州刺史。性豪侈，不能遵法度，为李林甫

① ［唐］温大雅. 大唐创业起居位 · 卷一［M］. 上海：上海古籍出版社，1983.

② 《旧唐书·太宗本纪》

③ 《太平广记》

④ 《新唐书·薛仁贵传》

所忌，诬以罪杀之。”王琚的《射经》内容包括《总决》《步射病色》《前后手法》《马射总法》《持弓审固》《把按弦》《抹羽取箭》《当心入筈》《铺膊牵弦》《钦身开弓》《极力遣箭》《卷弦入弰》《弓有六善》等十四篇。《射经》内容翔实，并附有口诀，至今可供练习者参考。[①]

唐代军队对弩的使用达到了高峰，唐军中的弩种类繁多，设有弩射考试。唐代开始使用火箭，将易燃品附于箭身，点燃后发射。唐代时期还出现了弹丸射。盛世唐朝，各种竞技体育、军事体育活动兴起，对社会文化产生了积极影响。

剑术在唐代发生了较大的变化，共分为四个分支：一是用于军事战斗技能的剑术，如《太白阴经·人谋下·选士篇》中提到，以“戈矛剑戟便于利用”来选士，以“挥戈舞剑，刀制百人”来任命偏将军，以剑术作为人才选拔标准，体现了剑术在唐代有着重要的军事价值。

二是用于健身的剑术。唐代许多文人都注重文武兼修，常用剑术来健身习武。李白在《与韩荆州书》中自我介绍“十五好剑术”，杜甫在《夜宴左氏庄》中书“检书烧烛短，看剑引杯长”，高适《人日寄杜二拾遗》中有“一卧东山三十春，岂知书剑老风尘”之句，都体现了剑术的体育健身价值。

三是向艺术化方向发展的剑术。唐人段成式在《剑侠传》中写道：京西店老人“舞剑如风雷骤至，电光相遂”，以及“兰陵老人能以长剑七口，舞于中庭，迭跃挥霍，批光电激，或横若掣帛，旋若歘（音需）火”[②]。这些文字精彩地描述了高超的剑术与杂技相结合的场景，神妙莫测。

在这一时期，剑术与舞蹈结合形成了剑器舞，《乐府杂谈》将剑器舞归为健舞。杜甫在《观公孙大娘弟子舞剑器行》中对剑器舞进行了描述：“昔有佳人公孙氏，一舞剑器动四方。观者如山色沮丧，天地为之久低昂。如羿射九日落，矫如群帝骖龙翔。来如雷霆收震怒，罢如江海凝清光”[③]。诗中描绘了公孙大娘剑术的神气，也反映了人们对剑器舞的热爱。剑器舞的出现是唐代剑术向艺术化发展的典型事例。

四是用于“镇邪”的剑术。这主要是受到佛教和道教妖邪之说的影响，一

① 袁红军. 中国古代体育文献述论［J］. 图书情报工作，2009，53（19）：142-146.

② 《剑侠传》

③ 《观公孙大娘弟子舞剑器行》

些士大夫用剑来“镇邪”，使剑术蒙上了一层神秘的外衣，剑也因此变得神圣。此外，唐代诗人还用剑来表达他们立功异域、名垂青史的心愿。李白所作的“安得倚天剑，跨海斩长鲸”①，以及“愿将腰下剑，直为斩楼兰”等，都寄托了这些文人志士的宏大抱负。

剑在唐代时期已基本定型，与现在的剑相比并没有多大差异。周纬在《中国兵器史稿》中指出：“唐剑形制则完全变更，失去周制而独树一型，后人守之，数千百年，无所改变，此可谓剑至唐代即为后世统一模型矣。”②

枪在隋唐、五代时期已成为作战使用的主要武器。敦煌壁画上便有将士骑马持枪盾行进的景象（见图5-14）。唐代时期，以枪为兵器的军队数量已经非常庞大。唐代将军尉迟敬德精通枪术。唐太宗出征窦建德时，曾“谓尉迟公曰：‘寡人持弓箭，公把长枪相副，虽百万众亦无奈我何！’乃与敬德驰至敌营，叩其军门大呼曰：‘我大唐秦王，能斗者来，与汝决！’敌追骑甚众，而不敢逼。”③唐代名将秦叔宝亦精通枪术，“每敌有骁将锐士震耀出入以夸众者，秦王辄命叔宝往取之，跃马挺枪刺于万众中，莫不如志”④。上述文字生动再现了枪术的威力和跃马挺枪、所向披靡的精彩画面。五代时期，有人使用铁枪，“二王”可谓代表，王敬荛“魁杰沈勇，多力善战，多用枪矢，皆以纯铁锻就”⑤，后梁名将王彦章“为人骁勇有力，能跣足履棘行百步，持一铁枪，骑而驰突，奋疾如飞，而佗人莫能举也，军中号王铁枪”。此外，五代时期还有关于短枪的记载。据王仁裕《玉堂闲话》中记载：“小仆持短枪，靠扉而立。连中三四魁首，皆应刃而仆，肠胃在地焉”⑥。器械和武艺在隋、唐、五代时期已发展得极为丰富，除上述介绍的剑术、枪术和射术外，还有刀术、棍术、匕首术等。刀术在军队和农民起义军中已发展得极其普遍，这里不再详述。

---

① 李白. 李太白集·临江王节士歌［M］. 沈阳：辽宁教育出版社，1997.

② 周纬. 中国兵器史稿［M］. 天津：百花文艺出版社，2006.

③ ［唐］刘餗. 隋唐嘉话［M］. 北京：中华书局，1979.

④ 《新唐书·秦琼传》

⑤ 《旧五代史，王敬尧传》

⑥ 《玉堂闲话》

图5-14　执枪图（敦煌壁画）

开皇年间，隋文帝曾将离寺五十里的柏谷屯的一百顷土地，赐给了少林寺，少林寺由此便成为了坐拥万亩土地的大地主庄园。隋末农民起义时，少林寺成为农民起义军的进攻对象。少林寺的武装力量在唐王朝统一过程中发挥了重要作 用，并得到了唐王李世民的嘉奖。由此可见，少林寺的武装力量是从隋末时期延续下来的。南北朝时期少林武术萌芽，到隋唐时期已较为成熟，并成为一种武术体系，对中外武术的发展与进步产生了巨大影响。

契丹族建立了辽国，并效仿汉族设立了较为完备的政权机构。辽国设有北枢密院，“掌兵机、武铨、群牧之政，凡契丹军马皆属焉”①。可见，北枢密院是辽国的武事机构。辽国兵制规定：年龄在十五岁以上、五十岁以下的男子都属于兵籍。被征为正规军后，他们要自备兵器、军马和粮草，还要接受军事训练。由此可以看出，辽国统治者对武备的重视程度。

据史料记载，党项族作为西夏的建立者，以军马作为国之根本，极其重视习武，并设有相关法令赋税，规定：凡是年满十五而未满六十者，皆应自备弓矢甲胄而行，以至于西夏国几乎人人能击，兵与民竟无区别。西夏国有三种精锐部

① 《辽史·卷四十五》

队：一是精骑部队“铁鹞军”；二是神速善战的步兵部队“步跋子”军；三是武艺高强女兵部队“麻魁”。以上种种足以证明西夏国为尚武的国家。

在12世纪初期，蒙古尚处于原始社会，铁木真于1206年统一蒙古大小部落，建立了蒙古汗国，并按照十户、百户、千户、万户的规模，把臣民编制起来，直接委派贵族作为千户长、万户长，形成了较为完整的国家制度。并规定：“家有男子，十五以上、七十以下，无众寡尽签为兵。十人为一牌，设牌头。上马则备战斗，下马则屯聚牧养。”[①]在此制度下，军事训练成为蒙古族男子的义务，蒙古族的军事体育得以迅速发展，练就了一支强兵。13世纪，蒙古族铁骑征战广大欧亚地区，东自大海、西至多瑙河。蒙古族军事体育的盛景在元朝建立以后发生了改变，统治者实行民族歧视和民族压迫政策，以削弱人民的反抗力量。将各民族以蒙古人、色目人、汉人和南人进行划分，在刑法上做出规定：禁止汉人和南人聚众畋猎、迎神赛会；禁止制造和收藏兵器；不得执弓矢、习武艺等。意图采用镇压的手段处理民族矛盾，此举不仅阻碍了我国古代体育的发展，还使古代武艺受到损害，有不少元朝前盛行的武艺因此而失传。但是，简单的镇压并不能解决复杂的民族矛盾，禁令也并不能杜绝民间武术活动，所以，民间武术仍在发展、传承和延续。

北方游牧民族由于生产生活方式及传统习俗等原因，从小练习骑马射箭，体格健壮、骁勇善战，在战争中发挥了重要作用。少数民族首领多精于射艺，如金太祖完颜阿骨打从小就善射，某次，跟随辽国使臣来朝，辽使使其射群鸟，连续三发皆中，受到了辽国使臣大力称赞。弯弓射大雕，声名扬四海，更是一代天骄成吉思汗精于骑射的体现。

精于骑射的辽、金、元诸族，为了练习骑射武艺，除了举办赛射活动外，更常举行射猎活动。辽金时期，均订有制度与办法用于规范四季狩猎。战士在射猎活动中，掌握骑射奔驰、搏击、刺杀、跳跃等种种本领，还将一些精通武艺的人才通过大型捕猎活动考查、选拔出来，在一定程度上推动了骑射武艺的发展。

明朝时期，军队训练也备受政府重视。据史籍《明史·兵志》载：朱元璋“屡命元勋宿将分道练兵”，制定“教练军士律”。建文皇帝即位之初，便“六师尝自校阅”等，统治者对军事训练的重视不言而喻。

---

① 《元史》

火器在宋代时便已进入军中，到明代时，则更加广泛地在军中使用。明成祖还曾设立过一支专门使用火器的军队，被称之为“神机营”。尽管当时可使用的火器之多已达几十种，但明代军队中处于主导地位的依旧是冷兵器，火器只能处于从属地位。作战时，冷兵器与火器配合使用，充分发挥各自的优点。故俞大猷曾在《正气堂集》中说：“弓矢，大小铳炮杀人于百步之外，牌刀、钯、枪、狼筅击斗于数步之间。长短相卫，彼此相资”[①]。军事家们在训练军队方面著书立说，使练兵的理论与实践均得以新发展，如：戚继光、唐顺之、何良臣、俞大猷等。尤其是戚继光，《纪效新书》和《练兵实纪》均由其所著，于当时来看，古代军事理论得以丰富和新发展，于现在来看，现代体育训练也可借鉴其中的诸多内容，对于现代运动训练理论与实践都具有一定的启示意义。

戚继光1528年出生于山东蓬莱，逝于1588年，字元敬，号南塘，明代遐迩闻名的抗倭将领、武术家、军事家、民族英雄。在漫长的抗倭战争中，他不仅对明代陈腐的兵制进行改革，还创造了一整套训练士兵的方法。著有《纪效新书》《练兵实纪》等。

对于训练，戚继光认为“花法，不可学也”“学熟误人”，反对杂入华而不实的“花法”；训练应讲究实效，在练习中体会实战。为了扬长避短，提高军队的战斗力，他以士兵各自的特点为依据，分别编队进行训练。戚继光注意应用体育锻炼为军事服务，在军事训练中加强了体育训练，重视心力、手力、足力、身力的全面发展，并强调应从难、从严练兵。在武术的技击技术改造方面戚继光也颇有卓见。他以当时流行的拳种为基础，集十六家之长，编制三十二势长拳，被盛赞为“势势相承，遇敌制胜，变化无穷”。他还对杨家枪法进行改造，将六合之法并为二十四势，并绘录在书，以便广泛传扬。另外，在他创造的“鸳鸯阵法”“三才阵法”的军事训练和兵器配备上，除用火器外，被大量采用的主要武器依旧是戚家刀、狼筅、挨牌棍、长枪等（见图5-15），再加以严格训练，常常取得战争的胜利。戚继光的部队受到沿海人民的深切拥护，被亲切地称之为“戚家军”，享有纪律严明、战斗力强的美誉。

① 《正气堂集》

图5-15　戚家军长刀势图（明《武备志》）

古代将军对士兵日常训练主要包括身体的抗击打训练、兵器的使用、队列编队等，以提高军队的战斗力和士兵的身体素质。如1638年李自成的部队受挫后，于商洛山中养精蓄锐，并有计划地扩充军队、整顿训练。在队伍训练时，除提倡骑射外，也十分注重枪、剑的刺击。在作战时，李自成率领的队伍能够熟练地运用战术，便得益于队伍时常进行马术、射箭、刺枪、击剑的训练，若面临“战久不胜”时，便以“马兵佯败诱官兵，步卒长枪三万，击刺如飞，马兵回击，无不大胜”[①]。女兵组织和“孩儿军”作为起义军的一部分，同样坚持平日习武，以能临阵作战，且均建有功业。

明代时期，立武举的同时，并立武学。先后设立京卫武学和卫武学，对年纪尚轻的军官、武官的子弟进行教育。武学包括武艺、兵法和儒学三项内容，文武并重。当然，也只有相当的武艺基础和文化知识的人，才能够成为武学的学生。武学考核甚严，据《明史·选举》载：“成化（1465—1487年）年间，敕所司岁终考试入学武生，十年以上学无可取者，追廪还官，送营操练。”[②]这足以体现武学考核的严格程度。总而言之，明代武学除培养了一批武官外，还在一定程度上推动了武艺发展。

卫所制度是明朝所实行的军制。全国各地均有卫所，编制在内的军队约有一百八十万，规定一卫由五千六百人构成，一千户由一千一百二十人构成，一百户所由一百二十人构成。采用屯田自养的方式，平时操练，以备战时需要。卫所军官专门负责操练，兵部派遣总兵官，统领作战。朝廷设置定期考核，以检查各卫所之骑射、刀、枪等的操练水平，据《明史兵制》载：“军士步骑皆善，将领

① 《明史》

② 《明史·选举》

各以其能受赏，否则罚。”[①]从制度来看，卫所制更确切地保证了明代军队武艺的发展。嘉靖（1522—1566年）以后，天下归于太平，武备渐弛，卫所操练也随之松懈。

纵观武艺发展史，主要经历了三个阶段：在原始社会产生的用于生产的狩猎技能，为第一阶段；在奴隶社会形成的作为军事作战技能的武艺，为第二阶段；第三阶段演变历程漫长，直至明代才完成。随着武艺健身、娱乐功效的发挥，加之火器的使用，从第二阶段的武艺中分化形成了专门的运动项目。这意味着武术与军事逐渐分野，趋向娱乐、健身化发展。明代的拳术将这种分野体现得淋漓尽致。锻炼身体成了拳术的主要价值，逐渐失去兵技的直接军事作用，而成为初学武艺者的基本练习内容。

明朝时期，诞生了举世闻名的陈式太极拳。太极拳名家陈鑫在他的《陈氏太极拳图说》中谈道：“洪武七年，始祖讳卜耕读之余，而以阴阳开合运转周身者，教子孙以消化饮食之法。理根太极，故名太极拳。”[②]由此可见，太极拳已经不具备军事意义，仅仅是“运转周身”“消化饮食之法”。自明代起，拳法和器械产生了不同内容、不同风格的若干派别，即形成了流派或门派，这使中国武术成为一个开始按照自身规律向前发展的独立体系。“十八般武艺”之说在宋代就已有记载，但内容描写不够翔实，对“十八般武艺”的具体记载则是在明代的典籍中。明代《江南经略》记载：“明代流行的武术有，拳法十一家，棍法三十一家，枪法十六家，刀法十五家。剑法六法，杂器械十家，钯法五家，马上器械十六家等。各种拳械技法又都有套路、招势和基本动作之分”[③]。明代谢肇淛所著的《五杂俎》记载：“公元1449年，明英宗正统己巳之变，招募天下勇士。山西李通者，行教京师，试其技艺，十八般皆能，无人可与为敌，遂应首选”[④]。十八般在此书中被记为：“一弓、二弩、三枪、四刀、五剑、六矛、七盾、八斧、九钺、十戟、十一鞭、十二锏、十三镐、十四殳、十五叉、十六钯头、十七绵绳套索、十八白打。”明神宗万历天启（1573—1627年）人朱国祯所著的《涌幢小品》卷十二载：“武艺十八事，一弓、二弩、三枪、四刀、五剑、

---

① 《明史兵制》

② 《太极拳谱图说》

③ 《江南经略》

④ 《五杂俎》

六矛、七盾、八斧、九钺、十戟、十一鞭、十二锏、十三挝、十四棍、十五杈、十六耙头、十七绵绳、十八白打。”[①]以上两种“十八般武艺”的说法相差无几，说明当时的武艺内容多种多样。在十八般武艺的各个项目中，又归纳了各家技法特长。

从整体上看，明代武术又划分为“内家”和“外家”。“外家”属攻击型，刚猛有力，在少林寺广为流传；“内家”则属防守型，刚柔相济，以静制动，据说由张三丰所创。最早提出内家拳由张三丰所创是在黄宗羲所著的《五征南墓志铭》中。对于张三丰为何朝何代人，并没有形成统一的说法，有待进一步研究。以地域为依据，拳术被划分为南北两派。南派拳术架式小，动作较为柔韧，练习时所需活动范围也不大，主要在长江流域以南地区流传。北派拳术则与南派相反，架式大，动作较为刚劲，练习时活动范围也大，主要在河南山东一带流传。南派武术以武当派为代表，北派功夫以少林功夫为代表。

少林寺自南北朝在河南嵩山建寺以来，涌现出大批以武艺高强而著称的僧人。明朝时，少林寺集我国武艺之大成，创少林派武艺，成了著名的会武场所和武术基地。明人王士性在《嵩游记》中说：“寺僧四百余，武艺俱绝。”演练时，“拳、棍搏击如飞”[②]（见图5-16），生动地再现了寺僧习武的场面。

图5-16　少林寺习武壁画

明朝初期，少林武术当中最为出名的当数棍术，但也存在着华而不实的弊端。善于棍术的抗倭名将俞大猷，曾到少林寺纠正少林棍术的缺点，还教给寺僧自编的“临阵使用”的棍术。集他家所长，使少林棍术更为精妙，在抗倭战场上大显神威。据《吴淞甲乙倭变志》载：少林寺僧临战“俱持铁棍，长七尺，重

① 《涌幢小品》

② 《嵩游记》

三十斤，运转便捷如竹杖，骁勇雄杰，以致敌遇者即仆。”①

明朝后期，少林寺僧由“多攻棍”而转为“多攻拳”，在《少林棍法阐宗》记有“或问曰：‘棍尚少林，今寺僧多攻拳，而不攻棍，何也？’余曰：‘而拳犹未盛行海内，今专攻于拳者，欲使与棍同登彼岸也’”②。当时虽然少林棍已十分成熟，但拳还尚未达到成熟的程度，少林寺僧便多“攻拳”以达“同棍登彼岸”的目的，在一定程度上，或许与明代重拳术有关。

后来，少林武术集取众家长处，逐渐发展成为集徒手、步战、马战、气功、轻功以及多种器械内容为一体的武术流派，影响深远。

综上所述，明代武艺由于受到各种社会因素的影响，呈现出广泛普及并飞越提升的盛景，也出现了诸如欧千斤、张松溪、葛乾孙等人的善武名人，武术理论逐渐完善，出现了诸如程宗猷《单刀法选》之类非常成熟的武术套路（见图5-17），体育武术发展至明代，其体系已基本形成。

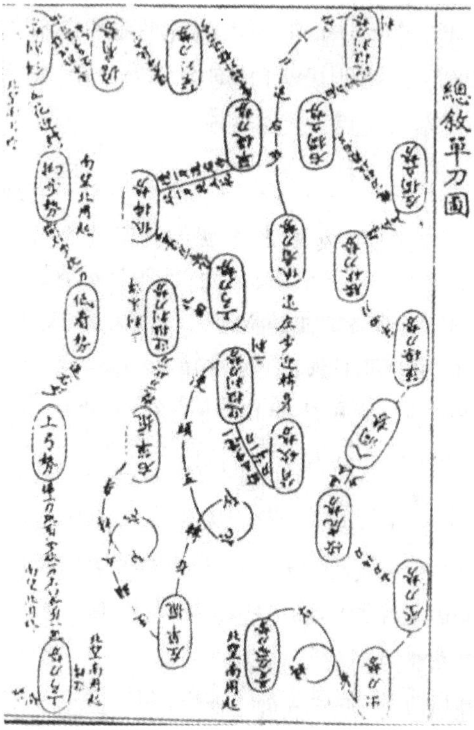

图5-17　程宗猷倭刀演练路线示意图（选自《单刀法选》）

①　《吴淞甲乙倭变志》

②　《少林棍法阐宗》

清代学校沿袭明制，在京师设立了国学，同时设立八旗宗室官学，地方分别设立府学、州学、县学。为让学生文武兼习，官办学校均设置骑射科目和教习。各类官学中设武学教习和儒学教习，武生也被纳入儒学，不再单设武学。根据武科科举考试内容，专业备考的武生除了需要学习步箭、马箭、技勇（弓刀石）等技能外，还需学习《百将传》《武经七书》《四书》《孝经》。武举制在清代依然实行，其武举制包括四级：童试、乡试、会试、殿试。童试，即初试，应试者应经过县试、府试，其后进行院试，若中试则为"武秀才"，录入所在府州、县、学，三年举行两次；乡试，除各省"武秀才"外，绿营兵丁也得应乡试，若中试则为"武举人"，三年一科；会试，若中试则为"武进士"，三年一科；会试次日，即举行殿试，殿试又称廷试，由皇帝亲自主持考试，唯有"武进士"具有参加资格，殿试取三甲，一甲三名，分别为状元、榜眼、探花。武科考试须经三试，首试马箭射毡球，二试步射和技勇，三试策论，且前两试合格者，方能参加第三试。直至清朝后期，清朝统治者废除武举制，官办武学机构消失。原因在于残暴的西方殖民者使用坚船利炮大肆轰开中国大门，武学和武试已不能适应时局的需要。清军入关后，民族矛盾与阶级矛盾交织，各地民间滋生大批反清志士，汇聚在反清秘密会社，大量流入民间的冷兵器，成为广大民众反清抗暴、自卫防身的兵器，白莲教、八卦教、清水教的起义也促使民间军事体育和武艺得到了新的发展。

武术体系在明代已具雏形，至清朝各个武术流派又得到了长足的发展。近代可见的拳种流派，在清前形成或初见端倪的仅有一部分，在清代形成体系或基本成形的占大多数。经现代武术家考证，在清代武坛上"源源有序，拳理明晰，风格独特，自成体系"的新种逾百个，如查拳、地术拳、太祖长拳、洪门拳、虎拳、螳螂拳等。[①]中国武术在不断发展的历程中，不知不觉、或知或觉地汲取中国传统文化之精华。清朝以后，武术更加广泛地汲取传统文化，以传统理论为基础，使拳械技术更规范、流派体系更完善、武术理论也得以升华。具体表现如下：第一，哲理化拳派现世，如太极拳以太极道说立论、八卦拳以八卦学说立论、形意拳以五行学说立论。此种哲理化拳种相继兴起，在武坛引起轩然大波。第二，武技与气功的交融出现在人们的视野中。在宋代时武术与气功的交融初见

① 中国武术拳械录编纂组. 中国武术拳械录［M］. 北京：人民体育出版社，1991.

端倪，到明代时已对其进行具体的实践记载。清代武术家广泛吸取气功的理论和锻炼的手段，进一步促进了武术与气功的交融，乃至几乎所有的武术流派都注重运用内功的方法来锻炼提高运气、用气的能力。如：少林寺僧除操练拳艺外，还兼习内功，作为武术功法的《增演易筋洗髓内功图说》便是由《八段锦》《易筋经》等汇集而成。河南汜水苌乃周在丰富习武经验的基础上，参考借鉴易理和医理阐发武术气法。他还在《苌氏武技书》中提出习武应内外皆练，“练形以合外，练气以实内”，唯有“神与气合，气与身合”才能健体强身。练武练气相交融，使武术的锻炼方法得以丰富，武术的锻炼效果得以提高，武术的锻炼价值得以拓展，武术与气功体系也更加完善。第三，武术整体观理论的提出。多方面文化交融、“天人合一”的武术整体观理论的出现，是武术理论在清代发展的重要一步，如：清初吴殳在《手臂录》中提出练习者应将自身与兵械融为一体，完善了“身械合一”理论；苌乃周在《苌氏武技书》中强调人与自然统一，进一步丰富了“内外如一，形气合一”的整体理论。

清朝统治者禁止民间教门和秘密结社组织活动，以便巩固其统治，但同时对民间武术练习的态度较为宽容，使得民间武艺得到进一步发展。由于禁教不禁拳，民间教门和秘密结社便都以传习武术掩人耳目来宣传教义、社旨，借此发展组织、蓄养武装力量。如清朝初期出现的白莲教，以“反清复明”为口号。清水教、罗教、弘阳教、八卦教、三阳教、混元教等支派都是由白莲教衍生而来。这些支派的教义均为白莲教八字真言“真空家乡，无生老母”，活动宗旨为“反清复明”。武术在被白莲教系统教门利用的同时，也得以进一步的传播。此外，由下层民众秘密结社形成的组织——天地会也于清朝初期成立，康熙、雍正时期，天地会就已有活动。天地会约于乾隆三十年（1765年）正式创立，内称“洪门”，又称红帮、红家。后期又衍生出匕首会、青帮、小刀会、双刀会、平头会、棒棒会、江湖串子会等支序。天地会成立之后迅速在全国蔓延，天地会早期宗旨为互助和自卫，乾隆末年，确立口号“反清复明”，天地会的会众，多研习拳术，从而推动了民间武术的传播。

总而言之，清代秘密结社和民间教门，借传习武术之名，暗地组织发展武装力量，对清朝统治者的压迫和剥削进行反抗。以报国为已任的民间拳师和拳手，积极投身于反抗斗争，这不仅促成拳会教门结合，还极大地推动了民间武术的传播。但是，这对武术的发展也有不利的一面，由于拳会与教门混杂，教门的神秘主义的宣传，无限夸大技击功能，使得本应讲究实效、注重实践的武术显得神秘玄幻、趋于虚无。

清朝前期，清朝统治者地位巩固、边疆稳定，在很大程度上得益于军队以骑射、弓刀石马步箭为军事训练的主要内容。清朝后期，由18世纪末开始发展转变。清廷政治腐败，军事训练松懈，军队战斗力极弱，以至鸦片战争中，中国以战败国的身份，签订丧权辱国的《南京条约》，屈辱求和。至此，中国开始沦为半殖民地半封建社会。从侧面上看，鸦片战争失败也正是中国的军事训练内容已被时代所淘汰的体现。但清朝统治者依旧沉醉在“天朝大国”的迷梦中，直至太平天国运动于1851年爆发，清军不敌，处处受损，一些有识之士才开始意识到这个问题。新兴势力代表曾国藩、李鸿章以团练为基础，先后建立“湘军”和“淮军”，以镇压捻军起义和太平天国运动，来维护摇摇欲坠的清王朝统治。之后湘淮两军和其他军队改习洋操、洋枪，同时依旧注重操练弓、马、盾牌、长矛、棍、刀等传统武艺，以应对农民起义军的近战冲杀，只是比八旗兵在军事训练上的情况要求严格些。洋务派兴起前，知识分子的代表——龚自珍、魏源、林则徐等，提出“师夷长技以制夷”的主张，主张学习外国先进的科学技术和军事训练方法，改制布新、富国强兵。但并未能引起统治阶级应有的注意。

从1840年鸦片战争开始，帝国主义殖民者疯狂侵略中国，烧杀掠夺，意图将中国变成他们的殖民地。但是，不甘屈服的中国人民英勇反抗，一系列革命斗争就此爆发，帝国主义的嚣张气焰受到沉重打击。1841年中国人民反帝运动率先发起于广东三元里，三元里人民英勇抗击英国侵略者。在此次斗争中，民间武术师组织工人利用工余时间，请他们到武馆并教授武艺。在打仗时，工人与农民并肩战斗，手执从武馆中取出的大刀、长矛、靶头等武器，举起三星旗，雄赳赳、气昂昂，奔赴战场。农民领袖有颜浩长、韦绍光等，皆精通武艺。颜浩长人称“定拳长”，身体魁梧、目光炯炯。韦绍光身高力大，曾与乡人在村里的武馆内习练武艺，善于拳术。周春是另一位义军领导人，常常穿着铁销做屐练功，擅长武技。他的妻子阿凤人称“飞铊凤”，既善使“飞铊”，又善舞双刀，刀法有“双飞蝴蝶”“草上飞”的美称，曾流传于广东三元里一带。

总的来看，传统武艺以武术为主，人民群体历来将其看作锻炼筋骨、保家卫国、强身抗暴的宝贵财富，世代相传，至今仍广泛流传于民间。农民革命战争开展得轰轰烈烈、如火如荼，使武术在人民群众中的传承基础更为深厚，进一步推动了武艺的发展。民间武术在近代几次大规模农民革命战争中得到了进一步发展。尤其在1900年义和团运动后，武术种类和派别增加，武术体系得到了前所未有的丰富和发展。

民间武艺的发展形势被清朝统治者认为是与己不利的，于是通过一系列禁止民间习武的手段来维护其统治，如民间严禁存置兵器，未经豪绅巨贾担保，武术家也不准许传授拳法棍棒等，一系列措施，在很大程度上束缚了武术的发展。但清政府统治者禁止不了人民群众的意志，也禁止不了热爱武术的情怀，禁令之下，授武、习武仍在秘密进行。此外，节日集会也被很多人用来表演武术，如“白蜡杆会”（白蜡杆，是一种矛，用白木做柄，光滑如蜡，因此取白蜡杆）习矛枪；“开路会”习飞叉；“少林棍会”“五虎棍会”弄棍，这也推动了民间武术的发展。太极拳是近代武术项目群中发展较大的一支，太极拳起源于明末清初，在近代形成了陈氏、杨氏、吴氏、武氏和孙氏等几个重要的太极拳流派，各具特色。有关太极拳的著述颇多，太极拳在文人学士及体弱年老的人之间也比较盛行，此处则不再一一赘述。

近代，与武术同时广为流传的还有关于导引健身的活动，如五禽戏、八段锦、易筋经等。道光年间来章氏辑本《易筋经》、咸丰八年（1858年）潘蔚所编《卫生要术》、光绪八年（1882年）王祖源所编《内功图说》等，均是关于此方面的著述，成为较早的体育论著。

举石锁、石担等活动被认为是近代民间节日集会中最为精彩的节目之一，此外，杠子和皮条也是民间的传统健身活动。因杠子为两端刻有龙头的木制单杠，故杠子运动在北方又有“盘龙之术”之称，练习杠子的组织被称为“杠子会”，又称“盘龙会”。大车是“杠子会”的表演常备，车上装有木架，架上再横支木杠，木杠就是表演者展示的舞台。两根长长的皮带从木架上垂下来，这就是皮条，表演者将两条皮带下端各执于手中，或将其缠绕在手掌上、手腕上，完成各种支撑、升降、前后水平、倒转等动作，类似于现代体育运动中的吊环。每逢节日，杠子和皮条就会出现在人们游行表演的各项文体活动中。

除上述之外，还有各种球类运动、水上运动等。棋类等多种运动游戏项目也在传承与发展至今。如龙舟竞渡、象棋、石球、秋千、围棋、风筝、踢毽子、高跷、舞龙、舞狮等。

我国是由众多民族共同构成的国家，在这个中华民族大家庭中，少数民族同样创造了辉煌的文明，为民族文化的传承和发展作贡献。我国各地少数民族，均拥有丰富且独具风格的传统项目，这些当地的传统项目是他们体育运动的主要内容。比较突出的项目有赛跑、赛马、摔跤、射箭、滑冰等，赛跑运动则主要存在于蒙古族、苗族等，藏族、蒙古族喜爱骑马、射箭活动，满族的滑冰、蒙古族的摔跤等。中国拥有十分丰富的少数民族传统体育文化，但在新中国成立前，各族劳动人民备受压迫与剥削，从未进行过有意识的经常性的体育锻炼，统治者也利用各民族的传统体育活动来奴役劳动人民。如流传于藏族民间的射箭、赛马、摔跤等活动，后来竟沦落为供大领主征税和享乐的手段。

公元476年后，欧洲中世纪开始，自西罗马帝国灭亡至1640年英国资产阶级革命前夜，这一时期的欧洲处于封建社会。欧洲的封建社会由三个阶段组成，形成阶段：公元5世纪末到11世纪末；巩固和发展阶段：公元11世纪末到15世纪末；衰亡和解体阶段又称文艺复兴阶段：公元15世纪末到17世纪中叶。

西罗马帝国的灭亡和北方日耳曼人的入侵是欧洲封建社会的开始。日耳曼各个部落在西罗马帝国的废墟上建立了多个国家，采用集中土地、解体公社和农奴化农民的措施，使氏族社会逐渐过渡到封建社会。法兰克王国作为日耳曼最为强大的部落，在8世纪末至9世纪末确立封建制，得益于查理大帝（768—814年）的南征北战与基督教会的支持和帮助。路易一世（814—840年）驾崩后，他的三个儿子将帝国分成了三个部分，三个近代欧洲的主要国家就此诞生，即法兰西、德意志和意大利。在很大程度上，僧侣掌控着教育，欧洲封建文化有着浓厚的宗教色彩，而体育却在由教会直接控制的教育机构中基本被取缔。但是教会和王权为了维护他们的统治利益，采用骑士比武的方式进行军事训练，法国普罗旺斯最早出现骑士比武，这是一种与众不同的军事训练方式。封建主将骑士比武作为一种常态化的方式来训练骑士，比武的形式包括两种，即两人制和集体比赛。两人制的比赛实际上就是两个全副武装的骑士进行决斗，他们手持长矛和盾，纵马对冲，拼命地厮打对方，如果不慎落马，便在地上用剑决斗，直到对方屈服为止，胜利者将拥有失败者的武器和马匹。骑士们的集体搏斗便是集体比武，骑士们先以一定的距离对峙，随后双方发起猛攻，这种小型的骑士战是十分危险的。死亡事件屡有发生，有的为武器所伤，大多数为坠马而亡或造成脑震荡，还有部分骑士在尘土飞扬、热气蒸腾的状况下被压在人或者马下活活憋死。据中世纪编年著作记载，德国诺伊斯的一个封建领主在1241年和1290年分别举办过两次比武会，先后有100人和60人战死。后来，许多地方会在比武双方间画出一定的界限，并且制造了专有武器，以防止类似事件再次发生。封建主的军事训练不仅有骑士比武，还包括跑、跳、投、掷、角力、游泳和马球，参加十字军东征的骑士，把马球运动推广到了整个欧洲。马球运动作为军事训练的手段，在欧洲风行了近五个世纪。规模较大的马球比赛，最初在法国普罗旺斯，12至13世纪，马球比赛在军队中盛极一时。

三、近现代社会军事体育

自第二次鸦片战争结束后，中国封建势力中出现了以爱新觉罗·奕訢、曾国藩、李鸿章、左宗棠、张之洞等人为代表的“洋务派”。在19世纪60年代到90年代期间，为了更有效地镇压人民革命和抵御外来势力的入侵，进行了一系列围绕借“西法”以“自强、求富”的自救运动。开始学习西方文化和先进科学技术用来维护清朝的统治。洋务运动对西方近代体育的引入和传播，奠定了我国近代最早的体育基础。

从1862年开始，洋务派开始操练“新军”。最初是在曾国藩的湘军水师、李鸿章的淮军以及清廷的禁卫军中展开的，聘请了外国的教练员，开始习练“洋枪”“洋炮”“洋操”。早期主要学习英国兵操，进行队列、刺杀、战阵与战术等练习。但甲午战争结束后，由于洋务派的新兵在战争中受伤惨重。从那时起，清政府对军队进行重新武装，改聘德国退役军人为教练，以学习德国兵操为主，同时还进行单杠、双杠、木马等器械体操的练习，是我国早期近代体育的开始。

洋务运动期间兴办的新式学堂是以军事学堂为主，并将国外的军操作为教学的内容。当时的新式学堂主要包括：福建船政学堂、天津水师学堂、天津武备学堂等，在这些学堂中，也都有外国教师，主要来自德、日两国。这些学堂以军事训练为目的，开设了体育课程。如当时天津水师学堂属于体育课程的内容有“击剑、刺棍、木棒、拳击、哑铃、标术竞走、三足竞走、羹匙托物竞走，跳远、跳高、跳栏、足球、爬桅、游泳、平台、木马单杠、双杠及爬山等。一般由三十人左右组成一个上课班”[①]。天津水师学堂的体育可以基本反映洋务派在新式学堂中体育教学的基本情况。

① 王恩溥. 谈谈六十三年前的体育活动. 中国近代体育史资料［M］. 成都：四川教育出版社，1988：429.

洋务派为了培养军事工业人才和军官，选派了一些青少年赴外留学。最早的一批留学生是赴美进行学习，当这一批学生归来之后，也将一些西方的体育文化及运动项目引入了中国，如棒球等项目，加速了西方近代体育在我国的传播。

在近代军事体育中，军国民教育思潮对于体育具有最为长远的影响。尚武思想也因优胜劣汰、自强保种的思想观念，在国内重新受到关注。戊戌变法失败后，人们更加崇拜武力。到了20世纪初，军国民思想抬头，逐渐取代了尚武思想。随着封建统治阶级和资产阶级民主革命人士对军国民思想的推崇，使其快速成为主导学校体育的重要思想。军国民思想的核心是以“军人之智识，军人之精神，军人之本领”（蔡锷《军国民篇》）教育民众。也出台了相应的文件，如在《奏定学堂章程》中规定了各级各类学堂要以学习兵式体操为主，在《学部奏请宣示教育宗旨折》中，更是把军国民主义列为教育宗旨。即便民国成立后，也曾将军国民主义和体育放在同等重要的位置上。

到了抗日战争阶段，当时中华民族的主要任务就是对抗日本帝国主义的侵略，军事体育的任务是“锻炼体魄，打倒日本”。在当时的社会背景下，军事体育更成为了大众体育的内容。陕甘宁边区作为中共抗战的根据地，边区的体育活动开展得十分活跃，体现了其军事化、大众化的特点。边区政府教育厅在《一年来边区的国防教育》的文件中指出，“实行军事训练是为了战争的需要，中等及其以下的学校实行军事化训练，小学实行半军事化训练，使学生可以直接抗战。”为了能更好地开展军事体育运动，在根据地上修建了体育场地，并撰写了《体育游戏手册》，军事训练成了军队、民兵、机关、军事院校、地方学校等机构的重要学习内容。

战争结束后，军事体育逐渐脱离军事意义，转变为社会化、娱乐化的体育运动。将这些深受欢迎的军事体育项目推广到社会上，使军事体育项目成了群众体育项目，其目的是为了使民众树立国防观念、锻炼意志品质。即使是在和平年代，也不忘国防、居安思危，增强忧患意识，寓军于民，具有一定的现实意义。

第四节　养生方面的形似

中国从古至今注重养生，有关养生的理论与实践也在不断发展。《资治通鉴》记载，在成汤时期，精通巫医之术的宰相伊尹因怜恤生民疾苦而创作了《汤液经法》。《吕氏春秋》记载，当商汤询问伊尹长寿之法时，他答道："用其新，弃其陈，腠理遂通，精气日新；邪气尽去，及其天年。"[①]其意是使用药物的精华，弃去其中的糟粕治病，这样就可以使得身体血脉舒通，精气渐壮，疾病尽除，达长寿之效。

商代养生思想开始盛行，《尚书·洪范》中商末名臣微子论及人的"五福""六极"，认为人有"五福"即寿、富、康宁、好德、善终；"六极"即短命、疾病、忧、贫、恶、弱等，是判断人幸福与否的标准。商代养生知识的初步积累对今后体育的发展具有一定的奠基作用。西周时期的人们更加注重养生，这在古籍和诗歌作品中都有所反映，如《周易·序》记载："物樨不可不养也，故受之以需。需者，饮食之道也[②]。"是从饮食之道谈养生方法。《诗经》"执子之手，与子偕老""为此春酒，以介眉寿[③]"等句反映了人们渴望长寿的美好心愿。《国语·周语》"动莫若敬，居莫若俭[④]"等句，说明人们已经能从动与静、奢与俭两对矛盾作用中来考察养生的问题，并对矛盾双方的利害关系进行比较，提出了主静尚俭的养生思想，这种思想虽略显片面，但对于丰富我国古代养生思想奠定了基础，可以说是主静派养生思想的开端。

春秋时期的养生思想相较于西周有了更进一步发展，人们在生活实践中总结出许多有价值的养生方法和理论。老子云："致虚极，守静笃"[⑤]，提出了"虚静"的理论，这对养生学来说是一大进步。《论语》中也记载了有关孔子养生方面实践，比如他讲究："食饐而餲，鱼馁而肉败，不食。色恶，不食。

① 吕不韦. 吕氏春秋［M］. 呼和浩特：内蒙古人民出版社，2008.
② 宋祚胤注译. 易经·周易·序［M］. 长沙：岳麓书社，2000.
③ 刘松来编著. 诗经［M］. 青岛：青岛出版社，2011.
④ 曹建国，张玖青注说. 国语［M］. 开封：河南大学出版社，2008.
⑤ 陈忠译评. 道德经［M］. 长春：吉林文史出版社，2009.

臭恶，不食。失饪，不食。不时，不食。……肉虽多，不使胜食气……不多食”“食不语、寝不言”[1]等，说明孔子在饮食和睡眠方面都有讲究。

《黄帝内经》一书是战国时期多位作者假托黄帝之名而著的一部养生医学著作。在战国时期，医学得到了迅速发展的同时也带动了养生学的发展。《黄帝内经》一书中也提出了诸多与养生相关的基本理论和实践方法。首先，《黄帝内经》提出了劳逸结合的健康养生生活方法，该书指出：“上古之人食饮有节，起居有常，不妄作劳，故能形与神俱，而尽终其天年。”[2]终养天年的说法虽与历史相悖，但关于节制生活、劳逸得当的养生法还是比较可取的。其次，《黄帝内经》还提出了通过季节变化保养身体的方法，此法放在今日也具有一定的科学依据，值得我们学习与借鉴。总之，《黄帝内经》一书不仅继承与发展了我国古代的体育疗法，还丰富了我国古代的养生学。《吕氏春秋》是秦相吕不韦组织宾客所撰，属于一部杂家的代表作，书中也有不少关于养生方面的理论，如《本生》篇中说：“世之贵富者，其于声、色、滋味也，多惑者，日夜求，幸而得之则遁焉（放荡不禁）。遁焉，性恶得不伤？”[3]此观点反映出追求欲望的利害关系，纵欲的危害以及节欲的必要。《尽数》篇中说：“流水不腐，户枢不蝼，动也。形气亦然。形不动则精不流，精不流则气郁。郁处头则为肿为风……处足，则为痿为蹶”[4]，其主张以动养生的观点，强调生命在于运动，不运动或缺乏运动则会引起身体不同部位的系列疾病。

经典著作《庄子》中也有专门谈论养生问题的内容，其所主张的养生观点主要是以静为主，也包括动静结合，其中《养生主》篇是庄子养生思想的核心部分，文中所谈论的养生之道，主要体现了“弃知绝欲，恬淡无为，因顺自然[5]”的思想。此外，有散见于各篇有关养生的论述，例如《庄子・大宗师》中说：“堕肢体，黜聪明，离形去知，同于大通。此谓坐忘[6]。”此处是想要表达养生中的“静坐”法，即静坐而使内心忘却一切。在《庄子・在宥》中也谈到了“静坐”法的作用，他认为：“无视无听，抱神以静，形将自正。必静必清，无劳女

① 杨伯峻，杨逢彬注译. 论语［M］. 长沙：岳麓书社，2000.

② 杨永杰，龚树全主编. 黄帝内经［M］. 北京：线装书局，2009.

③ 《吕氏春秋·本生》

④ 《吕氏春秋·尽数》

⑤ 《庄子·养生主》

⑥ 《庄子·大宗师》

形，无摇女精，乃可以长生。目无所见，耳无所闻，心无所知，女神将守形，形乃长生[①]。”《庄子·人间世》说：“若一志，无听之以耳而听之以心，无听之以心而听之以气，听止于耳，心止于符。气也者，虚而待物者也。唯道集虚。虚者，心斋也[②]。”庄子认为人只要排除杂念，精神专一，以意领气，才能达到心境空明虚灵的境界，这实际上也是突出强调了一个“静”字，综上所述，庄子诸多观点的主题只有一个——以静养生。

动静结合法：《庄子·刻意》篇中谈及如何养神时，曾以水为喻，提出“纯粹而不杂，静一而不变，淡而无为，动而以天行，此养神之道也”。[③]这里所提及的养神之道就是动静结合，这虽不是庄子养生的主要观点，但却对后世养生学的发展具有奠基意义，是一种较全面、科学的观点。

导引术作为一种养生实践活动在战国时期流行，“导引”一词最早在《庄子·刻意》篇中出现，其原文描述：“吹呴呼吸，吐故纳新，熊经鸟申，为寿而已矣。此道引之士，养形之人，彭祖寿考者之所好也[④]。”其中“吹呴呼吸，吐故纳新”指呼吸运动，这种呼吸运动是一种有意识的呼吸锻炼，与一般的呼吸运动有所区别。而“熊经、鸟申”则是指肢体运动，是指像熊一样攀挂在树上，像鸟飞翔时伸展身体等仿生动作，都是为了健康长寿罢了。句中的“道引”即导引，指导通气血、柔和肢体以延长寿命。说明我国在战国时期已出现了专事导引的术士和致力养形的习练者，同时为我国体育仿生学研究奠定了基础。

《黄帝内经·素问》中也谈到了“导引”一词，原文所述：“中央者，其地平以湿……故其病多痿厥寒热，其治宜导引按蹻[⑤]。”这里说的“导引”术不仅是肢体运动，还加上了按摩。“按蹻”是按摩的别称。

总的来说，战国时期的导引术将按摩、呼吸运动、肢体运动等相结合，内容丰富，被广泛应用于医疗和健身领域之中，对人类养生具有极大的指导作用。《黄帝内经·素问》中说：“形苦志乐，病生于筋，治之以熨引，[⑥]”说明导引术具有治疗疾病的效果。我国现存最早的关于气功的论述，战国时期的《行气玉

① 《庄子·在宥》
② 《庄子·人间世》
③ 《庄子·刻意》
④ 《庄子·刻意》
⑤ 《黄帝内经素问》
⑥ 《黄帝内经·素问》

佩铭》则详细地论述了呼吸行气的健体健身效果："行气，深则蓄，蓄则伸，伸则下，下则定，定则固，固则萌，萌则长，长则退，退则天。天几舂在上，地几舂在下。顺则生，逆则死。"[①]我国著名历史学家郭沫若对此进行了解读：深呼吸一个回合时，吸气时要深深吸，体内所蓄积气就会增多，然后使气往下伸，稍停，意固气于下焦；然后将气缓缓呼出，就像草木之萌芽，往上长，与下伸的经路相反而退出，退到绝顶；即缓缓呼气，直到腹中秽气全部吐出为止。这样，天机便朝上动，地机便朝下动。顺此行之则生，逆此行之则死。

自秦朝之后，汉代在导引术方面有了较新发展，导引术逐渐出现了两种派系，一种以道家"吐纳行气"为导引的养生法，另一派则是通过医学为导引的健康祛病法。

1. 吐纳行气

自秦汉时期开始，行气术在道家学派得到了较快发展，并且在士大夫阶层中备受关注，《史记》中记载："张良欲从赤松子游耳，乃学辟谷、导引轻身[②]"；东方朔、李少君等人通过导气修身养性"，等等。在秦汉时期，又产生了两种截然不同的行气法，一种是抱神守一的"意守行气法"，另一种是源自"行气铭"的周天行气法。

到了东汉，社会上已经十分盛行《安般守意经》，该书将行气术分成四种方式，即息有四事："一为风，二为气，三为息，四为喘；有声为风，无音为气，出入为息，气出入不尽为喘。"[③]这种分类法对传统养生法"六字决"行气法的出现带来非常直接且深远的影响。

2. 医家导引

秦汉时期，许多医家通过导引达到健身祛病的目的，例如张仲景所编著的医书《金匮要略》中说："四肢才觉重滞，即导引、吐纳、针灸、膏摩，勿令九窍闭塞[④]。"华佗所著《华氏中藏经》对于导引也有相关记述："导引可逐客邪于关节""宜导引而不导引，则使人邪侵关节，固结难通"[⑤]等。医学的进步，

① 郭沫若. 奴隶制时代［M］. 北京：人民出版社，1973.

② ［汉］司马迁著. 史记·留侯世家［M］. 西安：三秦出版社，2008.

③ 杜继文释译，星云大师总监修. 安般守意经［M］. 2012.

④ 张玉萍主编. 金匮要略［M］. 福州：福建科学技术出版社，2011

⑤ ［汉］华佗撰，［清］孙星衍校. 华氏中藏经［M］. 北京：人民卫生出版社，1963.

带动了导引术的发展。导引术通过意识的运用、形体的调整和呼吸的控制，通过自我锻炼，优化身心健康，至今在养生界仍占有一席之地。

《淮南子》又名《淮南鸿烈》，该书是西汉武帝时期，由淮南王刘安所组织编写的一部著作，该著作中有少数篇章专门论述了有关养生的问题，其主要观点是形神二元论的养生观，该书认为人的精神是上天赋予的，人的形体是大地赋予的，这就将董仲舒“人副天数”的唯心主义一元论进一步发展为“失精神者，所受于天也；而形体者，所禀于地也”（《淮南子·精神训》）的唯心主义二元论。但这本书在表述形体禀于地时提及的关于人体胚胎生长发育过程的粗略描写，基本合乎科学实际，这一点在当时还是难能可贵的。

“内修”为主的养生方法。《淮南鸿烈·精神训》中记载：“心者，形之主也；而神者，心之宝也。形劳而不休则蹶；精用而不已则竭。”[①]认为要重视心神的功能，并且指出过度劳形操神的危害性，该篇又说：“耳目淫于声色之乐，则五脏摇动而不定矣等[②]”，指出了纵欲对五脏会产生危害，主张克制欲念。《淮南子》主张以内修为主的养生方法，并在书中提出了一些应时活动，譬如注意卫生等一些比较现实可用的养生方法。

“登假于道”是《淮南子》一书中所要达到的养生目的。在《精神训》中谈到的“沦于不测，入于无间，以不同形相嬗也；终始若环，莫得其伦，此精神之所以能登假于道也”，[③]由此说明表明这种养生目的不具备科学性。

综上所述，《淮南子》所蕴含的哲学基础基本上属于道家的客观唯心主义，其养生观是从唯心主义一元论的形神观出发，通过以“内修”为主逐渐升华至精神层面，达到“登假于道”的目的。

东汉时期，基于人们笃信神学与封建迷信，对当时社会造成了较大危害。这时，出现了两位唯物主义者，力主破除封建迷信与神学，一位是哲学家桓谭，另一位是思想家王充，这二位在其著作中都谈到了科学养生问题。

桓谭的养生观念具有朴素的唯物论和辩证法的思想，他认为在形体与精神方面，形体是第一位，精神是第二位的，其观点合理解决了古代哲学及其养生学中有关形神关系的诸多问题。桓谭通过研究人的生活条件对寿命的影响，得出养

① 《淮南鸿烈·精神训》

② 《淮南鸿烈·精神训》

③ 《淮南鸿烈·精神训》

生有助于人健康长寿的结论。他把人的生老病死看成是一种自然规律，同时他也反对过度养生的观点，认为养生虽有效，但作用也是有限的，过分追求长寿则是违背自然规律，此观点至今仍不过时。

王充也认为生命是一种自然的过程，在一定程度上继承与发展了桓谭的养生观，并对那些信奉神学就可长生不老的方术进行批判。此外，王充还强调了“胎教”的重要作用，他认为通过节欲可以使人们养成良好的生活习惯。但是，王充否认锻炼身体与导引的作用，这一点是不正确的。1973年12月，西汉工笔彩色帛画《导引图》在湖南长沙马王堆3号汉墓出土，此图宽约50厘米，长约140厘米。在此画中描绘了44种导引姿态的运动群像，并且每个图像均展示了一个独立的导引术式，在图侧旁还附有简单的文字说明。这幅《导引图》充分体现了当时导引术式的多样性，就整幅图来说，大部分导引术式都是根据某种病痛设计的，当然也有一些是为了健身的。从肢体所展示的运动形式来看，有坐立式、站立式、跑步式、徒手式以及利用器械的导引动作，其中包含结合呼吸运动的导引、单纯肢体运动的导引，还有模仿动物姿态的导引，图中导引者分为上下四排，每排十一人进行操演。当今体操的些许基本动作，在《导引图》中大都可以看到，可以说，这幅导引图是目前发现的最早、最全面的中国古代医疗体操图集。

东汉末年名医华佗在总结了前人导引经验的基础上，对五种禽兽的动作进行模仿，创编了一套“五禽戏”。据《三国志·华佗传》中记载：“佗语普（吴普，华佗弟子）曰：‘人体欲得劳动，但不当使极耳。动摇则谷气得消，血脉流通，病不得生。譬犹户枢不朽是也。是以古之仙者为导引之事，熊颈鸱顾，引輓腰体，动诸关节，以求难老。吾有一术，名五禽之戏，一曰虎，二曰鹿，三曰熊，四曰猿，五曰鸟。亦以除疾，并利蹄足，以当导引。体中不快，起作一禽之戏，沾濡汗出，因上著粉，身体轻便，腹中欲食。”[①]令人惋惜的是，华佗所创编的“五禽戏”早已失传，现存的“五禽戏”是后人所编创，但华佗的“五禽戏”及其养生思想，对于现今的体育理论与实践仍有深刻的影响。

两晋，南北朝时期，儒学思想虽有些衰落，但在朝堂政治上仍处于正统地位。在这一时期，儒，释，道三教相互渗透，但儒学在三者之中居于首位。统治阶级的封建礼制仍需要儒学维持，受儒学思想的影响开始恢复了礼射。据《通

① 陈寿. 三国志·华佗传［M］. 武汉：崇文书局，2020.

典》载："晋咸康五年春，征西庾亮行乡射之礼。依古周制，亲执其事，洋洋然有洙泗之风。"[①]《南史》卷二十九记载："三吴旧有乡射礼，元嘉中，羊玄保为吴郡行之，久不复修。兴宗行之，礼仪甚整。"[②]这两则史料可以说明两晋、南北朝时期因受儒家思想的影响，礼射之风逐步复兴。

自古儒家重文轻武，儒家学者不注重身体锻炼，因此身体大都显得文弱。在北周时期，有人曾把儒者比作妇人，可见儒者的文弱之态。总之，这一时期，虽然古礼射制在儒家思想的影响下得以复兴，但儒家固有的文弱之风，对于体育的发展是相当不利的。

释家即是佛教，佛教在两晋、南北朝时期广为流传。南朝的一些帝王信奉佛教，北朝帝王也将佛教定为国教，当时佛教主张向民间宣传因果循环，生死轮回，神不灭论的谬论，这种重佛思想不利于当时体育的发展，但当时的佛教对体育并不反对。前文内容已论述了佛家寺院武术的发展，佛教对我国武术的发展创造了条件并对武术的发展具有一定的推动作用。另外，崇尚佛教的信徒也极其注重养生和导引，例如，曾入空门的梁朝文学家刘勰，在他所著《文心雕龙·养气篇》中论述了人的"精""气""神"三者之间的关系，这些论述实质上就是他对养生和导引方面的一些看法。

道教成型于东汉末年，属于中国本土宗教，当时道教的主要派系是符水道教，其主要代表人物是张鲁。两晋、南北朝时期，因"炼丹术"开始兴起，形成了另一个道教派系——金丹道教，其主要代表人物有东晋葛洪、南宋葛长庚，另一位则是梁代的陶弘景，这些道教学者、炼丹家、医药学家对我国养生体育有一定贡献。

葛洪（283—363年）是东晋时期道教的代表人物，此人精通医、道、儒等各派学术，学识广博，著有《抱朴子》一书，分为二十篇内篇与五十篇外篇，内篇则主要反映他的养生观。葛洪在养生方面主张修身养性，他在《抱扑子·论仙》中谈及："学仙之法，欲得恬愉澹泊，涤除嗜欲，内视反听，尸居无心[③]。"该篇主要是从内修的角度对养生进行阐述。除此以外，在《抱朴子》中

① ［唐］杜佑. 通典［M］. 长春：时代文艺出版社，2008.

② ［唐］李延寿. 南史［EB/OL］. http://guoxue. lishichunqiu. com/shibu/nanshi/3418. html

③ 葛洪原著；黄大仙，苏元朗，孙思邈等传承释义；苏华仁总主编；梅全喜，李志杰，巫怀征等编著.《抱朴子·论仙》道医丹道修真学［M］. 太原：山西科学技术出版社，2012.

还记述了不少有关养生方面的方法，例如叩齿、漱咽与摩目，按摩面部等按摩术以及龟鳖行气等气功。葛洪还在《抱朴子》中主张“绝谷服食”养生观，宣扬“绝谷”和“金丹大药”的妙用，尤其注重炼丹术的研究，并创编了完整的炼丹著作。葛洪认为绝谷服食便能得道成仙，长生不老，在当时虽然是歪理邪说，但间接有力地推动了古代生物学、化学的进步。另外，葛洪对卫生保健也有自己的看法，他认为“养生以不伤为本，此要言也”，并主张“不欲甚劳甚逸”“目不久视”“行不疾步”“食不过饱”“坐不至久”“不欲饮酒当风”等诸多卫生保健方法，放在今日仍然合理有用。

陶弘景（452—576年）是梁代著名道家学派的代表人物，此人从小偏爱神仙之术，曾在朝廷当过官，后来辞官入山修道。陶弘景在养生方面师承葛洪，他身体壮硕，精通医术，热爱武术与导引。陶弘景所创编的《养性延命录》是对前代道家导引养生的总结，也是中国历史上首个对导引资料进行归纳整理的记录专辑。在专辑中，他明确提出导引术具有治疗疾病的效果，该书记录了华佗“五禽戏”的练法，也是对华佗“五禽戏”最早详尽论述的著作，具体如下：“虎戏者，四肢距地，前三掷，却二掷。长引腰，乍却仰天，即返距行，前、却各七过也。鹿戏者，四肢距地，引颈反顾，左三右二。左右伸脚，伸缩亦三亦二也。熊戏者，正仰，以两手抱膝下，举头，左僻地七，右亦七，蹲地，以手左右托地。猿戏者，攀物自悬，伸缩身体，上下各七。以脚拘物自悬，左右七，手钩却立，按头各七。鸟戏者，双立手，翘一足，伸两臂，扬眉鼓力，右二七，坐伸脚，手挽足距各七，伸缩二臂各七也。”①此外，他还创编了《导引养生图》，图中描绘了三十六种导引养生方式，每种都在绘图上表现得淋漓尽致。总之，在两晋、南北朝期间，道教不断发展，虽然当时道教思想存在许多荒谬之处，但它对体育的发展尤其是对养生学的发展具有重大意义。

玄学，其代表人物是何晏和王弼，在曹魏正始年间之前就已出现，到了两晋、南北朝时期，玄学之风开始盛行。所谓玄学指的就是玄虚之学，是道教与儒学结合的产物，崇尚立言玄妙、行事雅远。玄学家主要宣扬达生任性与及时行乐。在生活中醉生梦死、放浪形骸，其典型代表人物有“竹林七贤”，他们的人生观如同晋人总结的《列子·扬朱》篇所说：“十年亦死，百年亦死；仁圣亦

① ［梁］陶弘景. 养性延命录［M］. 北京：中华书局，2011

死，凶愚亦死。生则尧舜，死则腐骨，腐骨一矣，孰知其异！且趣当生，奚遑死后。”①他们几乎每天纵酒放歌、跌宕不羁，这种不良的生活方式，不仅摧残了身体，还否定了体育。玄学家主张“以无为本，以静为原”思想，不承认世间万物都在永不停息的运动这一事实，致使他们对体育运动持否定态度。比如“竹林七贤”的嵇康，其《养生论》一书中说道：“至于导养得理，以尽性命，上获千馀岁，下可数百年”②，过分夸大了导引养生的作用。而这一时期的玄学家们主张“重服食而轻导引”，在一定程度上也阻碍了体育的发展。

范缜（约450—515年），南朝齐梁人，出身贫寒，但博学多才，精通经史，著有《养生论》一书，更是著名的唯物主义者无神论者，对当时信奉封建神学进行了猛烈抨击，针对封建“神不灭”谬论，他提出了“形存则神存，形谢则神灭”的观点，并用生动的比喻阐明“神之于质，犹利之于刃，形之于用，犹刃之于利。未闻刃没而利存，岂容形亡而神在？”③的道理，并发现精神与物质之间的关系，他认为精神是物质的产物，没有物质（形）那么精神（神）也不复存在。他在形神有关方面的观点比桓谭、王充更为严密，他也为养生学的发展奠定了唯物主义的思想基础，对后来体育的发展具有重要的价值。

颜之推，生于梁朝，后入北齐做官，在之后又入北周做官，创作了《颜氏家训》，其中《养生》篇阐述了他的养生观。颜之推反对道家炼丹服食，入山修道的主张。他告诫子孙们：“凡欲饵药，但须精审，不可轻脱。近有王爱州在邺，学服松脂不得节度，肠塞而死，为药所误者甚多。”④他认为：“人生居世，触途牵絷。幼少之日，既有供养之勤，成立之年，便增妻孥之累……而望遁迹山林，超然尘滓，千万不遇一尔。”⑤他能在当时“炼丹修道”盛行的态势下，不畏强权公开反对，是很令人敬佩的。此外，颜之推也重视卫生保健，主张“调护气息，慎节起卧，均适寒暖，禁忌食饮”。提倡叩齿运动，颜之推认为养生讲究内外兼修，不可走极端。他所推崇的养生观从哲学的角度来分析，具有些许朴素唯物主义的特点，否定了崇尚玄学和道教的唯心主义。他所提倡的卫生保

① 《列子·扬朱》

② 《养生论》

③ 《养生论》

④ ［北齐］颜之推著，余金华注释.颜氏家训·养生篇［M］.北京：华夏出版社，2002.

⑤ ［北齐］颜之推著，余金华注释.颜氏家训·养生篇［M］.北京：华夏出版社，2002.

健和虑祸在养生学方面具有一定的可取之处，不足之处就是没有积极地提倡体育锻炼。总之，中国封建社会前期阶段在秦朝、汉朝、三国两晋、南北朝等时期为中国古代体育的发展作出了巨大的贡献，为我国中期阶段（隋唐五代）体育发展铺平了道路、奠定了基础。

西汉末年佛教从天竺传入我国，在经历了汉朝、魏晋南北朝等时代的变迁，佛教在民间分布较广。隋唐统治者利用佛教作为麻醉人民，达到维护地主阶级统治的目的。随后，隋文帝大力提倡佛教，到唐朝时期，佛教发展达到了史上最繁盛时期。在隋唐时期，佛教势力庞大，佛教寺院享有免税权利，基于各地兼兵的加剧，寺院的僧徒与佃户逐渐增多，因此，佛教聚集的财富也越来越多。公元711年（景云二年）已经有人指出：天下的财富佛教独占七八分。当时的佛教寺院不仅有经济势力与政治特权，寺院中还有自己的寺规、僧律与武装（僧兵），少林武术就是在这一时期发展壮大起来的，僧兵的产生及其武术的操练促进了体育的发展。

佛教在隋唐时期也开始注重养生和导引。隋朝时期，佛教高僧智顗创建了天台宗，著有《修习止观坐禅法要》一书，提出了僧人通过禅坐调息修炼达到祛病的效果。书中谈道："脐下一寸名忧陀那，此云丹田，若能止心守此不散，经久即多有所治。""用六种气治病者，即是观能治病。何谓六种气？一吹、二呼、三嘻、四呵、五嘘；六呬。颂曰：心配属呵肾属吹，脾呼肺呬圣皆知，肝藏热来嘘字至，三焦壅处但言嘻。""十二种息（呼吸）能治众患，一上息。二下息。三满息。四焦息。五增长息。六灭坏息。……"①天台宗曾提倡"止观"修炼方法，意守丹田属于止法，而六气十二息属于观法，意思就是让人静坐息心，无忧无虑，处于半睡眠状态，这种通过"止观"修炼法达到祛病效果，被称为练心功。

另外，药王孙思邈所著《千金要方》一书，该书中介绍了天竺婆罗门按摩十八势，这种佛教导引法一开始由天竺国传入，之后被医家所改编、借鉴、利用，成为养生导引法。

东汉末年所创立的道教，在之后得到了进一步发展，直到唐朝，唐朝皇室以道教教主李耳后裔自称，在唐朝具有较高的特殊地位。在那时期，道教与佛教

① 《修习止观坐禅法要》

成为唐朝统治者所信奉的两大宗教。至于对体育的贡献方面，道教主要体现在养生术方面，提倡炼丹服药，迷信成分较大，更没有科学依据，因而毒害了不少人。唐朝诸多统治者例如唐太宗、唐宪宗、唐宣宗等诸多皇帝的死因都与服食丹药密不可分。此外，南唐烈祖李昪听信道士服食丹药可长生的谗言，最终中毒而死。可见，道教通过炼丹服药达到养生目的在隋、唐、五代形成了一股逆流。道教所推重的养生术除了服食丹药，还有按摩、行气、导引、注意饮食起居等诸多卫生保健措施，这些养生术具有一定的科学依据，对养生学的发展也起到了积极作用。

医家主要从养生与导引两方面表现出对体育的影响。隋朝巢元方与唐朝孙思邈十分注重医学。在隋朝时期，朝廷中设有太医院，其下还设使、副使、判官。在唐朝时期也创设太医院，其下还设有专门为统治阶级服务的按摩工，此外，机构中还开设有医学院校，院校中还设有按摩科，主要由按摩博士接管教学。贞观年间，按摩博士人数减少至一人，按摩师则增设到四人，而后期又增添了按摩工。这一时期，按摩师、按摩生与按摩工增添人数越来越多，这就确立了导引在官方医学中的崇高地位，并在一定程度上促进了医学发展。

隋唐时期，儒家思想发生了新的变化，开创了空言说经的新风，打破了墨守成规、拘泥古训的旧有传统。儒生改变了以往的学风与礼乐风气，开始从事体育活动。在唐朝时期，统治阶级为了收揽天下英才而实施了科举制度，但是参加科考的学子大都是儒生，科考结束之后常会举行庆祝会，一些诸如马球、剑术等体育项目会在庆祝会上出现，在这些儒生中也会出现马球与剑术高手，这就说明唐朝儒生的文弱之风开始有所转变。但是，还有一些儒生反对体育，例如唐宋八大家的韩愈就反对体育运动，反对儒生打马球，他认为打马球既会伤到人，又会伤到马，与其所主张的“静”背道而驰。韩愈在养生方面提倡服食金丹妙药，白居易评价韩愈时这样写道：“退之服硫磺，一病讫不痊”，这就说明韩愈通过服用金丹大药达到飞升成仙的目的并没有实现，相反却深受其害。在宋代，导引术开始有了新的发展，并且比较注重实践应用，具体情况如下。

1. 坐功的发展

宋代在养生学方面出现了坐功，虽然否定了体育运动，但其将理学与道教的“主静”思想相结合的观点，在一定程度上却有助于坐功的发展。宋代陈希夷编创了一套有名的坐功（见图5-18）。陈希夷（？—989年）是一位道教的养生名家，他曾经隐居华山，根据二十四节气创编了十二月坐功，又将这十二月坐功共分为二十四式。陈希夷所描绘的坐功图清晰记地载了每一式，坐功结束后都会进行叩齿与漱咽，并且在每一式坐功下方注明该坐功从经络理论方面能够治疗哪些疾病。陈希夷描绘的这套坐功图，生动形象，且带有一定的科学性，但是通过坐势达到养生目的效果有限，而且他所提出的根据二十四节气进行坐功也缺乏科学性。

图5-18　陈希夷导引坐功图式（部分）

2.八段锦的形成

八段锦是一种健身体操。其中包括八节连贯动作，形成于宋代并在民间流行。八段锦健身体操具有文武之分，其中文八段是通过坐势在配合一些头颈、躯干、上肢的活动来进行，主要以行气，叩齿、嗽咽、按摩、集神等方法为主；武八段则以肢体活动为主，以呼吸或咽津为辅所进行的站立式操演。南宋曾慥所编撰的《道枢》中记述：“仰手上举所以治三焦；左肝右肺如射雕；东西单托所以安其脾胃；返而复顾所以理其伤劳；大小朝天所以通五脏；咽津补气左右挑起手；摆鲜鱼尾所以祛心疾；左右攀足所以治其腰。”①

① ［南宋］曾慥. 道枢［EB/OL］. https://www.zhonghuadiancang.com/xuanxuewushu/daoshu/

八段锦是一种将导引应用与中医理论相结合的健身体操，并且可以有效锻炼身体各个部位，简单易行，因此当时非常流行，至今也仍有人练习。八段锦的出现对古代导引的发展具有一定的促进作用。

3. 小劳术的出现

小劳术是宋人蒲虔贯在归纳总结前人导引术的基础上所改编的健身方法。小劳术健身法动作自然并且简便易行，其法为："两臂左挽右挽，如挽弓法。两手上下升举，如拓石法。或双拳筑空，或手臂前后左右轻摆，或头项左右顾，或腰胯左右转，时俯时仰，或两手相促细细捩，如洗手法，或手掌相摩令热，掩目摩面[①]。"此健身法是一套比较完整的古代健身体操，主要以见效为度，要求每个健身动作各作数十次，但小劳术健身法主要是小劳，不具有整体代表性。

宋代时期，一些知识分子甚至著名的文人对养生术方面的研究有了较新的发展，如苏轼、欧阳修、陆游等代表人物。

1. 苏轼

苏轼，北宋时期杰出的文学家，同时也是著名的养生家。苏轼在养生方面提倡运动养生，认为"是以故善养身者，使之能逸而能劳；步趋动作，使其四体狃于寒暑之变；然后可以刚健强力，涉险而不伤。"[②]苏轼后半生搜集各家养生术并且进行探索研究，创编了《续养生论》，他曾说："近来颇留意养生，读书，延纳问方士多矣。其法数百，择其简而易行者。间或为之，辄有其验。今此法物奇妙，非虚语尔。其效初不甚觉，但积累百余日，功用不可量，比之服药，其力百倍[③]。"苏轼最可贵的一点是在养生学研究方面，他能够认识到体育锻炼比炼丹服药更有效果。

苏轼对呼吸导引术颇有研究，他认为："人之所以生死，未有不自坎离者。坎离交则生，分则死，必然之道也。"[④]他这里所提到的坎指的是肾，象征着水；离指的是心，象征着火，水火相交在一起则会产生疾病或死亡，这种观点是他从中医理论中延伸而来的，属于典型的气功理论。苏轼收集的按摩、气功、导引等养生方法，至今仍具有很大的参考价值。

① ［宋］蒲虔贯. 保生要录·调肢体门［M］. 上海：上海古籍出版社，1990.

② ［宋］苏轼. 苏东坡集·上张安道养生决论［M］. 台北：台湾商务出版社，1968.

③ ［宋］苏轼. 苏东坡集·上张安道养生决论［M］. 台北：台湾商务出版社，1968.

④ ［宋］苏轼. 苏东坡集·龙虎铅录论.

2. 欧阳修

欧阳修，北宋杰出的文学家，同时也是著名的养生家。欧阳修对于养生见解独到，他主张顺应自然："以自然之道，养自然之生①。"他将养生分成三等品格，即"上智任之自然，其次养内以却疾，最下妄意而贪生②"。欧阳修所提出的养生观与儒家思想密切相关，其可贵之处在于能够将儒家养生观点取其精华、去其糟粕。

3. 陆游

陆游，南宋著名爱国诗人。陆游在养生方面造诣颇深，他提倡养性与养气，在练习气功的时候要注意饮食、起居，主张静心，身体要适当地进行体育锻炼包括早起与按摩运动，并赞同小劳术强身健体的功效，这些养生观点在其诗中皆有所体现。陆游重视体育运动，他认为通过运动可以达到养生的目的，看似简单的养生运动，但有助于节省身体能量、活动筋骨。一方面，陆游还重视日常生活细节，例如：吃饭时会安排素食与粥食；睡觉前，会用热水泡脚等。他认为养生主要从日常生活细节中做起，细节虽小，但对于养生而言具有较大帮助。另一方面，陆游还认为在精神生活层面要保持身心愉快，多想一些令人快乐的事情，面对不如意的事情时也要学会克制怒气，戒骄戒躁，即使不利于身体健康的事情再小也不要做，思考每一件事都要周全，更应该注意的是进行养生时切勿贪图酒色，这些观点对于当今的体育保健仍有借鉴价值。

辽金元时期出现了四位对养生学发展具有推动作用的著名人物，他们是刘完素、张从正、李杲、朱震亨，四人号称"金元四大家"。刘完素是"寒凉派"代表人物，他认为"修短春天，皆自人为"，强调通过运用养、调、守等各种养生方法，做到"神气相合"达到长生的目的③。张从正提倡攻邪治病，是"攻邪派"的代表人物。李杲在养生方面提倡固胃抗表，是"补土派"的代表人物。朱震亨主张滋阴节食，是"滋阴派"的代表人物。

刘完素、张从正、李杲、朱震亨等人的观点给后世养生学的发展带来了深远的影响。他们的出现给养生与中医理论研究带来了活力，打破了当时传统医学研究停滞不前的状态，在他们的影响下，许多知识分子提出了不同的养生观

① ［宋］欧阳修. 删正黄庭经序［M］. 西安：三秦出版社，1987.

② 同上

③ ［金］刘完素. 素问病机气宜保命集·原道论［M］. 北京：中国古籍出版社，1996.

点，并且将自己的观点创编为养生专著，例如宋代陈直撰著、元代邹铉续增的《寿亲养老新书》，元代王珪的《泰定养生主论》、李鹏飞的《三元延寿参赞书》等。

导引术在历经了千年的发展与传承的基础上，在明代时期又得到了创新。相关养生导引的著作不断增多，并且在导引著作中添加了绘图说明，这不仅有助于向大众传播养生导引术，同时也侧面反映出中国印刷术为我国体育发展所作出的巨大贡献。在明朝时期，不少知识分子对前代导引著作进行了归纳、整理与校订，例如，梁代陶弘景在其所创编的《养性延命录》中记载了有关名医华佗的五禽戏，书中指出华佗五禽戏中只有相关肢体动作的介绍，缺少了相关的行气方法。后来，在一些明代学者在编撰“五禽戏”的过程中增添了相关行气的内容与方法。宋朝时期，对于八段锦的记载仅剩下“武八段”，直到明朝时期，在高濂所著的《遵生八笺》与王圻、王思义父子合著的《三才图会》中才出现有关“文八段”的图文描述（见图5-19）。周履靖在其所著的《夷门广牍·赤凤髓》中强调了“五禽戏”行气的重要要求，包括“闭气”“放气”“吞气”等行气方法（见图5-20）。

图5-19　《三才图会》中的八段锦（文八段）

图5-20　明朝人周履靖的五禽戏图

《易筋经》的出现，标志着我国古代养生导引术发展到了一个全新阶段（见图5-21）。清代在导引术的传承与发展方面贡献巨大，尤其是在整理和出版导引术相关书籍方面的贡献更为突出，许多有关养生导引著作流传至今，如清朝前期出版的导引著作有《寿世传真》《易筋经》，后期有《内功图说》《卫生要术》等，这些书籍在我国体育发展史上具有重要的历史文化价值和实践参考价值。

图5-21　易筋经

国外的养生发展从文献记载来看主要以古代印度为代表。古代印度人比较重视公共卫生，早在公元前3000年，古印度很多家庭住宅就已经配备了卫生设施，在印度河流域的巴基斯坦境内，考古学家发掘出了安装有陶土管道的公共厕所，在陶土管道外部不仅砌有砖墙，还有专门控制水流的阀门。在古印度，僧侣与巫师掌握医术，在这一时期印度佛教开始传入中国，加深了中国与古印度之间的医学交流，直到东汉时期，汉明帝遣派使者远赴天竺（古印度），使者带回天竺佛经及释迦牟尼法像后，佛教开始在中国得到发展。东晋时期，我国高僧法显前往天竺并带回许多佛经，佛经之中还夹杂了许多印度医学书籍，这使得印度医学也开始传入我国。

相传古印度有“四大”学说，认为宇宙是由风、火、地、水四大元素构成的，古代中医将此四大元素从哲学的角度应用于人，即人身由血液、胆汁、气、黏液四种原质组成，并且将人身四原质称为人身“四大”。该观点认为疾病产生的原因主要是由于身体四种原质失调造成的，每一种原质失调就会产生101种疾病。

印度医学在传入我国之前，我国中医对人体五行学说的研究早已形成，并且具有完整的理论体系。有些学者将古代中医与古印度医学进行比较，认为中国医学在用药与诊病方面远胜天竺，天竺医学理论对我国中医的影响是有限的，例如，葛洪所著的《肘后救卒方》，经过陶弘景增补合并后整理成为《肘后百一方》，其书名起源于佛经“人有四大，一大辄有一百一病”之说，包括《千金要方》也存在类似提法，但葛洪、陶弘景在他们书中所讨论的疾病与古印度“四大”理论并无交集，像陶弘景对于《肘后百一方》增补，只不过是为了凑足101种疾病而已。印度医学对中医的渗透主要表现在临床治疗，中医对古印度治病药方感兴趣，例如诃黎勒、郁金香、龙脑、豆蔻、阿魏等药物的传入被我国一直使用至今。我国历史上也流传着很多专门论述印度医方的书籍，例如《龙树菩萨药方》《西域婆罗门仙人方》等，这些书籍大部分已经失传，但还是有少量药方与药剂被汇编在古代药方书籍之中。此外，印度的眼科治疗技术高超，我国唐代王焘所著的《外台秘要》一书中曾记载：“脑流青盲眼”“宜用金篦决，一针之后，豁若开云而见白日。”[①]生动描述的就是印度的眼科手术，通过我国历代眼

① 《外台秘要》

科医生对印度眼科手术的不断研究与改进后，掌握了神奇的“金针拨障术”，这种手术主要用于治疗白内障，至今仍在使用。宋代皇帝尊崇道教并且抑制佛教发展，使得佛教与印度医学在中国的发展逐渐衰落。此外，由于地理位置的因素，西藏较早引入佛教和印度医学，因此，我国藏族医学受印度的影响较大。

数千年前，印度高僧们为达到天人合一的最高境界，经常独自在原始森林居住，在经过较长时间后，印度高僧通过在原始森林中静坐冥想，在观察原始森林生物时感悟了许多大自然法则，并且将大自然的生物生存法则逐渐验证到人的身上，使人们去感受自己身体内部的微妙变化。自此，人们开始不断探索自己的身体，与自己的身体进行对话，并且对身体进行健康维护与调理，经过印度人上千年来的钻研与归纳，逐渐衍化出一套完整理论与准确实用的健身养生体系，这种凝结古代印度人们智慧结晶的健身养生体系就是瑜伽。

在印度河流域，考古学家曾经发掘一件保存尚好的陶器，陶器上刻画着瑜伽人物冥想时的形态，据科学分析，这件陶器的历史年限已经超过五千年，由此可见，瑜伽的历史起源可以追溯到更加久远的时期。

简而言之，瑜伽是一种动态与静态相结合的养生健身方法，其主要表现在生理上的动态运动与心灵上的静态练习。练习瑜伽能够使人体会生活中的哲学，让人们更好地调控与理解自身的心灵，掌握与熟知自身感官机能。

瑜伽发展至今，已成为在全世界广泛传播的一种身心锻炼修习法。瑜伽从印度传至非洲、亚太、欧美等地区，其广泛传播的主要原因在于对人体心理与生理具有明显的减压与保健作用，同时在世界各地不断演变出了多种的瑜伽方法，例如养生瑜伽、热瑜伽、高温瑜伽、哈他瑜伽等，一些甚至还出现了瑜伽管理科学。帕坦伽利被称为“世界瑜伽之祖”，有关学者认为他是在印度拉尔（Ra'r'h）地区诞生的。

瑜伽经过上千年的发展后，已经演变出很多派别。“古典瑜伽”是正统的印度瑜伽，其中包括昆达利尼瑜伽、哈他瑜伽、王瑜伽、智瑜伽与业瑜伽五大派别。每一种瑜伽派别都有各自完整的理论与作用，例如昆达里尼瑜伽主要倡导自我认知，提高自身觉知力；哈他瑜伽主要包括精神体系和肌体体系；王瑜伽功主要偏于意念和调息；智瑜伽主要倡导培养知识理念；业瑜伽主要提倡修行内心，引导完善的行为；信仰瑜伽则是由前几种瑜伽综合衍生而来，这些不同派系、不同体系理论、不同作用的瑜伽，对于瑜伽修习者来说是打开精神世界的大门。

宋代时期，统治者在广州设市舶司，主要用于海外贸易。当时出口药物有60多种，都是通过阿拉伯运往欧洲。15至16世纪，葡萄牙人到福建、浙江、广州等地区购买药材，前往欧洲售卖。中国的很多药材在欧洲享有盛誉，例如土茯苓曾被欧洲医生用于治疗梅毒，大黄在欧洲也被广泛应用。18世纪，李时珍的《本草纲目》传入欧洲，达尔文在研究物种变异的文章中引述了《本草纲目》在11世纪初，我国已成功发明用人痘接种法预防天花病，在17至18世纪间，欧洲天花病猖獗，其中有些地区出现大半人口脸上长满痘疮，坟墓挤满死尸等状况，此时，我国的人痘接种法开始传入欧洲，历经波折才得到推广。1688年，俄国派人到中国学习人痘接种法，而后此法又经土耳其、俄国等渠道传到美洲和北非。

英国为了预防天花采用了我国人痘接种法，而后英国人贞纳又发明了牛痘接种法。17世纪时，德国、英国、荷兰已经知道了中国有使用针灸治疗疾病的方法，于是就有人发文介绍，甚至写了专著出版，例如德国人所撰写的《用中国灸术治疗痛风》《针灸》等，他们认为灸法是治疗痛风最安全且迅速的疗法。荷兰人通过翻译中国的针灸资料创编了《论针灸术》，该书成为西方第一部详尽介绍针灸疗法的著作。在18世纪，欧洲人对针灸的认识逐渐加深，当时出版介绍针灸术的书籍已多达50多种，作者中有捷克、瑞典、法、德、英等各个国家的人，19世纪以后，倡导使用针灸术的人越来越多，在法国成立了针灸研究所、针灸研究会、针灸学会等，并开展了针灸国际交流活动，成立了国际针灸研究协会。

据史籍记载，在公元前257年，越南流传着中国秦朝名医崔伟的医疗事迹以及他所编著的《公余集论》一书。自汉代以后，我国常有医者前往越南，唐宋时期，越南所产的药物，例如白茅香、丁香、槟榔、苏方木等不断输入我国。公元14世纪，越南皇帝陈裕宗年幼时期曾遭水溺，后来被一个医生用针灸救活，这就说明当时针灸术已经传入越南。在明清时期，我国一些医书传到越南，如《医学入门》《冯氏锦囊秘录》《景岳全书》等，这些医术对越南医药学有较大影响，越南医书《新方八阵》就取材于《景岳全书》。越南名医黎有卓曾著有《海上医宗心领》66卷，该书对明代冯楚瞻所著的《冯氏锦囊秘录》与中国古典医籍《内经》推崇备至，但对于外感病存在不同见解，黎有卓认为因中越因地域差异，外感病的治疗方式不同，可见他不是盲目照搬中医经典著作，而是根据本地的气候特点有所取舍。《海上医宗心领》一书在本国影响很大，黎有卓被称为越南的医圣。随后在公元1850年，越南仿照我国建“先医庙”，专门用于供奉中国历代名医。

人类历史就是一部战争史，战争促进了军事体育的发生与发展。永生，也人类对于生命的终极追求，于是诞生了养生保健体育。上述各典型体育事象，不论是远古时期的学校体育，发源于宗教祭祀的体育活动，还是冷兵器时代的军事体育及和平年代的养生体育，不同性质的体育文化的发生与发展，都与当时所处时代的社会文化息息相关，具有部分与整体的自相似性。[①]

① 云海.《影响历史进程的战争与武器》：人类历史就是一部战争史［EB/OL］. https://book.douban.com/review/14315212/. 2022-04-03

第六章　分形理论视域下竞技娱乐体育文化与社会文化的相似性

竞技体育由于其自身的特殊性和独特的魅力，成为体育文化乃至社会文化中最精彩、最引人注目、最引人入胜的文化事象，因此单独予以讨论。纵观人类体育发展史，中外竞技娱乐体育文化与社会文化在发展形态上极具相似性。历朝历代史料记载的一些具体细节可以体现出这种体育文化与社会文化发展的自相似性。

第一节　古代我国竞技娱乐体育文化与社会文化的相似性

我国著名学者朱凤瀚认为："在中国青铜时代，祭祀这种重要的礼仪多用青铜器作为礼器。"[①]见之于王及诸侯等国家统治者，祭祀祖先以及其他神祇，期待能长久维护统治阶级政权。各级贵族则倾向于祭祀家族先人，目的是庇佑自己的家族。青铜礼器大多属于祭器，被用作礼制的象征物，此类青铜礼器不但反映出夏朝时期青铜制造的工艺水准，而且也揭示了夏朝奴隶主阶层的奢靡生活，礼器通常也与祭祀中的游猎和宴乐有关，祭祀中游猎和宴乐又往往蕴含着体育因素，因此青铜礼器的产生促进了祭祀游猎及宴乐中体育因素的发展。

依照现存史料来看，夏启继承王位之初，王位不稳，此时他还能严格自我要求，生活比较朴素。但在其王位得到巩固后，生活便趋于腐败，沉溺饮酒作乐，或外出狩猎。《墨子・非乐上》描述道："启乃淫溢康乐，野于饮食"[②]。说明了夏启耽于田猎和乐舞。尽管奴隶主阶级的生活作风骄淫奢侈，但不可否

① 朱凤瀚. 试论中国早期文明诸社会因素的物化表现［J］. 文物，2001（02）：70-79+1.

② 墨子. 墨子［M］. 上海：书海出版社，2001.

认的是，游猎和宴乐中的体育因素得到了一定程度的发展。正如《竹书纪年》指出："夏后开舞九韶"（"开"指启，汉人因避景帝启讳改称谓[①]），出游打猎，带动了"射"的发展，九韶实际上可归为乐舞的一种。无论是夏代，还是巫术时代，都记载着夏鲧、夏禹、夏启祖孙三代的大巫身份，如杨雄《法言・重黎》所述："昔者姒氏治水土，而巫步多禹。"[②]注曰："姒氏，禹也，治水土，涉山川，病足，故行跛也。""跛"呈现为一步高、一步低的动作表现，描述了巫师跳舞的动作，可将其称作巫舞。大概巫师作法，巫舞是不可或缺的一部分。《山海经・海外西经》曰："大乐之野，夏后启于此舞九代，乘两龙，云盖三层"[③]。可理解为夏后启在唱巫歌、跳巫舞之中升天而去。上古时代的巫师等同于现代社会的高级知识分子，他们通晓世事，上至天文、下至地理，中间还掌管人事，被奉为氏族部落的首领，或受封为原始国家的国王，政权在神权中得以体现。虽然巫舞有着浓郁的迷信色彩，但其中娱乐、体育的因素始终存在。

较之于夏代，商代奴隶主阶级的游猎规模更为宏大，每当国王亲自参与，都需要动用大量车马，商代的游猎类型包括田猎和渔猎两种。

田猎：商代的田猎活动是一种供奴隶主阶级享乐和身体锻炼的游戏活动。依据罗振玉对卜辞的考证，商王所用的田猎工具类型丰富，有犬、马、陷阱、弓矢、罗网等。田猎中猎获的兽类不计其数，有时单次便高达百头以上，如有一次猎获的鹿足有三百八十四只之多，足以想见其田猎的规模。

渔猎：卜辞中有"王鱼""获鱼"的记载。商代的生产方式以农业为主，生产状况已然领先渔猎时代，当时的渔猎活动不再是单纯的生产范畴，而是转变为游乐活动的一种，更加凸显了其体育气质。

在周代，习射不仅成为武士的重要标志，还演化为百姓的生活内容。家里有男孩降生便要在大门左边挂一张弓，同时还要将六支箭射向天地四方，以求男孩成长为守卫四方的勇士。受惠于礼乐制度的持续发展，射术逐渐吸收并融合了礼乐的部分内容，进一步形成了"礼射"。不同于一般射术，"礼射"强调在竞赛中以射行礼、以射选士，道德礼仪和规则观念在射术中得以推行。《礼记・射义》中指出："射者，男子之事也。因而饰之以礼乐也，故事之尽礼乐而可数

① 邵东方. 竹书纪年研究1980—2000［M］. 桂林：广西师范大学出版社，2015.

② ［汉］扬雄. 扬子法言·新论［M］. 长春：时代文艺出版社，2008.

③ 郭璞传. 山海经笺疏 卷7海外西经［M］. 嘉庆14

为，以立德行者，莫若射。”[①]这表明礼射可作为德行教化的有力载体。周代礼射涵盖以下几种：①大射：以选拔祭祀参与者为目的，天子与诸侯在盛大祭祀前于“射宫”举行的礼射；②燕射：以游乐为目的，天子、诸侯憩息娱乐时举行的宴会礼射，通常置办于天子及诸侯的玩乐地；③乡射：乡大夫会邀各路举士所举行的礼射活动。这种礼射的参与群体多样，且群众基础广泛。乡射因种类不同，办赛周期也不同，通常包括两种：一种为三年一周期，在乡学学生毕业时举行；另一种则为一年两度，在春秋二季如期开展，均射于州序（即州学、州校）。

上述三种礼射的实质，是三种不同规格的射箭比赛活动。并且，礼射的差异性不只体现于赛事规格，还在于身份地位的差异，天子、诸侯及大夫以下的箭靶都有所区别：天子用虎侯，诸侯及大夫以下则分别对应着熊侯、豹侯。竞赛过程中每人可射四箭，为保障赛事进行得有条不紊，众多的职事人员还参与到管理工作中，并分别负责报靶、测量、计分、奏乐等。规程上分为两队竞赛，每队每次各派一人并将其配对，继而两人进行对决，待比赛完毕、胜负已定，败者要饮酒。西周的礼射，已拥有完备体制的竞赛活动，相当于我国两千余年前的古运动会。这一竞赛活动不仅带动了练武强身、以武修德的风气，还带给了参与者丰富的娱乐体验，是古代典型的文体娱乐活动。

古籍所记载的“六代舞”，即周以前六代的乐舞。从黄帝时期的乐舞《云门》开始，按照尧、舜、禹、商、周的朝代顺序，其余乐舞分别为《大章》《大韶》《大夏》《大濩》《大武》。前四种被划为文舞，后两种则为武舞。《大濩》起于称颂商代开国元勋，后来成为祭祖的乐舞。《大武》始于对武王伐纣的歌颂，而后演变为周代祭祖的国乐。西周充分继承了商代的巫舞，并对其进行改造使之礼仪化，形成了节日祭祀中的傩舞。傩意指驱逐鬼怪，傩舞亦称打鬼舞。正如《礼记》所载，无论孟冬祭祖，还是腊八逐鬼、除夕祭百神，都离不开巫跳傩舞，目的是驱鬼除灾及祈祷福音。尽管傩舞迷信色彩浓厚，但其社会价值不可否认。祭祀舞蹈不仅讲求“习威仪”，以教化巩固贵族奴隶主地位，也用于“收束其筋骸，条畅其精神”（《礼记·会元》），以取得健身功效。

弄丸又作跳丸，是杂技艺人用手熟练地抛接要弄丸铃的一种游戏，表现为双手抛接多个“丸铃”。关于弄丸运动，《庄子·徐无鬼》中有所涉及：“昔市

① 鲁同群注评. 礼记［M］. 南京：凤凰出版社，2011.

南宜僚弄丸，而两家之难解。”以及“市南宜僚善弄丸铃，常八个在空中，一个在手。”[①]此外，《丸经》序也指出：“昔者楚庄王偃兵宋都，得市南勇士熊宜僚者，工于丸，士众称之，以当五百人。乘以剑而不动，捶九丸于手。军停战而观之。庄王免于敌而霸。”[②]不难看出，熊宜僚的弄丸技术高超过人。弄丸实际是杂技的一种，时至今日的杂技项目中对其仍有保留，日常生活中亦能得见。

投壶这一游戏起于礼射，在春秋时期十分流行，常见于诸侯相会或是贵宾宴饮。《礼记·投壶》指出：“投壶者，主人与客燕饮讲论才艺之礼也。”[③]进行投壶时，遵循着与礼射大致相似的礼节，也有揖让进退等。投壶最早是用短箭投向宴会用的盛酒壶，并伴以特制的箭和壶具，这表明投壶本是宴礼。但随后因礼节过于烦琐，投壶逐步发展为游戏娱乐活动，直至明清才逐渐消亡（见图6-1）。西汉中叶后，投壶向游戏化发展。《西京杂记》云：“武帝时，郭舍人善投壶。”并详细记述了郭舍人的新投法：第一，投壶的器械有所更改，即“以竹为矢，不用再棘也。”[④]；第二，壶中不再盛有小豆，好处是当竹矢投入壶中，便会立即反弹而出，方便投者接住后继续抛投。他这种方法设计，形成了一投一反、连续不断的抛投效果，改变了既往投壶取中而不求还的观念和玩法，加之一些烦琐礼节的取消，投壶的竞技娱乐性大大增加，但相应地其竞技难度也有所增加。两晋南北朝时期盛行投壶，较之以往其器具、投法均有革新，器具改用耳壶，投法加入“校具”。投法的改进使得投壶愈显多样，例如石崇有婢女一名，“善于投壶，隔屏风投之”[⑤]。更显奇巧的是，丹阳县尹王胡之“善于投壶”，竟能准确地闭目投矢入壶，其“手熟”竟达到如此境界（《晋阳秋》）。《颜氏家训》中有描述：“投壶之礼，近世愈精。古者，实以小豆，为其矢之跃也。今则唯欲其骁，益多益喜，乃有倚竿、带剑、狼壶、豹尾、龙首之名。其尤妙者，有莲花骁。”[⑥]可见投壶在两晋南北朝时期形式丰富，且花样多变。同一时期，投壶屡屡被统治阶级置于饮宴且以此为乐，一定程度上推动了投壶的发展。如《南史·柳恽传》载，南齐竟陵王萧子良，曾与文学侍从柳恽夜宴时“投

① 曹础基注说. 庄子[M]. 开封：河南大学出版社，2008.

② 撰人不详. 丸经[M]. 汪褆编辑，北京：中华书局，1985.

③ 鲁同群注评. 礼记[M]. 南京：凤凰出版社，2011.

④ [晋]葛洪撰；周天游校注. 西京杂记[M]. 西安：三秦出版社，2005

⑤ 夏书宇，巫兰英，刘薇主编. 中国体育通史简编[M]. 郑州：河南人民出版社，2007.

⑥ [南北朝]颜之推撰；卜宪群编著. 颜氏家训[M]. 北京：北京燕山出版社，1995.

壶枭不绝”，以致误了早朝。又如颜之推由梁到北齐邺中时，“亦见广宁、兰陵诸王有此校具（指投壶用具）”。投壶在统治阶级中普遍推广、广受追捧，可见一斑。

图6-1　投壶

时至宋代，投壶依然在士大夫阶层中流行。神宗熙宁五年（1072年），司马光编著了游艺书籍《投壶新格》，寓德育于体育的观点在此提出。此外，投矢的名目、壶具的尺寸以及计分的方法等，该书也都有详细记载。司马光本身就喜好投壶，其居于洛阳时“每对客赋诗、谈文，或以投壶以娱宾”①；抗金英雄岳飞亦是投壶爱好者，见之于“览经史，雅歌投壶，恂恂如书生”②，以上都反映了宋代投壶的盛行。

围棋又称弈，它始于原始社会，在春秋时期已经流行起来。如《论语·阳货》记述：“饱食终日，无所用心，难矣哉！不有博弈者乎？为之，犹贤乎已。”③《左传》也有所记载：“今宁子视君，不如弈棋，其何以免乎？弈者举棋不定，不胜其耦，而况置君而弗定乎，必不免矣。”④以上两例均说明，早已在公元前数世纪时，围棋便成了比较常见的娱乐活动。

战国时期的竞渡，在南方民间广泛流行，竞渡是一种水上娱乐活动，传说其创设意在缅怀战国时期伟大的爱国诗人屈原。《荆楚岁时记》指出：“俗为是

①　［宋］王辟之撰，吕友仁点校. 渑水燕谈录［M］. 北京：中华书局，2009.

②　《宋史·岳飞传》

③　王肇晋，王用诰撰. 论语·阳货第17［M］. 北京：中国书店，1990.

④　李炳海，宋小克注评. 左传［M］. 南京：凤凰出版社，2009.

屈（原）投汨罗日，伤其死，故并命将舟揖以拯之，至今为俗。”[①]也就是说，为纪念屈原，每年的农历五月五日都会举办赛舟，长此以往端午节赛舟也就成了风俗，而后竞渡逐步演化为典型的赛龙舟，至今不止。

作为我国古老的民间游戏，放风筝早在战国时期便已出现。见之于《韩非子·外储说左上》：“墨子为木鸢，三年而成，蜚一日而败。”[②]意思是墨子曾花费三年时间做木鸢，结果飞一天就坏了。《墨子·鲁问》也记载：“公输子削竹木以为鹊，成而飞之，三日不下”[③]，即鲁班制造过竹鹊，做成后飞三日不落。史料记载的木鸢和竹鹊，均可视为原始的风筝，这不仅意味着放风筝这项体育活动的问世，还表明人们开始尝试征服宇宙，这对体育史和航天史均有重要意义。

秋千作为一种古老的民间活动，早已有之。据《古今艺术图》记载：“秋千，北方山戎之戏，以习轻矫者。齐桓公伐北戎，始传入中国。”[④]在溯源中得知，公元前600多年的春秋时期，秋千由北方少数民族地区向中原流入。至战国时期，秋千又进一步发展，表现为磨秋千的出现。作为游戏形式的一种，磨秋千至今仍旧存在，其构造为：用一根木柱支撑起一个圆轮，且圆轮向外辐射出四根竿子。游戏者参与中边跑边悬垂于竿头，随圆轮旋转。

战国时期的田猎活动大多为了娱乐。譬如一些皇亲贵族，田猎活动前往往兴师动众、组织宏大的活动规模，队伍浩浩荡荡，对田猎的痴迷显而易见。据《史记·魏公子列传》所载，赵王的田猎活动阵仗之大，甚至一次使魏王误认为是赵军要侵犯边境，心生害怕的同时忙令边防将士紧急备战，随后才知道只是“赵王田猎耳，非为寇也”，史实也从侧面反映了赵王宏大的田猎规模。

赛马兴起于战国时期，当时的贵族们皆以赛马赌博娱乐消遣。如《史记·孙子吴起列传》中就描述了世人熟悉的齐王同田忌赛马的故事。赛马赌钱常见于齐国的王公贵族，田忌在赌博中屡屡失败，有一天齐王邀请田忌赛马，规定各自选出上马、中马、下马各一匹参与比赛，每输一匹就得向对方交付千金。但当时的情况是，齐王同等级的马都要比田忌的略胜一筹，田忌若是将挑选出的马

① ［南朝梁］宗懔撰，宋金龙校注. 荆楚岁时记［M］. 太原：山西人民出版社，1987.

② 赵沛注说. 韩非子［M］. 开封：河南大学出版社，2008.

③ ［春秋］墨翟著，戴红贤译注. 墨子［M］. 上海：书海出版社，2001.

④ 刘万朗主编. 中国书画辞典［M］. 北京：华文出版社，1990.

与齐王同等级的马一一对赛，自然是必输无疑。作为军事家的孙膑，当时是田忌家的宾客，便为其出了主意：选择下马对齐王的上马，选择上马对齐王的中马，再选用中马对齐王的下马，结果田忌以二比一的比分取胜，并获金两千。这个故事不但反映了战国时期赛马活动的普遍化，而且揭示了这一比赛的战术。在赛马中依靠策略的部署取胜，是战国时期竞赛活动科学性的重要标志，也是我国利用对策论指导竞赛体育实践的最早记载。时至今日，赛马活动仍然在我国的港澳地区盛行，田忌赛马策略也成为体育竞赛中的重要战术策略。

蹴鞠在战国时期，各国都有广泛的开展。这一观点可追溯至《西京杂记》："太上皇徙长安，居深宫，凄怆不乐。高祖窃因左右问其故。以生平所好，皆屠贩少年，酤酒卖饼，斗鸡蹴鞠，以此为欢。今皆无此，故以不乐。"①太上皇即刘邦的父亲，从中不难看出其少年时期踢足球、斗鸡的个人爱好。战国后期的时间背景以及家住沛县、属楚国的地理位置，可以推想出战国时期楚国的蹴鞠活动曾风靡一时。同样，《战国策》也有记载："临淄甚富而实。其民无不吹竽鼓瑟，击筑弹琴，斗鸡走犬，六搏踏鞠。"②说明蹴鞠在齐国也相当普及，其流行并非地域性特色。由这两则史料可知，蹴鞠活动在战国时期就已普遍流行，并且主要用作娱乐。

百戏亦作"角抵""角抵戏"，有时也称"角抵奇戏"。它融合了中国古代的体育、艺术、文化等元素，内容体系极其庞杂，包括歌舞杂要、角力较武、杂技幻术等。秦汉时期角抵戏得益于政治因素得以发展。《历代兵制》指出："秦始皇并天下，分为三十六郡，郡县之兵器，聚之咸阳，销为钟鐻，讲武之礼，罢为角抵"③，由此可见，角抵戏的发展建立在秦始皇加强政治统治的基础之上。也就是说，秦代的禁武变相带动了角抵戏的发展。至秦二世时期，秦二世在甘泉宫将角抵、俳优作为戏乐观赏，统治者的个人喜好也为角抵戏提供了发展动力。角抵最初流行于军队和民间，两人为一组相互徒手角力。时至秦代，角抵的表演性和娱乐性得到强化，赢得了宫廷贵族的喜爱，贵族们使之与歌舞、魔术、杂技等同台展示，统称为"角抵戏"。西汉时期的角抵戏空前发展。《汉书·武帝纪》载："元封三年（公元前108年）春，作角抵戏，三百里

① ［汉］刘歆 著，葛洪 辑抄《西京杂记》，创作于汉代，收藏于上海图书馆.

② 原作者不详，刘向等编.《战国策》，战国时期创作.

③ ［宋］陈傅良著.《历代兵制》.

内皆观”。又写道：“元封六年（公前105年）夏，京师民观角抵戏于上林平乐馆。”[①]两次盛会均举办于汉武帝时期，正是从这个时期开始，“角抵戏”被赋予了招待外宾的功能。在《汉书·西域传》中有所印证：“孝武之世，设酒池肉林以飨四夷之客，作巴俞（舞名）都卢，海中砀极（厌舞名），漫衍鱼龙，角抵（此指角力）之戏以观视之。”[②]用于招待的“角抵戏”既彰显了强盛的国力，又推进了中华民族乃至中国同外国间的艺术、体育、文化交流。至秦汉时期，“百戏”与体育紧密联系，从中衍生出了众多项目，主要有：

角抵：近似于现代的相扑和摔跤。山东临沂的银雀山汉墓曾出土了一幅帛画，其中便绘有角抵图（见图6-2）。此外，出土于湖北江陵凤凰山的漆绘木篦也画有角抵场景，两幅画中角抵人物的穿着打扮各异，可以推断角抵在当时已形成多样的技术风格，并制订出一定的比赛规则。南北朝到南宋时期叫“相扑”，于唐朝时期传入日本，成为流行至今的体育运动，也是日本的国技与国粹，并融入了日本文化，如在赛场撒盐，因为在日本人的观念中，撒盐可以驱邪。

图6-2　角抵戏（汉代山东临沂出土）

绳技：又称走索。艺人行走于高悬的独索，同时表演各式动作，是一种难度较高的平衡运动。

缘竿：又名都卢寻穜。艺人头顶竿或者将竿放至额上，且将竿上载以重物。缘竿既练习艺人的平衡能力，又考验其力量和灵巧。绳技和缘竿至今在民间杂耍节目上仍然能够看到。

弄丸剑：亦称跳丸剑，是一种抛接短剑的游戏活动。表演者用两手快速地

① 《汉书·武帝纪》

② 《汉书·西域传》

连续向空中抛起若干弹丸或短剑，一手抛，另一手接，再继续抛向空中。

冲狭：类似于现代的钻刀圈、火圈之类的表演，以鱼跃的形态完成动作。

燕濯：可类比现今跪姿鱼跃前滚翻的表演动作。

图6-3　杂技表演石刻画像（山东沂南出土）

叠案：俗称拿大顶，即用手倒立。由于表演常置于一定数量的桌子或凳子上，所以又叫作叠案。闻名一时的掷倒叠案技与安息五案，即在多层累叠的案上完成筋斗和倒立等动作。

此外，百戏中还包括扛鼎弄丸、戏车（车赛）以及一些舞蹈，其均与体育有密切联系（见图6-3）。

击鞠：类似于现今的马球运动，参与者骑在马上持棍击球。就现存的文献来说，曹植的《名都篇》是我国马球运动的最早记录。诗中描述了身着华服、挟弓佩剑的京洛少年“走马长楸间（两旁楸树的大道），长驱上南山。”[①]诗意地描绘了翩翩少年意气风发前去狩猎的场面，归来后“列坐竟长筵”的饮宴状态，“连翩击鞠壤”的马球技术以及“白日西南驰”的活动时长。诗篇中还提及，连翩击鞠达到的“巧捷惟万端”的境界，技能水平相当熟练。《名都篇》写于曹

① 王义骅主编. 名都篇［M］. 杭州：浙江古籍出版社，2008.

丕代汉（公元220年）事件前后，因而可以推断，击鞠的出现最迟也要到东汉晚期。而后，唐代诗人蔡孚也在《打球篇》再现了东汉时期洛阳的击鞠场面，显然蔡孚借鉴了当时尚未失传的汉代典籍。

汉代之后的民俗健身活动项目与日俱增，其中部分活动置办于特定的民俗节日，例如：人日（农历正月初七）踏青，元宵节（农历正月十五）舞龙、观灯，寒食节（农历三初）踏鞠，端午节（农历五月初五）的龙舟竞渡以及重阳节（农历九月初九）登高等。其中，踏青即春游活动，而踏鞠则是民间性质的足球比赛。并且，舞龙、观灯、龙舟竞渡作为民俗活动沿袭至今，舞龙、龙舟已被纳入了民族传统体育文化的范畴。

魏晋时期的棋类活动非常流行，以致许多人过分迷恋，甚至部分人难以自拔、忘乎所以。“竹林七贤”的阮籍就是其中之一，《晋书·阮籍传》的描述是：“性至孝，母终，正与人围棋，对者求止，籍留与决赌”[①]。即便阮籍母亲生病去世了，其弈局仍未中断，可见他对棋弈痴迷到非人性的程度。《梁书·到溉传》中写道：“溉素谨厚，特被高祖赏接，每与对棋，从夕达旦”[②]。对棋直至不分昼夜、通宵达旦，其痴迷程度可见一斑，与现今的青少年沉迷于网络游戏一样。与此同时，棋类活动也得到了帝王支持，有的帝王下令定棋谱、亲自选国手，大兴棋风。据史料记载，梁武帝选出的国手足有三百七十八人，其数目之多，足以证明棋类活动在当时的规模之大。有意思的是，这时期围棋已有“九品”等级之分，类似于现在的段位制。需要说明的是，棋类活动原本有益身心健康，然而魏晋时期的部分人士背离下棋初衷，将其作为纵情玩乐的工具，一度使得棋类活动备受争议。

汉代的百戏流传后世，但在两晋南北朝时期发生了衰变，表现为项目内容的部分删减及奇怪异端内容的增补。《宋书·乐志》中记载：晋成帝咸康七年（公元341年），散骑侍郎顾臻表曰：“杂伎而伤人者，皆宜除之。”[③]由于杂技项目潜在的危险性，部分项目受到了明确的限制。同时，诸如“俳优、剥驴、鱼龙烂漫、朱儒、杀马”等百余种项目却被添加进来，虽显格格不入，但可供统治者观赏享乐。百戏内容上的调整，抛弃了体育的锻炼价值，仅局限于体育的观

① 高晨阳著；南京大学中国思想家研究中心编. 阮籍评传［M］. 南京：南京大学出版社，1994.

② ［唐］姚思廉撰. 梁书1［M］. 长春：吉林人民出版社，2005.

③ ［南朝·梁］沈约著；苏晋红，萧炼子校注. 宋书乐志校注［M］. 济南：齐鲁书社，1982.

赏价值，体育价值的多元性削弱。虽然两晋南北朝时期，角抵戏演出的规模无法同汉武帝时期相比，但杂技项目的数量之多、技术之高也不可同日而语。晋代已设立马戏的专项表演，种类繁多且各具特色，包括猿骑、卧骑、颠马、倒骑等。

相扑又名徒手摔跤，近似秦汉时期的角抵，区别在于这一时期的相扑已演化为“竞技运动”的一种，而角抵的主要价值仅限于观赏。如晋武帝时期，相扑的竞技性有目共睹：“有西域健胡，趫捷无敌，晋人莫敢与校，帝（司马炎）募勇士，惟东应选，遂扑杀之，名震殊俗。”①民间的相扑竞技，甚至上升到了国家高度，其盛行程度可想而知。并且，相扑成了郡际间一较高低且频繁开展的竞技项目。恰如王隐《晋书·刘子笃》所述：“颍川、襄城二郡班宣相会，累欲作乐，襄城太守责功曹刘子笃曰：‘卿郡人不如颍川人相扑。’笃曰：‘相扑下伎，不足以别两国优劣’”②可见郡际相扑赛多次开展，襄城因频频败北而屡受太守批评，刘子笃只好强辩相扑是“下技”。表明相扑的竞技性观念覆盖当时各阶层，且对于郡际间的相扑比赛而言，人们均持有强烈的胜负观念。

由甘肃敦煌莫高窟的相扑图可知，北周时期传统相扑的服饰，与现代的日本相扑手穿着大同小异（见图6-4）。值得一提的是，女子相扑也出现于这一时期。

图6-4　敦煌壁画相扑图

这一时期的舞蹈也对后世影响深远，一些体育项目（如武术、体操、冰上运动等）的技术动作得以演进，也是受到了两晋南北朝舞蹈的启发。当时的宫廷豪门大多有观赏舞蹈的习惯，并相应地收养了一些歌舞伎人。例如梁朝大将羊侃，其府中歌舞伎人舞姿绰约、技艺惊人：“又有孙荆玉，能反腰贴地，衔得席

① ［唐］房玄龄等. 晋书（六十二章）［M］. 上海：汉语大词典出版社，2004.

② 朱小云. 中国武术发展研究［M］. 北京：光明日报出版社，2017.

上玉簪”[①]“舞人张净琬，腰围一尺六寸，时人咸推能掌中舞”[②]。从中可捕捉到类似“下腰”“托举”等动作，此类技术在近代体操技巧中仍有保留。东晋之后，一些“乐人”考虑到南方相对稳定便纷纷南迁，与此同时，宫廷舞蹈也被带到了南方，东晋和南朝的舞蹈得以延续和繁荣发展。

北朝不仅继承了汉晋的舞蹈，还向中原引入西北少数民族的“西凉乐”“西戎伎”“龟兹乐”等乐舞，实现了各民族的舞蹈文化大交流。并且，佛教艺术中也蕴藏着优美的舞蹈活动，譬如寓于敦煌壁画的“天宫伎乐”。此外，北魏京城洛阳的景乐寺也融入了舞蹈元素：“常设女乐，歌声绕梁，舞袖徐转”[③]“得往观者，以为至天堂”[④]。杨衒之的《洛阳伽蓝记》就反映了舞蹈艺术在这一时期的广泛开展且舞技精湛。

隋朝时期，角抵非常流行，《隋书·柳彧传》中记载：“都邑百姓，每至正月十五日，作角抵之戏，递相夸竞”[⑤]。公元610年，为促进各国体育交流，隋炀帝广招全国杂技、乐舞、体育能手，“万国来朝”之时于长安举办了规模盛大的综合型表演，《隋书·炀帝记》名曰“角抵大戏”。“角抵大戏”财力耗费巨大，足有数万，且持续时间较长，“经月而罢”。通俗地说，这相当于隋朝举办的一次全国运动会。

时至唐代，此时君王大多对角抵戏兴趣浓厚。唐玄宗时期，“每赐宴设酺，大阵山车、旱船、走索、寻橦、角抵、飞剑、角抵诸戏。”[⑥]喜好角抵戏的并不限于唐玄宗，元和十五年（820）二月癸酉朔丁亥，唐穆宗“幸左神策军观角抵及杂戏，日昃而罢。”并且，“自是凡三日一幸左右军及御宸晖、九仙等门，观角抵、杂戏。”[⑦]无论是从早到晚的观赏时长，抑或是三天一次的观赏频率，都足以证明唐穆宗对角抵的喜爱程度。唐文宗亦是如此，开成四年（公元839年）二月癸酉朔戊辰，其驻足以观：“幸勤政楼观角抵、蹴鞠。”此外，唐

---

① 范之麟主编. 全宋词典故辞典 上［M］. 武汉：湖北辞书出版社，2001.

② 《中华舞蹈志》编辑委员会编. 中华舞蹈志 ·江苏卷［M］. 上海：学林出版社，2014.

③ 《中华舞蹈志》编辑委员会编. 中华舞蹈志 江苏卷［M］. 上海：学林出版社，2014.

④ 中华文化通志编委会编. 中华文化通志12 第二典地域文化 中原文化志［M］. 上海：上海人民出版社，2010.

⑤ 《中华舞蹈志》编辑委员会编. 中华舞蹈志 陕西卷［M］. 上海：学林出版社，2009.

⑥ 袁明仁，李登弟，山岗等主编. 三秦历史文化辞典［M］. 西安：陕西人民教育出版社，1992.

⑦ 《旧唐书·卷十六》

懿宗、唐昭宗、唐僖宗均是角抵戏的爱好者。

五代十国时期，许多国君不仅对角抵戏喜爱观看，而且着迷到亲自参与。其中唐庄宗李存勖最为典型。据《旧五代史·李存贤传》所述："存贤少有材力，善角抵。初，庄宗在藩邸，每宴，私与王郁角抵斗胜，郁频不胜。庄宗自矜其能，谓存贤曰：'与尔一搏，如胜，赏尔一郡。'即时角抵，存贤胜，得蔚州刺史。"虽然将官职作为角抵的赌注略显荒唐，但足以见得统治者痴迷之深。

自唐太宗后，帝王多爱好马球，如高宗、中宗、玄宗、宣宗、僖宗以及昭宗等，其中不乏高手。唐中宗便有着高超且纯熟的马球技术，正如《唐语林》所载："连击至数百而马驰不止，迅若流电"。帝王带头打毬，文武官员及贵族阶层便纷纷效仿，马球运动进而相习成风。正如《资治通鉴》所言："上（中宗）好击毬，由是风俗相尚。"随着马球运动愈发火热，打毬一度成了进官之道，在现代看来比较荒唐。唐武宗时，神策军中的军将周宝便因此获益，《唐书·周宝传》写道："自请以毬见，武宗称其能，擢金吾将军"。打毬先前只是为了迎合帝王喜好，而此时直接关系加官晋爵，不免刺激了官吏们的打毬积极性。

五代时期，南唐中主李璟处理政务之余，会叫来亲王以及东宫旧臣同他打毬。又如花蕊夫人费氏，即后蜀后主孟昶之妃，其所作《宫词》述有"小毬场近曲池头，宣唤勋臣试打毬"，描述了五代时后蜀皇室马球活动的场面。并且，同时期有"昼夜酣饮作乐，燃十围之烛以击球，一烛费钱数万"[①]的记载，表明许多帝王打毬成瘾，秉烛打毬，夜以继日且花费高昂。

马球不只流行于王公贵族，在军队中也备受推崇。马球运动既可以锻炼官兵身体素质，又可以强化其作战技能。适逢天宝六年（747年），唐玄宗出台法令，诏定击鞠为"用兵之技"，推动了军队的马球运动开展。唐朝的左右神策军盛行打球之风，军队驻地即会毬之所，不少军将善于打毬。段成式的《酉阳杂俎》中便记载了这样一位："建中初，有河北将军姓夏，弯弓数百斤，尝于毬场中累钱十余，走马以击鞠杖击之，一击一钱飞起，高六七丈，其妙如此。"

马球运动在儒生中也是蔚然成风。儒生有着专门的"鞠会"，如新科进士的"月灯阁球会"。乾符四年（877年），进士刘覃与两军球将校艺，载于《唐摭言·卷三》："覃驰骤击拂，风驱雷逝，彼皆愕视。俄策得球子，向空磔之，

① ［北宋］司马光. 资治通鉴·后梁纪·后梁纪一［EB/OL］. http://www.guoxuemeng.com/guoxue/521571.html

莫知所在。数辈惭沮，僶俛而去。”可见，儒生亦有能者，甚至较军队中的高手还略胜一筹，从侧面验证了马球运动风靡于儒生之间。唐、五代时，马球不再是男子的专属活动，女子也开始参与其中。如《新唐书·郭英义传》记载，郭英义曾“教女伎乘驴击球”。不同的是，女子彼时骑驴而不骑马，因而称之为“驴鞠”。五代时期，后蜀的花蕊夫人著《宫词》，且述有“自教宫娥学打球，玉鞍初跨柳腰柔”诗句，描绘了五代后蜀宫廷女子打马球的别样风景。

综上，除却军队训练，马球运动只在统治阶级、富家子弟以及部分文人学士间开展。得益于统治者对马球的热爱，唐代的马球运动十分盛行，但是从正史记载来看，唐朝因马球而兴（唐玄宗因擅长马球得到赏识，随后即位并开辟“开元盛世”）、因马球而衰、因马球而亡（后梁朱温因其侄朱友伦与唐朝末代皇帝打马球坠马身亡为由，而取代唐朝皇帝，自立为帝）。由此可见，马球运动与朝代的兴衰有着难以分割的关系。受限于打马球较高的物质条件，一般劳动人民难以负担，享受其中更是天方夜谭，因此自统治阶级不再重视后，马球运动便逐渐淡出历史舞台直至失传。

虽然马球运动的兴盛间接削弱了同时期蹴鞠运动的地位，但从整体来看，蹴鞠运动仍比较盛行。在流传范围上，蹴鞠由皇室、军队、官吏向民间扩散；在参与群体上，蹴鞠广泛接纳女性群体，女子蹴鞠大规模出现。唐代对汉魏时期的蹴鞠活动充分进行了改革与扬弃，表现为许多活动种类的创设，大致可概括为以下几种：①用一个球门的蹴鞠运动：据《蹴鞠图谱》记载，这种蹴鞠的比赛形式是将球队门设立于球场中央，球网在下而球门在上。两队比赛时位于球门左右，先由左队球头（队长）踢球过门，右队副挟或正挟用手臂挟球至腰间，再传向自己的球头，待球头踢球过门后轮换左队。如此往复交替后，过门次数多者即为优胜队。较其他种类而言，这种比赛方式较为落后。②用两个球门的蹴鞠运动：较一个球门的比赛而言，这种比赛方式有很大突破，强调了两队的对抗性。两个球门分别归属于两队，两队各有一名守门员看守（见图6-5），同时球门上方有网，踢入对方球门即得分，不入网则不得分。这在竞赛方式上已近似于现代的足球运动，仅仅是球门样式和踢球人数略有不同。③打鞠：亦作“一般场户”。按照上场踢球的人数分为一人场（井轮）、二人场（打二）、三人场（转花枝）、四人场（流星赶月）、五人场（皮破或小出尖）、六人场（大出尖）、七人场（落花流水）、八人场（八仙过海）、九人场（踢花心）、十人场（全论）的十种比赛方式，用以健身、表演和竞赛游戏。活动的形式有颠球、对传、绕身滚动等。且身体各部位皆可与球直接接触。打鞠花样繁多，可单独表演，亦可相互比赛。公元644年以前，此项运动已传至日本。④白打：又称“白打场户”。白打也无需球门，可以二人对踢，也可多人竞技。白打更偏向于女子参与，唐朝诗人王建著有“寒食内人长白打，库中先散与金钱”一句，其中的“内人”即宫女。⑤趯鞠：趯鞠是一种比赛踢高的蹴鞠形式，史籍多有“高及半塔，直高数丈”的相关描述。趯鞠在军队较为流行，后向高丽（今朝鲜半岛）等地外传。

图6-5　唐代足球竞赛示意图

需要指出的是，唐代蹴鞠使用的球是发明于唐代的气球。《全唐诗话·卷五》载有相关内容：“八片尖皮砌作球，火中燖了水中揉，一包闲气如常在，惹踢招拳卒未休”[①]。此诗不但揭示了“气球”的形态构造和制作工艺，而且折射了唐代的科学水平和生产技术。

继魏晋南北朝之后，围棋在唐代步入了新的发展阶段：棋枰已达纵横各19道；术语已有30余字，如行、立、粘、飞、干、尖等。一系列更新与变革，标志着围棋已跃升至新的历史高度。这一时期的围棋，在文人学士中盛行，同时民间亦有高手。《云仙杂记》记载了翰林王积薪的围棋故事，“每出游，必携围棋短具，画纸为局，与棋子并盛竹筒中，系于车辕马鬣间，道上虽遇匹夫，亦与对手。胜利征饼饵牛酒，取饱而去。”说明平民百姓也不乏精通弈棋者。唐代帝王大多爱好围棋，因而“棋待诏”的官职得以设立，他们或陪帝王下棋，或两人对弈以供帝王赏鉴。甚至唐玄宗李隆基在避难奔蜀时，围棋国手王积薪也与之随

① ［宋］尤袤. 全唐诗话 卷5［M］. 北京：文物出版社，2020 .

行。张籍《美人宫棋》曰："红烛台前出翠娥，海沙铺局巧相和。趁行移手巡收尽，数数看谁得最多。"说明了唐代妇女也对弈棋情有独钟。大中二年（848年），有日本国王子来唐，因王子钟爱围棋且棋艺高超，便在长安举办了一场中日围棋比赛，"王子善围棋，上（宣宗）敕顾师言待诏为对手……至三十三下，胜负未决。师言惧辱君命，而汗手凝思，方敢落指……王子瞪目缩臂，已伏不胜。"[①]顾师言最终赢下对手，并令其惊叹不已，不愧为当时第一国手。

乐舞发展至隋唐，较南北朝又有了进一步突破，表现为"教坊""太常寺"的增设，这一时期可视为中国古代乐舞的巅峰。此时的舞蹈种类丰富多样，《乐府杂录·舞工》记载："舞者，乐之容也。……即有健舞、软舞、字舞、花舞、马舞"。纵观唐代乐舞，以《破阵乐》《上元舞》《九功舞》最负盛名，共称为三大舞。其中，《破阵乐》由唐太宗李世民亲自编制完成，《旧唐书·音乐志》载：《破阵乐》，太宗所造也，而后更名为《七德舞》。《新唐书》卷二十一、志第十一和《资治通鉴》卷一九四、唐纪十都有相关记载："命吕才以图教乐工，百二十八人，被银甲执戟而舞。凡三变，每变为四阵，象击刺往来，歌者和曰'秦王破阵乐'"。显然《破阵乐》涵盖了阵法变化和兵器演练的内容，可归为武舞的一种。

同为唐朝时期，武则天创编了《圣寿乐》，这一乐舞由一百四十人组成且队形变化多端，"舞之行列必成字，十六变而毕"[②]，与近现代大型团体操的组字舞比较相似。此外，多个文献史料记载了有关《圣寿乐》的场景，例如唐代诗人王建在《宫词一百首其十七》中写道"每遍舞时分两向，太平万岁字当中"。

上述舞种为参与者过百的大型舞蹈，而小型舞蹈可分为软舞与健舞。据唐代宰相段文昌之孙，文学家温庭筠之婿段安节所著的《乐府杂录》，以及唐人崔令钦所撰的《教坊记》记载，软舞有《凉州》《绿腰》《苏合香》《屈柘》《团圆旋》《甘州》等，健舞有《棱大》《阿连》《柘枝》《剑器》《胡旋》《胡腾》等。健舞与体育活动联系密切，如"剑器舞"既是舞蹈，又属于剑术。杜甫在《观公孙大娘弟子舞剑器行》中刻画了舞姿雄健、剑光闪耀的舞剑者形象，健舞与体育活动实现了真正的交融，"剑器舞"并非个例，西北少数民族地区传入中原的"胡旋舞"也是如此，唐代诗人白居易创作的一首乐府诗《胡旋女》精彩

① ［唐］苏鹗. 杜阳杂编［M］. 北京：九州出版社，2009.

② 《旧唐书·音乐志》（卷二十九 志第九）

描述了胡旋舞优美的舞姿："胡旋女，胡旋女，心应弦，手应鼓，弦鼓一声双袖举。回雪飘飖转蓬舞。左旋右转不知疲，千匝万周无已时。人间物类无可比，奔车轮缓旋风迟。"同时期的舞蹈还有"矛舞""狮舞"等，这些舞蹈均来自民间且在民间有广泛的传播。

木射是一种室内球类运动，按人轮流比赛，适于中老年人。游戏的方法是在一端，置15个笋状平底木柱，在场地中一端用木球抛去，以击倒木柱（见图6-6）。其中十个木柱写红字：仁、义、礼、智、信、温、良、恭、俭、让，五个木柱写黑字：傲、慢、佞、贪、滥。以击倒红字柱者为胜，击倒黑字柱者为败。唐代陆秉著有《木射图》一书，对木射活动进行了详细介绍。虽然此项运动带有浓厚的封建伦理色彩，但它却是现代保龄球运动的前身。

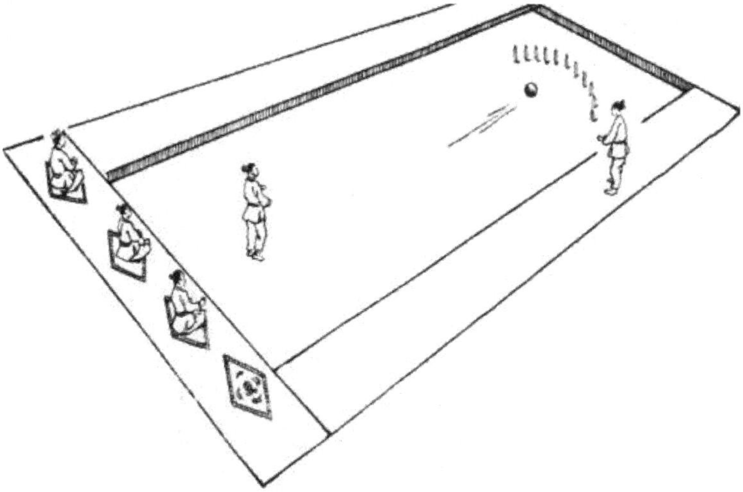

图6-6　唐代木射图

步打毬：实质上是马球运动的一种演化，打球者不骑马而是徒步持球杖，并随着音乐节奏击球。北宋时期，步打毬亦作"步击"，可视作现代曲棍球运动的前身。步打毬常见于当时的百姓生活，常用的花毡上便会织有相关内容。例如日本奈良的东大寺佛殿，其正仓院保存了两条我国唐朝时期的花毡。花毡上各有一个儿童织于中央，儿童左手持有曲棍并作接球状。从织物中不难反映出步打毬在唐代已非常普遍，甚至可供孩童娱乐休闲。

蹋球运动又称"胡旋舞"，这种女子球类运动起于新疆少数民族，并在唐朝传入中原。《新唐书》载有蹋球的运动形式："胡旋舞，舞者立球上，旋转如风。”[①]（见图6-7）蹋球表演在王邕的《内人蹋毬赋》中有描写：“毬上有嫔，以行于道，嫔以立于身……无习斜流，恒为正游，毬不离足，足不离毬。”[②]唐朝相关史料多处提及蹋球运动，可想而知蹋球运动在当时的流行程度。这项运动后来与杂技结合，并逐渐向杂技演变。

唐诗中关于舞蹈的篇章也很多，尤其是政治稳定、经济文化繁荣的盛唐时期，在那样一个相对自由、宽松、积极向上的社会氛围中，文体活动上至宫廷统治阶级的享乐需要，下至文人墨客的艺术追求、普通百姓的娱乐需求，都是自然而然的事情。艺术没有国界、艺术永远会被传承。虽然今人对当时文献记载有所争议，如可以查到的有关《内人蹋毬赋》存在争议观点的多篇文章刊发，但这丝毫不能否定盛世年华的体育文化繁荣发展的史实，从而也说明了体育文化与社会文化的相似。

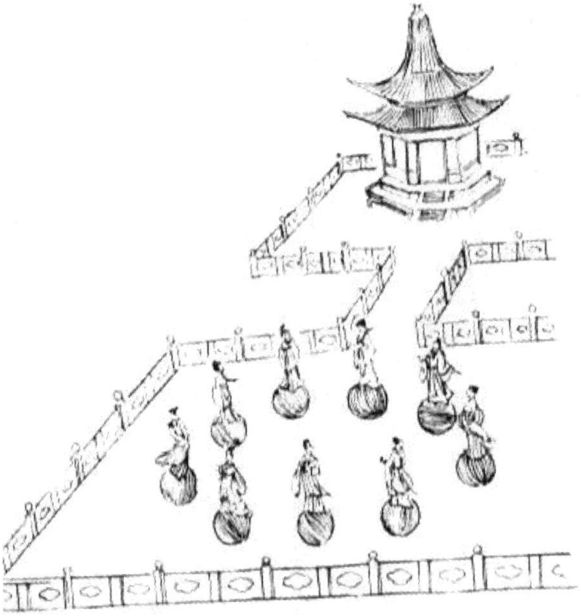

图6-7　唐代的蹋球运动

拔河，亦称拖钩、牵钩，起于春秋时期，原本是军队体育活动，而后传入民间。唐朝时期，拔河的游戏功能得到显现，在民间流行起来，朝廷王臣也以此为乐。据《景龙文馆记》载：“景龙四年（710年）清明，中宗命侍臣为拔河之

① 王云王等主编. 新唐书［M］. 北京：商务印书馆，1928.

② 秦景天，郭惠主编. 中华文化常识全知道［M］. 北京：海潮出版社，2011.

戏。以大麻絚（音耕）两头系十余小索，每索数人执之以挽。六弱为输。时，七宰相二驸马为东朋，三相五将为西朋。仆射韦巨源、少师唐休璟以年老，随絚而踣（音勃），久不能起，帝以为笑乐。”[①]《封氏闻见记》则指出了拔河的规则和方法：“拔河古用篾缆。今民则以大麻絚长四五十丈，两头分系小索数百条。挂与前，分二朋，两勾齐挽。当大絚之中，立大旗为界。震鼓叫噪，使相牵引。以却者为输，名曰拔河。”[②]

唐代秋千，在宫廷和民间盛极一时，是女子体育运动的一种。唐诗中不乏秋千活动的相关描述，如王建《秋千词》：“少年儿女重秋千，盘巾结带分两边。”元稹《杂忆》：“忆得双文人静后，潜教桃叶送秋千。”杜甫《清明二首》：“十年蹴鞠将雏远，万里秋千习俗同”等，可见秋千深得文人墨客心意。

民间为纪念爱国诗人屈原，每年均举行划船竞渡活动。然而，唐代以前竞渡活动日期并未统一，一般定在四月或八月。直至唐代之后，竞渡活动才在五月端午节与节日一并举行。

五代时期，竞渡风俗不但在民间广为流传，还被官方大力提倡。正如《南唐书》中的赛事记载：“郡县村社竞渡，每岁端午，官给綵缎，俾两两相较其迟速，胜者加以银椀，谓之打标。”[③]这里的“打标”，即是夺标，通俗地说，竞渡是古代的划船锦标赛。

唐代的观灯活动规模宏大且热闹非凡：唐睿宗时期岑曾有“燃灯五万盏”的壮观场面，唐中宗时（684年）数千宫女出游，声势浩大。《资治通鉴·唐纪》里有较为具体的记载：“春，正月，丙寅夜，中宗与韦后微行观灯于市里，又纵宫女数千人出游，多不归者。”[④]

《隋书》曾经记载，北狄的室韦族人在当时“射猎为务，食肉衣皮。”因为“地多积雪，惧陷坑阱，骑木而行”。可见此时的室韦已经掌握了类似于现代雪橇的技术。元代史书也记载并解释了骑木而行的活动：“木马形如弹弓，长四尺、阔五寸，一左一右，系于两足，激而行之雪中、冰上，可及奔马。”由此可知，骑木而行就像雪橇滑雪，因此《隋书》的相关内容即我国滑雪的最早记

① ［唐］武平一. 景龙文馆记［M］. 北京：商务印书馆，民国16.

② ［唐］封演. 封氏闻见记［M］. 北京：中华书局，1985.

③ ［宋］马令，［宋］陆游撰. 南唐书 两种［M］. 南京：南京出版社，2010.

④ ［宋］司马光著. 资治通鉴［M］. 太原：三晋出版社，2008.

载。唐代滑冰活动则多见于少数民族的狩猎与生产。《新唐书》就有对北方拔野古族人滑冰的记述；“俗嗜猎射，少耕获，乘木逐鹿冰上。”①此外，突厥的一些部落也有记载，“俗乘木马驰冰上，以板藉足，屈木支腋，蹴辄百步，势迅激”②。所描述的滑冰技术已经非常成熟。

户外活动在唐代开展得比较广泛，且适宜各类群体，其中春游与登高较为多见。《开元天宝遗事》中描述了长安春游之盛：“长安春时盛于游赏，园林树木无闲地。”③游赏的同时，有些人还举行野餐：“长安侠少，每至春时，结朋联党……遇好囿时驻马而饮。”④此外，登高常见于唐朝诗人笔下，如李白的《九月十日即事》“昨日登高罢，今朝更举觞”，杜甫的《登高》“万里悲秋常作客，百年多病独登台”等，皆反映出诗人登高郊游时的境遇与状况。

射鸭是古代的一种嬉水游戏，在唐代便已存在。例如王建在诗中写道：“新教内人惟射鸭，长随天子苑东游”。得益于项目本身的娱乐性，射鸭直至五代仍然流行：“同光三年（925年）二月乙酉，射鸭于郭泊”“开运三年（946年）二月壬午，射鸭于板桥”。

宋代蹴鞠：和唐代相比，宋代的蹴鞠有了较大改进：技术动作上，接球和传球方式不再是唐代的“挟”，而是转变为“踢”；文化内容上，蹴鞠持续发展，并对唐代的单球门蹴鞠有所继承。蹴鞠运动在宋代依旧火热，并深得统治阶级喜爱。宫廷府中常有蹴鞠之戏，以供统治者们观赏消遣。除却观赏价值，蹴鞠的运动价值也不容小觑，宋徽宗赵佶便是蹴鞠爱好者，其宰相李邦彦和高俅也均称得上数一数二的蹴鞠能手。

宋代的蹴鞠运动没有严格的性别限制，男女甚至可以直接相互对抗，中国历史博物馆收藏了一面宋代的足球纹铜镜，镜中的画面便是明证（见图6-8）。需要指出的是，蹴鞠在宋代的革新与突破也未能做到尽善尽美，注重个人控球而忽略对抗，则是一种退步，这也为蹴鞠运动在后世的消亡埋下了伏笔。

---

① 王云王等主编. 新唐书［M］. 商务印书馆, 1928.

② 林继富主编. 中国民间游戏总汇 跑跳卷［M］. 长沙：湖南文艺出版社, 2016.

③ ［五代］王仁裕撰；曾贻芬点校；［唐］姚汝能撰；曾贻芬点校. 开元天宝遗事［M］. 北京：中华书局, 2006.

④ ［五代］王仁裕撰；曾贻芬点校；［唐］姚汝能撰；曾贻芬点校. 开元天宝遗事［M］. 北京：中华书局, 2006.

图6-8 蹴鞠图（宋足球纹铜镜）

马球：马球运动在宋代依旧流行，帝王将相们也参与其中。如宋太祖赵匡胤擅打马球，可在宫殿中奔驰回旋且打法十分巧妙；南宋孝宗赵昚坚持通过马球锻炼身体，并将击球列为取士的考试科目之一。较之于唐朝，宋朝的马球运动已趋于礼仪化、制度化，落实于具体环节，设施、马具、场地、比赛方法等更显规范，双球门成为了主要的比赛形式。正如《宋史・礼志》所载："打球本军中戏，太宗令有司详定其仪。"[①]值得一提的是，马球运动的办赛时间也做出了明确规定，即每年三月"会鞠于大明殿"。此外，宋代的马球运动不仅受帝王支持，还有着广泛的群众基础，民间的马球组织也随之出现。

然而，马球运动在南宋中叶后愈发衰落，究其原因，终究逃不开社会因素的牵制。阻滞马球发展的因素主要包括两方面：一方面宋朝统治者战事上不太重视骑兵，马球作为骑兵训练手段因而没落；另一方面，宋代理学风气盛行，加之一些朝廷重文轻武，致使体育运动得不到社会重视，马球作为体育运动的一类，因而也受到波及。

捶丸：捶丸由唐代的"步打球"嬗变而来，是宋代兴起的一项球类游戏运动。在更改步打的对抗赛制、沿用蹴鞠中的球穴和球棍等一系列创举下，锤丸得以诞生。参考宁志斋老人的《丸经》可知，锤丸在宋徽宗时期就已经存在。同

① 汤勤福，王志跃著. 宋史礼志辨证 下［M］. 北京：生活・读书・新知三联书店，2011. 12.

时，宁志斋老人对捶丸运动还做出了翔实的描述：锤丸的作用即“收其放心，养其血脉，怡怿乎精神”；场地选择要参照具体地形；设备应由球穴及球共同构成，并且球应选用坚固的木料制作；3～10人的参赛者可分两队比赛；用棒击球进穴，以筹计算。整体来看，捶丸类似于欧洲的高尔夫球，但《丸经》所载的出现时期较高尔夫球有所提前。此外，“击毬”和“板球”也是宋朝流行的球类活动。前者模仿步打球创设，适宜儿童参与；后者虽无文字记载，但出土的宋枕上印有相关图像（见图6-9）。

图6-9　板球图（宋陶枕）

据《都城纪胜》表述：“相扑、争交，谓之角抵之戏”，可知角抵在宋代亦作“相扑”或“争交”。角抵运动为统治阶级所重视，《梦粱录》记载了在皇宫的禁卫军中选拔出“内等子”，专门为圣节及朝廷大朝会进行相扑表演。同一时期，民间的角抵运动也开展得如火如荼。民间组建有相扑队，其表演常见于“瓦舍”或庙会，以供平民百姓游乐。适逢民俗节庆，官方也常举办一些相扑比赛。《梦粱录》记录了对赛事优胜者的重赏：“须择诸道州郡膂力高强，天下无对者，方可夺其赏。如头赏者，可得旗帐、银杯、彩缎、银袄、官会、马匹而已”，或可任“补军佐之职”。宋代相扑运动受官方支持，得以民间流行，每年春季相扑社团相邀比赛，场面十分热闹，正如《角力记》所述：“观者如堵，巷无居人。从正月上元至五月方罢”。

女子相扑发源于三国时期，可追溯至吴末帝孙皓宫中，而直至宋代，才开始出现民间女子相扑表演。女子亦可参与相扑，一定程度上仰仗于当时开放的社会风气。此后，为吸引观众驻足，民间的相扑表演都会由女子相扑开场。时至南宋，甚至一些女子相扑名手已声名远扬，如“嚣三娘，黑四姐、赛关索”等[①]。然而，女子相扑始终存在争议，也不乏反对的声音。司马光曾为此上书，请求禁止“妇人相扑”，认为“使妇人裸戏于前，殆非所以隆礼法，示四方也”[②]。宋代的围棋，被视作“雅”戏，且在传承中仍为统治阶级和文人所重视，在价值倡导、各界推崇、底蕴积聚的合力下，围棋长盛不衰至今。《王荆公诗注》记载了宋太宗与棋待诏贾元（又名贾玄）的对弈：“太宗饶三子，玄常输一路，太宗知其挟诈。乃曰：‘此局汝复输我，当榜汝。’既而满局，不生不死。太宗曰：‘汝亦诈也，更围一局，汝胜赐汝徘，不胜投汝于泥中’。既而不胜不负。太宗曰：‘我饶汝子，今而局平是汝不胜也’，命左右抱投之水。（贾玄）乃呼曰：‘臣握中尚有一子。’太宗大笑，赐以绯衣。”此外，讨论宋朝围棋应提及《忘忧清乐集》，此书由南宋御书院棋待诏李逸民所著，其中收录了张拟的《棋经》十三篇及刘仲甫的《棋决》四篇等，是至今仅存的宋刻本棋著，即棋谱。得益于宋代的经济文化发展与工商业繁荣，在较为繁华的都市出现了诸如“瓦舍”之类专门性的娱乐场所。“瓦舍”中囊括了演戏、耍杂技、讲小说等文娱、体育活动，种类繁多且内容精彩，在宋元鼎盛时期兴盛一时的固定娱乐场所“勾栏瓦舍”，随着宋元的易代，而衰竭于明代中期以前。

得益于宋代的繁荣经济，城市体育组织也开始出现，并为民间的单项体育运动负责。其中享誉盛名的民间武艺组织包括锦标社（射弩）、齐云社（蹴鞠）、英略社（使棒）、角抵社队（相扑）等。这些体育组织类似于今天的单项运动协会。专门性的娱乐场所和城市体育组织的出现，既表明宋代经济持续繁荣，又标志着宋代娱乐体育的进步与革新，社会繁荣与体育进步并驾齐驱。

射柳这一古老的射箭活动也值得充分讨论。纵观其历史发展轨迹，射柳不但在辽金元三朝颇为盛行，而且明清仍在流传。追溯项目源头，射柳起于古鲜卑、匈奴等民族的祭祀仪式，后由辽国契丹族继承发展。同时，传承过程中射柳也有所演化，原本是柳树林中的练射活动，而后活动区域移至广场，练射对象改为插好的柳枝。并且，由于普通箭矢难以射断圆而细柔的柳枝，故射柳工具采用了“横簇箭”。尽管项目发端是宗教祭祀，但场地、对象、工具等一系列的变化，促使射柳与习武骑射相结合，最终嬗变为较射的娱乐活动。《金史·礼志》

① ［宋］吴自牧. 梦粱录［M］. 西安：三秦出版社，2004.

② ［宋］司马光. 司马温公文集（卷之三）［M］. 北京：中华书局，1983：247-248

详细记录了射柳的比赛情况："先以一人驰马前导，后驰马以无羽横簇箭射之。既断柳，又以手接而弛去者为上，断而不能接去者次之，或断其青处及中而不能断与不能中者，为负。每射必发鼓以助其气"。纵马飞驰的过程中，射柳既要求射断细小的柳枝，又需要"以手接而驰去"，可见该项目必须高水平射术和骑术的共同支撑，缺乏专业训练很难参与其中。当然，传承演变的过程并非一蹴而就，项目的部分功能也并非直接消亡，射柳在辽金时期还被用作祭祀求雨。

"射木兔"深受契丹族人民的喜爱，并在辽国盛行，是一项极具民族特色的节日较射活动。辽国在吸收汉民族传统文化的同时，也融入了契丹别样的民族特色，使本民族的传统文化与汉文化融合发展。见之于民族节令文化，如辽国借鉴汉族的"三月三"上已节以及九月九"重阳节"，并分别加入了"射兔"与"射虎"的狩猎民俗。《辽史·礼志》便有相关记载："三月三日为上已，国俗刻木为兔，分朋走马射之。"[①]百姓不但沉浸在节庆的欢快气氛中，而且有着大规模的射猎活动可以参与，这恰是契丹民族享受节庆、热爱狩猎的反映。

射天狼又称射天狗、射草狗，是蒙古族置办祭祀仪式时的一项活动，旨在祈福免灾。《元史·祭祀志》记述了射天狼的活动细则："每岁，十二月下旬，择日，于西镇国寺内墙下，洒扫平地，太府监供采币，中尚监供细毡针线，武备寺供弓箭环刀，束秆草为人形一，为狗一，剪杂色彩缎为之肠胃，选达官世家之贵重者交射之""射糜烂，以羊酒祭之"[②]。不难看出，射天狼活动有着一定的宗教色彩，但辩证地看，活动中的尚武习射与娱乐休闲以及整个活动过程的仪式感，不失为一种民族特色与体育意味。

元二十四年（1287年），元世祖忽必烈组建了一支名为"贵赤卫"的禁卫军。"贵赤卫"负责上都（滦京）和大都（燕京）的警卫任务，由皇帝委任的"亲军都指挥使"率领。军队名称中的"贵赤"亦作"贵由赤"，意为"快行者"，是蒙古语的汉语译名。诸如"贵赤卫"之类的禁卫军规定，每年必须举办一次长距离赛跑，赛跑路线有两条可供选择：一条起自泥河儿，止上都内中；另一条以河西务为起点，至大都内中。两条路线同为一百八十里的距离，要求三个时辰内跑完全程。细化到具体时间，赛事于天色黎明时开始，限定巳初需要到达终点，最迟不得在巳时之后。赛跑开始前，"贵由赤"整齐排列等候，待绳子去

① ［元］脱脱等撰. 辽史 1［M］. 长春：吉林人民出版社，2005.

② 王慎荣. 元史探源［M］. 长春：吉林文史出版社，1991.

掉时方可起跑。比赛名次上，只取前三名。比赛奖品上，设有银锭和绸缎，依据具体名次分发：第一名奖银一锭；第二名开始奖励绸缎，可获四表里（表是可制成衣面的绸缎，里是用作衣里的绸缎）；第三名则是奖绸缎三表里。第三名以下无名次之分，只要顺利完成赛事，就能够赢得绸缎一表里。总的来说，元代的“贵由赤”赛事体系较完整，且赛事记载较早、赛跑里程较长。较之于1896年奥运会上举行的马拉松赛，“贵由赤”的时间提早了六百多年，同时赛事距离也更长，反映了我国古代体育的先进性与创新性，是古代长跑运动项目的发端。

“诈马”是元朝的贵族赛马活动。依照成吉思汗拟定的制度，该活动每年举行一次。竞赛日程上，比赛共计三天。竞赛要求上，贵族们必须身着统一的“只孙”官服，且手执带铃彩杖。竞赛路线上，从上京都城外出发，随后疾驰至上京城中，最终在龙光宫结束。元代翰林周伯琦著有《诈马行》，诗序中翔实记录了“诈马”的比赛情况：“国家之制，乘舆北幸上京，岁以六月吉日。命宿卫大臣及近侍服所赐只孙，珠翠金宝，衣冠腰带，盛饰名马，清晨自城外各持綵仗，列队驰入禁中。”[①]此外，《诈马行》亦有“扬镳迅策无留踪，一跃千里真游龙”的诗句，精彩再现了赛马时长途竞驰的壮观场面。

角抵曾是北方民族的传统武艺项目，在传承与发展中该项目不再满足于讲武习战，而是在保留竞技性的同时，进一步增强了娱乐性。宋代承继汉、唐遗风，仍在宴乐庆典中设角抵百戏，供宾客消遣娱乐。此后，辽金元三代也坚持继承并沿用了相同的礼仪。而民间的角抵戏，既可用于文化交流，又可用作娱乐大众，项目价值呈多元化发展。辽代常举办角抵较武表演，汉族和契丹武士在切磋中友好互动，民族文化在和谐的氛围中交流。另外，辽代上京的“市肆”不乏各具特色的技艺表演，类似于北宋的“瓦舍”，广聚民众、热闹非凡。角抵作为具有代表性的民间娱乐项目，深受百姓喜爱，因而流传也较广泛。

金元时期，汉族习武与民间角抵曾被严令禁止，旨在强化对民众的统治。禁令的颁布限制了汉族民间的角抵开展，对其产生了一定的消极影响。然而，统治者内部并未禁止，且该时期不乏精于角抵的武士，如完颜昂、金人蒲察世杰等。值得一提的是，蒙古妇女中也有善角抵者，《马可波罗游记》中载有蒙古女英雄摔跤择婿的史实：元世祖忽必烈的侄女艾吉阿姆，体魄矫健且武艺高强，只

① 杨富有. 元代上都诗歌选注［M］. 北京：中国书籍出版社，2018.

青睐于能战胜她的人，因此宣布择角力胜者为夫婿，而败者则输良马百匹。事实上，艾吉阿姆比试中屡屡获胜，没有人能战胜她，为此她赢得了不少马匹。这反映出当时妇女的角抵技艺已相对较高。

民族政权的统治区内，蹴鞠活动也有持续开展。据记载，金统治者曾多次向宋朝讨取善技艺者，蹴鞠类人才也在其中。如靖康二年（1127年），辽金就有“打毬弟子七人，筑毬供奉五人”[①]的索求，筑球供奉即宫廷里的蹴鞠人员。

同宋朝帝王一样，辽金的一些帝王也热爱马球运动。如应历三年（953年）三月，辽穆宗耶律璟去应州打球，使臣便代表北汉献上球衣和马匹。在延寿寺，辽兴宗耶律宗真邀请宋朝来使一同参观打球。各位帝王均把马球运动作为外交手段，通过打马球促进交流，反映了辽国马球的开展情况。金国将领完颜撒合辇曾教金哀宗完颜守绪骑马打球，以至遭到了哀宗母亲的警告，要他辅助君主行正事，可见金朝统治者常参与马球运动，并乐此不疲。同一时期，马球运动在南北方呈现着不同的发展态势，该项目在南方的宋朝开始衰落，而在北方则持续活跃，这离不开北方统治者的积极倡导。此外，这一时期的马球运动多采用双球门，亦有单球门的打法存在。

综上，元朝时期的体育活动保持着持续发展态势，但发展速度较为缓慢。这一时期，杂技活动发展兴盛，捶丸活动依旧流行，每年的“那达慕”大会也都如期召开。

明代的舞蹈和杂技传播范围较广且流行程度较高。明初时期，大的宴会、庆典中常举办“百戏”，例如“走会”“角力”以及“队舞”等。同时，民间的杂技活动也比较常见。例如，有些地方每年都会举办“目连戏”（北方传统杂剧），在思想内容方面融合儒、释、道三家思想；在艺术形式上，目连戏演出时，有脚色行当、唱做念打，包容各种杂技、歌舞、百戏，如“舞絵、疲索、翻桌、蹬臼、蹬坛、蜻蜓、窜火窜剑、跳索跑圈”等，实现了杂技、舞蹈与戏曲的完美融合。北方的杂技表演不限于日常，节日里更是种类繁多、精彩纷呈，常见于清明节和上元“灯市”，涵盖了“筒子、倒喇、扒篝、蹬梯、马弹解数、队舞、佃舞”等项，其中杂技项目也多是明代图画的重要素材（见图6-10）。

① ［宋］徐梦莘.三朝北盟会编 卷七十八［M］.上海：上海古籍出版社，2019.

图6-10　智扑“擎天柱”

围棋运动在明代也相当流行，并且出现了不少棋艺高超的人，分为众多流派。据记载，相礼（字子先）是明代的知名棋手，并被誉为国手，《青浦县志》记载：“相子先，华亭人，滑稽多智，能诗善画，尤精于弈，当世无敌。”[①]至永乐初，国手楼得达在与相礼的对弈中屡屡获胜，终结了相礼独霸棋坛的时代。《宁波府志》曾记载：“永乐初年，相子先和楼得达应召同驿抵京，明成祖命二人对弈，得达弈屡胜，启视之，遂命吏部给冠带。”弘治年间，又出现了棋艺高超的国手赵九成，《宁波府志》这样描述：“九成以棋游京师，尽一时棋士对局皆屈”“果压流辈”，棋艺惊动了明孝宗，使之“命官鸿胪，序班供御”。

得益于棋弈的广泛开展和棋艺的整体进步，不同的弈棋流派应运而生，如“京师派”“新安派”“永嘉派”等。明代的弈棋名手有多种称谓与头衔，除“国手”“国工”之外，“冠军”的称号也使用。并且，弈棋能手中也有女性，明末“十能”才女薛素素便是其中之一。

① 上海市青浦县县志编纂委员会编. 青浦县志［M］. 上海：上海人民出版社，1990. 04.

受宋元时期的影响，摔跤在明代也较为流行，无论是宫廷、民间，抑或是军队中，都有摔跤者的身影。明太祖朱元璋不但酷爱摔跤，而且也精通摔跤，史料记载了朱元璋与陈也先摔跤比武的故事：陈也先自称“拳棒无敌”，朱元璋于是登台与其比武，结果“俄捽也先”。明朝权宦刘瑾因善于“角抵”，得到了明武宗朱厚照的赏识。同时，摔跤盛行于南方各地，并常见于节日演出，如明代张岱便在《陶庵梦忆》中提及了“浪子相扑”。此外，“角抵”曾为军队所推崇，并用作明朝的军事练兵。基于南北方人的体质差异，不同的摔法在军队中诞生，南兵依靠灵巧取胜，而北兵则以力见长。此时的摔跤不仅在国内盛极一时，还输往国外，形成了新的传播与发展。万历四十八年，陈元赟为避战乱，随朱舜水东渡日本，并将中国的拳术和摔跤技术带到日本。日本武艺家充分借鉴陈元赟的摔跤技法，并在辗转相传中不断改进，最终日本柔道得以问世。

冰嬉是北方传统的冬季活动，在北方各地均有开展。明代的冰嬉活动中，当属冰床活动最负盛名。刘若愚在《明宫史》中便有记述：“至冬冰冻，可拉拖床……一人在前引绳，可拉二三人，行冰上如飞”。又如《倚晴阁杂抄》指出：“明时，积水谭尝有好事者，联十余床，携都篮酒具，铺截锐其上，轰饮冰凌中，亦足乐也。”，可见“拉冰床”之类的娱乐活动已融入明代百姓的生活。蹴鞠运动在明代仍稳步发展，并逐渐演变为不同性质的两大类：一类以游戏娱乐为目的，曰“白打”；另一类则倾向于竞技比赛，曰“筑球”。白打不设球门，只展示技艺，因而观赏价值更高。依据参与人数的不同，白打亦有不同表述。汪云程在《蹴鞠图谱》有所详载：一人上场为“井轮”，两人为“打二”，三人为“转花枝”，四人为“流星赶月”，五人为“小出尖”，六人为“大出尖”，七人为“落花流水”，八人为“八仙过海”，九人为“踢花心”，十人为“全场”。而筑球则是通过进球门来赢得比赛。此外，《明宣宗行乐图》中绘有明宣宗朱瞻基观赏蹴鞠游戏的画面，可见踢球也是明代宫廷常开展的游戏活动。明代大量记载着女子蹴鞠的故事，如陈继儒在《太平清话》中记述了善蹴鞠的民间女子彭秀云“挟是技游江海”。明代还有不少描写女子蹴鞠的诗词名篇，如李渔的《美人千态词》以及袁华的《和铁崖先生踏鞠篇》等，可见女子是彼时蹴鞠活动的重要参与群体。同时蹴鞠也为文人雅士所喜好，王圻的《三才图会》及汪云程的《蹴鞠图谱》均绘有儒生踢球的图景，生动还原了文人雅士通过蹴鞠休闲娱乐的场景。另外，蹴鞠也有儿童参与，其参与画面可见于此时的一些瓷器表面。竞赛性质的蹴鞠较之于娱乐性质的蹴鞠，虽然技巧动作相似，但活动开展上有所不同。以竞赛为目的的蹴鞠，设有球门并分队比赛，且制订了明确的竞赛规则和比赛方法。《蹴鞠图谱》中对具体规则与实施方法均有阐述："初起，球头用脚踢起于骁色，骁色挟住至球头右手，顿在球头膝上，用膝筑起，一筑过。不过，撞在网上颠下来，守网人踢住与骁色复挟住，仍前去，顿在球头膝上，筑过。左右军同。或赛二筹，或赛三筹……"依照记载得以推知，明代的蹴鞠大多是单球门形式。

明朝时期，马球运动依旧活跃，甚至成了如期举行的体育活动。《日下归闻考》记载："五月五日，九月九日，太子、诸王于西华门内召集各衙万户、千户能擎毬者，咸用上等骏马。"[①]明代的击毬技术整体水平较高，其中的佼佼者更是技艺超群："毬子忽绰在毬棒上，随马走如电，终不坠地。力捷而熟娴者，以毬子挑剔跳掷于虚空中，而终不离于毬杖，然后打入球门，中者为胜。"此外，马球此时的竞赛形式值得回溯，从留存下来的史料中能够找到相关信息，如这一时期的《宣宗行乐图》，记录了明宣宗朱瞻基游乐观赏体育活动的情景。明代的马球推行单球门竞赛，可以肯定的是，这革新了既往的双球门形式，然而辩证地看，单球门也削弱了马球运动的竞技性。

马球不限于在宫廷开展，民间的盛大节庆亦有马球活动，吴宽在《匏翁家藏集》中做了相关描述："京师胜日称燕九，少年尽向城西走，白云观前作大会，射箭击球人马蹂"[②]。由此可见，马球运动在民间有着广泛的群众基础，且深得少年喜爱。综上，明代马球的主要功能是娱乐休闲，此时的军事效用有所淡化。马球运动的价值本原在单一的娱乐活动中不断流失，导致了其日渐衰落，并最终在清代失传。

明代的商品经济高速发展，进一步带动了城市走向繁荣，同时进行了人民的物质文化水平、生活体验等一系列的优化，大大激发了广大市民的文体需求，捶丸运动正迎合这样的社会背景。正如周履靖在《丸经》中所述："予壮游都邑间，好事者多尚捶丸"，捶丸运动广受市民青睐。此外，捶丸也是明代宫廷中的流行活动，《宣宗行乐图》即绘有明宣宗亲自捶丸图，这样的推论已得到证实。捶丸类似于现今的高尔夫球，是我国优秀的传统体育文化，但遗憾的是，捶丸在

---

① 北方民族大学文史学院编. 北方民族大学文史学院文库 第1辑［M］. 银川：宁夏人民出版社，2016.

② ［春秋］孔子著；张元济主编. 四部丛刊 初编集部 374 匏翁家藏集［M］. 北京：中央编译出版社，2015.

明代以后便销声匿迹。

摔跤在清代得到了空前的发展，其一度被列为军事训练科目，而后逐渐向娱乐化转变。军中建有“善扑营”，摔跤者从“八旗精练”的群体中筛选，其使命是“凡大宴皆呈其使与外藩部之角抵者争较，优胜者赐茶，赠以旌之”[①]。蒙古王公贝勒觐见清帝时，主要举行蒙、满摔跤的竞技活动，并设有犒赏。清代摔跤设有两大类别，即“官跤”与“私跤”。“八旗”和“善扑营”的摔跤活动隶属于官跤；私跤有更为细致的区分，可细化为借以谋生和健身娱乐两类。此外，清代的“跤人子”表演广为流行，要求表演者负两个木偶作互抱之势，并仿照出两人摔跤的形态。时至今日，“跤人子”仍有流传且频现于杂技之中。

满族聚居关外时，即孕育了冰嬉的民俗。努尔哈赤的部将费古烈所率部队善于滑冰，见之于《清语择抄》：“所部兵皆着乌喇滑子，善冰行，以炮驾爬犁，……一日行七百里”。清军入关后，北京的北海常设军队滑冰表演，既达到了阅兵的军事目的，又符合满族的传统风俗习俗。朱彝尊著《日下旧闻》对此有所记载：“太液池冬月表演冰嬉，习劳行赏，以阅武事，而修国俗。”太液池象征北海，“国俗”则代指满族的滑冰习俗。冰嬉在军队持续开展，也得到了统治者密切关注，如乾隆皇帝便曾亲临校阅八旗滑冰。依照动作的表现效果，八旗滑冰可分为两种形式：一种是“官趟子”，即速度滑冰（见图6-11）。含八个滑冰姿势；而另一种是“走冰”，需要同时表现各式花样和杂技，可理解为花样滑冰（见图6-12）。清代是我国古代冰嬉发展最为鼎盛的时期，滑冰运动的军事化和娱乐化受到统治阶级的高度重视。时至今日，我们仍可从清代文物史料中领略冰嬉的阵势与样态，如故宫博物院保存着乾隆时期的冰嬉图，参与冰嬉的人物的各种姿态形象栩栩如生，给人以身临其境之感。

图6-11　清朝的速度滑冰

① 清徐珂编撰. 清稗类抄·技勇篇［M］. 北京：中华书局，1984.

冰球竞赛在清代已经出现。高士奇在《金鳌退食笔记》中概述了冰球的规则及赛场的博弈："每队数十人，各有统领，分伍而立，以皮作球，掷于空中，俟其将堕，群起而争之，以得者为胜。或此队之人将得，则彼队之人蹴之令远，喧笑弛逐，以便捷勇敢为能。"[①]同时，亦有称作"打滑挞"的冰雪游戏，参与者需要从三四丈高的"冰山"向下滑。《清稗类抄·技勇类》对该活动有所记录："使勇健兵士着带毛猪皮履，其滑更甚，自其巅挺立而下，以到地不扑者为胜"。除此之外，清朝另有速度滑冰的竞赛项目，正如潘荣陛在《帝京岁时纪胜》中所记录的："冰上滑擦者，所著之履皆有铁齿，滑行冰上，如星驰电掣，争先夺标取胜"[②]。有意思的是，清代甚至还有在冰上表演的杂戏，即"冰上杂戏"，此类杂戏内容上囊括了龙灯、舞狮、弹弓、飞叉、彩船等，要求表演者穿冰鞋滑行的同时表演各种杂戏，是民众喜闻乐见的冰雪游戏活动。

图6-12　清朝的花样滑冰

围棋活动在清代持续发展，并且达到了新的高度。此时的众多棋手中，数周懒予和黄龙士最负盛名。徐星友在《兼山堂弈谱》中记载了周懒予棋艺的过人天赋：幼时观祖父周慕松弈棋，即可从中观解攻守应变之法；年少便有国手水平，常与过伯龄一同对弈，且多能取胜。黄龙士棋艺上的表现亦值得称颂。

在高手辈出的康熙年间，黄龙士斩获了"棋圣"的头衔，黄自幼成名，且在对弈上战胜了前辈盛大有，声名大振。黄龙士在棋艺上高超精湛，风格上穷极变化且自出新意，成就上著有《弈括》供后世学习，"棋圣"实至名归。清代的围棋对弈评判准则明确，常以10局判定高下，而后录成棋谱，相互传阅。

象棋活动在清代民间也得到大力推广，成为普罗大众的共同爱好。《象棋

① ［明］刘若愚，［清］高士奇著. 明宫史 金鳌退食笔记［M］. 北京：北京古籍出版社，1980.

② ［清］潘荣陛，富察敦崇著. 帝京岁时纪胜 燕京岁时记［M］. 北京：北京古籍出版社，1981.

歌》就有“市夫牧童靡不能”[①]的说法，意思是普通百姓甚至牧童没有不会下棋的，此时象棋的普及程度可见一斑。传承至今的象棋谱，大多是清代杰作。

不同于明代，清代的蹴鞠结合了冰嬉活动，演变成为“冰上蹴鞠活动”。清初的蹴鞠活动主要用于练兵，《帝京岁时纪胜》即指出了“冰上蹴鞠之戏”是“皇帝作以练武”。之后，蹴鞠由军队流向民间，当时的北京便涌现出一些民间参与者。另外，儿童也是清代蹴鞠的参与者，清朝瓷器上不难发现儿童蹴鞠的形象。尽管儿童蹴鞠的具体内容早已失传，无法将其完整场景再现，但这一时期儿童参与蹴鞠的推论得到了证实。

掌旋球是一项以医疗保健为目的，以手臂活动为主的体育活动，在清军入关后由满族人传入。活动过程中需要用一只手运转多个钢球，数目控制在二到四个不等，用于加强手指灵活性和手臂力量。迄今为止，掌旋球仍为不少人习练、把玩，尤其是中老年男性群体。

竿球是我国台湾少数民族盛行的一种球类运动。竿球的制作工序不算复杂，先用细藤编织瓜般大小的球体，然后往里填充棉花，最后画上彩即算制成。

游戏过程中，参与的男女需要将竿球抛至空中，随后分别用长竿顶球，使其起落之间却不坠地。球何时失落于地，即判失误者为负，且罚之饮酒。

总的来说，清代球类运动种类有限，这与清朝闭关锁国的政治环境以及统治者思想的保守愚昧脱不开干系。清代仅仅倡导本民族球类运动，其他民族的球类项目则被拒之门外。因此，我国一些球类项目在清代传承受阻、发展受限，直至最终失传，如捶丸、马球等。

清朝时期，我国西藏有一项称之为“跑人”的赛跑活动。依据《西藏志》的详细记载，该活动在藏历正月十五日清晨举办，待达赖喇嘛祈祷、无人赛马活动结束之后，赛跑活动随即展开。“跑人”活动可归为宗教活动，迅速地奔跑在藏族代表着吉兆，寄托着百姓“佛陀早日降世”的信仰。并且，我国台湾的少数民族另有一种超长距离的赛跑活动，参赛者甚至一日能跑上数百里。

清代的民间杂技活动得到了进一步发展。不仅城乡各地常有“杂耍把戏”，杂技表演还频现于喧嚷的集市、热闹的庙会以及盛大的节庆日。基于表现方式或内容上的差异，杂技表演项目还有所区别，存在着不同的说法：有的需要

① 李松福编. 象棋史话［M］. 北京：人民体育出版社，1981.

表演者边走、边演，因而得名“走会”；有的则是武术节目居多，故称之为“武会”。同时，杂技表演中花样繁多，常见内容有钢叉舞、弄幡、五虎棍、舞狮、翻杠子、白蜡杆、少林棍等。此外，还有融合了杂技和舞蹈的节目，如秋歌、旱船、吹箫、高跷、腰鼓等，这些本身也是民间体育项目。

第二节　近现代我国竞技娱乐体育文化与社会文化的相似性

近现代的中国体育经历了民族传统体育文化的式微、西方体育文化的传入、中西方体育文化的融合的历史发展与变迁。体育文化的变迁与社会文化的变迁、政权的更迭、时局的动荡密切相关。

一、近代竞技娱乐体育文化与社会文化的相似性

在近代的数次规模浩大的农民革命战争推动下，武术在民间的发展更进了一步。特别在1900年义和团运动高潮以后，武术体系到达了前所未有的高峰，武术派系日益增多，种类层出不穷。清朝统治者担心这样任由武术发展不利于其专制统治，于是采取了一系列强制手段来阻止民间武术的发展。禁止百姓存放兵器，经过地方豪绅商贾作保，武术家才能教授自身拳法等技艺。武术在地方和中央的各种手段施压下，其发展的进程变得较为缓慢。但在清末时期，内忧外患的背景下，人民群众的思想意志和对武术的渴望是统治者无法阻止的。私下仍然有很多习武之人练习或传授武艺，与其他同道中人交流和切磋。另外，也有很多人也借用节日集会的名义表演武术，如习矛枪的有“白蜡杆会”（白蜡杆，是一种矛，其柄为白木，光滑如蜡，因此而得名）；习练飞叉的则组建了 “开路会”，以及弄棍的“少林棍会”“五虎棍会”等，丰富多样的集会多方面推动了民间武术的传承与发展。在近代武术中，太极拳是发展最为迅猛的项目之一，其起源于明末清初，先后形成了几个家喻户晓的流派，例如：名气最大的陈氏太极拳，后世甚至翻拍成电影，除此之外还有杨氏、吴氏、孙氏和武氏太极拳等，各家拳法各有所长、各具特色。太极拳多在年长的一类人或者传统文人学士中流传甚广，因此太极的著述数量较多，这里也就不再细述。

除了武术以外，易筋经、五禽戏以及八段锦也在近代作为健身活动逐渐

在民众中流传开来。出版此方面的著作有：道光年间出版的来章氏辑本《易筋经》；咸丰八年（1858年）番蔚如编写的《卫生要术》；光绪八年（1882年）王祖源编写的《内功图说》等。

我们可以在假期集会的公园或广场中，常常看到有举石锁、石担的运动，这类运动，在过去被认为是非常精彩的节目之一。另外，近代民间传统的健身活动，还包括有皮条和杠子。杠子为单杠，由木质材料构成，两端刻有龙头，因此北方人称杠子运动为“盘龙之术”，进而把练习杠子的组织称为“杠子会”或“盘龙会”。其中“杠子会”的表演地点常设在大车上，车上设木架，支木杠，表演者在杠上做各种动作。皮条的表演者两手各执从木架上垂下的两根皮带下端，或把皮带缠在手腕、手掌上，做各种倒转、升降、支撑等动作。杠子和皮条运动也是众多节日游行表演的文体活动之一。水上运动、球类和棋类运动以及其他各种运动游戏项目，也在近代逐渐流行开来，例如龙舟竞渡、象棋、围棋、风筝、石球、踢毽子、秋千、舞龙、舞狮、高跷等民间、民俗运动项目。

作为一个多民族大国，少数民族是祖国大家庭中必不可少的重要成员，为我国文明的繁荣发展做出了贡献。在体育文化发展方面，各少数民族地区的当地传统体育活动融于民风民俗，具有浓厚的地方特色。大体上分为球戏、舞戏、水戏、舟戏、冰嬉、棋戏及其他活动。其中名声远扬的有苗族、蒙古族的赛跑运动，藏族、蒙古族的骑马和射箭活动，满族的滑冰、蒙古族的摔跤等。

由于在新中国成立前少数民族人民深受压迫和剥削，让原本丰富多彩的传统体育活动变得越来越少，甚至沦为统治者奴役少数民族劳动人民、供其享乐的工具。例如藏族的民间赛马、射箭以及摔跤等，都成为地方统治者征税和享乐的活动。

西方近代体育运动是在鸦片战争之后，通过教会学校和基督教青年会逐步传入中国的，如体操、田径、球类运动等，当然，在当时帝国主义列强也是将这类传教活动，作为渗透和逐渐控制中国的手段，达到自己入侵占领中国的目标。不可否认的是，这也间接地促进了西方近代体育的传入。此外还有早期留学欧美的一些留校生受西方体育文化教育熏陶，把西方体育文化带到中国。

在西方体育项目逐渐传入中国的影响下，近代中国也随之产生了一些体育项目的运动竞赛，这也与西方体育具有较强的竞技性特点相关。近代体育运动竞赛的具体情况如下。

我国较早的校际运动会在1899年由天津北洋大学堂主办。此后，1902年天各学校联合举行了田径联合运动会；1903年山东一些学校举办“烟台阖滩运动会”；自1905年起，京师大学堂也逐渐开始举办运动会。其中，清朝末期最大规模的一次校际运动会是1907年在南京举办的“江南第一次联合运动会”，参加的学校共有86余所，69个比赛项目，主要是体操、田赛、径赛、军事体育和情景游戏五大类，大多是表演类项目。

随着全国各地举办学校运动会的潮流兴起，一些省、市也先后举办次数不等的运动会。如湖南省1905—1910年之中举办了两届省运动会；天津自从1902年开始举办市运动会；四川从1905年至1908年之间也举行了第一和第二届省运动会等，一般来说，这一时期大部分的运动会主要内容是以体操游戏为主。

1908年，体育干事爱克斯纳来到中国，作为美国基督教青年会代表、上海青年会体育主任，爱克斯纳在上海基督教青年会创办了“体育干事训练班”，为了提高影响力又于1910年10月在南京组织了规模较大的运动会，也就是“全国学校区分队第一次体育同盟会”，后被认为是“第一届全国运动会”。该运动会共历时5天，从10月18至22日，参赛者共分成三组进行。第一组是“全国高等组分区比赛”；第二组是“全国中等学校组分区比赛”，第三组是由“圣约翰书院”等六所高校。以上海、华南、华北、苏宁（苏州、南京）以及武汉五个区作为前两组比赛的参赛单位。比赛项目有田径、足球、网球、篮球四项。其中参赛的运动员共有140名，均为男运动员。比赛结果：上海区最终荣获高等组网球、田径两项冠军，并获总分第一；而华北区则荣获中等组第一；圣约翰书院荣获六校比赛总分第一。可惜的是，这届运动会完全被外国人所操纵，该届运动会的大部分工作人员例如裁判、秘书、干事等大都是由外国人担任的，就连该届运动会的秩序册都用英文写的，参加运动会的中国人，在谈及和交流体育运动术语时，也要讲英语，这也是当时我国半殖民地国情的真实写照。其中值得一提的是，曾在全国流行一时的各种兵式体操和器械操等项目均被取消，这说明我国随着门户开放与西方体育文化的输入，我国近代体育已有了很大的进步，以往较为落后的一些项目已经不再出现，逐渐开始跟上世界竞技体育发展的潮流。

二、现代竞技娱乐体育文化与社会文化的相似性

“精武体育会”始建立于辛亥革命之前，发展至民国时期，规模也越来越壮大，1927年后，逐渐往南方和南洋一带扩充，成立了分会。至1928年左右，发

展到高峰期，总共成立分会42个，其会员也高达40万人，但可惜的是，由于上海的“一·二八”和“八一三”两次事变，上海的精武体育会遭到毁坏，元气大伤。抗战胜利后虽有所恢复，但对比高峰期其影响力已大不如前。在民国时期中华业余运动联合会和中华全国体育协进会是民国时期影响力最大的全国性体育组织。这两个组织对近代中国体育的发展起到了非常大的促进作用，做了许多有益的工作，且得到了国际奥委会的承认。

（一）中华业余运动联合会

辛亥革命后，伴随着国外体育文化的强势传播，中国的竞技体育运动得到了较快的发展，全国各地次第开展了丰富多彩的体育运动竞赛。1915年在上海举办第二届远东运动会时，全国体育界人士相聚在一起，共同决定成立华东、华西、华南、华北、华中五地区的体育联合会，以便于主持全国各地开展的各项体育运动竞赛。1921年6月4日，经过几年的酝酿和准备，召开了中华业余运动联合会筹备会，会中选出了临时职员用来负责筹务工作。而正式的成立大会则是1922年4月3日在北京召开，张伯苓担任会长，一共有九名执委，其中三名是外国人，美国人葛雷（J.H.Gray）被选为名誉干事。实际上该组织仍由外国人操纵实权，1924年之前的全国和国际体育竞赛也都由该组织主持。

（二）中华全国体育协进会

20世纪20年代初期，随着运动竞赛活动的增多和愈加激烈的反帝斗争，中国教育界和体育界逐步呼吁将运动竞赛的主办权从外国人手中收回。在1923年第六届东京远东运动会上，代表中国登台讲话的竟然是美国人葛雷，在运动员、旅日华侨和国内民众中引起强烈不满。因此，全国五地区体育联合会的代表在1924年5月在武昌举办的第三届全运会上提议，推选出八名筹备委员，同年八月，中华全国体育协进会在南京正式成立，全国体育人士在南京集会，通过了章程，大会选举张伯苓为名誉会长，名誉副长会为王正廷，而上海圣约翰大学校长沈嗣良担任名誉主任干事，由15名中国人组成董事会。从此，原“中华业余运动联合会，”即在1922年4月在北京成立，并常年受基督教青年会的外国人控制的傀儡联合会被无形废止。而中华全国体育协进会的成立，则标志着中国已将体育主权收回，外国人控制中国体育竞赛活动的局面成为历史。中华全国体育协进会以下（简称“全国体协”）自成立后，先后加入了远东体育协会、国际足球联合会、国际业余运动组织，中华全国体育协进会在1931年被国际奥林匹克委员会正式承认为中国的国家奥委会。“全国体协”的会员，最初为华西、华北、华东、华南区等；1933年后，更改为以全国各省市及海外华侨团体为会员。

“全国体协”的工作内容主要如下：筹备并组织中国代表队参加第八至第十届远东运动会，全力主办轮值在中国举行的第八届远东运动会；在第七至十一届和第四届奥林匹克运动会派出人选，代表中国出席；主办历届“全国分区足球赛”及“全国分区网球”赛；记录每年全国田径、游泳运动的最高纪录；审订及修改每年各项运动竞赛规则；审订全国业余运动规则；审查各体育团体出国参赛资格，并为其办理介绍接洽手续；编辑、出版《体育季刊》等出版物。协助各地体协组织进行各项活动；解答有关运动裁判及各类疑难问题等。

作为一个自主筹办的组织，“全国体协”的经费问题尤为突出，甚至连维持几个工作人员的工资都很困难，因此在国民政府的大部分时期，“全国体协”处于惨淡经营、在夹缝中求生存的状态。单从经费的问题来看，当时较为落后的旧中国体育所面临的社会形势就十分严峻。

四、当代竞技娱乐体育文化与社会文化的相似性

新中国成立后，我国竞技体育运动逐渐普及，技术水平不断提高，国际交流逐渐扩大。

1953年到1956年，短短3年间，我国体育运动竞赛在全国范围内广泛开展，举办了6000多次地、市级以上的运动会，其中全国性的运动竞赛就有75次，竞赛规模良性发展，竞赛数量为国民党统治时期的8倍。共有1300多项全国纪录在这几年的运动竞赛中被打破，其中田径女运动员刷新了旧中国所遗留的八项全国纪录，男运动员们也将大部分纪录打破。令人振奋的是，最轻量级举重运动员陈镜开以133公斤的挺举成绩为新中国创造了第一个世界纪录，极大鼓舞了广大运动员的士气和为国拼搏的信心。1957年，田径运动员郑凤荣以1.77米的成绩刷新了女子跳高世界纪录，游泳运动员戚烈云刷新了男子100米蛙泳的世界纪录。

新中国第一届全国运动会于1959年在北京举行，共有36个比赛项目，29个参赛单位的10658名运动员进行激烈的角逐，2人2队四次打破世界纪录，共有64人844次打破106项全国纪录，彰显了我国竞技运动的良好风采和雄厚基础。

1965年，第二届全国运动会同样是在北京召开，共有30个单位5014名运动员参加，比赛项目共有22个。最终有24人10次刷新9项世界纪录，有331人469次

打破了130项全国纪录，除此以外还有数以千计的选手打破直辖市、省、自治区、和解放军的比赛纪录。当年以这次运动会为主导，共有66人41次刷新了28项世界纪录。我国竞技运动发展规模迅速扩大、运动技术水平大幅提高，吸引了国内外的广泛关注。

国内运动水平的逐渐提高为走向世界打下了坚实的基础。1952年，我国体育代表团参加了第十五届奥运会，五星红旗第一次飘扬在国际体坛。1953年，我国游泳运动员吴传玉参加了第一届国际青年友谊运动会，并为新中国赢得了重大国际比赛中的首枚金牌。在1959年第25届世界乒乓球锦标赛上，容国团荣获男子单打冠军，成为新中国第一个世界冠军。1960年5月，中国登山队的3名队员创造了人类历史上首次从北坡登上世界最高峰——珠穆朗玛峰的壮举。在1961年第26届世界乒乓球锦标赛上，我国选手勇夺男、女单打和男子团体3项冠军和4项亚军。在1965年的第28届世界乒乓球锦标赛中，中国队又夺得了男子单打，男、女团体和男、女双打的5项世界冠军，向世界展现了中国乒乓球的强大统治力。自此，我国乒乓球运动全面崛起并逐渐在世界体坛崭露头角。

此外，在这期间，我国运动员在国际赛场上也有不错的成绩，1963年，罗致焕、王金玉在第57届世界速度滑冰锦标赛上刷新了男子速滑全能世界纪录，同时罗致焕还获得了1500米的世界冠军。我国运动员在第一届新兴力量运动会上打破了射箭和举重两项世界纪录。①

随着竞技运动的不断发展，我国国际体育活动的范围也在逐渐扩大，截至1966年上半年，我国已同50多个国家进行交流竞赛1000多起，参加人数高达13000多人。我国竞技运动向世界体坛又迈进了一大步。

进入20世纪70年代，国内诸多大型运动竞赛如期举行，展现了各个时期的体育运动情况，为运动员积累了比赛经验，使运动员获得了宝贵的锻炼机会，为以后赶超世界水平的竞技体育打下了基础。

虽然受到“四人帮”的严重干扰，新中国第三届全国运动会仍于1975年9月在北京举行，并且取得了一定的成绩。共有包括台湾地区在内的31个单位参赛，由10669名运动员展开激烈的比赛，有1个队4人6次打破了3项世界纪录，2人2次平射箭、射击世界纪录。此外，还有49个队83人197次刷新62项全国纪录。

① 阿基米德FM. 首届新兴力量运动会开幕 冲破西方大国体育垄断［EB/OL］. https: //www. 163. com/dy/article/GOF9QMSE0534B9UK. html. 2021-11-10

1979年9月，在北京举行的第四届全国运动会是粉碎“四人帮”后我国体育迎来的一次盛会，同样有31个单位参赛，共有15189名运动员进行激烈的角逐。有5人5次打破了5项世界纪录，3人3次平3项世界纪录，204人36个队376次打破了102项全国纪录。运动技术水平提高显著。

1983年9月，第五届全国运动会在上海如期举办，同时也是国内体育生活中的一件大事。这届运动会共有8900多名运动员参加，有2人3次打破了2项世界纪录，4人5次平3项世界纪录，64人38队142次打破了60项全国纪录。其中最具影响力的是男子跳高运动员朱建华在预赛和决赛中两次打破世界纪录。

1987年11月，在广州举办的第六届全运会是规模最大的一届。全国29个省市，37个代表团，组成了7228名的运动员方阵，他们一共进行了44个项目的角逐。其中，有15项世界纪录被来自两个不同队伍的10名运动员打破了17次，3人3次平3项世界纪录，2人2次超越了2项世界纪录，18人1队24次打破了17项亚洲纪录，10人14次创造了新的17项亚洲纪录，28人39次超越了21项亚洲纪录，85人14队168次刷新82项全国纪录。这些成绩的不断刷新，体现的不仅是运动技术水平的提高，还表明我国的体育强国的目标到20世纪是可以实现的。

1993年9月，第七届全国运动会在首都北京举行。党和国家领导人江泽民、李鹏等出席了开幕式，并由江泽民主席宣布运动会开幕。共有45个代表团的7481名运动员进行43个项目的比赛，这次比赛有4人4次创造了4项世界纪录，有4人4次平3项世界纪录，有18人4队43次超越了21项世界纪录。有54人1队93次创造了34项亚洲纪录，61人3队143次超越了66项亚洲纪录，有130人14队27次创造了117项全国纪录。

1997年10月，在上海举行了第八届全运会。吸引了来自全国各省、直辖市、自治区、解放军和香港特别行政区以及13个行业体协的共46个代表团参赛。比赛共设有28个大项和319个小项。香港回归后的首届全运会，香港特别行政区代表团吸引了众多目光，他们由257人组成。该届运动会共有7647名运动员参加，共产生380枚金牌。这次全运会共有179人659次超越了41项世界纪录；有4人4次平3项世界纪录；8人17次超越了4项世界青年纪录；100人3队367次超越了55项亚洲纪录；88人6队142次创造全国纪录。国家主席江泽民宣布第八届全运会开幕。多位国际体坛著名人士也出席了开幕式，例如时任国际奥委会主席的萨马兰奇先生。国务院总理李鹏出席闭幕式并宣布第八届全运会闭幕。江泽民、乔石、李鹏等党和国家领导人为本届运动会题词。

2001年11月11日至25日，第九届全运会在广东省广州市举行，比赛项目包括田径、体操、游泳、足球、乒乓球、跳水、自行车和速度滑冰等39个项目，一共产生358块金牌。其中有24人35次超越了7项世界纪录，6人1队7次创造了新的6项亚洲纪录，28人41次超越了9项亚洲纪录，32人4队52次创造了37项全国纪录。国家主席江泽民等党和国家领导人、运动会有关方面负责人、国际奥委会官员和国际奥委会主席罗格先生共同出席了开幕式。这是21世纪我国举办的第一个全国综合性体育盛会，象征着中国人民踏着自信的步伐迈向了新世纪，展现了中华民族新时代的精神风貌。

进入21世纪以后的几届全运会，传统体育大省的竞争格局发生了变化。一些西部省市实现了一些运动项目在全运会上奖牌和金牌的突破，体现出我国各地区之间的体育运动在逐渐协调、稳步发展，总体实力有所增强。

面向国际体育竞赛来看，在参加的一系列重大国际比赛中，我国运动员也取得了优异的成绩。我国的乒乓球运动自20世纪60年代称雄世界后，一直居于世界领先水平。自1971年起，连续参加的第三十一届至五十一届世界乒乓球锦标赛中，中国队凭借过硬的技术水平领先世界乒坛，特别是在1981年第三十六届世乒赛上，我国乒乓球队创造了包揽全部7项冠军和5个亚军的新纪录。在1987年第三十九届世乒赛上，我国选手奋勇拼搏，冲破外国选手的层层包围，最终夺回6尊金杯，表现出中国乒乓球队的实力，乒乓球也被视为中国的“国球”。

中国女子排球队在夺得1981年世界杯冠军之后，又摘得第九届世界女子排球锦标赛的桂冠，并成功在1984年奥运会上夺金，强势拿下“三连冠”。此后又连续两次在世界大赛中荣获冠军，取得“五连冠”的辉煌战绩，全国人民为之振奋，“女排精神”从此成为体育精神的标杆。在2004年雅典奥运会上，中国女排又一次摘得桂冠。但2008年北京奥运会上，我国女排仅仅获得一枚铜牌。

中国羽毛球队建队多年来通过不断地发展也在国际羽坛上取得了一席之位。在1982年中国羽毛球队第一次夺得了汤姆斯杯后，中国男女羽毛球运动员就开始称雄国际羽坛，直到现在。苏迪曼杯、汤姆斯杯、尤伯杯，三大代表着当今世界羽坛最高水平的金杯都被中国羽毛球队同时拥有。中国体操队在1979年夺得第一个世界冠军后，我们几乎每次都能在世界性体操比赛的领奖台上看到中国体操队员的身影，看到缓缓升起的五星红旗。1982年是中国体操扬名世界的一年。

“体操王子”李宁在第六届世界杯体操赛上创造了一人独得6枚金牌的神话，我国的竞技体操运动迈入了世界先进行列。中国足球队经过多年艰苦奋斗和外出进修学习后，终于在1987年10月26日获得了奥运会参赛资格。2002年，中国足球队首次进入世界杯正赛，但发展至今，仍不尽人意。

此外，中国运动员在举重、跳水、射击、登山等项目的世界大型比赛中也取得了较好的成绩，推动了中国竞技体育进一步“冲出亚洲，走向世界”

1971年，在第二十六届联合国大会上以压倒性的票数恢复了中国在联合国的合法席位；1972年中美发表联合公报，同年中日两国恢复邦交。中国在外交上的突破，与各国关系的改善，对我国的国际体育领域研究的发展产生了深远的影响，为我国在世界体育舞台上展现风采创造了有利条件。

亚运会联合理事会特别会议于1973年在伊朗德黑兰举行，在该会上，通过压倒性的决议，将中华全国体育总会确认为亚运会联合会会员。第二年中国体育代表团就开启了首次亚运会征程，这支由269人组成的队伍前往德黑兰参加第七届亚运会，并取得了33块金牌，46块银牌，27块铜牌。在四年后年第八届亚运会上，中国运动员发挥出色共打破了24项亚运会纪录，并取得51枚金牌，54枚银牌和46枚铜牌，总分位居第二。在1982年第九届亚运会上，中国体育代表团斩获金牌61枚，银牌51枚，铜牌41枚，金牌总数超过了历届亚运会第一的日本，首次位居第一。这次优异的亚运会成绩对我国体育运动发展具有重要的意义，是我国在曲折的体育发展道路上的一个历史性的突破和转折。国际舆论认为，我国已经步入亚洲体育强国之列。在1986年第十届汉城亚运会上，中国体育代表团再次获得金牌总数第一，共夺得94枚金牌，在亚洲体坛独占鳌头。1990年9月，第十一届亚运会在北京举行，在本土作战的中国体育代表团共斩获了341枚奖牌，其中包括183枚金牌、107枚银牌、51枚铜牌，占金牌数和奖牌数双榜第一，并创造了一项世界纪录、96次亚运会纪录和30次亚洲纪录。1994年10月，日本举行了第十二届亚运会，由42个国家和地区4676名运动员进行角逐。中国运动员共获得125枚金牌、83枚银牌和58枚铜牌的好成绩。但在之后的尿检中，发生了11名中国运动员尿检呈阳性的事件，我国的体育形象受到极大影响。这个事件警醒了我国体育界，未来要加大反兴奋剂力度，进一步加强对各体育队伍内部的管理工作。1998年12月，在泰国曼谷举行了第十三届亚运会，时任国务院副总理的李岚清出席了开幕式。该届亚运会共设有36个大项、377个小项的比赛。中国运动员收获了金牌129枚、银牌77枚和68枚铜牌，以完美的成绩实现了金牌和奖牌总数两个第一的目标。此外，中国香港运动员也荣获5枚金牌，中国台北选手也斩获了19枚金牌。在2002年的第十四届韩国釜山亚运会，中国运动员又一次达到了金牌和奖牌总数双第一的目标。在2006年的多哈亚运会上，中国代表团的金牌总数和奖牌总数也都高居首位，并且领先的金牌和奖牌数也在逐年增加。中国代表团在亚运会的赛场上的统治力越来越强。

在20个世纪，我国体育运动不断发展的动力之一就是进军奥运会，经过多年的斗争和努力，中国奥委会在国际奥委会中的合法席位终于在1979年得以恢复，从此，中国正式进军国际体坛。1980年，中国体育代表团参加了在美国普拉西德湖举办的第十三届冬奥会，这是中国有史以来首次参加冬季奥运会。四年后的1984年，中国体育代表团参加了第二十三届奥运会。作为中国首次全面参加的夏季奥运会，就获得了15枚金牌，8枚银牌，9枚铜牌的好成绩，最终金牌总数位列第四，奖牌总数排行第六。首次参加国际体坛的最高盛会就完成了旧中国所无法完成的“零的突破”，在我国体育史上留下了浓墨重彩的一笔，标志着我国体育事业的新跨越。在1988年9月的第二十四届汉城奥运会上，中国选手共获得28枚奖牌，其中5枚金牌、11枚银牌、12枚铜牌。1992年的第二十五届夏季奥运会在巴塞罗那举行。中国代表团荣获金牌16枚，金牌总数位居第四，并有3人2次打破2项世界纪录。向世人展现了中国力量，这也成为我国体育史上的第二个里程碑。赛后国外媒体竞相报道，外电称“中国体育的黄金时代开始了”“中国以其在奥运会上的成绩给世界一个震惊”。1996年，第二十六届奥运会在美国的亚特兰大举行。我国派495人组成体育代表团，其中运动员309人，运动员人数排在第12位，且都是平均年龄21.7岁的年轻运动员，甚至其中85%的运动员都是首次参加奥运会。在该届奥运会上我国运动员共获得奖牌50枚，有2人4次创造了4项世界纪录，有3人6次刷新了6项奥运会纪录，有6人13次创造了12项亚洲纪录，有7人15次刷新了12项全国纪录。在竞争激烈和困难较多的情况下，中国体育代表团的金牌和奖牌总数均排行榜第四。随着我国参与的次数增多，竞技体育的总体水平得到明显提高。在2000年的第二十七届悉尼奥运会上，中国体育代表团共夺得28枚金牌、16枚银牌、15枚铜牌，金牌数位列第三。创下自1980年首次参加奥运会以来，获金牌和奖牌数的最高纪录。在2004年的雅典奥运会上，中国代表团再创辉煌，豪取了32枚金牌，位居金牌榜第二，同时这也是中国体育史上的第三个里程碑。特别是在男子110米栏的项目上我国选手刘翔以绝对的实力碾压式夺冠，打破了西方人对于短跑项目的垄断，成为名副其实的亚洲第一飞人。

2008年的北京奥运会共有204个国家和地区参赛，作为奥运会的东道主，中国代表团获得了51枚金牌，第一次位列奥运会金牌榜第一名，并且中国代表团在这一届奥运会上所获得的奖牌数首次达到100枚。中国游泳队员张琳摘得男子400米自由泳银牌，实现了中国男子游泳奥运会奖牌“零的突破”。北京奥运会的成功举办对中国体育运动的发展有着深远的影响，国际奥委会主席罗格称赞“这是一届真正的无与伦比的奥运会。”

在2010年温哥华冬奥会上，中国代表团共获得5枚金牌、2枚银牌和4枚铜牌，在奖牌榜上位列第七。这也是中国冬奥代表团首次进入奖牌榜前八，标志着我国的冬季项目通过长久的努力实现了重大历史性突破。中国双人滑选手拿到了中国冬奥历史上的首枚花样滑冰金牌；中国短道速滑队员包揽女子项目的全部金牌，创造了冬奥会历史；中国自由式滑雪空中技巧队共派出8人参赛，其中7人进入决赛，最终获得一银两铜；中国女子冰壶队首次参赛就获得了铜牌的好成绩。值得一提的是，在世界大学生运动会和中学生运动会等大型国际综合性比赛中，我国运动员也有卓越的表现。中国以更加坚定的步伐向着世界体育强国迈进。

我国的国际体育活动的范围自1979年登上国际体育舞台以来不断发展，在这个全球化时代背景下，平均每年参与国际体育活动多达500多起，参与人数大约在7000人左右，相比于70年代的每年平均数增长了一倍。我国也已经是35个亚洲体育组织和65个国际体育组织的成员，并有82人在57个亚洲和国际体育组织中担任各类领导职务。

总体来看，体育的发展与社会发展交融，一部体育史如同一部新中国的发展史，再次证明了体育文化与社会文化发展的相似性。

第三节 国际竞技娱乐体育文化与社会文化的相似性

一、奥林匹克运动会

在古希腊文明兴起之前约800年，灿烂的克里特文明和迈锡尼文明发源于爱琴海地区。大约在公元前1200年，迈锡尼文明被入侵的另一支希腊人（多利亚人）摧毁，此后300年，希腊完全陷入寂寥状态，贫穷又封闭，希腊历史进入所谓的“黑暗时代”。因为《荷马史诗》记录了这一时期，所以也称“荷马时代”。在荷马时代末期，铁器取代了青铜器并得到推广，海上贸易也逐步恢复，新的城邦国家纷纷建立。参照腓尼基字母，希腊人创造了自己的文字。公元前776年，古希腊召开了第一次奥林匹克运动会。运动会的召开标志着古希腊文明进入兴盛时期。公元前750年左右，随着人口不断增长，希腊人开始向外殖民。在此后的250年间，希腊城邦不断扩大，包括北非和小亚细亚在内的地中海沿岸。在诸城邦中，斯巴达和雅典实力最强大。

古希腊被称为神话王国，神话故事优美动人、民间传说曲折离奇，为古代奥运会的起源蒙上一层神秘的面纱。关于古代奥运会起源的传说很多，最主要的有两种：一是为祭祀诸神而定期举行的体育竞技活动；另一种传说是与古希腊神话中最伟大的英雄赫拉克勒斯有关。赫拉克勒斯是宙斯的儿子，有“大力神”的美称，他不到半天工夫就完成了常人无法完成的任务——扫干净了国王堆满牛粪的牛棚，但国王又不想履行赠送300头牛的承诺，赫拉克勒斯一气之下将国王赶走，随后他在奥林匹亚举办了运动会以示庆祝。

佩洛普斯娶亲是古代奥林匹克运动会起源流传最广的故事。为了给自己的女儿挑选一个文武兼备的驸马，古希腊共和国国王伊利斯提出应选者必须和自己进行战车比赛。比赛中，先后有13个青年丧生于国王的长矛之下，而第14个青年正是宙斯的孙子，也是公主的心上人佩洛普斯。受爱情的鼓舞，佩洛普斯勇敢地接受了国王的挑战，最终以智取胜。为了庆贺这一胜利，在奥林匹亚的宙斯庙前佩洛普斯与公主举行了盛大的婚礼，婚礼上安排了战车、角斗等多个比赛项目，这就是最初的古奥运会，佩洛普斯成了古奥运会传说中的创始人。

实际上，奥运会的起源与古希腊共和国的社会状况有着密切的关系。公元前9至8世纪，希腊城邦制的奴隶社会逐渐取代了共和国氏族社会，建立了200多个城邦。城邦无统一君主，各自为政，城邦之间经常战火不断。为应对战争，各城邦都积极训练士兵。在斯巴达，儿童从7岁起就由国家抚养，并进行体育、军事训练，过着军事生活。战争需要士兵，士兵需要强壮身体，体育成为培养能征善战士兵的有力手段。战争促进了希腊共和国体育运动的发展，古奥运会的比赛项目也带有明显的军事印迹。城邦人民对连续不断的战事感到厌恶，他们渴望能有一个和平的生活环境，斯巴达王选择与伊利斯王签订了“神圣休战月”条约，于是，以获得兵源为目的的军事训练和为提升战斗力而进行的体育竞技比赛，逐渐演变为以和平与友谊为目的的体育盛会。

在古希腊的四大祭礼竞技赛会中，名声最高、规模最大和延续时间最长的当属祭祀万神之王宙斯的奥林匹克运动会。在古希腊所有的运动会中，希腊人对奥运会的重视程度要远高于其他任何形式的运动会，奥运会的参赛者较其他运动会参赛者更广泛。在古希腊人心目中，奥运会是整个希腊民族精神的象征。在人类历史上，奥运会延续时间和影响力都是十分罕见的。古希腊奥林匹克运动会基本上每四年举行一次，这一周期被称为“奥林匹亚德”。按4年一周期算来，从有文字记录的第一届竞技会公元前776年，到公元394年，共1168年，本该共举办293届，但实际举办的赛会次数多很多。不过，赛会有规定，无论是否举办，次数照算。赛会之初，由于竞技项目不多，所以前22届比赛时间仅一天。随着比赛项目的不断增加，比赛时间也在延长。从第三十七届开始，增加少年比赛项目，时间延长至五天，每年八九月举行。其中第一天举行献祭和宣誓仪式，第二天至第四天是具体项目比赛时间，闭幕式在第五天，会进行祭神和颁奖仪式。在神像脚前，祭司为获胜者颁奖。他们在童声合唱中为获胜者戴上橄榄枝编成的花环。关于竞赛次序，“先是Pentathlum（五项全能，即铁饼、标枪、跳远、短跑和长跑），之后是马车赛，接着是其他项目，这是在第七十七届确立的”。

古希腊各城邦之间经常兵戎相见，而体育起到了增进友谊、消除隔阂、维护和平的作用，这或许是古代奥林匹克赛会可以举办的真正原因。当时，各城邦都签订了具有意义深远的《神圣休战条约》，条约规定奥林匹亚是神圣的地区，禁止任何人将战火引入奥林匹亚，在奥运会举行期间，所有作战方必须停止战争，不得违背此项原则，如有违背就是对神的背叛，各城邦均有权制裁背叛者。每逢奥林匹克比赛会开幕前夕，人们便会举行隆重、庄严的点火仪式，在普罗米修斯庙前点燃奥运圣火，由几名运动员高举火炬奔向希腊各地，这些和平使者一边奔跑一边高喊“停止战争，奥运会就要开始！”就这样，奥运会还没有开始，“神圣休战月”先到来。此时，希腊各城邦之间的道路全部可自由通行。于是，运动员纷纷从四面八方赶赴奥林匹亚，抓紧训练、跃跃欲试。奥林匹亚的竞技场可以容纳四万多人，此时的竞技场内披红挂绿，呈现一派歌舞升平的景象。这一刻，人们似乎忘却了积怨和仇恨，准备在奥林匹亚赛会上全力以赴。“神圣休战月”起初只有一个月，后因众望所归，延长到三个月。“奥林匹克神圣休战”使奥运会成为一个和平与友谊的盛会，体现了古希腊人对和平的渴望。

拥有20万居民的雅典于公元前594年进行了一次大胆尝试：实行民主制度。此时，在体育方面，政治家梭伦采取奖励策略：只要在奥林匹亚获胜的雅典人都可以得到500枚德拉克马银币，1枚德拉克马银币相当于1头羊的价钱。于是希腊到处都建有竞技训练场，训练场中有拳击室、田径场和用于摔跤比赛的泥坑。

“重步兵跑”于公元前520年成为奥林匹亚的比赛项目。①参赛者头戴钢盔、手持盾牌、腿披胫甲跑完400米，因为希腊人“把体育为战争训练”。当时战争正威胁着希腊，波斯大军不断向西逼近，抢夺希腊在小亚细亚的殖民地。随后，公元前490年，阿提卡的核心地区被一支波斯舰队突袭，波斯舰队的上万名步兵、骑兵和弓箭手在距雅典仅40公里之遥的马拉松登陆，希腊危在旦夕。勇敢、智慧的希腊人，尽管他们在数量上远逊于敌军，但通过萨拉米斯、马拉松和温泉关三场战役战胜了波斯军队，史称三次希波战争，这是西方战争史上最重大的胜利之一，挽救了西方文明。整个雅典充满着胜利的喜悦，由战利品带来的大量财富涌入奥林匹亚，引发了建筑热潮，人们开始修建新的竞技场、浴室。艺术家菲狄亚斯开始塑造巨大的宙斯神像，用玻璃、黄金和各色宝石等材料进行装饰。参赛者遍及希腊各个城邦，奥运会成为希腊最盛大的节日。

公元前338年，希腊与马其顿王国交战，希腊战败，马其顿吞并了希腊。这一时期，古代奥运会仍如期举行，尽管马其顿君王菲利普亲自参加赛马，但已大不如从前。公元前146年，希腊全境遭罗马帝国占领。公元393年，罗马皇帝狄奥多西一世拜基督教为国教，认为奥运会有违基督教教旨，于公元394年下令彻底废除奥运会。公元前146年至公元394年，古代奥林匹克运动会由衰落走向毁灭。罗马帝国统治希腊后，起初还会举办赛会，但奥林匹亚已不再是唯一的竞赛地。如公元前80年的第175届赛会，罗马帝国统治者把优秀的竞技者集中在罗马比赛，奥林匹亚仅举行了少年赛。这时，涌现了大量的职业运动员，奥运会成为职业选手之间较量的赛事，希腊人对此失去了兴趣。公元2世纪后，包括希腊在内的整个欧洲被基督教统治，基督教倡导禁欲主义，反对体育运动，主张灵肉分开，使得欧洲处于一个黑暗时代，奥运会也逐渐衰落，直至名存实亡。

公元426年，奥林匹亚建筑物的残余部分也被狄奥多西二世烧毁，以及公元

① 新浪科技. 古代奥运会逸事［EB/OL］. https: //tech. sina. com. cn/other/2004-08-24/1446411239. shtml. 2004-08-24.

522年和551年发生的两次强烈地震，使得奥林匹亚建筑遭到了毁灭性的重创。到了公元895年，在阿尔菲斯河拜占庭人与歌德人发生激战，更使得奥林匹亚的各项设施不复存在。就这样，一个延续了千余年的古代奥林匹克运动会已不复存在，繁荣的奥林匹亚变成一片废墟。[①]

意大利半岛亦称亚平宁半岛（意大利语：Penisola appenninica）是南欧洲三大半岛之一，形如一只靴子，位于地中海之北。意大利半岛北至波河流域，南至地中海中心，南北长达1000公里。从地中海中心向北伸展40公里左右，最宽处240公里。西濒第勒尼安（Tyrrhenian）海和利古里亚（Ligurian）海，东为亚得里亚海，南临爱奥尼亚海（即伊奥尼亚海）。意大利山脉从南到北纵贯整个半岛，火山地震较多，沿海低地多。除了整个意大利山脉，梵蒂冈及圣马力诺都在半岛之上，也包含了大部分的意大利国土。亚平宁山脉有梵蒂冈城、意大利和圣马利诺共和国。

罗马位于意大利中部的台伯河下游地区。起初，罗马城市建立的具体时间并不确定，后被考古证实是在公元前753年建立，可能是此前已经有一部分人就在那里居住了。罗马人认为主要依靠英雄罗慕路斯建立罗马城，英雄埃涅阿斯是他和他的孪生兄弟雷穆斯的祖辈，希腊女神阿佛洛狄特（罗马神话中称维纳斯）的儿子就是埃涅阿斯。在希腊人占领特洛伊城之后，埃涅阿斯来到意大利。罗马历史学家提图斯·李维这样描述这个神话故事：这对孪生兄弟的祖父是努米托，努米托是罗马东南部阿尔巴国的国王。国王被他的兄弟阿穆利乌斯驱逐，阿穆利乌斯不让国王唯一的女儿雷娅·西尔维娅结婚，以阻止她生儿育女为国王报仇。但是雷娅·西尔维娅逃脱了他的约束，与战神马尔斯相爱，生下了一对双胞胎。一只母狼哺育这对被遗弃在台伯河畔的双胞胎，后来又被一位牧羊人发现，牧羊人的妻子将他们抚养。长大后他们成为绿林首领，在瑞摩斯被俘后，罗穆卢斯率领手下从国王阿穆利乌斯手中救出了他们，并杀死了国王。此时，兄弟俩身世大白，他们的外祖父努米托重新登上王位。兄弟俩离开外祖父后，在被牧羊人救下他们的地方创建了自己的城市。神谕告诉他们，由预示成功的飞鸟来决定谁来做城市的主宰。在阿文廷山上瑞摩斯看到了6只秃鹫，而罗穆卢斯在巴拉丁山上看到了12只秃鹫。瑞摩斯是最先看到征兆的人，而罗穆卢斯的数字更幸运，兄弟俩

① 中国奥委会官网. 古代奥运会历史［EB/OL］. https://www.sport.gov.cn/n4/n14741/n14751/c734706/content.html. 2012-07-12.

发生争吵，罗穆卢斯最终杀了瑞摩斯，成为新城的国王。他在位很长时期，死后被纳到诸神中，成为受人敬仰的战神。古罗马共和国兴起之后，出现了与古代奥运会相仿的体育活动，在内容和实质上都很相似，但在规模上永不及古代奥运会。古罗马帝国建立以后，角斗竞技出现了。①

罗马帝国时期的皇帝维斯巴夏在位时修建了科洛塞穆竞技场，竞技场始建于公元72年，历经八年，由其子提图斯完成。古罗马建筑风格是以科洛塞穆竞技场为典型代表。竞技场外墙高48.5米，总占地面积达到20000平方米，可容纳50000名观众。它主要被用来进行海战表演、角斗表演和斗兽表演。

古罗马体育包含角斗，角斗是古罗马体育的重要组成部分。它是古罗马奴隶主命令奴隶之间、战俘之间，或与猛兽进行的以死相拼的游戏。角斗大多是奴隶，它的目的在于激发罗马人民统治世界的好武斗性。如此便兴起了职业的角斗战士，他们相互搏斗，即使伤亡也在所不惜。战车赛是罗马最早的公共表演，比赛场面惊心动魄。比赛在竞技场举行，一般是由2～8匹马拉着两轮车在椭圆的跑道上奔跑，以所着服装的色彩来区分驾车手。

中国于1932年正式参加奥运会，近代奥委会成立之际，中国才同国际奥委会之间有联系。1894年，近代奥运会的发起人顾拜旦致函清政府，邀请中国参加两年后在雅典举行的第一届奥运会，由于各方面原因，中国未能应邀参加。直到1920年，国际奥委会才正式承认远东体育协会，1922年，担任北洋政府外交部长的王正廷被选为国际奥委会委员，“中华全国体育协进会”于1924年成立，1931年中国奥林匹克委员会被国际奥委会承认。至此，中国体育组织正式同国际奥委会建立关系。在国民党统治时期，中国共出席了4次奥运会，其中3次正式派运动员参加了比赛。

1928年，在荷兰阿姆斯特丹举行的第九届奥运会。国民党政府忙于内战，无暇顾及此事。“全国体协”仅派观察员宋如海一人参加；1932年，美国洛杉矶举办第十届奥运会。在这之前，国民党政府曾一再宣称不派代表出席，而日本帝国主义者利用这个机会，声称要派两名运动员“代表”伪满洲国参加奥运会。此时，国内外的舆论哗然，全国人民和海外华侨对国民党当局纷纷谴责。鉴于舆论压力，国民党当局勉强凑了一个5人代表团，代表为沈嗣良，运动员刘长春，教

① ［古罗马］提图斯·李维，［意大利］桑德罗·斯奇巴尼. 自建城以来［M］. 王焕生 译，北京：中国政法大学出版社，2009.

练员宋君复，职员申国权、刘雪松赴洛杉矶参加比赛。在太平洋上整整漂泊了25天的代表团才到达美国，第2天便仓促上阵。刘长春参加了100米和200米跑，终因旅途劳顿，体力不支，在预赛中即遭淘汰。预赛成绩是：100米为11秒1、200米为22秒1。这是中国第一次正式派选手参加奥运会的情况。

1936年8月，第十一届奥运会在德国柏林举行。中国奥委会官方网站资料显示，此次奥运会中国派遣了包括“考察团”在内的共141人的庞大的体育代表团参加，其中运动员69人，参加足球、篮球、拳击、举重、田径、游泳、竞走、自行车、国术表演等项目。运动成绩整体较弱：田径项目除符保卢的撑竿跳高以3.8米的成绩进入复赛外，其余项目均在初赛中即被淘汰。球类项目表现也不好，如篮球：19∶35负日本、45∶38胜法国；21∶29败于巴西；14∶32败于秘鲁而被淘汰。足球在旧中国实力较强，获8届远东运动会冠军，却在初赛中以0∶2负于英国即被淘汰。仅有国术表演获得了人们的好评。

1948年，在英国伦敦举行第十四届奥运会。国民党当局派出33名运动员，其中足球队18人、篮球队10人、田径队3人，自行车和游泳队各1人，以及30名随队人员的代表团出席，所有运动员在预赛中均被淘汰。中国运动员再一次饱受外国人嘲笑和歧视。而最让人心寒的是比赛结束后，代表团的一些头面人物便留在美国了，大部分运动员则因没有路费而被困海外。打电报给国民党政府，得到的答复是“自己筹借”，而国民党当局驻英大使馆和“中国银行”也拒不借款，也不肯“作保”。于是运动员只得求助华侨捐款资助，最终分批各自回国。

二、其他国际性的运动竞赛

处在非洲大陆东北角的埃及，是非洲与亚欧交流的门户，早在公元前40世纪中叶，埃及就已经是一个比较文明的奴隶制国家了，这个国家的最高统治者称为法老，法老在国家中拥有至高无上的权力。古代埃及的统治者笃信神灵，所以古代埃及具有明显的宗教色彩，法老和祭司往往沆瀣一气、狼狈为奸。古代埃及的体育项目包括游泳、划船、球戏、拳击、摔跤、击剑、杂技、舞蹈、驾车、狩猎、骑射等。埃及濒临地中海，处在尼罗河的下游，所以划船和游泳是贵族们经常参与的体育活动，甚至还出现了一些妇女的游泳好手。从历史出土的文物来看，古代埃及出现过类似于保龄球和台球的石瓶和石球，还有类似于网球拍的球拍等。国王还会在皇宫内举办击剑、摔跤、拳击等活动来庆祝节日和接见国外使臣，由出土的古埃及贝尼·哈桑墓画可以略见一斑。杂技和舞蹈在古埃及也是比较流行的，从出土的壁画就能看出古埃及杂技的技巧难度，埃及还出现过专门培养舞女的学校。由于战争的需要，古埃及军队经常进行骑射和驾车的训练。古代埃及浓厚的宗教意识和森严的等级制度使埃及的体育呈现出强烈的阶级性，当然这也对古埃及的体育发展起到了一定的阻碍作用。

早在公元前3000年前，幼发拉底河和底格里斯河流域就已经出现一些小的奴隶制的国家。古老的两河自西向东流向波斯湾，丰富的水资源浇灌着贫瘠的西亚沙漠，生活在两河流域的民族建立了强大的古巴比伦王国，创造了丰富灿烂的古巴比伦文化。

古巴比伦王国的兴起大约是在公元前18世纪下半叶。在这个时期，国家是最大的土地拥有者，建立了复杂的下水道系统来促进灌溉系统的使用，并制造了抽水机。灌溉的发展促进了农业的发展，农产品的丰富又进一步促进了贸易的发展、商业的兴盛以及基础设施的建设。古巴比伦在其最发达时期，除自给自足的产品外，还向外输出各种纺织用品，如毛织品、地毯和麻织品，以及用象牙制造的香料、梭镖、手镯、项链等。希腊旅行家的游记里记载，因为农业的需要古巴比伦人兴建运河，工程的宏大令人叹为观止，而城市建筑的华美、整洁，商业贸易的繁荣也是当时其他国家难以企及的。在当时的巴比伦就已经有许多人专门研究法律、艺术、建筑、教育、宗教、科学和机械工程等，这进一步说明了古巴比伦人文化的繁荣与先进。在古巴比伦王国最强盛的时期，国王为自己心爱的王后建造了“空中花园”，被后人称之为古代七大奇迹之一。

大约在7000年前，古巴比伦人驯养了马，但至少在5000年之后，才有马拉车的出现。赛马和战车赛在北非、南欧、西亚、中亚、南亚等地较流行。骑马、乘车、赛车等活动，可以在关于两河流域的考古资料中找到其源头，这些活动在一定程度上影响了中东地区和世界古代体育。亚述人善于骑射，能够在奔马疾驰中上下自如，弓箭手可以来回变换各种姿势进行骑马射箭。公元前12世纪，亚述人曾经进行过有组织的训练活动，如击剑和投掷梭镖训练。从汉穆拉比法典的部分条文以及一些图画中，可以发现巴比伦的射箭、狩猎、拳击、车赛等体育活动情况。巴格达博物馆陈列的一尊青铜像，生动形象地再现了大约公元前2800年前的抱腰摔跤的场面。

大英博物馆陈列的巴尼帕国王率军渡河的浮雕，就充分说明了游泳在当时是受到社会各阶层普遍欢迎的。浮雕上三个人使用漂浮工具是充气的气囊，游泳姿势和现代的爬泳以及侧泳都较相似。古代两河流域曾经使用海枣木棒进行击球游戏，后来这种木棒也用于马球运动。在民间还有一些儿童游戏和娱乐性舞蹈。特别受人欢迎的还是头顶大罐抱腰摔跤比赛，类似于今天的杂技。

狩猎是国王和贵族们都比较喜欢的娱乐活动，亚述国王亚述巴尼帕曾经把自己猎杀的野兽数目记录在泥板上，同记录自己在战争中杀死的敌人数目一样。亚述的军队通过狩猎的方式保持士兵的战斗力，并以此方式作为重要的军事训练手段。古巴比伦的体育活动与军事活动密切相关，带有浓厚的军事色彩，并为其服务。所以古巴比伦的体育与其王朝的兴衰有着很大的联系。

印度位于亚洲南部，古代印度其实就是如今的南亚次大陆，包括今天的印度、巴基斯坦、孟加拉、不丹、尼泊尔和锡金。印度河最早的文化中心是哈拉帕文化（Harappa），亦称印度河文化。哈拉帕文化出现在公元前2500年至公元前1750年，公元前1750年，哈拉帕文明神秘消失，学者们提出各种关于消失原因的假说：一是外族和外国入侵说；另一种说法认为是由于生态变化和自然灾害造成的。大约从公元前13世纪开始，雅利安人入侵印度，开启了印度史的吠陀时代。吠陀时代大约开始于公元前13世纪，止于公元前6世纪。在征服过程中，雅利安人吸收融合了当地的土著文化，并统治当地居民，形成了印度——雅利安文明，并创造了梵文。

佛教兴起公元前6世纪，寺院是佛教最重要的教育场所，学习内容主要是佛教经典、宗教仪式和其他各种科学。具有较高学术水平、较大规模的寺院，主要负责培养僧侣、从事各种学术研究，并且要经常举行学术讨论和演讲。始创于公元425年的纳兰陀寺（Nalanda）是佛教最高学府。传说是由笈多王朝的鸠摩罗（Kumara Cupta，约441年—455年在位）创建，并由笈多王朝历代国王相继扩建。该寺建筑宏伟壮丽，僧侣众多，藏书丰富 ，学术气氛非常浓郁。前来求学者来自不同国家和地区，有印度人，也有来自中国、朝鲜和蒙古等国的青年学者。学生入学考核极其严苛，一般录取率仅为20%，外国学生经考问后录取者也仅有20%～30%。我国唐代的玄奘曾在此寺学习过五年。玄奘时期，纳兰陀寺规模宏大，僧师有1500余人，僧徒达8500人之多，总人数高达10000人以上。基本上每天都有一百项学术讨论或报告在讲堂或殿堂举行，讨论和报告的内容极为丰富，不论婆罗门教还是佛教的教义，不论是宗教的或是世俗的知识，不论是哲学的抑或是实用的学问，不论是科学的抑或是艺术的成就，几乎无所不包。可以说自由发展是纳兰陀寺的治学精神。

印度人民信奉神灵，十分注重修行，相信死后可以升天，并且注意保持种姓。宗教教育要求刹帝利、婆罗门和吠舍种姓的人洁身净心，每天饭前洗手洁齿、沐浴来洗净罪恶，反对醉酒，主张以静坐、绝食方式来治疗疾病。部分医生主张通过按摩、运动等手段来维护和保持身体健康。古印度人很重视公共卫生，在历史文献中记载，有人因为卖腐烂食物以及污染河流、污染公共场所等行为而受处罚的事情。古印度摔跤受不同种姓、教派的男女追捧，许多城市都会在城门侧修建摔跤和拳击场，并且在比赛中已经有了裁判，还常常为著名选手举办邀请赛。佛教学校大多会有供人练习摔跤的健身房，职业摔跤手，主张早起练身，保精气神，在训练中用沙袋吊腿，以此来增强腿力，重视饮食和睡眠。吠舍们经常去旷野或丛林唱歌、跳舞，进行拳击和其他娱乐项目。

舞蹈在古印度是一项非常普及的娱乐活动，被认为是可以起到促进健康长寿的作用，妇女们和老年人会经常参加舞蹈活动。宗教活动同样也离不开舞蹈。舞女从小便要学习舞蹈。在古印度办各类舞蹈比赛庆祝特殊的节日，如新王登基、凯旋归来、传统宗教节日等。印度古代的棋类游戏发展到相当高的水平，公元前7世纪，印度已有了象棋游戏，称作“恰图兰格”，即“四方阵”或“四角”。棋盘分为4边，每边8格，全盘共64格，每方有8枚棋子：王、马、船、象各一枚，兵4枚。后来，船改为车。有人认为它是国际象棋和中国象棋的共同原型。游泳是古印度人较喜欢的项目，游泳池在王宫和一些贵族的住宅中是十分常见的，国王常常下河游泳，当时跳水也比较流行，已经出现助跑跳水动作。球戏在公元前20世纪中叶的古印度盛行，人们还爱观看斗兽、斗鸡、秋千。经常举行赛马活动，古印度人的赛马技术也十分高超。

属于古代美洲的三种主要文化是：阿兹特克（Azteca）文明、玛雅（Maya）文明和印加文明。①

来自玛雅、阿兹特克的战士善于使用套索、棍棒和盾牌，特别是擅长使用投掷器发射标枪。他们认为战术中的主要手段是肉搏，弓箭和投石器只是辅助性武器。因此，在训练中经常进行摔跤练习。他们常常采用行军、跑步、球戏、武

① 林被甸，董经胜. 拉丁美洲史［M］. 北京：人民出版社，2010.

装游戏、划船、摔跤、力量竞赛以及一些残忍的训练方法去培养战士的意志力。只有经受住这些考验的人，才有资格称为成年人。跑步在任何身体测验中都很重要，跑步者要有较高的耐力素质和坚强的毅力。

生活在今秘鲁境内，因骁勇善战而被人们称为“新大陆的罗马人”的印加人，青年人被他们当作士兵来训练，通过各种力量、毅力和灵巧比赛，定期来检查受训人的身体状况，其中就有四公里赛跑。印加部落的上层子弟只要年满十六岁都要接受专门的考试，考试内容包括约八公里的赛跑、投掷石块、标枪、跳高、跳远，此外，还增加投石器发射、摔跤和射箭等其他项目，只要在这些比赛中获胜就可以正式加入成年人的行列，并享有成年人的权利。

西班牙的文献资料记录显示，印第安人精于球艺，球艺水平很高，并在他们的生活中占据十分重要位置。他们比较擅长个人和集体游戏，通常都是男女分开进行，偶尔也混合组队玩耍。球的主要成分是橡胶，中间充气或填实物。有时使用曲棍击球，有时也用身体的各部位打球。

印第安宗教仪式中球戏是不可或缺的。印第安人在各种祭祀中都要举办球戏比赛以祈求狩猎成功或丰产。阿兹特克人和玛雅人的球戏多数都具有真正的运动性质。比赛所需的球场两边有高墙遮挡，中线两端的边墙上有两个石圈。除手和脚之外，球员可以用身体任何部位击球；同队的队员击球后，如果球从对方队员身后墙的上部边缘弹到对方场地上，击球的这个队便得一分。比赛分三局，三局三胜才会获得最终的胜利。如果有队员将球打进石圈内，也是获胜。石圈位置很高且内径只比球大几厘米，所以要进球很不容易。获胜队伍可赢得所有奖品，还可获得观众奖励的斗篷（斗篷是当时最大的货币）。

17世纪西班牙史学家安东尼奥·德·希列尔曾提到特拉赫利球戏，这种球戏只会在春季节日仪式里进行。主祭司主持比赛，在祭司队和战士队之间展开竞争，每队有7人。主祭司一击球，就表示开始刮起了带来甘霖的大风；球在空中停留的时间越久预示天气越好；球过早落地则预示将有干旱、冰雹和严寒。人们坐在球场两边高墙上聚精会神地看比赛。特拉赫利球戏比赛带有浓厚的巫术色彩，与一些国家的体育与巫舞的关系类似。

罗特克游戏是指在达科特、马斯科特、易洛魁和多尔吉克诸部落中有数百人参加的球戏，在漫长的人类发展早期岁月里，部落首领的人选问题与纠纷问题都可以通过球戏来解决。后来在球戏比赛中，队员人数降至七人，比赛规则却变得更加复杂。在胜利庆祝会和节日庆典上，都要举行球戏、摔跤比赛和赛跑。活人是祭品，祭品是通过举行棒槌和标枪决斗方式选出，失败者作为祭品上供。

美洲北部和南部还存在一些部落，他们生活在原始公社制度下，在这些部落中曾经出现过一些群众性的体育比赛。比赛项目通常比较粗暴和残忍，例如军事化的火箭游戏、赛跑、冰上球戏、雪橇速降、陆地和水中摔跤。群众性比赛基本上都是进行一整天，参加这类比赛不仅技术水平要高，体力也要好。

整个亚欧大陆上的游牧民族主要分布在阿拉伯半岛、小亚细亚、中亚及蒙古高原和西伯利亚，这些民族追逐水草而居，没有固定的城市，根据血缘关系形成一个个部落，在亚欧大陆上的游牧民族部落如契丹人、女真人、贝都因人、斯基太人、匈奴人、突厥人和蒙古人等。这些民族独特的游牧生活致使他们的体育特征多与骑射有关，为了保护自己的财产，他们要练习骑射，为了掠夺他人的财产，他们也要练习骑射。如贝都因人视劫掠为英雄业绩，各个部落为了争夺财产和水草，致使战事不断。再如匈奴人和突厥人，在我国的历史书上均有记载其劫掠的史实。他们的体育活动主要有以下几个方面。

1. 骑射、围猎

在长期的迁徙中，亚欧游牧民族都精通骑马和射箭，只有这样，才能适应生活，提高其作战技能。他们利用自己良好的骑射技术，对猎物进行围捕，所以围猎也是他们比较喜好的活动之一。而围猎活动也促进了他们骑马射箭的本领，使得他们生活依附于体育能力，而生活方式本身又注定了他们的体育方式。

2. 套马、赛马

在广袤的草原上，有很多马匹是没有经过驯化的，为了驯化这些马，游牧民族常常利用套马的方式来驯化马匹，于是套马便成为游牧民族的一项必不可少的运动方式。另外，每到闲暇时节，游牧民族为了挑选本民族优秀的骑手，常常也举行赛马。套马与赛马成为游牧民族的体育特色与专长。

3. 摔跤

摔跤是游牧民族进行的一种徒手竞赛形式，摔跤手一般身着本民族经典服饰，如伊朗的摔跤手在比赛中穿兽皮裤子等。按照一定的规则，在比赛时一般使对手双肩着地才算赢得胜利。

竞技娱乐体育既有竞技特点，又有娱乐成分，源于军事、生产生活，又反作用于军事、生产生活。中外竞技娱乐体育的发展史证明，竞技娱乐体育具有民族性、地域性、历史性，偶然中透着必然，各民族性格塑造了各自的体育性格，而各民族的体育性格又体现了各民族的性格。不论是历史传说故事，还是历史典型案例，都刻画了竞技娱乐体育与人类社会文化发展的密切关系。而竞技娱乐体育又因其自身特点，其产生、发展、传播的社会基础条件要求较高，有别于其他形式的体育活动，因而也最能反映中外社会文化发展的状况。由上述大量史料分析可以看出，竞技娱乐体育的发展反映了体育文化与社会文化发展的相似性。

第七章　体育文化与社会文化的交互发展

体育作为一种社会现象，其发生、发展必然有一定的社会基础和条件，通过对体育文化的发生、发展来分析其所处的社会基础，以及在发展过程中反哺社会文化的现象，可以析出体育文化与社会文化的交互关系。从系统论结构上来讲，体育文化是社会文化的一部分，自然而然地会随着社会文化的发展而发展，从分形理论视角来看，体育文化与社会文化既是部分与整体的关系，又具有相对独立性，二者在社会历史进程中相互依存、交互发展。

第一节　古代西方体育文化与社会文化交互发展概况

首先分析体育的起源问题。论及西方体育时，体育是什么、如何来的这两个问题是我们首先要弄清楚的问题，因为这是了解认识体育的首要问题。在目前对体育起源问题的研究中得知，方法与途径主要有以下几种：第一是考古法，即利用史前考古中获得的相关实物资料，对人们的体育活动实施考察、进行分析；第二是文献资料法，通过对古籍资料中有关联的体育活动的记载、记录、描述等进行分析和考证；第三是人类学方法，对现有的一些原始部族的体育形态进行观摩和分析，用以推论人类史前体育的表征、形态、模式。目前人类体育起源研究的主要形式是以上三种，总体来看具有一定的代表性。体育的起源这一问题，因受时代年限等条件的制约现在已经无法考证，但从目前的有关史料记载中，可以看出西方体育文化经历了以下几个发展阶段。

一、古希腊、罗马体育

有句话叫“言必称希腊”，《西方哲学史》一书开篇介绍的正是和古希腊、古罗马有关的内容，这也是西方体育形成的开始。从起初的斗兽、斗人再到奥林匹克运动，进而发展成如今的职业化体育，世界体育运动的发展进程很大程度上是被西方体育推动的，在体育运动世界范围的传播中，西方体育发挥了积极的促进作用。但是西方体育真正形成的时期，就需要追溯到古希腊、古罗马时代了，彼时的体育在西方体育界乃至全球体育的发展进程中留下了璀璨的文化遗产。

（一）古希腊体育

体育教育之古希腊。古希腊是个典型的城邦国家，有着弯曲绵延的海岸线和天然形成的海港，自然地理条件的优越不仅为古希腊商业贸易、交通及文化交流提供了很多的便利，同时在古希腊人的文化传统及生活方式等方面也产生了很大的影响，造就了古希腊人胸怀开阔、勇于冒险的性格特征。古希腊基于城邦制度的基础上，在哲学、科学、文学、艺术、体育等多个领域留下了绚烂的遗产，同时在古罗马及欧洲的历史文化中产生了较为深远的影响，在这种社会背景下，古希腊体育逐渐形成并发展。荷马时期，古希腊体育有着较为浓厚的原始教育性质，主要是由家族长者或氏族领袖施行、所有成员都必须参与、带有明显战争技艺风格的体育活动，而城邦国家经济的逐渐繁荣和城邦间的交流与竞争，使得古希腊的体育教育得到了空前的发展，并形成了以斯巴达和雅典这两个城邦为代表的两种完全不同类型的体育教育制度及文化。斯巴达教育的特点主要是以培养青少年强健的身体素质和高超的战斗技艺为宗旨，教育模式实行的是军事化的终身体育，因此造就了斯巴达在军事体育上的显著优势。自公元前720年到公元前576年这一个半世纪里，奥运会的霸主地位长期被斯巴达人占领着，同时大多数比赛项目的冠军和优胜奖也被斯巴达人收入囊中。这种局面直到公元576年后，才渐渐消失。不同于斯巴达，雅典的教育则以培养身心和谐发展的公民为目标，文化教育和体育教育是其主要教育手段和途径，文化教育中主要包括哲学、音乐、艺术、文学、历史等方面，而体育教育主要内容是身体健美训练和军事技艺训练，其目的在于将公民培养成英勇善战的斗士，同时也能成为具有较高文化素养的艺术家、文学家。雅典这种培养人的身心全面健康发展的教育模式是我们人类文化的优秀遗产之一，在世界教育史以及体育史上均具有非凡的意义，且对近代欧洲乃至全球教育思想和体育理论的萌芽都产生了较为深刻的影响。

奥运会之古希腊。至今为止奥林匹克运动会仍是最受欢迎和最受重视的体育盛会之一，它是古希腊人举办的为祭祀天神宙斯的综合性竞技运动会。其起源有着多个版本，一种说法是大力神赫拉克勒斯为了庆祝战争的胜利，感谢上苍的庇佑，在奥林匹亚山举办的为了祭拜宙斯天神的活动，由此开创了奥林匹克竞技运动；而另一种说法则认为是为了庆祝英雄克库洛希打败了奥格亚史，在奥林匹亚举行了跑步比赛，并给获胜者戴上由橄榄枝编成的桂冠以示奖励。还有一说法是奥林匹克运动会源自古希腊早期氏族部落，其在民主时期的头领选举仪式以及祭礼，古希腊人喜欢用竞技运动的形式表达对天神和英雄的崇拜，因此这些形式的运动逐渐形成了其独具特色的宗教习俗。

古希腊奥林匹克运动会是当时举办的规模最大的运动会，同时从某种程度上来说它对政治也有着一定的牵制作用，最好的例证便是“神圣休战”。“神圣休战”顾名思义即“奥林匹克神圣休战”，意思是在举办奥运会的时候，其举办地必须是和平地带，任何入会者都不得携带武器进入，同时停止一切战争，在之后的时间里这一举措被延续，这也使得奥运会成为全希腊人的盛大节日聚会。这种局面持续到公元前4世纪，古代奥运会才逐步走向衰落。古奥运会被废止于公元前393年，由罗马皇帝狄奥多西二世借有悖宗教信仰的原因下令废止。内外交困也是古奥运会衰亡的原因之一。一方面从外部因素看，古奥运会所依托的政治环境发生了剧烈的变化，持续数年的战争，使古希腊城邦制度走向衰落，最终使得希腊民族失去其独立性，导致奥运会最终走向衰落；另一方面从内部因素看，古奥运会精神和价值的衰落也是其重要原因之一，鉴于奥运会的影响力，各城邦对获胜者通常给予优厚的物质奖励，这就导致竞技体育走向职业化和商业化，最终结果是奥运会的神圣意义逐渐被淡化、遗忘，取而代之的是人们对各种名利世俗的追求，公民对往日的荣誉和精神价值的追求消失殆尽，这也恰恰成为罗马皇帝废除奥运会的强有力的借口。

古希腊奥运会为当今世界留下了丰厚的人类文化遗产，对世界体育史的发展也产生了深远的影响，主要表现在以下三个方面：首先，世界上独一无二的、规模最大的大型综合性运动会模式是古奥运会创造的，这为后来举办大型运动赛事提供了可资借鉴的模板；其次，在古奥运会的发展过程中逐渐形成了一套完整的奥林匹克文化体系，其中包括原则、精神、和平、公平、自由等，这极大地丰富了世界体育思想史体系内容；最后，古奥运会创造了体育与教育相结合的模式，为之后的体育教育发展留下了宝贵的经验。

二、罗马体育

体育教育之古罗马。古罗马地处地中海地带，以气候宜人、地理环境优越为特点。远在旧石器时代就有先民在此生活，自进入铁器时代，在古罗马原始部落中的拉丁人群体逐步壮大、强盛，在公元前8世纪，拉丁人联合其他群族，在台伯河口建立了罗马城。在古希腊文化的熏陶下，古罗马社会产生了奴隶制，同时实行公民制度，并且在此基础上建立了强大的军队，凭借军事实力的不断对外扩张，进而逐渐征服了欧、亚、非三大洲，最终形成了庞大的罗马帝国。古罗马的历史历经王政、共和、帝政三个时期，不同时期的体育教育模式受当时的政治背景的影响，且均有其自身的特点。王政时期（公元前753年—公元前510年）的罗马体育重在培养既能从事生产劳动，又能勇敢奔赴战场的农民军人，教育内容重在爱国，在实践行动上主要以身体素质训练和生产作战技艺为主；共和制时期（公元前510年—公元前27年），主要目标转变为培养能文能武的公民，人们从小开始接受公民体育，例如垒积木、滚铁环、掷骰子等体育游戏，在此基础上，以国家的名义举办各种竞技运动会，且允许全体公民参与观看；帝国时期（公元前27年—476年），为迎合对外扩张的需要，着力强化了公民的体育教育内容，在日常的训练活动上得以落实。但是，到了帝国晚期，罗马兴起了享乐主义，居民们的生活逐渐奢靡颓废，削弱了罗马体育的性质，导致战士们价值观发生变化，上进心、荣誉感日益远去，追求体育娱乐的形式也从单一变得多元，格斗、赛马等暴力血腥的比赛持续刷新人们对运动审美的认知和追求。

体育思想之古罗马。罗马帝国的学者们对体育思想的研究展现出异彩纷呈的趋势，其中较有代表性的是著名教育家昆体良（Quintilianus）与盖伦（Galen）。昆体良认为，在学生的身心发展中学校教育和教师指导发挥着重要作用，与此同时体育与舞蹈等一系列项目对于体力的恢复有促进作用，且能够提高学习效率，也能够使学生养成优雅的身体姿态。在他编著的《雄辩术原理》这本书中，包含了他近二十年教学经验的总结，同时也是古希腊和罗马教育经验的总结，此书至今仍具有一定的历史参考价值。盖伦则是昆体良之后的学者，是著名的诗人、哲学家，而且还做过运动员的保健医生。他花费了大量的时间和精力钻研运动人体和营养对人体健康的效用问题，提出了人的身体应得到全面协调的发展，规律持续的体育锻炼可以增强人的体质，并使人心情愉悦。毫不夸张地说，此二位学者的观点学说在当今世界来看仍具有较高的参考价值，可惜在罗马时期并未被当时的当权者重视，这种局面持续到文艺复兴后，才日益受到文艺大师们的关注，由此对近代体育思想的发展才产生了较大的影响。

三、欧洲中世纪体育

中世纪欧洲基督教对体育的影响。基督教是基于古犹太教创立的教派，在公元1世纪末于罗马境内秘密流传，直到公元4世纪这种局面才有所变化，基督教被奉为罗马帝国的国教。发展到中世纪时，基督教已在欧洲取得了绝对的精神统领地位。基于基督教教义的影响，体育被认定为是违反上帝旨意的运动方式，因此教会禁止人们参与以满足身体和精神快乐为目的的竞技与游戏活动，并采取相应措施，强制信徒们执行。在基督教的统领下，中世纪学校教育的唯一目标最终变为控制青少年的精神，强迫其信仰基督教，同时学校的授课课程变为基督教神学及《圣经》，甚至把体育活动排斥在外。基督教的多种禁令在中世纪欧洲人的体质和精神方面产生了惊人的负面作用，从彼时流传下来的肖像画中不难看出，无论是贫民，还是贵族，在画师笔下都显得憔悴、呆滞、缺乏生命力。这种状况直到文艺复兴之后才得以扭转。

四、骑士体育

骑士是中世纪欧洲封建制度下诞生的一个特殊的社会阶层，是以当时战争为背景而存在的群体。骑士形成于公元8世纪，在11至14世纪达到兴旺时期。骑士体育是骑士为了满足参加战争的需要而形成的身体和技艺的训练体系，其主要特点是围绕战争技能和军事技术而进行的体能训练、技艺训练。骑士体育的目的虽然是为了培养杀戮机器之于战争，但是这种训练方式和手段在欧洲中世纪体育活动极度低迷的状态下，成了这一时期欧洲体育的代表，其中的部分训练方法可以认为是近代体育运动训练的萌芽。

五、民众体育

欧洲中世纪的民众体育特指城市居民与农民参加的体育活动，相当于现代社会的群众体育。欧洲地区在封建自然经济的影响下，形成了具有鲜明特色的民间体育传统文化，有些城市还设立了相应的公共体育设施供城市居民进行日常的体育活动（属于较早的公共体育服务）。基于基督教的影响，中世纪的欧洲民众体育大多作为宗教庆典的衬托而开展，主要以模仿骑士比武的模式举行。在14世纪后，随着社会的发展，火器出现，骑士制度逐渐走向没落。民众体育活动愈发活跃，如英国的摔跤比赛、意大利的帕利奥比赛等众多赛事次第涌现，这些赛事中的大多数项目演化成了近现代部分体育项目的原型。

第二节　近代西方体育文化的产生与发展实践

近代西方体育文化的产生和发展，同古代西方体育文化一样，与同时期的社会文化的发展相互交融，随社会文化的发展而发展。近代社会的变革、文化的发展为近代体育文化的产生与发展提供了社会基础，同样，近代体育文化的产生与发展也反作用于社会文化，并为社会文化的繁荣与多元化发展提供素材，促进了社会文化的多元化发展。

一、近代欧洲体育的萌芽

在公元15世纪到17世纪期间，欧洲的生产、生活方式随着封建主义逐渐被资本主义取代而发生了巨大变化，新兴资产阶级要想稳固自己的政治地位，就要对既有的封建制度进行反抗、改造。因此，自15世纪以来，宗教改革、文艺复兴和思想启蒙运动先后在法国、意大利和德国爆发。新兴资产阶级运动通过宣扬古希腊身心和谐发展的教育思想，赞美古希腊的民族理想和人文精神，引发了人们对古希腊体育的关注，奠定了近代体育生发的基础，促成了近代体育的形成和发展。在此过程中，近代体育萌发、形成并逐步发展。文艺复兴作为欧洲近代史上首次伟大的思想解放运动，极大地改变了基督教会的禁欲主义身心观，热切地追求个性的解放，充分肯定了人的价值与地位。在这场社会影响深刻的运动中，人文主义者对体育的问题首先进行了探索，强调质朴生活，重视体育锻炼也成为欧洲当时较为流行的生活方式。基于人文主义者体育思想的影响，新兴资产阶级将目光转而投向了体育教育，并尝试以体育的手段和途径培养人才，这为后世的绅士教育制度的形成提供了优越的环境。

继文艺复兴运动后又产生了宗教改革运动这一伟大的思想运动。中世纪欧洲封建文化的统治者——罗马教廷是宗教改革的对象，宗教运动从根本上动摇了宗教神学在中世纪欧洲的治理根基，因而对欧洲的意识形态与思想文化变革产生了极为深刻的影响。被誉为“近代学校体育之父”的捷克著名教育家夸美纽斯出生于这一时期，他的体育思想主要体现于《大教学论》和《母育学校》这两本著作中，他认为教育可以用来弥补人的体力、品德和智力，并提出“适应自然”的准则。在《母育学校》中专门列出一章内容，教育世人要注意儿童的体育锻炼。在教学设计方面，他将体育首次加入到教学中，为体育进入学校教育迈出了具有历史意义的一步。

反对教会权威和封建专制的思想文化运动是法国思想启蒙运动的主要特征。启蒙运动由卢梭、伏尔泰等推崇自然科学的启蒙思想家发起，卢梭的自然主义体育观认为，应当遵循青少年身心发展需要，满足青少年的兴趣与爱好。卢梭的人本主义思想对后世的自然体育学派产生了较大的影响，他的这些伟大思想体现在他的传世名著《爱弥儿》里。在此之后，在体育实证教育方面，斯宾塞占据了一席之地，他持有的观点是要想维持身体的健康，首先要对人体构造具有充分的了解，学习必要的卫生保健知识并且将其作为生活的准则，这为促进体育发展的科学化奠定了理论与实践的根基。欧洲近代初级体育的形成历经了18世纪中的三大思想解放运动，因此在欧洲初步形成了近代体育思想体系。自然主义体育主张体育活动不局限于学校，而是日益走向社会实践中，其中较具有代表性的便是德国的体操运动和英国的户外运动，同瑞典体操一起，它们被称为近代体育的三大基石。

在近代体育的形成发展过程中，德国体操占有非常重要的地位，对欧洲及世界体育的发展均产生了较为深远的影响。在改编希腊体操的基础上，德国体操逐渐发展起来，顾茨穆茨、F.L.杨和施皮斯等人对体操运动的传播和推广贡献很大。顾茨穆茨以传授传统体育技术技能为目的，对传统的身体练习方法进行全面系统的整理，逐步形成了自己较为成熟和完善的体操体系，并且在长期的教学实践中，形成了较为完善的顾茨穆茨体操体系，因此，他被人们称之为“德意志近代体育之父”。F.L.杨则一生投身于体操活动，并且创立杨氏体操，其撰写的《德意志体操术和体育场建设》一书对他创立的体操体系做了详尽的介绍，在改造体操技术方面和在社会中宣传推广体操运动方面也作了积极的贡献，这使得杨氏体操在当时各个社会各阶层都受到了欢迎。由于F.L.杨在将体操由学校向社会的传播方面作出了较为杰出的贡献，因此，后人把他誉为“德国国民体育之父”。施皮斯体操将重点放在强调纪律性和集体活动这两个方面，与众不同的是，他的体操形式均是在室内进行的，这也形成了最初室内体育馆的雏形。从教学方面来看，他首创了体育教学中的分段教学法和综合教学法这两个教法，同时将音乐和体操练习结合起来，形成其独特的体操形式，这一创新形式使德国体操更具有系统性的特点，更便于在学校内开展，所以，施皮斯也获得了“德国学校体育之父”的尊称。体育馆的诞生、音乐的使用、教学教法的发明极具近代体育性质，施皮斯开创了近代体育的发端。

资产阶级革命使英国成为当时欧洲最稳定的资产阶级国家，为开拓海外市场进行贸易，英国的上流社会开始着手培育绅士，因而“绅士教育”体系逐渐产生，而体育在“绅士教育”中占有相当重要的地位。在户外运动的发展进程中，其主要表现为深受英国大众的喜爱、普及面较广泛，全国性的单项运动协会在当时陆续创立，在世界各国中各项体育运动开始传播。伴随着工业革命带来的动力，绅士教育中的户外运动开始走亲民路线，并且被热爱时尚体育的民众逐渐接受，这使得户外运动成为近代体育的主要内容之一。

在19世纪后期，近代欧洲体育逐步成熟并开始初期的传播发展。随着资本主义市场经济秩序的日益稳定，以英国户外运动、德国体操为代表的近代体育逐渐登上了历史舞台，这不仅为现代奥林匹克运动的开展扫清了障碍，同时也为近代体育国际化的传播创造了良好条件。近代欧洲体育成熟的主要标志体现在体育规则的规范化、体育理论的不断创新和学校体育的发展等方面。

体育手段规范化是体育项目形成过程中不可或缺的重要组成部分，同时也是引领体育项目发展的重要标志之一。19世纪以来，随着运动项目的不断增加，各项目的竞赛方法逐渐规范化和制度化，相关的一些竞赛组织也应运而生，为近代体育的推行创造了良好的氛围和组织化条件。而体育科学和理论是指导运动项目实践走向科学、规范和可持续发展的保障。在近代体育形成的初期，卢梭、伏尔泰等教育家就从教育的角度提出了不少与体育相关的主张，很多理论性成果与思想观念在体育运动实践中都得到了印证，为近代体育的发展奠定了基础。这一时期，体育学科与生理学、医学、解剖学等相关学科联系起来，跨学科融合是现代体育形成的重要标志。

学校体育是竞技体育的摇篮，19世纪初期，各国就很重视学校体育的发展。在学校体育普及的同时，体育师资的培养也逐渐受到重视。从19世纪初期开始，不少欧洲国家开办了体育师范学校，用来培养专门的体育师资，体育教师教育与培训逐步标准化。随着欧洲近代体育的日益成熟，体育的国际化传播与发展成为了可能。工业革命的爆发导致一些资本主义国家对周边国家实施掠夺，因而近代体育也伴随着这种形式强势传播至世界各地。近代体育的传播大致可以分为两大途径：第一是通过移民的方式进行传播；第二是通过资本主义国家间的相互交流进行传播。如亚洲、美洲、非洲等都有一定数量的项目源于欧洲，在一定程度上也促进了欧洲近代体育文化在世界范围内的传播与发展。

二、现代西方体育的形成与确立

（一）“冷战”后之世界体育格局

自二战以后，以美国为首的资本主义国家阵营和以苏联为首的社会主义国家阵营在社会制度、意识形态和经济、军事等领域展开了抗衡。同样，对体育的较量双方也不甘示弱，因此奥运会自然也成为互相争夺的焦点之一。与此同时，社会主义制度的国家也开始重视竞技体育，纷纷大力发展体育，苏联一度成为体育强国。以美国为首的资本主义国家持续加大在体育方面的投入，政治制度的对抗演化为体育领域的对决。总而言之，世界各国的体育形态在“冷战”时期均产生了深刻的变化，表现出体育与政治发展的密切关系，体育的政治效应，尤其是竞技体育的政治功能凸显出来。

（二）现代职业体育的发展

人类进入文明社会的标志之一是职业体育的兴起，科学技术的发展、人们生活需求的提高使得职业体育在各方面受到青睐。总体看来，现代职业体育的发展主要呈现出以下几大特点：首先，是国际化。随着奥林匹克运动推广，竞技体育的国际规模在世界上越来越大，通过不同级别体育赛事的频繁交流，更多国家卷入到体育带来的巨大冲击中，同时职业体育的国际化也推动了各国体育事业的发展，足球职业化的推广就是一个很好的例证；其次，是职业体育的社会化。体育作为社会的产物对社会的发展有着一定的促进作用。现如今体育不仅要强健体魄，更是提高生活质量、改善生活方式的重要方式，体育生活化成为新时代的主题，体育与人的关系日益密切；最后，是职业体育的科学化。现代体育发展总的趋势是职业体育的科学化，建立成熟的职业体育模式，在科研、管理、组织、决策等方面均有一整套较为完整的体系，这样既可以保证体育受到更多人的关注，又能使职业体育得以良好地运行。

（三）现代体育科学体系的形成发展

各国体育的竞争在20世纪下半叶逐渐演变为科学技术的竞争，人们逐渐认识到体育科学的发展不是仅局限于传统的运动解剖学、运动医学、运动生理学、运动生物力学等内容，而是以更加科学的模式呈现。体育人文社会科学学科群的成立，尤其是二战以后，使得世界各国不得不从人文社会学的角度去重新认知体育，这又促生了一些新的学科，例如体育人文社会学、体育伦理学、体育美学、体育人类学、体育人口学等。体育人文社会学于20世纪末逐步发展成为较为完善的学科体系。

（四）现代国际大型体育赛事的发展

大型国际体育赛事随着世界竞技体育的繁荣和发展逐步受到了体育爱好者的青睐和世界各国政府的重视。其中比较有代表性的大型赛事有以下三大类：奥林匹克运动会、洲际大型赛事、单项体育赛事。毋庸置疑，奥运会的规模和影响力最大，是众多大型体育赛事中参与人数最多、设置项目最多的全球体育盛会，但即便是如此重大的体育盛会，在某些程度上也难以脱逃政治因素的影响。洲际运动会也有着自身的特色，例如非洲运动会、英联邦运动会、亚洲运动会等赛事，均有引领各自区域体育发展的作用。除了上述两种大型赛事，各洲际、国际组织的各类单项世界体育大赛也较受欢迎，例如国际足联举办的世界杯、欧洲杯、世锦赛等，此类赛事大多是对某一个项目或某一类的体育运动项目，开展范围较广，开展比赛以满足不同体育爱好者的需要。总而言之，现代社会大型体育赛事的影响力早已被世人接受和认可。大型赛事的举办，也能反映出一个国家的总体状况和经济实力，对提升国家自身的国际影响力有着重要的示范作用。因而，赛事举办权成为争相竞取的目标。随着竞技体育职业化进程的加深，体育赛事的受众面愈发广泛，可以预见，未来大型国际赛事的举办会更加多元化、科学化、现代化。

三、学校体育与大众体育

竞技运动的基础是学校体育与群众体育，学校体育是培养竞技体育人才的摇篮。因此，很多国家对学校体育的尤为关注，早在1956年美国便成立了专门管理青少年身体、道德和文化的总统委员会，对青少年的健康发展发挥了较为积极的促进作用。与此同时，其他国家也采取了相应措施，积极改善学校的体育工作，促进学校体育的发展，开展系列的体育课程改革、教学改革，使得学校体育在教学内容上日趋丰富多元、教学方法手段更加科学有效。学校体育的大力发展也促进了社会体育的完善，体育人口的增多、民众体育素养的提升、大众休闲的需要刺激了体育产业、体育经济的发展，学校体育发挥着越来越多的社会功能。为了满足国民健身娱乐的需求和拉动内需，各国不断加大公共体育服务设施的投入，同时政府也加大了对大众体育的引导和监管，以更好地服务于民众，在促进产业经济提升的同时，也为社会的稳定、经济的繁荣、国民素质的提高和国力的强盛发挥了积极的作用。

四、现代西方体育的演变与发展

“冷战”时代随着苏联的解体而宣告结束，这不仅对20世纪末的世界政治格局产生了深远的影响，同样也对世界体育格局产生了多重影响。传媒和体育的关系在高科技的带动下整合得更加紧密，一些跨国性的体育传媒公司开始大显身手，这不仅推动了体育产业化和全球化的进程，同时也为21世纪的体育新发展与演变奠定了坚实的基础。

世界体育运动受高科技的影响越来越深。现代社会高科技向体育领域的逐步渗透，使得竞技体育成绩成为彰显各国实力的重要指标。科学技术逐渐登上了体育舞台，渐渐成为推动世界体育运动发展的重要助推力。总体上看，体育科学的发展呈现出以下三大趋势：第一，体育科学学科体系分化越来越细，不但有传统的以自然科学、人体科学为基础的相关学科，还有新生的体育人文社会学科群几乎无所不包，与人文学科、社会学科交叉形成不同的学科群，新兴学科的交叉也越来越宽泛和深入，使得体育科学体系日益庞大；第二，在训练比赛中广泛使用的计算机网络技术，为体育科研提供了强有力的科学技术支撑，为运动员创造佳绩提供了更多可能；第三，大量的新型体育运动装备逐渐被应用于实践训练中，科技的力量带动了体育的发展，同样对运动成绩的提高有着积极的意义。高科技的广泛应用也给体育公平带来了些许负面影响，比如一些运动员为了取得优异成绩利用高科技手段造假、服用兴奋剂等，导致了体育公平竞争环境遭到破坏，运动成绩受到来自各方的质疑。因此，高科技对体育而言是一把双刃剑，一方面推动体育向更加规范、科学的形态发展，另一方面也动摇了体育赛事的公平性。高科技的介入为体育运动增加了许多亮点，但同时也为体育增添了污点，沦为追逐竞技名利的工具。

20世纪80年代后期，随着世界体育产业市场化的形成与发展，在世界经济发展和大众传媒的助推下，大规模的世界性体育产业市场开始出现。世界体育面貌在这一体育变革下发生了里程碑式的变化，部分体育产业逐渐成为全球经济新的增长点，如美国职业篮球联赛、欧洲杯足球赛和职业棒球赛等知名赛事，在一定程度上促进了相关体育行业的发展，使得体育产业逐步摆脱政府主导，进而转型到市场的自由支配，从根本上解决了国家对体育运营的成本支出问题，同时也使体育成了一种新型的促进经济增长的手段，伴随着社会的发展进步，体育的职业化、产业化成为未来体育发展的新趋势，同时，体育诸多领域发展的法制化、科学化、规范化也必将成为新时代体育科学研究的重要主题。

第三节　中国传统体育文化的产生与发展实践

“体育”一词于中国来讲是舶来品，中国历史上虽无“体育”之名，但却有体育之实，虽然诸多所谓的民族传统“体育”项目于体育来讲“形似而神非”[①]，但中国历史上体育的真实存在不可否认，而且中国传统体育文化的产生与发展与社会文化的发展存在自相似性关系。

一、中国传统体育文化的起源

中国作为世界四大文明古国之一，历史悠久、文化灿烂。100多万年前，当人类的社会活动依旧停留在野蛮的生存斗争中时，人类就已经有了走、跑、跳、投等基本身体活动技能。之后人类发明并用上了“弓箭”“飞石索”等生产生活工具，这无疑给社会生产力的发展带来了根本性的影响。众所周知，体育是伴随着人类社会的产生而产生的，并且对人类社会及人本身有着不可替代的深刻影响。中国传统体育文化无疑起源于为了生存而斗争的原始社会，从荒蛮的原始社

① 赵进.“民族”“民族传统体育”概念及其他[J].山东体育学院学报，2010，26（10）：43-48.

会走向当代的文明，体育运动的形态在持续不断地发生着变化。受传统文化的熏陶与洗礼，中国传统的体育文化带有浓厚的东方韵味，这种气韵贯穿于中华民族文明进化的始末，渗透在中国文化发展的整个历程之中。体育文化也正是在这种持续变化的历史潮流中逐渐彰显其差异性。

中国传统体育文化在发展过程中大致经历了三大阶段，即古代中国体育的初步构成、近代中国体育的出现以及现代中国体育的崛起。中华民族传统体育在不同阶段受到不同的历史背景和文化的影响，形成了中国传统体育文化独有的东方魅力，屹立于世界体育文化之林。

二、中国古代体育的形成与发展

自史前至1840年这一漫长的历史时期习惯被划分为中国古代史时期，历经数个朝代更迭，这一漫长的历史时期是中国古代体育萌芽、发展、演变的历史时期，并且在不同时期体育形态亦有所不同。自公元前221至公元280年，中国先后经历了秦、两汉、三国等几个时期，期间500多年。体育在这500多年的历史演进过程中，作为社会文化的重要组成部分，不断适应着相应时代的需求，在继承先秦体育与引进外来体育文化方面有所扬弃，基于此形成后世体育发展的大致格局。在历经两晋南北朝时期将近400年长期的割据战争后，历史进入了封建社会发展较为繁荣昌盛的隋唐五代时期。朝野之间的体育活动内容丰富、各阶层人民的积极参与，使体育活动得到空前的发展，为此后中华民族传统体育文化的进一步发展奠定了较为坚实的基础。同时，中国古代体育文化的形态和内容也在不断丰富和发展。体育在宋金元时期的发展更是多元：军事武艺在激烈的民族矛盾和阶级冲突中有了进一步的创新和演绎，而城镇健身娱乐体育活动随着市民阶层的逐渐壮大，也获得了开展的社会基础。尤其是辽、金、西夏和元朝这些地域，因为是少数民族的贵族统治者开创的国家，各民族又有形态各异的文化传统和精神面貌，因此，不同民族体育活动的开展也具有不同特点，呈现出各自特色鲜明的历史性、地域性和民族性。

体育在明朝至清代前期继承和发扬了历史传统，在各民族体育文化的交流和融合中，多种体育活动逐渐呈现出竞相发展的态势。至明代中期以后，体育活动更加蓬勃开展，冷兵器的演化一方面使得军事武艺得到提高，另一方面也使得武术体系慢慢形成，同时养生体育也逐步趋于完善。许多民间传统体育活动逐渐普及，各少数民族体育活动的开展可谓百花齐放、各具特色。在中外体育文化交流的过程中，西方现代体育的种子也在中国萌芽。

纵观中国古代体育的产生、发展和演变的整个历史进程，不难发现，中国传统体育历经不同历史时期的传承发展、不断壮大，这恰恰是中华民族传统文化的特色，吸纳包容、兼收并蓄，融合外来文化的同时不断丰富自我。传统体育文化活动除了华夏民族外，还包括大量由其他民族传入并在中华大地上蓬勃成长起来的体育活动。在长期发展过程中形成了原始朴素的理想、天人合一的和谐精神等因素，铸就了独特的中华民族传统体育文化精神，与以竞技性为主要特色、带有强烈对抗性的西方体育文化具有完全不同的风格，体现在更注重礼仪和实用性方面。同时，中国传统体育文化因注重养生、休闲娱乐而具有较强的娱乐性和趣味性。中华民族在数千年内积淀形成的淡泊宁静、顺其自然、顺乎天意的性格，天地和谐、贯通一体的思想以及注重个人修身养性的务实精神，孕育了体育养生保健术，使其成为中国古代体育活动的重要形式之一，形成了东方体育文化的有力表征，如养生导引术及现代社会中老年养生的太极拳等。

三、中国近代体育的萌芽

从1840至1949年这期间是中国近代体育史阶段，其中包括晚清时期、民国时期、北京政府时期、抗战前南京政府时期、抗战后南京政府时期以及中国共产党领导下具有新民主主义色彩的革命根据地时期的体育，这期间是几千年以来中国传统体育发生重大变迁的历史阶段——传统文化式微、西方体育文化传入。晚清是西方近代体育在国内早期传入和传播时期。自此，近代中国体育进一步社会化，最终建立起近代以来一个全新的体育制度。中国近代体育在辛亥革命以后进入了一个全新的发展阶段，体育由学校开始向全社会辐射，现代体育文化逐渐获得了社会认同。自此我国体育运动竞赛制度、行政管理制度和体育法规建设等均获得了史无前例的发展。同样，民族传统体育的传承、改造和发展引起政府重视，成立了如中央国术馆和国术馆系统。值得一提的是，体育在共产党领导的抗日根据地的发展也呈现出一种新样态，有了新民主主义的体育气质。由于当时的体育活动要为革命战争服务、为党的中心任务服务，从而具有较为浓厚的军事色彩。在方针政策、组织建设、以及人才培养这几个方面的措施上，近代体育给新中国成立后的社会主义体育事业的发展带来了实践经验、奠定了坚实的基础。体育文化受社会文化发展的影响可见一斑，因其影响，也使得二者的相似性成为可能。

虽然中国近代体育仅有一百多年的发展历程，但能在这个人民饱经沧桑、社会动荡不安的时期，中国体育内涵和面貌都发生了很大转变实属不易。西方体育在这一时期开始向中国传入，并逐渐得到发展与普及。与此同时，中国传统体育文化在这样一种变革的社会环境中转变、进步。中国体育正是在完全不同的中西两大体育文化体系的相互排斥又相互融合的过程中，走完了它的近代化历程。

从1949至今通常被认为是中国当代体育史时期，这一时期是中华人民共和国成立之后的70余年间中国体育的发展历程，同时也是探索中国特色社会主义体育的时段。在1949年新中国成立后，当时体育界的主要任务是批判改造旧体育的同时建立新体育。毛泽东同志于1952年提出了“发展体育运动，增强人民体质”，确切指出了新中国体育的目的任务和性质。但随着“文化大革命”运动的到来，体育事业遭受重创，整个体育事业跌进低谷。直到1976年，在粉碎“四人帮”之后，经过拨乱反正、补偏救弊，体育界在思想精神上解除了枷锁，健全了体育组织、设置管理机构，才逐渐恢复了以往正确的规章制度，同时树立了勇登体育高峰的目标，这一时期的恢复重建工作为发展当代中国体育事业打下了坚实基础。1978年，十一届三中全会召开，一个具有开创意义的年代开启了，通过一系列对适合中国国情的发展道路的初步探索与实践，中国体育开始走出国门，全面走向世界。1992年之后，邓小平同志发表了一系列重要谈话，逐步形成了我国经济体制改革和发展的一些新思路，同时也明确了深化体育改革的道路和方向，中国体育自此进入一个全新的历史发展阶段。随着我国经济建设的快速发展，综合国力逐渐强大，国际政治地位逐步提升，国际影响力也日益扩大，2001年北京成功获得了2008年奥运会的主办权。奥运申办成功后，中共中央、国务院随即颁布了《关于进一步加强和改进新时期体育工作的意见》，为新时期的中国体育事业的发展指明了道路和方向。

新世纪新风貌，我国的体育事业在原定的工作方针和发展目标基础上，国家领导人更加关注体育事业的发展，全民健身受到前所未有的重视，公共体育服务设施日益完善，校园足球得到普及与提高，中国体育事业得到了长足发展，取得了全方位的进步。体育产业化发展、体育科学研究成果丰硕、竞技体育成绩斐然、学校体育改革初见成效，社会体育、大众健身如火如荼，打开了新世纪中国体育文化大发展、大繁荣的局面。

体育文化的发展离不开社会文化发展的土壤，体育文化的发展同时也为社会文化的发展增光添彩，在二者相得益彰的交互发展与共同进步中，体育文化与社会文化部分与整体的自相似性得到了充分的体现。

第八章　分形理论视域下体育文化的发展状态与社会表征

体育文化在其发展进程中，不断地适应社会文化并调整自身，从而建立起自己的复杂机制。体育文化经历了传承、同化、异化、变迁等演变形式，形成不同的文化圈、文化带、文化层，并在一定时期呈现相对稳定的形貌、结构、状态，可视为文化的社会表征①。体育文化的社会表征这一表述本身就说明了体育文化在社会文化构建中的表现与影响，反映了体育文化与社会文化难舍难分的自相似性关系，中外体育文化概莫能外。

第一节　西方体育文化与社会文化发展状态与社会表征

西方国家是一个集合概念，并非指一国、一民族，各国各民族的体育文化有所差异，在不同地区、不同民族、不同历史发展时期有不同的社会表征，但与中国传统体育文化相比，宏观地归纳起来大致有以下几个方面的特点：

一、张扬性

作为强势文化代表的西方文化，其特点为重视维护个人利益，在西方世界的观念里，行动准则是个人主义主导，因此造就了西方人主要以自我为中心的价值观。在这种文化特性的影响下，西方体育文化也凸显出其外在的强势特征。以海为界这个世界观使西方人的思维较为开阔，有更强的进取心，想更多地去认知自然、开拓新世界，寻求对其更有利的外部因素。同样，在体育运动项目的选择

① 熊迅. 族群形象的视觉图式——傈僳族题材摄影的文化表征［J］. 民族艺术，2021（02）：85-92.

与传承上，也表现出与社会文化相似的独立、外向、功利性等性格特征。求扩张、喜对抗等特点成为其体育运动项目的主旋律。特别是随着现代奥运会的再次复兴与重建，西方体育文化又一次借此大平台，不遗余力地将其自身体育文化传播到世界各国、独占鳌头，成为引领世界体育文化的主流。

二、竞争性

始于工业革命的、以英国为首的西方商品经济开始变革发展，其经济发展态势日新月异，社会生活加快、竞争加剧，这在现代西方社会随处可见。如同经济、商贸领域的竞争意识一样，竞技成为现代西方体育的核心精神。尤其体现在竞争性较强的运动项目上，如英国足球、美国棒球、橄榄球、冰球、NBA等极具竞争性的运动项目，项目本身也因其高度竞争性而极具魅力。在美国，这些单项运动竞赛的收视率甚至超过了奥运会转播的收视率。使得这类项目成为西方体育文化的主要表现形式，引领了西方体育文化的发展。与此同时，人们在竞争的前提下兼顾公平公正，在这种契约意识和公共规则的约束下，有力地根除了原本社会赋予人的角色差异，同时相对缩短了不同背景下的人的社会心理差距、身份差异。使得不同意识形态、不同社会制度下的人可以平等、友善地进行交流，将竞争控制在了同一平台内，使赛场成为一个相互切磋的平台，体育成为一个可以相互交流的高级形式。

三、精确性

作为注重法律法规制度和契约精神的国家，西方的各项立法相对公平、完善，遍布社会的各行业领域。而在体育竞技规则方面则体现在运动项目规则的设置上，对西方社会来说，体育竞技的规则与社会层面的法律法规同等重要，裁判就是赛场上的法官。因此所有的体育运动项目，无论是田径、射击等测量类项目，还是体操、花滑等评分类项目，或是球类这种积分型项目，均具有极为完备的判定胜负的规则方法，与东方体育形成了较为鲜明的反差对比，如多年来武术难以进奥运，一个很大的原因就是难以客观评定武术竞技比赛输赢胜负与得分高低。正是因为西方体育有着明确判定胜败的评定方法，而且运动项目本身又具有较高的娱乐性、竞争性，因而被更多的国家认可和接受，使得西方体育的广泛传播成为可能，也成为现实。

四、多元性

西方历史在其发展演变的进程中呈现出以下特征：多样性的文化来源、多地域及民族划分的分散等，使得西方世界逐渐形成一种开放的文化样态，全方位吸收各种外来文化，这种特点在文艺复兴后更为明显。同时，这种文化特征也体现在体育领域中。不同种族、不同文化背景的体育一旦产生，便会顺利融入到西方社会文化中，不会遭受排斥。人们根据各自的需求挑选不同的运动项目，这也体现出多元体育文化本身的特色，同时使得西方体育具有更强的竞争力、创新性和生命力及多元价值，以利于满足不同群体对体育运动的不同需求。

五、科学性

近代西方体育的践行者早在文艺复兴时期便开始从教育学、医学等角度研究体育。体育运动发展进程的快慢与科学研究的进展密切相关，特别是实验医学以及牛顿力学的介入，使得人们可以通过生理学、医学、解剖学、运动力学等领域的理论和方法来研究体育。同样，许多跨学科、交叉学科的确立使得体育研究的层次愈发的科学化和多元化，因而西方体育的研究逐渐进入科学研究的范畴，这不仅促进了体育学科本身的发展，同时也扩大了西方体育在世界范围内的影响力，加快了西方体育在全球的传播与发展。

几乎所有事物的发展都是从低级向高级跃升的，这是历史发展的逻辑，西方体育文化的发展亦是如此，在经历诸多的挫折后才渐渐走向了今日的成功。西方体育文化作为一种强势体育文化形态，以其科学性、多元性、竞争性、精确性、张扬性等特点，在西方社会文化发展进程中发挥着重要作用。

第二节　中国传统体育文化发展的社会表征

中国传统体育文化作为一种融合的文化类型，是在不同历史时期、不同地域、不同民族文化的熏陶下逐步发展起来的。中国传统体育文化的发展方向是由中国传统文化的特质决定的。中国传统体育在儒家、道教的文化背景影响下逐渐呈现出特有的内在特质，形成了一种将养生健体、娱乐竞技、德化教育融为一体的特有风格。这种文化样式长期根植于中华民族，具有极其稳定的内部形态结构和强韧的生命力，历经沧海桑田、斗转星移，最终镶嵌在中华民族文化结构之中，形成了中华民族特有的体育文化模式。经过多次发展变迁，中国传统体育逐渐形成了以下相对稳定的文化特点。

一、传承性

对中国传统体育文化而言，每一次的历史变迁都是一次全新的挑战。中国传统体育文化在经历了漫长的岁月洗礼后能坚定地立足于世界体育文化之林，必定有其生存的社会基础和发展逻辑。从中国传统文化中的养生文化、武术文化以及棋文化等优秀文化的传承与发展中，更多地可以看出传统体育文化基因根植于民族文化的意识形态之中，使其拥有了生存的土壤和持续完善发展的空间。中华民族传统体育文化作为一个特殊的文化符号，在中华民族的繁衍发展中、不断壮大。中国体育文化的强大生命力正是在中国传统文化的博大精深、兼收并蓄的特质中，在传承的基础上更注重发展创新，由传统体育文化到现代体育文化的顺利转型，正体现了传统体育文化的强大包容性和适应性。

二、整体性

在中国传统体育文化发展过程中形成的第二大特点即为整体性。有别于西方体育文化，中国传统体育文化包含着自然、社会和生命这三大层次：在自然层面注重用整体的辩证观来描述人体运动过程中精神、机能、形态等方面的变化，讲究“形神兼备”，把人与自然界看作是相互交换的集合体，强调“天人合一”顺应自然，同时将人体功能当作物质与精神紧密结合的整体，通过种种身体活动方式建立起与外部世界的联系，使身心和世上万物达到和谐统一的境界，并且在个体中不断修炼以自我优化，实现“格物致知、诚意、正心、修身”①。

三、健身性

中华民族经过几千年的发展逐步形成了和谐共存的理想与顺应自然的民族性格，在人与客观世界的关系认知中，同样也重视个人的身心修养，尤其对长生

① ［西汉］戴圣.《礼记·大学》

不老的孜孜追求，促进了中国养生保健术的诞生。在中国传统体育活动中，养生保健术占有尤其重要的地位，养生保健思想根植于中国古代思想文化的血液之中，极具东方体育特色，这也可以从文学艺术作品中找到蛛丝马迹。数千年以来，中国传统文化中的养生理论一直是人们从事体育活动的理论基础，强身健体、延年益寿的目的可以通过健身的方式达成，因而健身性这种特点也成了中国传统体育文化中与西方体育相区别的一大特质。当然在追求健身养生的过程中，也曾走过极端甚至误入歧途，炼丹、吞丹以求长生不老而造成重金属中毒的历史事故，史册有载。

四、适应性

中国作为一个多民族且分布范围广的国家，不同生活环境下的不同民族形成了不同生活习惯、思维模式和不同的宗教信仰，对体育也形成了不同的理解和不同的实践，由于不同民族在政治、教育、经济等领域的发展也相对不均衡，因而造就了各民族传统体育在形式和内容上的多样化。不同民族各自的传统体育项目文化都有其特点，刻着历史发展的民族印记。然而各民族的体育文化并非各自独立的绝缘体，互相在彼此交流和借鉴中得到了很好的发展，如“胡服骑射”。中国传统体育文化得以不断发展的内在动力，即仰仗了这种文化包容、相互适应、共同发展、共同进步的特点，所谓“各美其美，美人之美，美美与共，天下大同”。

五、融合性

中国传统体育文化是集观赏、表演、娱乐、游戏、竞技、趣味为一体的形式，内容丰富多样，产生了众多体育项目以满足不同阶层的体育需求，其形态也渐渐从单一性转变为多元化。这就使得中国传统体育具备了融合性的特点，不同运动项目之间的融合导致了中国传统体育文化的多样性特点。正是中国传统体育文化这种融合性的思想与实践，使得中国体育运动形式在发展过程中逐渐呈现出多元化发展趋势，其创新空间不断被拓展。此外中国传统文化对外来文化的认同与适应的能力，也造就了中国体育文化的融合力。

中西方不同社会文化背景下的体育文化，在发展过程中呈现出两种完全不同的性格特征，各自社会文化自身的影响导致了不同体育文化的差异，决定了各自不同的发展方向，逐渐成为世界体育文化中两类截然不同的文化特色。总体看来，中西体育文化不论在器物层面，还是制度层面、精神层面都存在不同程度的差异性。在中国古代时，社会经济的主体是农耕的自然经济，独特的农业文化在农业立国的经济体系中渐渐形成。百姓大多安于现状，通常习惯于生活在相对稳定的生活环境中，“鸡犬之声相闻，而老死不相往来”，中国古人非常重视个人的修身，在“修身、齐家、治国、平天下”这句话中可以看出，古人认为人们立足社会的基础是修身。在农业生产过程中人们遵循“日出而作，日落而息”的生活习惯和社会秩序，渐渐形成较为稳固的社会结构，这使得人们更倾向于小农经济的这种自给自足。从另一方面来看，中国古人热衷于“整、圆、静、和”的思想意识形态，尤其关注人内在身心潜能和生命潜力的开发与维护，使得中国传统文化在发展过程中体现出内敛的特性。

这种内敛性特征同样对中国传统体育文化造成影响，中国传统体育项目大多不以竞争对抗为目的，而意在追求自身的身心体验，致力于达到身心与自然的和谐，如健身气功、传统的导引术等。同时，这种内敛性也同样体现在政治上，中国历来遵循“和平外交、和平崛起”的发展战略，中国文化的内敛诉求在“以和为贵”中完美体现，同样这也是中国体育文化精神的写照。而源于以古希腊、古罗马文化为代表的西欧文化，以奥林匹克文化为代表的西方体育文化，都带有浓厚的西方特质。西方人的胸襟因漫长的海岸线而变得广阔无比，内心斗志满满、争强好胜，推崇“力、刚、美、裸”之类的体育文化追求，这种文化在西方诞生的各种运动项目中得到了很好的印证，如篮球、橄榄球等具有激烈竞争性的运动项目均来源于西方。在经历了文艺复兴运动以及工业革命之后，西方国家在经济方面逐步发展，在政治上追求对外殖民扩张，同样在体育项目上也有相应的体现。西方文化传统与氛围使得西方世界对体育的价值追求变得更具攻击性、更为“势利”，逐渐发展成为具有热烈奔放、谋求拓展变化、积极进取的精神文化特质。这种西方体育独有的外在特质愈发凸显，对“对抗式”“扩张型”的追求就愈发强烈，这正彰显了西方体育文化的特点。因此西方体育的文化精神是一种张扬的、外显的文化。

中西方体育文化都因了各自的社会文化而发展成为个性迥异的文化特质，然而中国传统文化的内敛性与西方体育文化的张扬性并没有阻止中西体育文化的交流与融合，以奥林匹克文化为代表的西方强势体育文化全球传播，成为全球性的最大规模的体育盛会，奥运赛场上中国健儿摘金夺银；同样，中国传统体育文化的养生思想也向西方世界传播如春雨润物，传统武术文化也颇受欢迎，来华习武取经之人并不鲜见。中西体育文化并无壁垒，无论是何种体育文化形态，都是人类共同的文化遗产，我们都有义务进行传承发展、去伪存真，实现中西体育文化的大发展、大融合，在不断创新中发展，发扬光大，造福全人类。

上述体育文化的特点与特征只是史海一瞥、宏观概述。不同历史发展时期、不同民族、不同地区、不同社会背景下，体育文化呈现出的样貌与表征千姿百态，但总与当时社会文化的大背景有难以割舍、难以决裂的关系。或许体育文化在某一方面有所超越，这也正是体育文化的独特价值所在，但体育文化在丰富社会文化、反哺社会文化的同时，仍难以实现跨时代的社会文化超越。体育文化与社会文化就像一棵大树上的一枝一叶，或许有其独特的美丽，但无法实现跨物种的变异与进化，注定了与社会文化有着自相似性的关系。

第九章　运动项目文化与社会文化的自相似性

运动项目文化作为体育文化的下位概念，是体育文化在运动项目上的体现，反映了运动项目本身的文化特质。通过运动项目文化的分析，同样可以进一步理解和阐释体育文化与社会文化的自相似性关系。

第一节　何谓运动项目文化

在人类文明早期阶段，人和其他动物一样，都是处于一种本能的生存状态，没有文化滋生的土壤和环境。体育文化是在社会文化发展过程中产生的，那个时期的体育文化也无从谈起。人类作为一种具有思维的高级动物，逐渐学会制造并开始使用工具，出现人类的典型文化特征，人类的文化也由此发端。之后，随着语言的产生，人类的文化开始进一步发展，不断从低级走向高级。直到人类游戏活动时期，出现了体育与体育运动并由此产生了体育文化[①]。运动项目文化归属于体育文化，它是人们参与各类体育运动项目进行身体活动时，以该项目特征为核心，并在不断演变发展的过程中形成的内容和规则的变化，包括各种物质与精神的、有形与无形的、内容与形式方法的统称，它蕴含了不同时期、不同区域、不同群体的体育情感取向和体育审美观念，也是一种体育认知的运动项目文化。不同的运动项目蕴含着不同的项目文化且文化内涵也会有差别。

一、运动项目文化的产生

运动项目诞生于人类的生产活动中，有漫长的发展过程。同理，运动项目

① 鲁威人. 体育文化学［M］. 北京：清华大学出版社，2016

文化的产生也是服从人类产生发展规律的结果，隐含有深刻的人类观念的变革。从人类文化的产生过程中可以看出，工具的制造和使用是人类文化产生的标志。美国历史学家将这一现象称之为人类的“文化进化”，即“独有的变革环境的能力，人类不必经过生理上的突变就能很好地应对周围环境。对其他动物而言，生活在北极离不开皮毛，生活在沙漠必须有水源，生活在水中要靠鳍；而人类通过自身所创造的文化，即经过新的非生物学的途径，就可以解决这些问题。具体来说，人类文化包括工具、衣服、装饰品、制度、语言、艺术形式、宗教信仰和习俗。所有这一切在一起就使得人类既能适应自然环境，又能调整人际关系。”① 运动项目文化作为人类特有的生活内容，也是在文化进化过程中产生的。对于运动项目文化的起源，有很多说法，第一种是生产生活文化，在捕鱼活动中、狩猎过程中、农耕劳动中产生的；第二种是非生产生活，原始武力活动所必需的技能和娱乐需要，如：攻防文化、格斗文化、游戏文化、舞蹈文化、竞技文化等。尽管没有准确的说法，但这些观点对解释运动项目文化的产生都有一定参考价值。

目前学者对运动项目文化的关注可以归纳为以下几点：其一，运动项目文化的内涵研究；其二，运动项目文化教育研究；其三，少数民族传统运动项目文化研究；其四，运动项目文化传播研究；其五，运动项目文化变迁研究；其六，运动项目文化符号研究。以上研究领域虽然有很大意义，但是目前运动项目文化很少与社会文化接轨。陈辉、田庆在《“体育强国梦”思想下运动项目文化建设路径研究》一文中指出：“运动项目文化是人们在参与体育项目运动过程中，以内容和规则为主不断改进和演变的内容和形式的统称。”②但研究视角过于单一，出现运动项目文化与社会文化的阐释严重脱节现象。刘慧在《彝族射箭文化符号阐释》一文中以文化符号为切入点，来研究体育项目的文化价值和文化符号的意义，使其成为一种项目代表性的文化符号，这对传统体育项目的发展有促进性的意义。但是不足之处是射箭文化作为彝族的文化符号，研究脱离了彝族特有的社会文化。在关锐的《满族骑射文化变迁研究》一文中就体现了这一点，文章以满族氏族部落到国家的嬗变为主线，以其社会文化为背景，从侧面反映了满族骑射文化的变迁。但以民俗文化视角分析较少，缺

① ［美］斯塔夫里阿诺斯，全球通史［M］. 董书慧，等译. 北京：北京大学出版社，2005：6.

② 陈辉，田庆. “体育强国梦”思想下运动项目文化建设路径研究［J］. 南京体育学院学报，2018，1（06）：40-44.

乏具体的论证。杨绍华在《汉唐时期河洛地区体育文化研究》中，运用历史比较法，分别从横向和纵向角度对同一时期不同地区的体育文化进行比较，认为社会文化背景对体育文化有绝对的影响，但并没有深入地分析其社会背景。总之，还有很多学者关于运动项目文化的研究，如：荆雯的我国乒乓球运动项目文化发展研究、王家忠的荆楚武术文化研究、杨小敏的足球运动文化的价值论研究、孙小明的高校网球运动的文化研究等。

二、运动项目文化的发展

原始社会时代，人们以群居为主，以打猎为生，当时人们制造的生产工具极其简单，只有打磨得很尖的石器和木棒。为了生存，人们主要靠奔跑刺杀动物、爬越攀登摘水果、下河捕鱼等。这些人类活动的主要目的还是为了生存，并不是为了体育锻炼、强身健体。因此，这些运动如：跑、跳、投、爬等更多的还是生存技能。但这些技能同时也都是运动技能，即体育项目成形的基础，所以运动项目文化可以说是基于此逐渐产生的，经历了漫长的历史发展岁月，纵观我国历史，从夏商周开始经历了春秋战国、秦汉三国、魏晋南北朝、隋唐、宋元明清、直到近现代，我国传统运动项目文化是一个不断变迁的过程。在奴隶社会时期，由于统治者的野心，战争频发，战争直接刺激了军事武艺的发展和对军队训练的重视。并由此产生了一系列与军事相关的体育项目，如：射、剑术、御、搏击、角力、跳跃以及其他类似的项目。

春秋战国时期，古代运动项目逐渐萌芽。其运动项目文化所处的历史背景，有关学者主要从文化的视角在三个方面进行总结：一是从历史背景、经济、政治、军事、教育、艺术等方面研究了春秋战国时期的文化大观，如李少林（2006）、柳诒徵（2007）、陈恩林（1994）；二是通过器物文化考察春秋战国时期的体育形态，《史记·苏秦列传》中记载："临淄甚富而实，其民无不吹竽鼓瑟，弹琴击筑，斗鸡，走狗，六博，蹋鞠者。"说明该时期的体育活动非常活跃，而且可以看出当时已经有了足球运动；三是通过春秋战国时期的体育思想来分析：①儒家体育思想和实践：史上记载有孔子爱好体育活动，身体蛮健。他的力量很大，跑的速度也很快。孔子不仅擅长"射"技，且精通"御"。《论语·子罕》中曾描述："吾何执？执御乎？执射乎？吾执御矣!"可见，当时孔子的"射""御"之技已经为世人称赞；②墨家的体育思想：

《墨子·公孟》中记载："有游于子墨子之门者，身体强良，思虑徇通，欲使随而学。"可以看到墨子把射、御作为选拔贤士的标准。他的这种认识，对体育的发展、项目文化的传播有很大的作用；③兵家体育思想，经典兵法著作《孙子兵法》中也描述了那个时期已经有了不少身体技能和训练的内容，以及一些具有普遍意义的军事规律，有些已经渗入运动文化中，对后来的运动文化的发展和传承有着深刻的意义。

秦汉三国时期，由于统治者下令民间不得私藏兵器并且禁止人们操戈习武，导致体育运动逐渐走向低潮。但养生和角抵得到了发展，《吕氏春秋》说："流水不腐，户枢不蝼，动也"，比喻经常运动的东西不易受到外物的侵蚀，符合"生命在于运动"的理念，这是养生术开始兴起的思想基础，养生思想进一步形成。[①]两汉时期，伴随社会政治的开放和经济文化的发展，导引养生术技艺日趋完善。其他体育运动也已经有了一定的规模，活动内容主要包括以下几个方面。

① 蹴鞠，不仅用在军事训练上提高士兵的体能，且深受统治阶级和普通民众的喜爱。在当时蹴鞠比赛已有较为完备的竞赛规则。

② 赛马，也被称为"驰逐"或"走马"，是以马的饲养与骑乘为基础的体育活动，是我国古代传统的经典体育活动之一。

③ 围棋，古代发明的古老棋艺。围棋活动在秦朝不被重视，逐渐落寞，在汉代则弈风转盛。

④ 射箭，射箭是汉代最重要的军事体育项目之一。

⑤ 百戏，民间的杂技、舞蹈和游戏等活动糅合在特定的表演形式中，并掺入一些艺术元素，深受人们的喜爱。

⑥ 投壶，起源于古代贵族阶层宴饮中进行的一种游戏。东汉时投壶游戏开始广泛流行，是人们喜爱的游戏活动之一。

以上运动项目总结为：以培养武艺为目的的剑术、骑射、拳术；以娱乐为目的的舞蹈、百戏、杂技和蹴鞠。特别是蹴鞠运动在汉代受到了各阶层的喜爱。另外有学者证实在当时百戏已通过朝鲜传播到了日本。由此可见运动项目文化传播的特点在汉代就已经证实。此外还有五禽戏、秋千、舞龙舞狮、高跷等体育活

① 吴宁. 浅析秦汉时期体育文化的发展与演进［J］. 吉林体育学院学报，2011，27（02）：42-43.

动也得到进一步发展。此时的运动项目文化具有多元化特点。

魏晋南北朝时期，宗教文化是该时期文化思想的重要标志，社会文化开始趋向多元化发展。运动项目文化作为整体文化的一个分支，也开始打破原有的封闭文化窠臼，逐渐开放和多元。在那个时期，西域的一些体育项目被带入中原，包括后来演变成为中原地区的舞狮等运动项目，这些项目因为群众基础好而变成当时重要的竞技性娱乐活动。据《魏书》卷一〇九《乐志》记载："道武帝天兴六年，诏太乐、总章、鼓吹、角抵，造五兵，及诸畏兽、辟邪、鱼龙、鹿马仙人车、长桥、跳丸、高絙百尺、大絙设之于殿前，以备百戏，如汉晋之旧也。"①直至今日，舞龙舞狮运动项目仍非常流行，可以看出运动项目的传承以及项目文化的交融对后世运动项目文化的繁荣具有重要的意义。

隋唐时期是古代中国文化繁荣发展得最快最好时期。当时的经济政治中心洛阳起到了文化吸收、聚集、演变并发展的引领作用，地理位置的独一无二，洛阳当然地成了各民族文化碰撞的聚集地，一些民间流行的秋千、蹴鞠、角抵等游戏活动开始兴盛。隋唐时期政治的开明成为运动文化发展的政治基础。女皇武则天时期，国家为了招揽人才，科考中增设"武举"一科，将人的体能放在了第一位，这一考试科目的开设极大地调动了人们参与体育锻炼的积极性。唐玄宗时期，国家专设"棋待诏"的官职，运动项目文化的内涵变得更加广泛和深刻，②就蹴鞠运动而言，此时出现了充气的蹴鞠和鞠室等丰富的物质文化。此外随着政治的开放和文化的繁荣，女子体育运动也非常盛行。

宋元明清时期，宋代运动项目文化最为兴盛，此时城市商业相对繁荣发达、科学文化的发展带来了更为丰富的运动项目文化，开始出现体育社团组织的雏形：骑马运动的马球社、相扑艺人的角抵社、蹴鞠运动的齐云社以及忠义巡社、弓箭社、忠义社等。这些体育组织的出现使运动项目开始有了具体的规则要求，包括进场、退场、比赛进程中的礼仪规范等。徐会瀛在《文林聚宝万卷星罗·齐云规范》中就记载了南宋蹴鞠组织齐云社的"不可轻师、不可失信、不可傲慢、不可逞斗、不可赌博、不可盗学、不可欠礼、不可戏色、不可是非、不可淡朋"的"十不可"；"衣破不踢、筵席不踢、饮酒后不踢、泥水处不踢、制

① 王俊奇. 魏晋南北朝体育文化史［M］. 北京：北京体育大学出版社，2010.

② 郭敏. 中国古代的体育特点浅析——兼谈中国同西方古代体育的比较［J］. 体育文化导刊，2005，(9)：73-74.

服不新不踢、有风雨不踢、无子弟不踢、灯烛下不踢、穿三青不踢”的“十不踢”。[①]意思就是作为运动员，不可以轻慢老师、不可以言而无信、不可以没有礼节、不可以目中无人、不可以搬弄是非、不可以赌博钱财、不可以偷精学艺、不可以逞强斗狠、不可以调戏妇女、不可以慢待朋友。当时最具代表性的“勾栏瓦舍”，它是集市、体育、表演等为一体的城市文化娱乐场所，相比前代运动竞赛逐渐走向专业化和职业化。这对古代运动项目文化的传播、交流、创新起到了很好的促进作用。到了明清时期由于统治者的昏庸，社会的动荡、经济的衰退导致一些球类运动逐渐走向衰落。

到了近现代，我国运动项目文化发展阶段可以分为三个时期：第一个阶段，从1840年鸦片战争开始，西方强势文化进入中国，同时带来的运动项目文化，也开始在中国落地生根，使原有的单一且整体的运动项目文化传承模式逐渐被打破；第二个阶段，从1915年新文化运动持续至1937年抗日战争爆发近20年，英美体育思想传入中国，出现了所谓的“土体育”和“洋体育”争论，虽然不可避免地会出现文化对立和冲突，但同时也促进了中国体育文化的发展，例如中国的武术与民族传统体育作为“国术”与西洋体育文化分庭抗礼；第三个阶段，从1945年抗日战争胜利之后到1949年新中国成立，这一时期国内战争没有结束，百废待兴，中国开始进入新民主主义社会，具有先进思想的体育学者们为体育事业作出了巨大的贡献。1949年新中国成立至1984年，中国体育代表队首次参加23届夏季奥运会，国际交流的频繁，使我国运动项目文化随后迅速发展、扩大。经过世代的传承与发展，进而积累、进步和沉淀，最终形成了当下中国特色的运动项目体系和具有中国特色的运动项目文化。

第二节　运动项目文化与社会文化特征的自相似性

从文化层次的角度审视，运动项目文化从属于社会文化，因而具有与社会文化相似的一般特性，包括地域性、教育性、历史性、民族性等。

① 秦海生. 宋代体育组织研究［J］. 体育文化导刊, 2012（09）: 144-148.

一、地域性的自相似性

英国人类学家马林斯基曾经提出过“语境”的概念，[①]他认为，不了解语言的社会文化背景，就无法理解这种语言的真实含义，语言是深深植根于社会之中的。这就涉及地域性的问题。同样的道理，不了解一个运动项目所处的社会文化背景，就无法体会该运动项目所表达的文化内涵，运动项目在地域文化的熏陶中会变得更具有自身独特文化的魅力。社会文化具有地域性，运动项目文化处于社会文化中，同样具有地域性。正所谓研究“体育”离不开“生活背景”；研究运动项目文化离不开“社会文化背景”。要了解运动项目这个大的文化，理应从关涉“地域”的“小文化”开始。

中国地域环境比较复杂。就地理环境而言，高原、平原、丘陵、大小盆地等。和其他文化一样，中国传统体育运动项目的产生、发展会受多种因素的影响，自然地理环境是很重要的条件，运动项目会受到不同地域文化的影响，结合经济和政治地理等因素形成了不同风格、不同内容的丰富多彩的传统体育运动项目文化。地域文化中包含着丰富的地域人文情怀，一方水土养一方人，“一方人”在长期的劳动生活中创造并延续了深层的本土文化心理，这些文化心理或文化特质代代相传，逐渐形成了个体生命最本质的文化精神、文化内核或文化精髓。[②]所以地域文化无疑是影响运动项目文化形成和发展的首要社会文化背景因素。

中国素有“南人善舟，北人善马”“南拳北腿”之说。生活在广阔草原地区的民族，容易形成崇尚力量、重视个人表现的草原体育项目，如射箭、赛马和摔跤[③]；山地丘陵多变的地理环境，则民族体育项目多为登山运动、空中运动，如登山、攀岩、岩降、溜索和滑翔伞运动等；近水的民族多以和水相关的项目为主，包括赛艇、帆板、滑水、赛龙舟、皮划艇等；寒冷地区的民族喜欢开展冰上、雪上项目，包括雪橇、冰球、滑冰等；炎热地区的民族则乐于开展水上项

① 布伦尼斯洛·马林诺夫斯基，赵肖为，黄涛. 原始语言中的意义问题［J］. 温州大学学报（社会科学版），2013，26（02）：11-31.

② 胡兴桥著. 地域文化与中学语文教学［M］. 北京：语文出版社，2015. 07.

③ 王俊奇，徐国民，张华飞. 我国少数民族体育形成的地理环境因素［J］. 体育科学研究，2004，8（2）：39-42.

目。这些运动项目文化有着鲜明的地域性特征。2022年冬奥会在北京举办，下面以冰雪项目之一滑雪为例谈其文化地域性特征。

滑雪运动项目文化具有鲜明的地域性特征。一般开展在气候和地势适合滑雪的地区，主要在一些纬度较高、冬季气候寒冷的地方，如俄罗斯、欧洲中北部国家（瑞典、瑞士等）、加拿大、我国北方地区等。近些年，随着我国居民生活水平不断提高，人们越来越追求自己的身体健康。休闲体育项目得到了众多人喜爱的同时文化的需求也愈来愈强烈。“文化产业”这一新兴名词在我国悄然出现，并走进了人们的生活、逐渐被大众所熟知。文化产业的发展，对推进我国文化创新，弘扬传统文化有着重大意义。随着传统产业的日趋成熟，国家或城市之间的竞争早已不再是传统行业上的竞争，而变成了文化产业之间的竞争。文化产业关系到一个区域整体的可持续发展，世界各国注重文化产业发展，已经是全球发展的一个新趋势。[①]所以打造滑雪项目文化产业的发展，发挥地域文化的积极影响，对于提升地域影响力有着不可替代的效果。

滑雪项目文化地域性特征是实现其独特价值的重要保证，我国丰富的雪资源使得滑雪项目成为一种竞技项目以外的热门休闲度假旅游项目。如长白山国际度假区，就是以滑雪度假为主题的服务中心、娱乐中心。2017年5月，国家体育总局在《关于推动运动休闲特色小镇建设工作的通知》中提出，“发展冰雪运动休闲特色小镇，打造集赛事、娱乐、旅游、疗养、康复为一体的滑雪旅游度假综合体”。

二、教育性的自相似性

文化具有很强的教育属性，这正是优秀传统文化得以传承和发展的基础和条件，也是实施传统文化教育的前提。在继承优秀传统文化的过程中，常把教育性作为基本标准。运动项目文化是中华优秀传统文化的有机组成部分，同样具有教育性。各地具有代表性的民族传统体育是我国各民族文化悠久历史发展的结果，文化内涵深厚。有学者提到“越是民族的，就越是世界的。与德国的体操、瑞典的滑冰、法国的击剑相对应，与中国文化息息相关、纤缕相合的，那就是射箭”。[②]射箭是在中国传统文化的“安土地、崇人伦、尊祖宗、重礼仪、尚道

① 胡莹. 试论地域性文化创意产业的发展［J］. 环渤海经济瞭望，2019（09）：54.

② 张燕. 先秦射礼演进及其德育价值探析［J］. 文化学刊，2018（10）：198-203.

德”价值模式的影响下，具有非常独特的民族文化特点。①

随着教育思想及内容的渗透，射艺发展到了射礼（见图9-1），在竞技中渗透文德武功，“射以观德”早已成为中国人的信念。顾涛在其著作《中国的射礼》的第二章“由射艺到射礼”中论述了射的教育价值：中国古代将射箭视为士人必修的技艺之一。自男孩子呱呱坠地之时，父母就会为其举行“桑弧篷矢以射天地四方”的生礼，此后射箭将成为伴随他一生的学习与事业。自西周以来，“射”即列为教育内容的“六艺”之一。《周礼》记载全国政教系统由大司徒统一掌管，大司徒通过“乡三物”以教化万民：“一曰六德，即圣、义、知、仁、忠、和；二曰六行，即孝、睦、友、婣（同姻）、恤、任；三曰六艺，即礼、乐、射、御、书、数。”②在这些教条教化的要求中包含着射，射艺的整个过程蕴含着射礼，通过射的身体力行的过程，实现行为举止规范的身体教育，完成潜移默化地进行思想教育和道德约束。所以“射”作为教育关注点之一，诠释了射礼具有的教育价值。

体育作为生命本我、肉体本身的教育，与人生命个体的福祉关系最为密切，是德育、智育及其他方面教育的基础和前提。在现实生活中，身体有时被物化、被功能化、工具化，但身体的教育功能和媒介作用，使得整个运动项目文化体系都成为教育的内容和手段，而每种教育内容及手段又有其时代特色。

图9-1　射礼

① 王岗. 民族传统体育发展的文化审视[M]. 北京：北京体育大学出版社，2005：44-45.

② 顾涛. 中国的射礼[M]. 南京：南京大学出版社，2013.

（一）射礼的社会文化背景

射礼从夏代起，经历了商周、先秦、两汉、隋唐、宋元明清时期。在不同历史时期，都曾受到当时的国家政策和社会文化背景的影响。

商代是非常重视礼仪道德的朝代。贵族对于射礼活动的重视也充分体现了当时社会文化教育的重要性。其最能体现射礼主要功能和价值的则是德育。据相关文献记载，商代不仅有了学校，还产生了专门传授射、习射的机构——序。《孟子·滕文公上》记载："设为庠序学校以教之：庠者，养也；校者，教也；序者，射也。夏曰校，殷曰序，周曰庠，学则三代共之，皆所以明人伦也。"可见，当时学校教育中的"射"是一项主要的学习科目。在后世传承的"六艺"教育中，"射礼"也是先秦射箭文化的重要内容。

"射"作为"六艺"之一，西周时期更是发展成为重要的礼仪活动和教育手段，也是周礼的重要组成部分。射箭技艺的发展，往往是伴随军事需求发展的，在冷兵器时代，射箭作为军事训练的重要内容和手段不亚于现在的导弹。在没有战争的王宫贵族群体中，射箭也逐渐发展成为一种娱乐游戏，并不断创新比赛方式，甚至普通百姓也将射箭作为休闲娱乐项目，以至于在一定时期内普及程度相当高。"百发百中""百步穿杨""没石饮羽"是对高超射艺的描述与赞美。

唐代统治者十分重视礼制，但在唐初，礼制沿用隋朝礼仪。公元637年，唐太宗开始修订《贞观礼》，高宗时代修订了《显庆礼》。[①]公元726年，唐玄宗又下诏修订《开元礼》，开始规范礼仪教化活动，以达到维护和巩固政权的目的，同时也有促进社会发展的作用。加上唐代国力强盛、经济繁荣，为射礼体育项目的发展提供了充分的条件。其作用有：作为人才培养与选拔的指标、军事训练与战争的手段等。

宋元明清时期。随着明朝国家集权政权的建立和全国的统一，战争状态弱化，开始转向文治之世。明太祖朱元璋要求各地"于儒学后设一射圃，教学生习射礼，朔望要试过。其有司官闲暇时，与学官一体习射。若是不肯用心，要罪过"[②]。可见明代非常重视射礼教化的功能。明代诗人李东阳创作的《绍兴府学乡射圃记》中写道："射，艺类也，君子之所不可阙，故可以正心志，可以习容

① ［宋］欧阳修等. 新唐书［M］. 上海：中华书局，1975.

② 赵克生. 国家礼制的地方回应：明代乡射礼的嬗变与兴废［J］. 求是学刊，2007（06）：144-149.

体，可以立德表行，其道大矣。”其盛况在许多著作中也均有记载，如射法名著程子颐的《步兵射法图说》、高颖的《武经射学正宗》和杨惟明的《射学指南》等；射艺名著有杨道宾的《射艺礼节》《四库全书》收录林烈编著的《乡射礼仪节》等。

（二）射礼的教育性

把中国文化归纳为“礼”的是国学大师钱穆先生，他认为，中国人一切行为的准则就是礼。中国古代礼射活动中讲究“始于礼，终于礼”，彰显礼的同时，也展现了一种谦卑与尊重精神。中国有句古话叫“射以观德”，就是看场上射者能否做到以礼始，以礼终（见图9-2）。古人认为个人的品德、行为标准就是在射礼中来体现和印证的。长期以来，礼射文化能够长久不衰，就是因为把射礼作为中华民族礼仪精神与中国的儒家思想充分结合的产物，这种特有的教育价值不仅在古代十分珍贵，在当代依然能发挥其重要的作用。在人们的道德修养、家庭教育、社会稳定、身体健康等多方面都有积极的促进价值。《礼记·射义》有记载：“故事之尽礼乐，而可数为，以立德行者，莫若射，故圣王务焉”，视射礼来检验射者的德行。这里的德育主要从以下两个方面诠释。

首先，是克己复礼，意思是习射者要正心修身。因为射礼中射本身特殊的竞技性存在，增加了对礼诠释的难度。所以在激烈的比赛竞争中所展现的“礼”与“行”将成为射礼所要求“德行”的最重要方面。这正是射礼区别于冠、婚、丧、祭四大礼俗的最大不同。在激烈的胜负竞争中往往最能考验出参与者最真实的品行，这也是射礼“观德取士”的根本原因。除此之外，射礼还体现在原始的狩猎中，人们在赞美猎手时所关注且评判的标准仍是《郑风·叔于田》中所描述的“美且仁”“美且武”“美且好”“洵美且仁”“洵美且好”“洵美且武”①。其中仁、好、武等字，代表善、英俊仁慈、勇敢健壮和多才多智。反看射中原本带有的原始性、野蛮性通过融入礼乐规范、儒家思想等文化要素，使其演变成为射礼，便具有了深厚的教育意义。

---

①　［汉］郑玄，笺. 十三经注疏 毛诗正义［M］. ［唐］孔颖达，正义. 上海：上海古籍出版社，2007：528-530.

图9-2　战国椭杯中的射礼图（上海博物馆藏）

其次，谦敬礼让，要求习射者要有谦谦君子之风。在儒家经典《论语》的第三篇《八佾》中记载，“子曰：君子无所争，必也射乎！揖让而升，下而饮，其争也君子。”[①]意思是：“君子之间没有什么可与人争的事情。若有也只有射箭比赛。开始前，赛手先相互作揖谦让，然后才能上场。射完箭后，又需要相互作揖方可退下来，最后才登堂喝酒，这就是君子之争。”这是孔子儒家思想的一个重要特点，提倡谦逊礼让反对无礼的竞争。“揖让而升”做了淋漓尽致的演绎，充分展现了君子在竞争面前仍然克己复礼、谦敬礼让、平心静气，这些始终是射礼竞技精神的最终体现。实际上，“无论射礼中礼仪程序如何繁复，人们在给予礼以充分的认可和展示之后，仍然关注竞技的结果，射礼也寄希望于寻找到既有高尚德行，又有高超技艺的良士”。[②]在相关射礼的文献记载中，人们更直言对射技的赞美，例如《郑风·大叔于田》以街巷空无一人、都跑到郊外看狩猎的盛况来记录射艺的受欢迎程度：“叔善射忌，又良御忌。抑磬控忌，抑纵送忌。”[③]

总之，射礼所传递的教育内核是“礼”，即礼仪、德行、品质等。不同的历史时期尽管具有不同的射礼文化，但“射礼观德”的人文精神一脉相承、历久弥新。当代著名射箭家、射箭协会主席徐开才曾说过：“弓道，一生一射，可以用射箭的态度对待人生。如姿势要端正，要全神贯注、射以观礼，这不仅是射箭

① 杨伯峻. 论语译注［M］. 北京：中华书局，25.

② 张燕. 先秦射礼演进及其德育价值探析［J］. 文化学刊，2018（10）：198-203.

③ ［汉］郑玄，笺. 十三经注疏 毛诗正义［M］. ［唐］孔颖达，正义. 上海：上海古籍出版社，2007：337-338.

之道，更是人生之道。”[①]

三、历史性的自相似性

文化是历史传递无限过程的现实表征，具有深刻的历史性。[②]即社会文化和运动项目文化具有历史性。关于文化的历史性，有学者归纳为：人们的创造物从过去言传至今的东西，也就是所谓代代相传的东西，包括物质文化、精神文化（信仰、观念）和制度文化（惯例和制度规范）。尤其是物质文化，各种器物的存在代表了文化的历史印迹。运动项目物质文化自运动项目的产生起便形成了。我国运动项目发展源远流长，最早始于原始的狩猎活动，再到冷兵器时代的军事训练、西方体育的传入，最终形成了一个个现代运动项目。作为运动项目文化历史性的载体，各种器物的产生、发展和演变记录了运动项目文化的历史性特征。

物质文化是文化的一种载体形式，包含人们对环境的改造与创造，是人们对环境能动影响的物化记载。同理，以体育为目的或在体育中的活动方式及其物质形态是体育物质文化。美国的社会学家戴维·波普诺在其著作《社会学》一书中认为：一个普遍存在的社会物质形态——机器、衣服、工具、书籍等可以称作物质文化。一个社会时期所产生的物质文化，是同期技术水平可开发资源和人类需求的结合体。例如，民族传统体育在其不断地产生和发展过程中，伴随着人类对自身的认知以及自身与周围环境关系认知的不断深入，所形成的物质文化就是民族传统体育经历不同历史时期的标识[③]。比如传统射箭运动项目，弓箭形式的变革记载了社会文化和传统射箭文化的演进过程。

根据目前的考古学证据，一般认为弓箭出现于旧石器晚期到新石器早期。当时称为单体弓，它的出现最早是用于狩猎的，并且很早就成了人类争斗的工具。先秦时期，中国的弓箭种类开始丰富起来，出现了新的弓形——反曲弓，也就是角弓。春秋战国时期，在周王朝统治不断衰微，大小诸侯国相互混战争霸成为常态。战乱不断的社会背景下，促进了弓箭制造工艺的提升。此时期弓箭制作水平已经相当高，但还是由弓箭衍生出了另外一种远程射击武器——弩（见图9-3）。根据《吴越春秋》的记载，战国时期楚国的琴氏“横弓着臂，施机设

---

① 徐开才. 射艺［M］. 桂林：广西师范大学出版社，2015.

② 李燕著. 文化释义［M］. 北京：人民出版社，1996. 10.

③ 赵锡凌，汪军锋，党黎明主编. 体育文化研究［M］. 哈尔滨：东北林业大学出版社，2008. 10.

枢”发明了弩。战争的频发使得当时各诸侯国都设有专门的兵器制造部门，并颁布了官方标准，用于指导兵器生产，以获得更多的规格统一的精良兵器。关于弓的制造和弓的选材、工艺流程等，在《周礼》的《考工记》中均有记载。汉代时期出现了一种新的长稍弓。但更多的出土文物显示（甘肃嘉峪关出土的长稍弓，见图9-4），弓箭都是单体木弓，可见无论是短稍的角弓，还是长稍的角弓，在汉代前期和中期都并未普及。

图9-3　战国时期的强弩

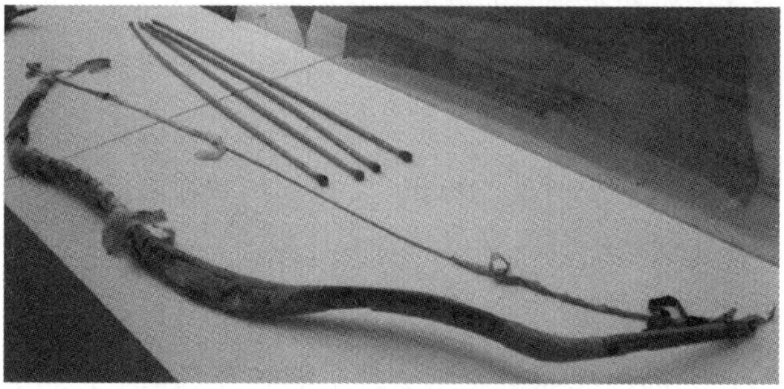

图9-4　汉代的长稍弓

汉武帝时由于长期与匈奴对抗，匈奴人善骑射，使用一种上下不对称的长稍弓，也是最早出现的长稍角弓。所以汉代长稍弓的出现，很可能是受匈奴弓的影响。汉朝也是首个统治了西域的王朝，目前考古学家未发现除西域以外的其他地方出现过长稍角弓。

据唐代行政典籍《唐六典》记载：“弓之制有四：一曰长弓，二曰角弓，三曰稍弓，四曰格弓。”其中长弓步兵用，角弓骑兵用，稍弓、格弓皇朝禁卫军用。在新疆唐高昌故城出土的角弓是目前唯一出土的唐代时期的角弓。

到了宋元时期，长稍弓得到了延续。明清时期，随着近代火器的发展，弓箭在军事上的进攻效能大大降低，转而被演化为一种体育和娱乐项目，以这种方式受到人们的欢迎并得以传承。

总之，弓箭和射箭项目发展说明了社会文化的历史性体现在围绕弓箭的诸多相关事物的变迁；而运动项目文化的历史性则表现在弓箭本身的衍变。

四、民族性的自相似性

世界文明因为不同而绚丽多彩，历史、环境、生活习俗、地理条件等造就了今天民族、国家巨大的文化差异。人类社会文化正是由许多差异性的具体文化类型所组成。因为不同自然环境和地缘等因素的共同作用，使不同地区的族群具有不同的价值系统、思维模式和行为倾向，由此便会产生区别于其他群体的文化特质。例如在体育文化中，纵观世界足球发展历程，我们不难发现文化和足球有着不解的缘分，不同的民族性格能够造就独具民族特色的足球风格。正如一位学者总结的那样，一个民族所钟爱的体育运动往往因为其中蕴含了这个民族的精神风格特征。从另外一个角度上讲，该民族的精神特征无形之中也会影响着体育运动的发展①。足球运动之所以是世界第一大运动，这是因为足球运动独特的魅力，但更重要的原因则是因为足球在传播的过程中，不同的民族文化融合到了这项运动中，最终成为极具民族文化的足球运动。下面以具有典型民族特征的被球迷戏称为“桑巴足球”的运动项目为例，分析其项目文化和社会文化的自相似性。

（一）巴西社会的民族文化背景

巴西是拉丁美洲最大的国家，拉丁美洲有着悠久的历史和文化底蕴，如玛雅文化、印加文化等。16世纪初西班牙人和葡萄牙人来到这里，带来了欧洲文明的同时也将足球带到了这里，豪迈狂放的拉美文化造就了独具风格的“桑巴足球”，正是因为印第安文化的激情与热烈融合了欧洲文化的古典与浪漫。巴西是个地域广阔的国家，国民来自世界各地——这里是除了日本本土之外居住日本人最多的国家。球王贝利的初恋女友和现任妻子都是日裔。巴西还是一个多民族的国家，聚集了印第安、阿拉伯、欧洲、非洲以及东方人等多种民族，具有混血文

① 王岗. 体育的文化真实［M］. 北京：北京体育大学出版社，2007. 1.

化、桑巴文化，被称为民族文化大熔炉。在巴西文化大背景下桑巴足球主要受到桑巴舞风格和文化渲染（见图9-5）。同时也受到巴西特有的气候环境、宗教信仰、巫术活动、节庆活动以及其他民族文化活动的影响。很多球迷之所以喜欢巴西足球，就是感觉巴西人踢球就像是在跳舞，或许是因为他们体内有来自非洲人的血液，他们试图把任何活动都当作舞蹈，即使竞争对抗的踢球也不例外。这种浪漫主义与热情奔放的踢球风格，是在20世纪20年代逐渐形成的。巴西足球十分优雅，多人之间的配合非常有张力，舒缓有致，也不畏惧高强度的抗争。剖析其缘由，很多专家认为高强度的对抗是一种人性、意志、精神的对抗状态，其最高境界就是舞蹈般的节奏感。据史料记载，1894年，足球由巾查尔斯米勒传到巴西，起初足球在巴西专属于白人和精英阶层，足球风格跟欧洲没什么不同，例如里约州的第一家足球俱乐部米勒俱乐部，球员主要来自富裕家庭。1888年，巴西废除了奴隶制，获得自由的黑人来到了城市。他们的参与才使得巴西足球真正的本土化，逐渐形成了自己的风格：无拘无束、动作夸张、喜欢盘带技术动作，喜欢有个人表演性质的不设限的即兴发挥等。

追踪溯源，其实桑巴舞的源头是非洲黑人在祭拜仪式上的舞蹈，并随黑奴的贩卖被带到了巴西，结合了当地的其他文化元素形成了现代桑巴舞。作为巴西的国舞，桑巴舞流行于巴西的大街小巷，无论男女老幼都能闻乐起舞，展示他们的激情与活力，体现出巴西民族特有的人文风貌和乐观的国民性格，这也是桑巴足球成长的文化土壤。在跳桑巴舞时，舞者要不断扭动腰肢，踮起脚尖，手臂和臀部也要配合舞动的脚步来回摆动，看起来就像是在原地奔跑，节奏强烈、热情奔放，将巴西浪漫主义文化展现得淋漓尽致。“跟贝利时代的美丽足球有异曲同工之妙，均符合巴西人的审美观，所以深受巴西人喜爱。”[①]就如现今经常有媒体用桑巴舞技艺来形容巴西最红球星内马尔的技术特点一样。总之，桑巴舞使巴西足球和文化风格在世界上独树一帜。[②]可见“桑巴足球”不仅代表了巴西足球队，更象征着一种足球文化、一种社会文化、民族文化。

---

① 黄健翔. 你不是一个人世界杯［M］. 武汉：湖北科学技术出版社，2014：146.

② 冠兵. 巴西足球与桑巴文化［J］. 世界机电经贸信息，2005（04）：56-57.

图9-5　第21届世界杯期间的宣传图片

（二）“桑巴足球”的运动文化

现代足球起源于英国，但把足球玩得最转的一定是在巴西。“桑巴足球”曾获得五次世界杯冠军，多次联合会冠军。并且还孕育出了贝利、罗纳尔多等一批全球认可的足球明星。像贝利、加林查、济科、罗纳尔多等巴西足球世界级巨星都是从社会的底层开始踢足球逐渐成名的。但他们运用高超的技艺，促进了巴西足球的全球化发展，让巴西足球名扬世界①。在巴西艺术足球的球星家族里，贝利之后一直后继有人。活跃于1980年代的济科、驰名于1990年代的罗纳尔多、成名于21世纪初的罗纳尔迪尼奥都曾是媒体集团和观众心目中的贝利接班人。他们给人们带来了奇幻的足球技艺，而迷恋此道的人似乎永远无法摆脱其动作影像的牵引与操控。每一个观众都拥有属于自己独特的足球审美和对球员的偏爱。然而，无论人们持有的足球观念有多么不同，在对待巴西足球的态度上却往往有惊人的一致。巴西足球的确蕴含着一种难以名状的时空穿透力，巴西足球也由此进入了更为普及的大众化时代。换言之，大众化、符号化、标识化已成为巴西足球文化的基石②。由此看来桑巴足球文化在巴西大文化背景的熏陶下早已扎根于民族性文化的深层次。拥有浪漫的“桑巴足球”的巴西被人们称为“足球王国”。李毓毅等在《文化足球之魂》中是这样描述巴西足球之盛的：“无论是足球联赛体系最发达的英国、德国、意大利、西班牙，还是天寒地冻的俄罗斯、乌克兰、瑞典、挪威，或者是足球新兴之地中国、日本、韩国，在世界几乎每个角落的职

① 韩朝晖，刘海明. 桑巴之魂：巴西足球文化研究［J］. 辽宁体育科技，2017, 39（04）：12-16.

② 路云亭. 现代足球人类动作镜像的终极美学［M］. 上海：上海人民出版社，2015：23.

业足球联赛中，都有‘桑巴球员’的身影。据统计，全球各地共漂泊有一万余名巴西职业足球运动员，加之本国数以十万计的职业球员，巴西的足球选手人数甚至比不少国家的人口还要多。在国内的街道、广场、甚至是贫民窟、海滩旁，到处可见追着皮球的大人与孩子，足球已经融入了巴西国民的血脉之中。不仅是男子足球，巴西人在女子足球、五人制足球、沙滩足球等一系列运动中，也都达到了世界顶尖的水平。”①

“桑巴足球”作为巴西文化的主流，具有多个标志性特征。如艺术性、古典与浪漫、激情与冲动、符号性和民族性等。“桑巴足球”代表了华丽、浪漫和自由。“桑巴足球”最大的特点之一就是足球技术与音乐韵律的交融，充分体现了独特的民族文化。巴西人踢足球的特点是个人技术优秀，喜欢短传配合，那一停、一传、一带、一射都带着韵律，是真正的绿茵场上的舞者，是被公认的世界上最完美的“艺术足球”。比赛时，就连球迷们都会随着响起的音乐，踩着鼓点随着桑巴舞的节拍，疯狂地吼叫着、扭动着，这种热烈气氛足以说明巴西桑巴舞对足球竞技运动的渗透与结合所形成的独特足球风格和足球文化。以其鲜明的风格充分展现了其文化内涵，展现了“桑巴足球”特有的魅力，也展现了巴西特色的民族文化，充分体现了足球运动项目文化与社会文化特征的一致性。

第三节　运动项目文化与社会文化结构的自相似性

从文化结构角度分析，文化结构通常被分为物质层、精神层、制度层三个层次。在一定的社会背景中运动项目文化结构变化是随着社会文化结构的变化而变化的。二者的结构具有一定的自相似性。有学者将文化结构的三层次用同心圆来表示：即核心层是精神文化层，中间层是制度文化层，最外层是物质文化层。结合我国传统蹴鞠运动项目，以一定的社会文化为背景分析蹴鞠项目文化结构内涵，揭示蹴鞠项目文化与社会文化结构的自相似性。

① 李毓毅，王平主编. 文化足球之魂［M］. 上海：文汇出版社，2014：22.

一、精神文化的自相似性

精神文化是道德、认识、科学、教育、艺术等的各种价值之总和，有学者把其定义为组成社会生活第二层次[①]。毋庸置疑，我国当代社会中所追求的精神文化是社会主义核心价值观。党的十九大上，习近平总书记在报告中提出："发挥社会主义核心价值观对精神文明创建、国民教育、精神文化产品创作生产传播的引领作用，把核心价值观融入社会发展的各个方面，转化为人们的行为习惯和情感认同。"[②]作为社会文化的子文化，运动项目文化更是离不开社会主义核心价值观大精神文化的全面指引。反观古代蹴鞠运动项目精神文化建设，也是同样的道理。以唐代最繁荣的蹴鞠运动为例，从蹴鞠运动项目精神文化可以看到唐代社会文化的精神风貌。

在唐代蹴鞠是一项很普遍的运动，作为一种运动休闲方式，这一运动形式广泛地传播到民间，形成了"寒食蹴鞠"的风俗。"寒食蹴鞠"包括扫墓、郊外野餐，还常常进行荡秋千、蹴鞠等游艺娱乐活动，逐渐形成为一种社会文化现象。在当时，"寒食蹴鞠"已发展成为一种区域性的民俗文化。寒食节进行蹴鞠运动的风气还成为唐朝文人创作的题材，许多人围绕这一民俗进行了大量的文学创作。如王维在《寒食城东即事》描述当时的场景："蹴踘屡过飞鸟上，秋千竞出垂杨里。少年分日作遨游，不用清明兼上巳。"作者诗意地描写了长安城郊几户人家在寒食节的体育娱乐活动，蹴鞠、荡秋千画面唯美。据《荆楚岁时记》记载，寒食之时，造大麦粥，人们常以斗鸡、蹴鞠、打秋千为娱乐。像这种描写蹴鞠景象的诗句不胜枚举。文人墨客们的诗歌辞赋把蹴鞠活动作为审美对象，蹴鞠活动开始走进文人们的审美视野，从而更赋予了蹴鞠文化以美学的色彩，并逐渐被大众普遍接受，形成了风靡一时的审美文化。这与唐代盛世文化的休闲娱乐之风具有自相似性。

流行于人们社会文化生活之中的唐代蹴鞠，其竞技性大大减弱，娱乐性增强。蹴鞠运动以外的休闲活动也呈现出内容丰富、形式多样的特点。据史料记载，蹴鞠当时不单是男子的爱好，女子蹴鞠在唐代社会也很盛行，其痴迷程度

---

① ［苏］В. Л. 安德鲁先科. 精神文化与人［M］. 上海：华东师范大学出版社，1989：51.

② 习近平. 决胜全面建成小康社会 夺取新时代中国特色社会主义伟大胜利——在中国共产党第十九次全国代表大会上的报告［M］. 北京：人民出版社，2017.

甚至不亚于男子。“宿妆残粉未明天，总立昭阳花树边。寒食内人长白打，库中先散与金钱。”王建的这首编录到《全唐诗》中的诗就描写了一群宫女“白打”的情形：天还不亮，一群还没梳妆打扮的宫女就迫不及待地起来打球。赢了的还可以得到赏钱。[①]诗中不仅反映出蹴鞠这种体育运动深受宫中女子的喜爱，更展现了唐文化对女性的包容，这与唐代社会文化具有开放性特点有着高度的一致性。

二、制度文化的自相似性

运动项目制度文化处在中间层，主要包括：运动项目在发展过程中所产生的管理制度、比赛规则与章程、比赛管理和运行机制、训练安排制度、运动员流动制度、日常生活管理制度、人才培养与选拔制度、运动员退役制度、心口相传的礼仪俗规等，以及它们本身所展现出来的文化体系。美国著名的经济学家、诺贝尔经济学奖获得者道格拉斯·诺斯所创立的制度变迁理论在全球享有盛誉，他认为“制度由历史因素所塑造”，制度变迁是指“制度的创立、变更和随着历史时间的推移而又被打破的规则和方式。”[②]这里所指的历史因素可以理解为社会文化、政治和经济等因素。一个国家的制度指引着其他子制度的发展方向。所以运动项目制度文化变迁的方向跟社会文化制度应该是基本一致的，二者具有高度的自相似性。

蹴鞠项目制度文化从汉代开始就有了明确的规则。如东汉李尤的《鞠城铭》对此进行了详尽的描述：“圆鞠方墙，仿象阴阳。法月衡对，二六相当。建长立平，其例有常。不以亲疏，不有阿私。端心平意，莫怨其非。鞠政由然，况乎执机”，前四句表述的是汉代的鞠是圆形，场地是方形，球场四周有围墙，东西两端各有六个球门；后六句表述的是汉代蹴鞠的裁判制度、比赛条例和比赛规则，裁判要公正执法。最后是对运动员的要求，球员要有良好的素养和赛场礼仪，一是一切服从裁判，二是不因输球而责怪队友。因此可知现代足球运动的规则和礼仪等制度文化从汉代就已经萌芽了。不同的是，由于蹴鞠目的不同，蹴鞠文化也略有不同。例如汉代蹴鞠更多的是军事训练，蹴鞠文化

① 王建《宫词》，《全唐诗》卷二〇三，3444.

② North, Transaction Costs, Institutions, and Economic Performance [M]. San Francisco: International Center for Economic Growth. , 1992.

以军事性为主。

盛唐时期蹴鞠由军事性变为娱乐性。由于观赏性的需要，此时蹴鞠除了简单的比赛规则外，球场礼仪也有十分重要的规定。刘祝环、李永洪在所著的《蹴鞠天地人》中描述了一套完整的比赛规则：比赛开始时，弟子“先取气球在手，未许扎衣，起对上手过泛者言，先生带挟，对下手茶头言，冲撞少罪。方与众圆友言，请踢气球。将气球撇与下手。然后扎起衣服，先以小踢使巧。”比赛结束要齐体解散。大意是踢球子队员先对同场对手说点卑谦客套话，类似于今天的相互学习的寒暄。在踢球过程中，场外若有人旁观，要邀请他们上来一起玩耍，如果没有邀约这一环节，必定会被责备。踢球过程中，若起纷争，要和气谦让、尊重他人、守礼法。踢完球，还要一起聚餐，由老师父行“点圆礼”后方可散去。宋代随着商业的发展出现了商业球，其规则礼仪较唐代更加复杂多样。宋代要求在比赛开始前设计好球的传递顺序，由球头发球，依次传递给跷球、正挟、头挟左右竿网、散立等角色，最后由球头完成射门，将球踢进球门孔落到对方场地为得一分，球落地失一分。最后以进球多的队为胜，输球还要受到惩罚。

三、物质文化的自相似性

运动项目文化的物质层面是具体实物形态的总和，是能被感知的，是运动项目生存和发展最基础的条件，也是项目竞赛能够得以进行所必须依赖的物质基础。主要包括：体育场馆、器材、环境设施、运动队的名称、标志物、各类传播媒介、实物纪念品等，以及它们以此所展现出来的文化。

蹴鞠运动项目本身的起源与发展是蹴鞠运动项目物质文化层发展的基础，而蹴鞠运动的物质文化层又是蹴鞠运动项目本身起源的历史佐证。但目前关于蹴鞠物质文化无法确定蹴鞠起源于哪个时期。通过对现有蹴鞠起源的文献典籍进行整理，相关研究的学者们观点不一，到目前为止谁也没有实证，蹴鞠起源于哪个时期。

古代足球被称为蹴鞠或蹋鞠、蹴球、蹴圆等。贾玉芝在《蹴鞠的文化历史发展与文化保护研究》一文从历史时期的角度，分析当时社会文化背景论述了三种蹴鞠的起源说：第一是黄帝创造说；第二是殷商蹴鞠舞说；第三是战国齐都蹴鞠说。最终认为蹴鞠起源于战国时期的齐都临淄。张英基在文章《齐文化与蹴鞠运动》里直接提出了中国古代蹴鞠源于齐都临淄的论断。认为蹴鞠的起源还有另外两种说法：一种认为蹴鞠是黄帝发明的；一种认为蹴鞠出现在战国时期。像这样关于蹴鞠的起源说还有很多。但是各学者的说法都没有具体的证据，真实性有待验证，所以蹴鞠是怎样产生的，目前还是一个历史之谜。但至少可以确定古代就已经存在蹴鞠这项运动了。统合上述资料，假设蹴鞠起源于黄帝时期，那么其发展就经历了五个历史阶段：战国时期、两汉、隋唐、宋元、明清。

蹴鞠起源于黄帝时期。其原型仅仅只是一个石球和陶球。黄帝时期通常被认为是中国文化的源头，是中国原始社会由野蛮走向文明的时代。此时期黄帝文化具有开创性，在司马迁的《史记》开宗明义的首篇《五帝本纪》中提到。自黄帝开始并至传位至舜禹，皆同姓而异其国号，以彰明德。最终黄帝杀了蚩尤，取得了胜利。司马迁在《史记·黄帝本纪》中这样描述："轩辕之时，神农氏世衰，诸侯相侵伐，暴虐百姓，而神农氏弗能征。于是轩辕乃习用干戈，以征不享，诸侯咸来宾从。而蚩尤最为暴，莫能伐。"从中可以看出此时期的安全问题突出，社会动荡不安。通过梳理相关文献可将蹴鞠产生的社会文化历史背景归纳为：战争的日益激烈、氏族部落的形成、权力的争夺、社会分工的出现、人类发明创造的进步等。这一时期的社会文化更多的是一种战争文化，所以多具有战争文化的特征，此时期的社会文化特征为军事性。秦洪源在《黄帝文化对和谐社会建设的价值研究》中将黄帝时期的社会文化特征归纳为：人类活动的自觉性、经济生活的创造性、政治制度的开创性、宗教道德的包容性。"邦国林立"是这一历史时期的重要特征，随着各部族权力的争夺，导致黄帝时期烽火连年、战争不断。

战国时期（公元前475年—221年）蹴鞠最早流行于齐国临淄。此时蹴鞠由石头打磨的石球演变成用兽皮做的并在里面塞满兽毛的球，这种用毛发作为蹴鞠的填充物直到唐宋以前一直沿用。此时蹴鞠运动技术和规则相对简单，没有球门，多为一种娱乐活动。战国时期手工业和商业得到进一步发展，"百家争鸣"的多元文化给蹴鞠文化的繁荣发展奠定了基础。蹴鞠运动不管是在贵族阶层还是在平民百姓中都相当流行。战国时期政治家苏秦游历了临淄后，对富足的临淄丰富的社会文化活动赞不绝口，很是惊诧那里的人们能够经常演奏各种乐器，如弹琴、吹竽、击筑、鼓瑟等，还有斗鸡、遛狗、下棋（六博）、蹴鞠的人随处可见。《盐铁论》一书中称齐之临淄与燕之涿、蓟等地"富冠海内，皆天下名都"。还有一些史料，都印证了战国与西汉时期的临淄城规模之大，文化和商业之繁荣，是当时比较著名的大都市，在我国文明史上也应该具有很重要的地位。根据一些史书记载，齐国当时盛行宗教、巫风活动，临淄这样的大城市，不可避免地受到泰山宗教文化中心的影响。处在这样的历史背景和地理环境下，临淄城市文化易形成一种具有创造性的文化特质，从创建一开始就充满活力，居于同时代区域文化的核心地位。经济繁荣、物质富足、临淄百姓安居乐业，为各种各样的文化活动在民间开展创造了良好的条件。

两汉时期是我国古代蹴鞠走向兴盛的开始。此时蹴鞠的硬件设施也得到了进一步的发展，出现了鞠城和鞠室（相当于今天的足球场和球门）。这个时期比赛的器械有了改进，也开始有了比赛规则，有专人负责监督评判。任海在《中国古代体育》一书中总结了汉朝时期蹴鞠之所以快速发展的原因，主要有三点：一是汉朝社会经济发展很快、物质开始富足；二是汉代有优秀的传统文化；三是蹴鞠游戏受到了皇室的重视和喜爱。尤其是汉高祖刘邦、汉武帝、汉元帝、汉成帝等统治者都酷爱蹴鞠，经常参加蹴鞠对抗比赛活动并在宫苑内修有蹴鞠城，一些善于踢球的人还会得到君主的赏识。记载汉代时期蹴鞠文化的史料有汉画像、铭文、诗赋、古代书籍等。刘秉果在《蹴鞠：世界最古老的足球》一书中展示了汉代的画像石，在河南南阳出土的汉画石像上刻有《舞乐百戏》《鼓舞》《伎人异兽》，还有南阳方城县出土的的《舞乐》汉画石像，河南郑州登封嵩山少室阙的《进竭職難图》，陕西绥德出土《击鼓蹴鞠》等。这些汉画像石刻中的蹴鞠图像有的是进行军事训练，有的是表演节目（有音乐伴奏），还出现了女子蹴鞠的画面。虽然只是个人技巧表演性的足球游戏，但汉画像石还原了汉代人们蹴鞠的场景。文字记载当属东汉李尤的《鞠城铭》，这篇最著名的铭文切实反映了汉代蹴鞠的画面；另外还有何晏的《景福殿赋》、卞兰的《许昌宫赋》、枚皋的《蹴鞠赋》等一些文学作品也描述了汉代蹴鞠的场景及社会风貌。

唐朝时期，政治经济、文化娱乐、手工业都发展很快，当然这和当时的政治相对开明，经济较为繁荣、发达有很大的关系。文化娱乐活动的需求刺激了蹴鞠活动的进一步发展，蹴鞠使用的球的制作工艺在此时也有了很大的改进。例如出现了空心鞠，这种工艺较汉朝的实心鞠有了质的变化，器械的舒适性更适合游戏，这进一步推动了蹴鞠活动的开展，具有划时代的历史意义。在现存的一些史料中，详细记载了鞠的制作工艺，如唐代归氏子《答日休皮字诗》中，详解了所用的裘皮的制作过程："八片尖裁浪作球，火中燖了水中揉。"另有《气德赋》描述："尽心规矩，初因方以致圆，假手弥缝，终使满而不溢。"在《初学记》则这样记载："今用皮，以胞为里，嘘气闭而蹴之"。说明那个时候的空心鞠包括外皮和内胆两部分，外皮是用八片皮革缝制而成，内胆是用动物的膀胱。这种鞠不但轻巧、结实，富有弹性，还易于踢高。工艺的改进，对于蹴鞠活动技术的改进和规则的制订都具有很大的推动。此时还出现了双球门对抗规则、单球门对抗规则、无球门对抗规则。唐代蹴鞠的变迁无疑是社会变迁的一个缩影。一方面是唐代高超的手工艺制作技术水平，另一方面是当时社会相对开放的文化氛围。体育项目内容丰富、范围广、参加人数多是其他朝代所不及的。

唐代文化娱乐活动相比后期，肯定还是相当的贫乏，那个时期，蹴鞠活动不仅上流社会喜爱，在民间也十分盛行。因为身份不同，蹴鞠活动的规模、规则自然也不会相同，就类似于一种圈子文化，各个阶层的人群有各自的蹴鞠比赛和交流活动。当时妇女的活动也不仅限于家庭，妇女蹴鞠就是在这一时期开始盛行起来的。《内人蹋球赋》中有更为详细的记载："球犹求也，展转驰逐兮，将求仁而得仁，球上有嫔，球以行於道，嫔以立於身。出红楼而色妙，对白日而颜新。旷古未作，於今始陈。俾众伎而皆掩，擅奇能而绝伦。"可见蹴鞠在唐代妇女中已经是一种常态化的娱乐活动，尽管也可能会受到一些所谓"男尊女卑"观念的影响，但唐代相对开放的社会风气与民族融合带来了浓厚的胡族气息，给那个时期的女性带来了幸运的际遇：妇女可以外出游玩，抛头露面参与社交活动，甚至婚恋自由、贞洁观念淡薄，敢跃马扬鞭、袒胸露乳。如此开放的社会文化氛围，女性参与蹴鞠活动就不足为奇了。

宋朝手工业和商业发展较快，商业性的开发和政治上崇尚"重文轻武"，使得蹴鞠得到了进一步的发展。体现在鞠的制作工艺上，材质更好，更精细。有史料记载了鞠的制作过程："熟硝黄革，实料轻裁，密砌缝成，不露线角""香皮十二，方形地而圆象天。香胞一套，子母合气归其中"。[①]当时还出现了踢球的艺人组织了自己的专门团体"齐云社"及专门的场所"勾栏瓦舍"等。相当于有了现在职业足球的运动队。因为专业，所以必然有相应的制度规则，"齐云社"就有各种规矩，包括蹴鞠技艺、运动道德、比赛规则、运动服装要求等。

① 中国体育科学学会. 中国古代足球史料专辑 体育史料：蹴鞠谱［M］. 北京：华夏出版社，1987：17-23.

"齐云社"专门组织的出现增添了蹴鞠的观赏性，并且使得蹴鞠表演性、娱乐性的相关内容大大增加，而竞技性有所下降。"勾栏瓦舍"相当于现在的休闲娱乐场所，在"勾栏瓦舍"中表演的节目内容比较丰富，有讲史、杂技，也有相扑、举重、蹴鞠等体育项目。在《蹴鞠图》中可以看到宋代蹴鞠技术的复杂化和多样化，参与的人群上至皇帝大臣、下至平民百姓。我们现在都不难想象，那个时期的人对蹴鞠的喜爱俨然成了一种社会风气。任何文化娱乐活动都离不开当时的社会政治、文化的环境。据记载，宋太祖赵匡胤推行"文治"政策，重用文士，带头活跃文化，提倡文化思辨，希望用文化的繁荣来彰显爱民之策、减少武官给统治者带来的压力。这就决定了宋代蹴鞠的形式、蹴鞠的人群、蹴鞠的文化等。在社会文化兴盛的唐宋时期，蹴鞠运动较为自由地发展，不仅仅提高了蹴鞠技术，同时也带动了蹴鞠文化的繁荣，使蹴鞠在当时具有较高的娱乐性、社会性和商业性。

到了元明清时期，古代蹴鞠开始没落。主要是因为皇帝公开禁球。再加上治腐败、经济落后和社会上的重文轻武风气的加剧。最终导致蹴鞠运动文化的消失，以至于没有演进成为当代足球。从明朝开始，据史书记载，朱元璋发布严令："在京军民人等，但有学唱的，割了舌头……下棋、打双陆的断手；蹴圆的，卸脚。"文化娱乐活动顿时受到了压制。天启五年（1625年），明熹宗下令："严禁民间举放花炮、击鼓、流星、踢球。"后来的明熹宗也禁止踢球、放烟花等娱乐活动。满族入关后，清朝对汉族一些娱乐活动也实行打压政策，例如清朝顺治皇帝就将蹴鞠定义为淫乐之戏，《清实录顺治朝实录》记载："谕礼部、闻满洲、蒙古、汉军、汉人及诸色人等，皆踢石球为戏。本朝平素学习艺业。骑射之暇、穷涉书史。各该旗中牛录、及包衣牛录、即行严禁。"后来的乾隆皇帝更为直接，明令禁止蹴鞠活动，至此，民间蹴鞠活动衰落，一直到最后消亡。在这样的政治环境下蹴鞠一直延续到了清朝早期。尽管在严峻的社会政治、文化环境下，足球还是在民间流传。但此时蹴鞠的普及性远远无法与唐朝相比。关于蹴鞠的一切物质逐渐减少，例如鞠的制作开始减少，一直到鞠的消失。清朝中叶以前还有关于足球的记录，之后无论是官府还是民间，对于蹴鞠活动的记载均销声匿迹，有关蹴鞠活动的记录戛然而止，蹴鞠文化从此消亡。有关蹴鞠衰亡的历史原因，学者们见仁见智，如学者王俊奇在《蹴鞠衰亡的历史原因再研究》一文中认为：社会文弱之风、赛制改革、球门改革、民族压迫、蹴鞠对象的弱势化等是导致蹴鞠衰亡的历史原因；当然也有观点认为蹴鞠的衰亡是因为过于商业化和大众化、由竞技性走向表演等，综观来看有两大方面，蹴鞠自身的改革和社会变革的影响。

综上所述，运动项目文化尽管有其自身的特殊性与典型性，但总体来看都属于体育文化事象。并且运动项目文化的发展变化深受社会文化的影响和制约，与社会文化大背景的发展存在部分与整体的自相似性。

第十章　体育文化与社会文化传播的自相似性

文化的传播作为人类社会活动的主要交流方式，随着社会的发展，交流的频繁，传播工具的科学化、传播途径的多元化，使得传播的成效更为显著。文化传播是文化得以传承与发展的前提条件，文化的传播既有横向的群体内部的传承与交流，不同群体、不同国家、不同民族之间的传播与交流；又有纵向的不同时代的自上而下、从古到今的单向传播，确切来说是文化的传承。当今社会，传播学已然成为一门独立的学科，从传播学的角度分析体育文化与社会文化传播的自相似性，能为我们打开一个认知二者自相似性关系的新维度。

第一节　体育文化与社会文化传播历史的自相似性

体育文化和社会文化在传播历史分期上具有自相似性，体育世界是现实世界的一部分，现实世界的历史发展脉络、社会精神特征以及文化传播特征会投射、反映到体育文化中，社会文化形态决定体育文化形态。传播是一切社会交往的实质，正如被誉为传播学鼻祖、传播学之父的威尔伯·施拉姆所言："我们是传播的动物，传播渗透到我们所做的一切事情中。传播是形成人类关系的材料，是流经人类全部历史的水流，不断延伸我们的感觉和我们的信息渠道。"[①]根据历史发展过程中主要传播媒介特征，本章从口语传播时代、文字传播时代、印刷传播时代和电子传播时代四个阶段来进行探讨。

一、口语传播时代

没有符号和文字记载之前，人类传播活动的第一个阶段就是口语传播，这

① ［美］施拉姆·波特. 传播学概论［M］. 陈亮，译. 北京：新华出版社，1984：20.

一阶段大致应该从人类诞生开始，也就是人类最原始社会时期开始，一直到文字的出现结束[①]。马克思主义发展学说认为，劳动创造了人，体育是则是人类在生产劳动中产生的，并随着人类劳动实践和社会的发展而发展的。我们从原始人类的生活中去寻根溯源可知，原始人类主要过着原始的采集生活，并辅之以打猎、捕鱼等生存手段（见图10-1）。他们这些社会活动大致可以分为两类。

为生存而付出的劳动：采摘果实、捕鱼猎兽用以果腹；制造工具、剥割兽皮保护身躯等。

原始的武力活动：部落之间掠夺食物、侵占领地；抵挡、围猎猛兽等。[②]

由此可见，体育活动和社会活动有时也界限不清。但原始社会生产力极其低下，人们饱受野兽的侵袭和饥饿的威胁，朝不保夕，因而过着共同劳动、共同分配的原始生活。河南郑州老奶奶庙遗址出土的大量石制品、动物骨骼遗存与丰富的火塘等活动面遗迹（见图10-2），具备典型的中心营地特征，将中原地区更早的旧石器文化与其后发展起来的石叶与细石器文化完整地衔接起来。

图10-1　古人类狩猎复原图

图10-2　河南郑州老奶奶庙出土的骨片

口语应该是动物界的一种本能，最初仅仅是一种将不同的声音与周围环境或动作联系起来的声音符号，或传递危险信号、或记录食物所在、或召集人群，因为有了思维和劳动，人类的语言自然区别于动物的语言，拥有了一个其他动物所不能具备的丰富的“语义世界”。原始体育文化和社会文化萌芽于长期生产劳动和生活实践中，以征服自然为主，由此衍生出的捕鱼和格斗等生产技能和自卫本领的教育，只能通过原始的口耳相传和简单的实际行动模仿。在北京周口店最早的猿人遗址中，出土了不少原始骨刀、石刀等。到新石器时代，原始石刀呈现

① 郭庆光. 传播学教程［M］. 北京：中国人民大学出版社，2011，04：23.

② 龚飞，梁柱平. 中国体育史简编［M］. 成都：西南交通大学出版社，2010，08：4-9.

出更多的形态和功能，出土于安徽潜山薛家岗的七孔石刀，我们就发现其背有钻孔，这可能是用皮条、麻绳等穿孔与木柄绑扎系牢后，可作捕猎或者战斗砍杀用的长刀（见图10-3）。

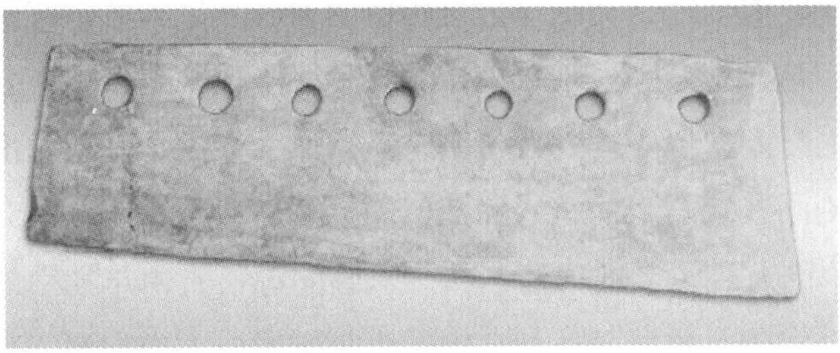

图10-3　安徽潜山薛家岗出土的七孔石刀

语言是人依靠自己身体发声器官的功能传递信息，但会受到人体能量和地理环境的限制，传播的范围有限。当然，口语受空间和时间的限制极大，它需要同步传声，具有转瞬即逝性。古时候因为不具备储存能力，所以其对人类文明记忆的叠加功能比较差，长期以来语言记录的时代文明发展缓慢，人类只能不断地发明和使用一些早期的体外化传播媒介，来适应不断扩展的生存空间和愈加复杂的社会生活环境，如结绳记事、图形记录、燃放浓烟信号等。中国最早的乐器就是新石器时代的乐器，浙江余姚河姆渡遗址出土的骨哨，是用鸟禽的骨头制作而成，远古人类利用骨哨模仿鹿等动物的叫声，诱杀猎物（图10-4）。在河南贾湖，也出土了一个距今9000年左右的“贾湖骨笛”，工艺比骨哨更为复杂，类似于现在的笛子（图10-5）。这意味着信号传递的丰富性得到了极大的提升，这些实物提供了乐器最初的发源印证，还是源自古代先人的生活实践。这些通过声音的传播途径相比口语传播有了较大的进步，传播功能已经接近于文字的传播功能，开始将当时人类世界一些经验进行广泛、长久的储存与传递。

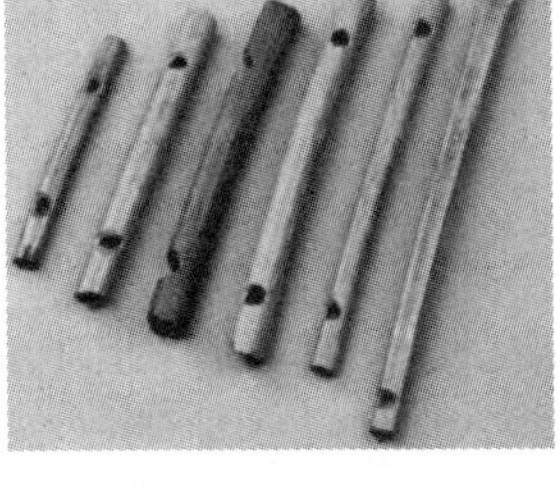

图10-4　浙江余姚河姆渡出土的骨哨

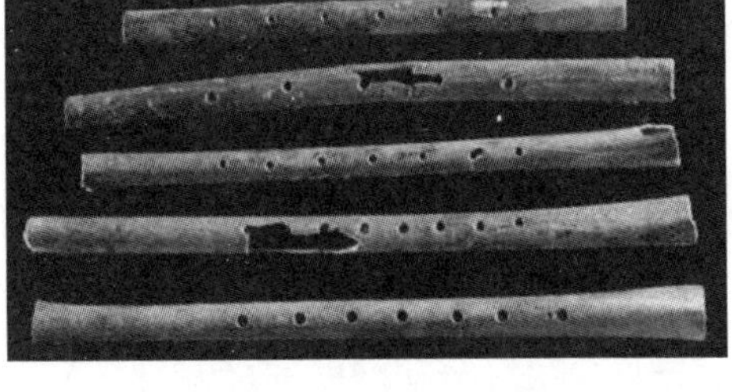

图10-5　河南舞阳贾湖遗址出土的骨笛

二、文字传播时代

从结绳记事到文字的诞生，文字可谓是文明产生、发展、传承的主要工具和载体。在传播发展史上，文字是信息传播的第二座里程碑。文字来源于原始时期的图画记事和结绳符号。由于缺少相关资料，多数学者推定在公元前3000年左右是文字产生的时间。但中国的古文字，专家认为会更早一些，推算的基础是从仰韶文化晚期刻画在陶器上的符号和几何图形算起，至今应该有5000年的历史了（图10-6）。中国有种古老的说法叫作“书画同源”，由早期绘画发展而来的图画文字，具有一定的具象意义，如在中国甲骨文中，人类要画一只“羊”，并不用把整只羊画出来，只需要将雄羊的羊角画出来，而把公牛的牛角画出来，就可以表示“牛”这个字（图10-7）。在汉字演进过程中，牛角这种具有象形意义的结构也一直被传承了下来。文字符号本就来源于生活实践，是生活场景的再现，也是古代人民思想意识和审美情趣的表达方式，展现了一种原始先民淳朴的世界观和自然观，记录着极为丰富的史前文化信息。据一些史料和出土的文物资料显示，殷商时代的甲骨文字中不仅包括记号字、象形字、会意字、指事字，而且还包括了既照顾到词义理解，又考虑到发音记录的形声字。甲骨文的出现，标志着我国的文字符号体系已经初步形成。①

图10-6　仰韶文化半坡类型的人面鱼纹盆

图10-7　汉字演变（牛）

毋庸置疑，文字对文明的传播有不可替代的价值作用，英国历史学家巴勒克拉夫在《泰晤士世界历史地图集》一书中对文字的传播意义也作出了充分的肯

① 郭庆光. 传播学教程［M］. 北京：中国人民大学出版社，2011，04：24-25.

定："公元前3000年左右的文字发明是文明发展中的根本性的重大事件，它使人们能够把行政文献保存下来，把消息传递到遥远的地方，也就是中央政府能够把大量的人口组织起来，它还提供了记载知识并使之世代相传的手段。"[①]如果说口语是个体的、短暂的、非固化的，那文字相比口语而言，它是社会的、固化的、持久的。相比较口语传播而言，文字没有了口语传播的诸多时空限制，也没有了声音语言的转瞬即逝性和不可记载性，得以能够将信息长久储存下来并跨时空传递到遥远的地方，保持了信息的完整性，扩展了人类的时空信息传播范围。当然，更有价值的是文字的出现使人类文化的传承可以通过文献资料进行，而不再依赖容易走形的神话传说和民间歌谣。[②]

文字由身体形态展示到记事传意，在文化、艺术、宗教、科学、教育等方面，文字的功能和内涵都得到了极大的丰富。甲骨文里收录的"舞"字，就是一个象形字，好似一个人手执牛尾或羽毛跳舞的样子（图10-8），栩栩如生[③]。扬雄在《法言·重黎》说："昔者姒氏治水土，而巫步多禹。"其中"姒氏，禹也，治水土，涉山川，病足，故跛行也"。在现代汉语释意中，"跛"意为一脚高、一脚低地走路，行走颠簸，古语指的是巫师祛鬼神时跳舞的肢体动作，也可称之为巫舞，常出现在巫觋祭祀活动中。在生产力低下的原始社会早期，人类对于自然的认知还处在天神赐给的境界，对于出现的地震、洪水、干旱、大火等不能理解的自然现象和危害人类的疾病瘟疫产生本能恐惧，并将其归结为神灵的作用，为向神灵敬拜求告，逐渐萌芽出巫术和图腾崇拜以及原始舞蹈形态。许慎在《说文解字》中解释说："巫，祝也。女能事无形，以舞降神者也。"[④]可见，巫的来历和人的认知有很大的关系。在楚国祭神歌舞《九歌》中，神的形象就是由巫觋扮演的，穿着彩衣的巫觋翩翩起舞，来传递天人信息，以舞蹈来沟通人神关系。在《山海经·海外西经》中记载："大乐之野，夏后启于此舞九代，乘两龙，云盖三层。"意思是夏后启唱着巫歌，跳着巫舞，飞到天上去了[⑤]。由此可见，"舞"字的演变和字义与原始舞蹈的表演形式密切相关。而原始舞蹈的身体

① ［英］杰弗里巴勒克拉夫. 泰晤士世界历史地图集［M］. 北京：生活·读书·新知三联书店出版社，1982.

② 周忠元，赵勇. 艺术学概论［M］. 济南：山东人民出版社，2013. 08.

③ 李学勤，赵平安. 字源［M］. 天津：天津古籍出版社，辽宁人民出版社，2013：486.

④ ［汉］许慎 撰，［宋］徐铉 等校定. 说文解字［M］. 北京：中华书局，1963.

⑤ 龚飞，梁柱平. 中国体育史简编［M］. 成都：西南交通大学出版社，2010：13.

表现形式，基本为降神、祭祀、巫舞，祈雨、驱傩；或为图腾舞，以羽毛、兽尾等表演鸟兽图腾崇拜；或为狩猎舞，身披兽皮、头戴兽角、拖着兽尾用来伪装、迷惑猎物等，皆来源于日常生产生活。虽然巫舞有浓厚的迷信色彩，但其中娱乐、体育的因素也同样存在，且上古时代的巫师相当于如今的高级知识分子，上通天文，下知地理，还掌管着氏族、部落之间的政事，以神权来体现政权，维系社会安定。秦始皇在统一六国之后，他最大的历史贡献之一就是统一了文字，为了便于信息传递，秦始皇颁布了一系列巩固统治的改革措施，其中在文字方面有一项“书同文”的政策。推行全国通用的小篆，相比此前所用的大篆，小篆更为简化整齐，这是我国历史上第一次运用行政手段大规模地规范文字，使文字更具符号化，这种以文字为核心的体外化符号系统的形成和发展，对于促进各地区经济、政治和文化的交融与发展具有里程碑意义。

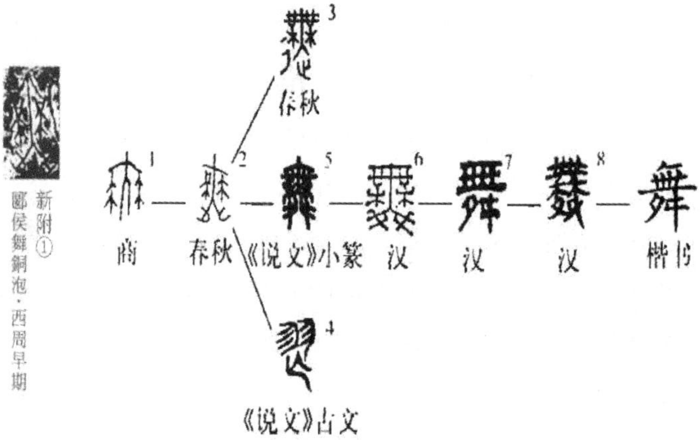

图10-8　汉字演变（舞）

三、印刷传播时代

文字出现以后很长一个时期，文字是有阶级的，基本上属于政府、官吏以及统治阶级的特权。这是一个使用范围的小众时期，因为没有更多更便宜的载体，文字的传播只能靠人工的手抄写传播，这种传播效率低下、成本高，规模小、影响力有限，直到造纸术和印刷术的发明和使用才改变了这种局面。作为中华文明中四大发明的两大发明，造纸术和印刷术为世界文明发展作出了突出贡献，从那时开始，文明的传播范围才变得更广。从隋唐时期开始，中国就开始使用木质雕版印刷，这种印刷术可以在纸张上重复多次印刷图案或文字。到了北宋时期，平民毕昇用胶泥烧制成活字，进行活字排版印刷（图10-9）。印刷术的发明让人类可以重复多次复制文字信息，使传播的信息得以批量化生产。但在古代中国，在封建社会的政治、经济、文化条件的多重钳制下，印刷事业长期停滞在小作坊手工作业和人力劳动的水平上，生产复制能力有限。直到15世纪40年代，德国人古登堡发明了使用合金制成的活字进行金属活字排版印刷，又将酿葡萄酒用的立式压榨机改成了印刷机，印刷术才开始工业化萌芽。1455年，古登堡成功用这种方法印刷了他的第一本书——拉丁文版《圣经》（图10-10），使文字信息真正能够实现机械化量产。[①]

图10-9　活字印刷版

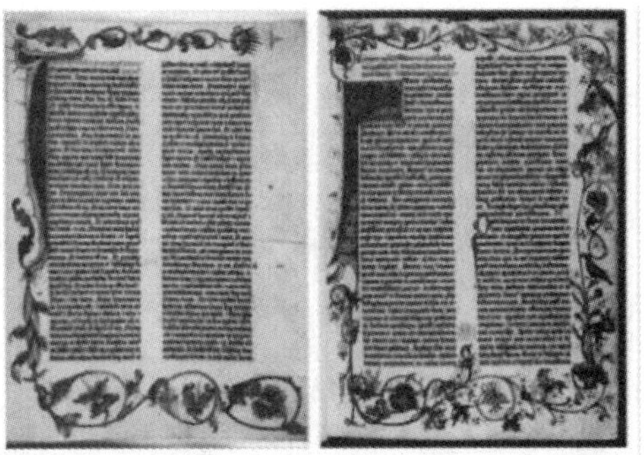

图10-10　古登堡印刷的第一本书籍（圣经）

当印刷术发展之后，文化便不再受贵族的控制，逐渐从精英文化向大众文化倾斜。文化产品开始从以前只能少数人所拥有的奢侈品向平民消费品发展，这种工业化发展的最大成果是，大量文化作品开始进入民间，普通人有了获得教育的可能。由于大众对知识的渴求和权利分配的不满，让印刷媒介有了另外一个功能，就是在社会变革和社会生活中扮演愈加重要的信息守门人角色。威尔伯·施拉姆是传播学科的集大成者和创始人，他曾经指出："书籍和报刊同18世纪欧洲启蒙运动是联系在一起的。报纸和政治小册子参与了17世纪和18世纪所有的政治运动和人民革命。"[②]国内亦如此，在戊戌变法期间，维新派最有影响力的报刊之一《时务报》在上海创刊。在创刊号上，梁启超发表了《论报馆有益于国事》一文，文中指明了办刊目的就是为了"去塞求通"，因为"觇国之强弱，则于其

① 李彬. 欧洲传播思想史［M］. 上海：复旦大学出版社，2016. 09：35.

② 威尔伯·施拉姆. 传播学概论［M］. 北京：中国人民大学出版社，2010，05：18.

通塞而已。”“去塞求通，厥道非一，而报馆其导端也。无耳目，无喉舌，是曰废疾。”他认为全球和国内新近发生的事，知道得越多越详细，越能审时度势、掌握全局，使人明智，而报馆越多的国家也会越强大。1896年10月，他在《时务报》上发表的《论中国积弱由于防弊》一文中（图10-11），说“务治事者，用得其人则治，不得其人则乱；务防弊者，用不得其人而弊滋多，即用得其人而事亦不治。”[①]在此期间，他作为《时务报》的主笔人，先后有60篇文章发表在《时务报》上，他希望通过《时务报》这一宣传阵地，表达他的变法主张、文化追求、改革的内容和具体思路，以敏锐的政治洞察力触及社会政治弊端，并通过纸笔发表政见，从而实现“开民智，求自强”。[②]

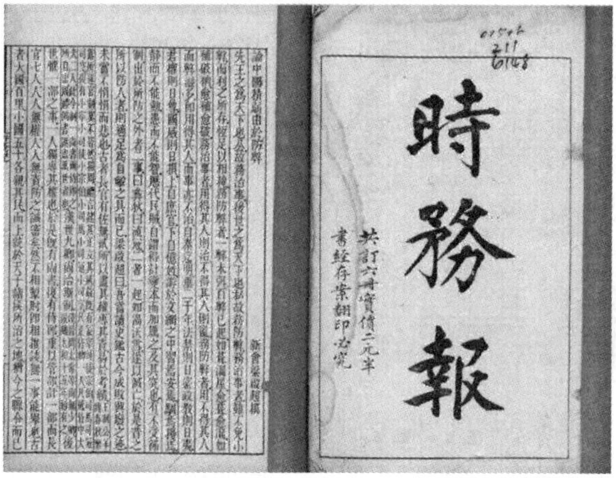
時務報

图10-11　梁启超在《时务报》上发表《论中国积弱由于防弊》一文

随着印刷媒体的发展，体育文化和社会文化传播进入了印刷传播时代。

1840年鸦片战争之后，伴随帝国主义的坚船利炮，西方的强势文化得以传入中国，同时以竞技体育为核心的西方体育文化也开始影响中国，欧美国家的体育制度、训练方法和运动项目进入中国的学校体育内，并且逐渐成为中国体育运动的主流。此消彼长，这种西方体育文化的输入和强势发展，势必造成中国传统以军事、娱乐为主的体育文化的衰落，特别是以中国武术为代表的传统体育活动，虽然仍在民间流行，但基本上成了一种民族自强的象征，但衰落已经不可避免。1841年，广东三元里抗英斗争，1900年义和团反帝爱国运动，甚至近代的一

① 刘琅. 精读梁启超［M］. 厦门：鹭江出版社，2007. 08：159-162.

② 李喜所，元青. 梁启超新传［M］. 北京：商务印书馆，2015：49-53.

些电影，包括《少林寺》《武当》等，也只是抱有武术振兴的希望而已。竞技体育越来越受到欢迎，这也促进了一些体育报刊的诞生。1909年4月20日，我国最早的体育类期刊《体育界》在上海创刊，随后《新体育》《体育报》等一批体育专业报纸杂志相继建刊[①]。改革开放之后，围绕着中国实现奥运金牌零的突破、中国女排五连冠、中国足球冲击世界杯等重大体育新闻事件的报道，体育职业化和产业化浪潮随之高涨，竞技体育文化热经久不衰。[②]

四、电子传播时代

不可否认，印刷传播实现了文字的批量化生产，让信息传播变得延时和广泛。接下来的电子传播时代，则是实现了信息的快速和远距离传播，体现在速度和距离上。1837年，世界上第一台电报机问世，开启了电子通讯时代。1844年，第一条电报线路开通，这是市场化的开端，莫尔斯从美国华盛顿向巴尔的摩发出的世界上第一封电报具有划时代的意义。随后电话开始登场，1876年，贝尔发明了电话机。[③]有线系统和无线系统是当时电子传播的两种主要系统，后来又陆续诞生了有线广播、有线电视和有线互联网。无线系统则以马可尼的无线电通信为标志，随后出现无线电报、无线广播、无线电视、无线互联网以及移动电话。第二次世界大战后，科技飞速发展，特别是美苏两大阵营竞争，信息传播更是到了飞速发展的地步。1957年，苏联成功发射了第一颗人造地球卫星，按照当时的覆盖面，只要3颗这样的卫星，就可以实现对整个地球的电波全覆盖。随后开启了卫星广播电视、卫星通信技术和互联网的飞速发展时代，这标志着人类已经进入了卫星传播时代。近几年，数字技术的大规模应用，人类社会的信息传播系统又有了质的飞跃，使我们的教育、生活、工作、娱乐全面进入了一个“数字化生存”的时代。截至2020年，全球已经有45.4亿人接入了互联网，占据全球总人口的近60%，电子媒介为人类传播带来的变革并不仅仅是空间和速度上的突破，它形成了人类体外化的声音信息系统和影像信息系统，并进一步推动了智能化的诞生，这种智能化比人脑的信息处理速度更快、精度更高、记忆更加牢靠长久，开创了人类媒介大融合的新时代，传统的报纸、广播、电视等传统媒介都被整合到

① 方汉奇. 中国新闻事业编年史［M］. 福州：福建人民出版社，2000.

② 中国体育科学学会. 体育科学研究现状与展望［M］. 北京：世界图书出版公司，2004：75-79.

③ 周晓虹. 文化反哺：变迁社会中的代际革命［M］. 北京：商务印书馆，2015. 04：289-293.

一个有机互联的传播系统中去了，进入了多媒体传播数字化的新时代。[①]

世界上著名的传播学家、加拿大人马歇尔·麦克卢汉曾提出“媒介即讯息”的著名观点，他认为，从人类社会的漫长发展过程来看，真正有价值的讯息不是各个时代的具体传播内容，而是这个时代所使用的传播工具带来的科技开创的可能性。信息传播中，任何媒介对个人和社会的所有影响，都是由新尺度带来的。[②]世界进入信息时代，媒介作为社会发展的基本推手，带来最直观的社会结果是信息量的几何级增加。托夫勒认为，目前人类社会正在迎来以信息革命为代表的第三次浪潮，电子传播科技、遗传工程、太阳能等新的高科技的发展，必然会极大地改变现存的社会结构和社会生活，创造出一种新的人类文明。[③]

马歇尔·麦克卢汉把电子媒介当作是人类中枢神经系统的延伸，人们可以通过电子媒介来可以消除时空，以使人发展为更完整的人，促使人类社会进入一个全新的传播时代，也就是所谓的“地球村”时代。[④]奥林匹克运动会、世界杯足球赛、美国超级碗、NBA等众多体育赛事皆是通过电视才能走入千家万户的。首次通过电视的方式向全世界进行广播报道的奥运会是1936年的柏林奥运会，当地人不但可以不进现场实现了免费观看比赛，同时许多国家也可以转播实况，首次实现了信息传播度的跨越时空，意味着奥运会新闻传播步入了新的阶段。而历史上第一部记录奥林匹克运动会的电影同样是在1936柏林奥运会开拍的，并在官方记录的电影中收录了中国运动员刘长春、符保卢和冷培根等人的部分比赛镜头。

在1956年墨尔本奥运会上，首次尝试通过卫星对奥运会进行电视实况转播；1960年，罗马奥运会上实现了全球电视实况转播；1964年日本东京奥运会上第一次实现全球卫星实况转播。[⑤]

2008年北京奥运会上，除了成熟的电视技术的运用，通过轨道摄像机、水下摄像机和电缆遥控摄像机的使用，将空中、地面、水下三者进行全方位的记录。同时还投入使用了当时最先进的3G通信技术和全功能的媒体车辆。奥运会

---

① 郭庆光. 传播学教程［M］. 北京：中国人民大学出版社，2011，04：27-28.

② 胡易容. 传媒符号学 后麦克卢汉的理论转向［M］. 苏州：苏州大学出版社，2012. 04.

③ 郭庆光. 传播学教程［M］. 北京：中国人民大学出版社，2011，04：36.

④ 保罗·莱文森. 数字麦克卢汉：信息化新纪元指南［M］. 何道宽，译. 北京：北京师范大学出版社，2014：18-32.

⑤ 孙宝传. 心链奥运：奥运故事与奥运收藏［M］. 北京：中国广播电视出版社，2008. 01：229-230.

期间平均两场的新闻发布会，及时高效地同各国媒体人进行了奥运信息交流。主新闻中心还提供了虚拟网络传输服务，奥运会第一次通过移动互联网，乃至手机等新媒体平台进行直播。无线宽带网络技术也被应用于北京奥运会媒体服务，记者们在现场看台上就可以将新闻稿发回编辑部。现在5G技术日渐成熟，人工智能的研究发展也将为扩展传播渠道、促进传统体育文化传播带来更深远的发展的可能性。[①]

第二节　体育文化与社会文化传播制度的自相似性

文化传播需要一定的传播条件和环境，归纳起来是在特定的社会制度条件下进行传播的。社会制度是一个综合性概念，形成于特定的社会活动领域中，并围绕一定目标形成的具有普遍意义的、比较稳定的和正式的社会规范体系。涵盖政治法律、思想文化和经济制度等。[②]传播制度是社会制度中对传播活动能够起到直接或间接约束和控制作用的部分，彰显了社会结构和社会关系关联的复杂性。文化传播具有强大的社会功能，任何一个国家和社会都非常重视文化传播，特别是大众传播，都将其纳入社会制度予以控制和约束，并有一套严格完整的运作体系。体育文化作为社会文化的一部分，体育文化传播制度依附于社会文化传播制度，受到国家和政府的规范及引导、经济利益群体的影响以及受众的监督。

一、国家和政府的政治导向

文化传播的社会化功能，使其在国家和政府的控制下严格规范地运作，这也是文化传播控制的主要方面。一般来说，国家和政府、甚至它所服务的政治力量都会通过制定相关法律、法规和政策，来保障文化传播活动为自己的政治体系和政治目标服务。传播学鼻祖威尔伯·施拉姆等人在《报刊的四种理论》里指出："新闻体制总是表现出它所依附的社会和政治体制的形式和色彩"。世界各国的大众传播制度基本上可以分为集权主义理论、自由主义理论、社会责任理论、苏联的共产主义理论四种模式。英国传播学家丹尼斯·麦奎尔又在这四种理

① 赵进，陈芳丽. 融媒体时代我国传统体育文化传播模式研究［J］. 吉林体育学院学报，2019，35（02）：1-5.

② 成振珂，闫岑. 社会学十二讲［M］. 北京：新世界出版社，2017. 01：172-173.

论模式的基础上，提出了民主参与的媒介理论、发展中国家的媒介理论。[①]不难看出，无论哪一种理论，在传播制度的发展历程和主要诉求内容中，处于强权地位的政治力量都会对传播制度进行牢牢把控。

1. 文化传播活动需要依法进行

很多国家对于组织文化活动、出版发行文化作品等都实行审批、登记制度，全流程对文化传播活动进行全方位的监管。任何统治阶级要想获得长治久安，就必需在文化和思想意识形态上推广自己的观点和理论。而媒介与传播制度就是必需的工具，并且由占统治地位的阶层来掌控。文化舆论的喉舌地位可见一斑，是什么力量保证了西方资本主义制度历经数百年而不衰败，西方法兰克福学派经过研究后认为，其中一个重要力量是于资产阶级统治集团对大众传媒的统管能力，一整套资产阶级诸如自由、民主、博爱、无私等意识形态通过大众传媒普及到了全社会，使之成为整个资本主义制度的主流意识。发展什么样的文化往往会通过“文化产业”政策制定来实现，世界各国或政党根据本国国情和具体情况，快速发展适合自己的文化产业，并提升其在国民经济中的地位，这种行为也促使对文化产业进行法制化管理。我国也非常重视文化产业的发展，提出发展适合社会主义的文化产业观，2000年10月，《中共中央关于制定国民经济和社会发展第十个五年计划的建议》中，我国正式提出了完善的新时期文化产业政策，强调加强对文化市场建设和管理。[②]随着我国全面深化改革和社会转型，不同价值体系的文化在我国呈现出相互交织和相互渗透的局面，由此形成了多元文化场域。文化和意识形态紧密相连，在多元文化场域背景下，必然会对体育文化意识形态话语权建设产生深刻影响。[③]

2. 大众传播不能随意化

文化传播、特别是大众化的信息传播不是随性的、当然更不能任性，任何一个国家和政党都有权限制或禁止的文化传播的具体内容，尽管约束的内容和规范的要求不尽一致，但一般会包括以下几个方面：与国家制度或意识形态有关的内容、国家安全及国防机密、违背国家现行政策的内容、淫秽和非法出版物、对公众利益和社会文明风气有害的内容、名誉侵权和隐私侵权的内容等。

---

① 黄东英. 论政治制度与传播制度的关系［J］. 云南行政学院学报，2010，12（06）：18-20.

② 王佳元. 文化创意服务业 发展与选择［M］. 太原：山西经济出版社，2012. 01：2-3.

③ 张纲. 多元文化场域背景下马克思主义意识形态话语权建设研究［D］. 郑州：郑州大学，2016.

一个国家的文化传播制度就是为国家的政权统治服务的。恩格斯在《德意志意识形态》中曾指出："统治阶级的思想在每一时代都是占统治地位的思想。这就是说，一个阶级是社会上占统治地位的物质力量，同时也是社会上占统治地位的精神力量。支配着物质生产资料的阶级，同时也支配着精神生产资料。因此，那些没有精神生产资料的人的思想，一般地是隶属于这个阶级的。"我们可以这么认为，有时候一个时代的观念并不是注定要百分之百地反映统治阶级的思想，但会努力并趋向于吻合统治阶级的政治利益。①

3. 对文化传播事业的发展要进行顶层政策设计

文化传播政策的制定，要做到疏堵有致。国家和政府在严格控管的同时，指导和扶持等积极政策的实施也非常重要。改革开放以后，社会主义文化得到了大发展、大繁荣，特别是近几年，中国文化体制改革步伐明显加快，成绩斐然。

文化传播事业的发展，势必会影响到体育文化的传播。2014年10月，《国务院关于加快发展体育产业促进体育消费的若干意见》正式颁布，该"意见"要求，国家及各级政府都应该加强体育文化的宣传、普及健身知识、宣传健身效果、弘扬奥林匹克精神和中华体育精神，推广体育文化。②政策的制定离不开大数据的支撑，在《文化建设蓝皮书：中国文化发展报告（2015—2016）》中，我国第一次发布了中国文化发展指数和"中国文化发展状况调查"（2015）的问卷调查采集的基本统计数据，从文化投入、文化生产、文化供给和文化传播等4个单列指数方面对中国31个省市自治区文化发展状况进行客观评价。③2016年10月，中共中央、国务院印发了《"健康中国2030"规划纲要》，"纲要"中提出，实现国民的健康长寿，是国家富强、民族振兴的重要标志，也是全国各族人民的共同愿望。"纲要"把体育作为增进人民健康、大力发展体育健身产业列为一项重要的工作目标。④体育文化作为体育运动的精神内核，健康理念的传播对于体育文化与社会文化的融合具有促进意义。

---

① 马克思，恩格斯. 德意志意识形态：节选本［M］. 北京：人民出版社，2003.

② 国务院关于加快发展体育产业促进体育消费的若干意见［EB/OL］. http：//www. gov. cn/zhengce/content/ 2014-10 /20/content_9152. htm，2014-10-20.

③ 文化建设蓝皮书：中国文化发展报告（2015-2016）［EB/OL］. https：//m. doc88. com/p-7935657886286. html，2017-04-17.

④ "健康中国2030"规划纲要［EB/OL］. http：//www. xinhuanet. com//politics/2016-10/25/c_1119785867. html，2016-10-25.

发展中国家的传播制度和媒介规范理论各不相同，丹尼斯·麦奎尔将其归纳为几个方面：①文化传播活动必须服从于国家政策需要，推动国家发展是文化传播活动最根本任务；②媒介的自由和责任是辩证统一的，自由是责任下的自由，是在经济优先和满足社会需求的原则的前提下才能享受的自由；③内容上要优先传播本国文化，优先使用本民族的语言；④在新闻和信息的对外合作交流上，优先发展与政治和文化、地理比较接近的其他发展中国家的合作；⑤在影响国家发展和社会稳定的安全问题上，国家有权对新闻传播媒介进行干预、限制或者实行直接管制。[①]细分到体育文化方面亦如此，体育文化在传播制度选择上也是从属于国家国情和发展条件，并且要求在跨国传播和全球信息化高速发展的时代，从制度上保障"信息主权"，进而抵御来自少数传播大国的"文化侵略"是体育文化传播的使命担当。

二、利益群体和经济势力的影响

近年来，我国文化传播事业发展迅速，国家和政府对文化传播进行宏观控制。但对于文化传播的制约和影响，市场经济还起着间接的微观调节作用。各种利益群体和经济势力的影响无处不在，各种因素都会影响和制约着社会文化和体育文化的传播。受信息需求多元化、广泛化的驱使，我国社会各阶层、政党或团体一般都有自己的媒介平台，进行信息深度和广度的传播，以维护利益、传播思想，并参与政治、经济、文化和社会生活。这些媒介平台由国家投资，我国不允许企业或私人投资媒体，更不允许外国资本进入这一领域。改革开放之后，中国国力迅速恢复和增强，体育特别是竞技体育的社会功能予以实施和体现。20世纪80年代中国女排的惊艳表演震惊全球，激励着每一个国人奋发图强，尽管这种浪潮仍带有中华民族追求复兴、一雪前耻的国家情怀和民族色彩，也表露了中华民族顽强拼搏、积极向上的精神内涵。但当时的体育产业发展刚刚起步，竞技体育的发展只能依赖国家整体GDP的增长。零星的球队和比赛绝大多数是国有企业赞助的，电视以及电视转播中的体育节目也少有关注。随着邓小平南方谈话对中国经济的强力开启，中国体育产业也开始全面启动。根据国家需要和群众需求，我国决定把足球作为体育改革的突破口，1992年，中国足协红山口会议在北京召

① 郭庆光. 传播学教程[M]. 北京：中国人民大学出版社，2011：148.

开，会议确立了中国足球要走职业化道路方向。我国体育产业的市场机制基本确立，产业政策也逐渐出台，国际体育热点项目和国际体育经营公司、企业也纷至沓来。

相比中国特色的文化传媒体系，实行资本主义制度的西方国家，垄断资本和少数大利益集团控制了绝大部分传播媒介。例如，在1973年和1974年这段时间，美国汽车公司大约贡献了报业总广告收入的18%左右的份额。美国的《纽约时报》前出版人阿瑟·奥克斯·苏兹贝格曾公开承认，曾要求编辑秉持工业界的立场来报道汽车的安全性能和污染问题。在20世纪80年代初，美国将近有1700种日报、11000种杂志、9000个广播电台、1000个电视台、2500家图书出版公司和7家电影制片厂，绝大部分被控制在50家最大的媒介公司手中，这样庞大的媒介产业，占据着行业的垄断地位。[①]资本对媒介的平台贪婪性是很强大的，1989年，美国媒体人的本·巴格迪坎在《传播媒介的垄断》中预言：在21世纪，将会只剩下5至10家超大型媒介企业，控制全球绝大部分的报纸、广播电视、电影、书籍、杂志、唱片、录像产业，并有能力对全世界的思想、文化和意识形态带来普遍性影响。就体育产业来说，赛事转播权和电视收费模式为体育产业发展带来了一项可观的收入，但受经济危机影响，体育赛事的广告收入在减少，收费电视模式成了赛事转播权购买的主要力量。同时深受财务危机影响的还有各大职业化俱乐部。英格兰足球超级联赛（Premier League，简称英超）是欧洲五大足球联赛中资本运作最成熟、影响力最大的职业联赛，每一个赛季，英超联赛俱乐部不仅需要在联赛中取得好成绩，还必须建设促进俱乐部良性运作的财务制度。但事实上，英超俱乐部近几年来亏损严重，20支球队的负债总额已经超过30亿英镑，并且由于要付给球员高额的转会费和年薪，俱乐部早已债台高筑。[②]

三、受广大群众的社会监督

在现代社会里，文化传播影响着广大受众的直接利益，新闻或传播的信息是不是真实可靠、组织或者企业提供的文化和娱乐内容是否有益健康、媒介刊登的广告是否有消费陷阱等都会对信息受众的利益产生很直接的影响。在一定的条件下，广大受众必须拥有对文化传播活动自觉的社会监督权利和意识。

---

① 成振珂. 传播学十二讲［M］. 北京：新世界出版社，2016. 03：194-195.

② 李亚慰. 布局与结构：区域体育产业发展研究［M］. 上海：上海交通大学出版社，2015：40-42.

一般来讲，受众可以选择以下四种手段对文化传播的质量进行社会监督：①个人信息反馈；②诉诸法律手段；③通过影响销售市场来制约文化传播活动；④结成受众团体。现代进入到信息社会，任何一个国家都不能忽视受众的社会监督力量。美国的《1934通讯法》中设有“公正原则”。曾经，宾夕法尼亚州的WXUR电台受极端右翼势力控制，毫不掩饰地播出充满宗教歧视、种族歧视和性别歧视的内容，国际妇女和平自由联盟美国分部、犹太人劳动工会以及黑人组织等18个民众或宗教团体以该台违反“公正原则”为理由，要求联邦通信委员会在电台许可证期满后不再为它发放新的许可证。在强大的社会压力推动下，联邦通信委员会做出了不给WXUR电台发放新许可证的决定。①

在传统媒体环境下，受众往往是通过反馈、法律、抗议、抵制等手段来传达自己对媒体或者传播内容的态度。近年来，在新媒体得到蓬勃发展的环境下，新媒体传播的开放性得到了进一步增强，受众可以通过互联网、社交平台传播自己想要发布的信息，自媒体化和全媒体化带来传播者身份的转变，受众对媒体的影响力得到了极大的提升，知情权和监督权亦得到了维护。

第三节　体育文化与社会文化传播模式的自相似性

信息的传播必须通过一定的途径和方式才能达到传播目的，这就是所谓的传播模式。我们把传播模式定义为传播过程、性质、效果的方式和方法。1948年，美国政治学家哈罗德·拉斯韦尔（Harold Lasswell）提出了“5w模式”，包括：谁（who）、说什么（says what）、通过什么渠道（in which channel）、对谁说（to whom）、产生什么效果（with what effect）等五个传播过程要素②。这种公式化的概括至今仍被很多传播学专业所采用，影响力比较广泛、具有代表性的传播模式还有：两级传播模式、香农–韦弗模式、施拉姆模式等。不同的传播模式有不同的优势和缺陷。而拉斯韦尔“5W”模式作为认识、研究传播的核心框架，也是传播学基本模式的基础。在分析社会中传播的结构与功能、理解国际

① 吴格言. 文化传播学［M］. 北京：中国市场出版社，2004. 03：309-312.

② 郭庆光. 传播学教程（第二版）［M］. 北京：中国人民大学出版社，2011：50-60+228.

传播形势等方面具有较强的概括性，又被称为传播的政治模式。①

体育文化传播以体育运动的价值观念和行为规范来促进个体和群体的社会化，例如举办各种规模化的体育赛事、体育代表团外出交流访问、体育书刊等，将奥林匹克体育文化中遵守规则、公平竞争、服从裁判、团结拼搏等文化的理解和“更高、更快、更强”的奥林匹克精神迁徙到生活中，能够影响人们的心理倾向和社会价值观念，从而提高个体和群体的自律及自控能力②。

一、传播主体研究

传播主体是传播活动中传播工具和手段的掌握者，在文化传播过程中，对信息内容的取舍起决定性作用，处于传播过程中的核心地位③。传播主体作为传播链的源头，是传播内容的质量优劣和真假的第一责任人。现有的文化信息传播中，属于“内容为王”的时代，传播主体其实对传播行为的成败具有关键性作用。文化传播和一般的信息传播还不太一样，更重视的是带给受众以审美感受，可以愉悦身心。所以说审美创造是一种主体性创造活动，传播主体掌握着对传播内容的“理解—构思—物化”这一过程，影响着受众的审美理想、美学素养、思维意识等多个方面④。当前，体育文化和社会文化的传播主体仍以国家和政府为主，社会群体传播为辅。

1. 政府传播

政府传播作为国家治理的一部分，在文化传播过程中注重经济发展、宣传政府施政纲领以及维护国家利益、缓和社会矛盾、维护本民族文化等方面。在传播内容方面，遴选传播与传承优秀的本土文化，提升公民整体文化素质是政府的责任，这关系到国计民生，也关系祖国未来发展的可持续性，同时还和国家文化软实力的提升、增强文化自信密切相关，国家文化战略高度的事情，都需通过政府集中力量办大事，才能在体育文化和社会文化传播中动用强大的管理机制和行政职能来集中优势力量作推广。例如，奥林匹克运动会的举办、城市马拉松赛的组织以及其他大型体育活动的开展等，尤其在对外传播过程中，以国家形象进行

① 胡正荣，段鹏，张磊. 传播学总论（第二版）[M]. 北京：清华大学出版社，2008：274.

② 李武绪. 当代体育文化学解读[M]. 北京：光明日报出版社，2015. 03：162-163.

③ 成振珂. 传播学十二讲[M]. 北京：新世界出版社，2016：250-252.

④ 柯汉琳. 美学原理[M]. 广州：广东高等教育出版社，2015. 03：216.

对外传播必然更具权威性。

2. 群体传播

群体将个人和社会相联结，将具有共同目标取向的个体集结起来，从而帮助个体实现社会化，调节和控制个人的行为，使社会秩序的连续性得到保证。群体性传播具有以下几个特点：一是规模的巨大性，在人数和地域分布上超过其他集团或社会组织；二是分散性和异质性，广泛分布于社会的各个阶层，其成员具有不同的社会属性；三是无组织性，缺乏明确的自我意识和自我约束，易受同一行为倾向影响；四是流动性，群体范围以对象变化而变化，其成员是流动的。网络论坛、网络社区等是典型的群体传播，拥有共同爱好、兴趣的成员在平台上，交流讨论、咨询和求助、组织活动等，而发展成熟的平台则拥有较为固定的成员关系（管理员、楼主、版主等），各个成员名称基本固定（多数为虚拟名称），成员之间也有一定的分工（约定俗成的）。①

二、传播内容研究

中国是一个有着14亿人口、56个民族的文化大国，人民具有整体性和层次性。而多层次的传播主体可以带来传播信息的丰富性和多元性。优质的内容是受众不变的刚性需求，优质内容可以体现传播主体的权威性和公信力②。当前体育文化对外传播以赛事传播为主，超级碗、足球世界杯、奥林匹克运动会等世界性比赛是体育文化传播的盛会。社会文化传播主要有新闻报道、引导舆论、传递信息、提供娱乐、愉悦身心等基础功能。以《功夫熊猫》系列电影为例，熊猫作为中国国宝，国人对它的认知一向是稀缺的、受保护的、甚至是憨萌的形象。但当熊猫遇上中国功夫，两个极具中国特色的文化符号便获得了“一加一大于二”的传播效果，这个美国拍摄的影片不单单以中国功夫为主题，以中国古代为时间背景，还充分将中国元素融入到景观、布景、服装乃至食物中，最终以大约18亿美元的总票房彰显了它的成功。将众所周知的传统体育文化元素进行排列组合，实现旧内容时代化、新内容大众化，体现了体育文化和社会文化的创新发展。③

发奖杯或者奖牌在现代体育比赛中是对优胜者进行褒奖的一种形式，据说

① 赵志立. 网络传播学导论［M］. 成都：四川人民出版社，2009. 02：57-59.

② 陈邢魁. 优质内容是融媒体制胜之道［J］. 新闻与写作，2017（08）：82-84.

③ 赵进，陈芳丽. 融媒体时代我国传统体育文化传播模式研究［J］. 吉林体育学院学报，2019，35（02）：1-5.

发奖杯这项仪式起源于1000多年前的英国。其实，中国早在3000多年前的西周时期，就已经有了类似于现代体育比赛给优胜者所颁发的纪念杯。河南博物院里陈列着一件名为“柞伯簋”的青铜器，是中国最早的关于体育比赛的纪念杯（图10-12）。古代的簋，是一种容器，在当时被当作是盛放稻、黍、粱、稷等粮食的器皿。到了商周时期，簋和鼎一样，成为重要的礼器，出现在一定的场合是一种身份尊贵的象征，两者常常搭配使用。西周时期，铜属于贵重金属，平常百姓家不可能拥有的，所以也被称为“吉金”，人们用它制作彰显身份地位的青铜礼器，战争时期，还用它打造兵器，坚韧锋利。有一次，周昭王将柞伯簋作为奖品颁发给射箭冠军柞伯，相关文献记录了这场盛大的射礼活动[①]。无独有偶，美国纽约大都会博物馆也收藏了一件静簋，这也是来自西周时期的珍贵藏品，同样是西周时期一场射礼活动的纪念杯（图10-13）。

图10-12　柞伯簋

图10-13　静簋

中国的射礼文化起源非常古老。有源可考的是，早在原始社会的旧石器时代，生活在黄河流域的古人类就开始使用弓箭作为狩猎工具。古代中国战争频发，氏族、部落、诸侯乃至国家都崇尚勇武，往往推举善射者为其首领。在中国的传统神话中，后羿射日的传说影响深远，说的也是勇士手持弓箭射掉天上多余的太阳的故事。西周时期，射箭不仅在战争中起到重要作用，更被正式纳入礼制，与中国古代巫觋、祭祀、礼乐文化的发展紧密关联，成为周礼重要的礼仪之一。中国古代诗歌总集《诗经》中收录的《小雅·宾之初筵》篇中说：“钟鼓既设，举醻逸逸。大侯既抗，弓矢斯张。射夫既同，献尔发功。发彼有的，以祈尔爵。”生动地描述了射礼活动举办时的宏大场面，在宴请仪式上，不但有编钟和

① 王龙正，袁俊杰，廖佳行. 柞伯簋与大射礼及西周教育制度［J］. 文物，1998（9）：59-61.

金鼓伴奏，宾主相互举杯敬酒。天子安排下属树立好熊靶，号召射手们将自己的本领拿出来比试。强壮的射手开始引弓搭箭，跃跃欲试。举行这种活动的目的其实就是相互饮酒、欢乐开怀。《礼记·大学》（郑玄注）有载："礼射，谓礼乐射也。大射、宾射、燕射是矣。"[①]可见不同的礼射仪式，要行不同的射礼，可以"明君臣之义""明长幼之序"，寓德育于体育之中[②]。春秋时期的大教育家孔子的政治思想和道德标准，主要体现在"仁"和"礼"之中，在他提倡的"六艺"教学中，对射艺也是要求以"仁"和"礼"为标准，有很强的仪式感。

孔子关于礼射的故事很多，曾有记载：一日，孔子带领弟子去观看乡射。一个青年拉满了弓，一箭射出，正中靶心，立时引来了一阵喝彩声。又看那青年接连射出几箭，箭箭都在靶心之内。孔子望着那位青年，对身边的弟子说，那个身体修长、每箭都射中靶心的，一定是个贤达之人，如若心术不正，如何能射中呢？（图10-14）孔子讲射箭和做人的道德修养紧密地联系在一起，有正确的目标、端正的态度，才能取得好的结果。还有一次，孔子在曲阜矍相圃练习射箭，围观者众多。孔子让学生子路持弓箭出列维持秩序，子路对围观的众人说："打了败仗的将领、失去国土的大夫以及做事在人后者，不能进来，孝顺父母、尊兄爱弟、知礼好学、不盲从于世俗的人，才能有资格站在这里。"围观者听后走了一多半。（图10-15）据《春秋》中记载，孔子周游列国，当向国君建议选用人才的时候，非常重视射艺。他认为，在德行与其他技能水平相当的情况下，以射的技术高低作为选录用人的条件。可见在孔子看来，射这门学科不仅仅是武学，更是和修身养性紧密地联系在一起的，他常对弟子说："君子无所争，必也射乎！揖让而升，下而饮，其争也君子。"他还认为，射箭不在于技术上争高低，而在于能否树立良好的道德观。体格健壮、能文能武、拥有君子之心，才能有正确的发展方向。射礼首先在"巫射四方"中成为集体性社会仪式，进而在"宗庙之射"中，在择士、祭祀、朝见、飨燕时开展射箭活动，发展为礼仪化、制度化的竞赛性活动，最终在"以射育人"的礼乐文化中实现了"以德引争"的精神升华[③]。成为欢愉和谐气氛下的有序竞争，从而用和厚与智慧，引导社会走向平

① 许嘉璐. 中国古代礼俗词典［M］. 北京：中国友谊出版公司，1991. 06：257-259.

② 袁明仁. 三秦历史文化辞典［M］. 西安：陕西人民教育出版社，1992. 10：983.

③ 孙静，张波. 中国古代体育赛会的社会起源与文化意义研究——以先秦"射礼"赛会为例［J］. 山东体育学院学报，2018，34（01）：83-88.

和。通过礼射活动传播教育内容与教育思想，可见一斑。

图10-14　孔子观乡人射

图10-15　孔子射矍相圃

三、传播渠道研究

为建设社会主义文化强国，增强国家文化软实力，2017年1月，中共中央办公厅、国务院办公厅印发了《关于实施中华优秀传统文化传承发展工程的意见》，“意见”中提到：“要综合运用大众传播、群体传播、人际传播等方式，构建全方位、多层次、宽领域的中华文化传播格局。”[1]在这里精准提出了优秀文化的传播方式为大众传播、组织传播（群体传播）和人际传播。

1. 人际传播渠道

人口相传，就是一种人际传播，这是社会生活中最常见、最直观的传播渠道。大致可分为面对面传播和借助有形物质媒介传播两种。包括但不局限于一对一面谈、电话、网络聊天、电子邮件、书信等都属于人际传播的形式。人际传播在一定程度上也体现了一种社会关系，参与方由父子关系、师生关系、长幼关系、上下级关系、同事关系、朋友关系等相连接，而双方使用的言辞、神情、态度等信息会使人际传播内涵更具复杂性和自主性。除了约定语言外，文字、神情、肢体语言，还有交往的时间以及空间环境，甚至服饰及特定的物品等，都促使了人际传播可以充分表现个性、进行情感交流。以传统体育文化为例，师徒传承对其发展具有特殊性意义[2]，师父将自己的身体经验和个人传授习惯相结合进

① 中国共产党中央委员会办公厅，中华人民共和国国务院办公厅. 关于实施中华优秀传统文化传承发展工程的意见［EB/OL］.（2017-01-25）. http：//www. gov. cn/zhengce/2017-01/25/content _ 5163472. Htm.

② 中国共产党中央委员会办公厅，中华人民共和国国务院办公厅. 关于实施中华优秀传统文化传承发展工程的意见［EB/OL］.（2017-01-25）. http：//www. gov. cn/zhengce/2017-01/25/content _ 5163472. Htm.

行训练指导和教学。这种极具个性和主观能动性的“知识传授”体系在实践中难以被复制和替代[①]。如我国的武术文化、乐舞文化、气功文化等，通常依托师徒关系或者血缘关系进行传播。

体育文化与社会文化在人际传播过程中常以面对面形式进行。我国不少传统节日起源于季节农事，因此许多节庆风俗（祭祀祝祷、强壮体魄、游戏娱乐等）也与农事密切相关。远在上古时期，农历二月，农民开始野外劳作，所以许多风俗仪式于二月至三月初举行，尤其在万物萌生的三月活动最多，影响也最大，《吕氏春秋》载：“是月也，生气方盛，阳气发泄，生者毕出，萌者尽达，不可以内”。中国的农历三月三是多个民族的传统节日，最为典型的是壮族、苗族、瑶族。1983年，广西壮族自治区人民政府将农历三月三定为壮族的传统节日。祭祀祖先、对歌择偶是壮族“三月三”的重要节庆内容。这一天壮族青年男女聚集欢歌、饮宴。在壮族文化传说中，骆越祖神“娅浦”在农历三月三逝世，而她曾豢养过一条叫“特掘”的秃尾蛇，每年都要回到大明山为“娅浦”扫墓，这条蛇也是守护珠江的秃尾龙神。因此，每年三月三都要为“娅浦”举行隆重的祭祀仪式。典礼活动以“骆垌舞”最富特色，师公戴着傩面具扮演鸟神和蛇神，手拿独特响棍，以跨腿、半蹲、点步、转体、勾脚、蹲揣等动作为主要舞姿，表现祭祀、行军、出征、点兵、打仗、招魂、驱邪等内容，舞姿庄重古朴[②]。而汉族则称三月三为上巳节，各地区有“三月三拜祖先”“三月三拜轩辕”的说法，并举办纪念活动。宋人王楙在《野客丛书》一书中记载：“自汉以前，上巳不必三月三日，必取巳日。自魏以后，但用三月三日，不必巳也。”相传上巳节起源于兰汤辟邪的巫术仪式，据东汉张衡的《南都赋》中记载：“暮春之禊，元巳之辰，方轨齐轸，祓于阳濒。朱帷连网，曜野映云。男女姣服，骆驿缤纷。致饰程蛊，便绍便娟。微眺流睇，蛾眉连卷。”“祓禊”是个很有特色的风俗，简狄沐浴的传说也可能就与此有关。东汉应劭所著的一部考释名物、议论时俗的书籍《风俗通义》说：“禊者，洁也，故于水上盥洁之也。”祓禊是以香草涂身、洗涤身体、驱除邪气的仪式，也是辞旧迎新的节奏，孔子弟子曾皙就曾经非常向往“暮春之月，浴乎沂，风乎舞雩”。在上巳节庆祝活动中，最主要的活动是祭

① 张强. 论我国传统体育文化的传播策略［J］. 新闻战线，2016（04）：36-37.

② 王宇. 社会转型时期竞技体育中的师徒信任——以L省中长跑队为研究个案［J］. 体育与科学，2014，35（04）：93-96.

祀高禖，即掌管嫁娶和生育之神。《史记·殷本纪》中说："三人行浴，见玄鸟堕其卵，简狄取吞之，因孕生契。"契，商祖。相传简狄随本氏族的两个姊妹偶然出行，在玄丘水中洗澡，有玄鸟（即燕子）飞来，生下一只鸟卵，简狄误取鸟卵吞食，因此孕而生下了契。契，即是阏伯，就是传说中的商之始祖①。"玄鸟生商"（图10-16）的故事由此而来，先民展开社神祭祀、男女求子等活动，以迎接生命之神②。蒙古族舞蹈"跳乐"（图10-17），俗称"玩小姑娘"或"玩小伙子"，这种舞蹈流传于云南玉溪通海县兴蒙蒙古族自治乡，吸收了彝族的"跳乐"而发展起来。古人是在丰收之后为庆贺丰收，边唱边跳。发展到现在，"跳乐"逐渐变成了一种交友的娱乐活动，男女青年通过"跳乐"互相交往，建立一定的婚姻恋爱关系。舞者没有人数限制，一般是男女人数各占一半，以左肩对圆心依次围圈，娱乐时有个领舞者，他负责带领众舞者时而对跳胸前拍掌，时而相互交叉变化队形，舞姿刚健优美。③

图10-16 玉玄鸟 江苏无锡鸿山战国贵族墓出土

图10-17 "跳乐"

2. 组织传播渠道

组织是一个目标一致的系统，指"人们为实现同一目标而各自承担不同的分工角色，在统一的意志之下从事协作行为的持续性体系"。美国著名社会学家塔尔科特·帕森斯（T.Parsons）认为："组织的发展已成为高度分化社会中的主要机制，通过这个机制，人民才能有可能'完成'任务，达到个人而言无法企及的目标"④。在组织系统中，各个成员角色身份塑造了他们的自我意识，并通过交流实现自我的社会化。组织传播的可靠性、稳定性和持续性使其成为体育文化

① 罗征. 2014广西群众文化论文选编［M］. 南宁：广西人民出版社，2015. 05：78-81.

② 司马白羽. 史记品读［M］. 北京：朝华出版社，2012. 01：31-32.

③ 张超. 不应远离的传统文化［M］. 北京：北京工业大学出版社，2016. 01：18-23.

④ 《中华舞蹈志》编辑委员会. 中华舞蹈志·云南卷（下）［M］. 上海：学林出版社，2014. 01：763-764.

和社会文化传播不可或缺的机制与组成部分[①]。与其他社会群体相比，组织具有三个显著特点：一是专业化的部门分工；二是职务分工和岗位责任制；三是组织系统的阶层制或等级制。其主要形式可以分为组织内传播（包括书面媒体、会议、电话、计算机通信系统以及互联网等）和组织外传播（包括公关、广告和CIS等）。以乒乓球运动为例，中国在1953年加入国际乒联组织，1955年，中国成立了乒乓球协会，下设教练委员会、竞赛委员会、新闻委员会、器材委员会、科研委员会和少年委员会等六个专项委员会。1959年，在第25届世界乒乓球锦标赛上，容国团在男子单打比赛中获得了我国有史以来第一个乒乓球世界冠军，极大地振奋了民族精神，政府和国民也认识到了通过体育提升国际政治地位是一种可依赖的方式。[②]

社区基层居民自治组织。社区体育常常具有浓郁的民间色彩，例如舞龙、舞狮、赛龙舟等具有民间传统特色的体育活动。他们以民间体育组织为载体，以社区群众为基础，开展丰富多样的保健、娱乐活动。在我国的香港地区，有很多的民间体育组织，影响和规模较大的有东升体育会、南华体育会、愉园体育会等，它们开展的活动不仅有个人球类活动，也有篮球、排球、足球等集体体育项目，甚至会有专门的体操、柔道、太极拳等活动项目的培训班。而社区体育组织将体育锻炼、娱乐休闲和医疗保障“三管齐下”，对社会群众进行体格检查、生理指标测试、病历检测等，使社区群众可以根据自己的身体状况来选择合适的运动处方，因人而异进行科学的运动。[③]

公益组织是社会组织中较为特殊的存在，作为一个公益组织首要的条件就是要能够将主流价值观与群体的文化归属、情感共鸣充分结合起来。亚里士多德的说服“三要素”（信誉证明、情感证明、逻辑证明）在公益组织传播中得到了很好的诠释。当前最常见的公益组织其最直接目的就是尽可能获得更多的社会捐赠。[④]从新中国成立到现在，我国一直把群众体育事业作为社会公益事业来对待，视作社会主义精神文明建设的重要组成部分，对于振奋民族精神和社会发展

① 见田宗介. 社会学事典［M］. 东京：弘文堂社，1988：556.

② ［美］W·理查德·斯格特，黄洋. 组织理论：理性、自然和开放系统［M］. 北京：华夏出版社，2002.

③ 谢静. 组织传播学［M］. 上海：复旦大学出版社，2014. 10：2-4.

④ 李荣芝，顾楠著. 乒乓球运动的历史与文化［M］. 上海：同济大学出版社，2016. 07：137-138.

有很强的促进作用。[①]如政府通过体育彩票筹集体育公益金，用于体育扶贫、建设全民健身小区、改造体育场馆、举办体育比赛等。老年人体育协会则致力于发动和组织老年人参与体育锻炼，组织老年人体育比赛等。体育事业基金会，通过接受捐赠，发行体育奖券，用于培训体育人才及兴办体育公益事业等。此外国家还有农民体育协会、少数民族体育协会、体育记者协会、高等院校体育协会等群众性社会体育组织。

3. 大众传播渠道

大众传播是普通群众接触最多的传播方式，一般是指“专业化的媒介组织通过先进的传播技术和产业化手段，以一般大众阶层为传递对象而进行的规模化的信息内容生产和信息传播活动。”[②]大众传播是政府和组织在引导舆论、传播信息、提供娱乐、教育大众方面必不可少的手段。为了克服时空界限，人们只能通过大众传媒来了解外部发生的各种信息，获取感知周围环境的变化，这包括政治环境、社会环境和经济环境等，并为受众提供消遣和娱乐。通过大众传媒，国家的、民族的很多教育、文化法制、知识观念、道德伦理等社会文化遗产才能得以代代相传。

在大众传播过程中，体育文化传播不仅仅通过常见的体育比赛、艺术表演等形式，还可以通过线上沟通和线下互动实现即时性传播，利用传统媒体和新媒体的融合，来实现体育文化传播的资源优势整合，使得体育文化的传播更为便捷和同步。在体育赛事的传播中，整合传播主体、传播内容、传播手段等资源的高效使用，在提高资源有效利用率的同时，也使单一的传播渠道更加多样化，提高传播效率。大数据时代的来临，文化传播通过大数据、现代5G通信技术和人工智能等新信息技术手段，将会实现更为畅通的信息传播和无延时的社会互动。毋庸置疑，从2019年7月下旬开始至10月底，江苏省新闻出版广电局联合省体育局、发展体育基金会，开启“电影+”时代，在全省农村地区联合开展“送千场体育电影活动”，将公益电影放映与群众喜闻乐见的广场健身相结合，意在传播优秀体育影视文化、引导群众科学健身，拓展了电影公共服务新领域。

大众传播渠道实现了体育文化和社会文化功能价值的同一性诉求。将广播播报、电视直播、微博微信线上互动进行融合，以表演、比赛、游戏体验、视频

① 龚飞，梁柱平. 中国体育史简编［M］. 成都：西南交通大学出版社，2010，08：170.

② 吴欢超. 新媒体浪潮下的公益组织传播策略研究［M］. 杭州：浙江大学出版社，2016. 07：196.

宣传等多种形式吸引受众的注意，引导受众通过自媒体进行高效扩散，实现体育文化资源传播的多元化。现代工业文明的发展，快速的工业化给城市带来了很多的“文明病”，一个很大的变化就是人的“数字化生存”异性化，精神和肉体的分离、身心不协调使人们亟需追求身心和谐发展。通过体育形式的健身、养生、交往、娱乐等活动为人的自由和解放提供了一种极好的途径。现实生活中，这已经成了很多人的习惯。如一个商务人士在出差或者会议之余进行的诸如游泳、网球等体育活动，这是一种一举两得的活动，既能满足人际交往的需要，也可以锻炼身体，还可以通过健身活动组建自己的“伴友”，常会在商业活动里达到出其不意的效果，既有娱乐身心的目的，又有商业谈判的目的。[①]

“去中心化”一直被视为互联网的一个重要特性，网络为网民提供了一个公开的、透明的、匿名的信息环境，每个人都可以畅所欲言，互联网的世界没有一个真正的话语中心[②]。随着新闻场域对重要事件与新闻价值的定义，特别是获取信息的便捷性和时效性，越来越得到广大受众的重视，一些媒体平台及其背后的技术巨头对于体育场域的信息传播开始有了巨大的影响。以“微信”“今日头条”“脸书”“谷歌”等为代表的新媒体技术平台，掌控了全球范围内几十亿计的受众流量，控制着世界上约80%的新闻或信息推荐资源。渠道为王的方式是伴随新信息技术革新而到来的，传媒机构生产的内容在一定程度上需要通过这些技术平台来推送和播发，甚至进行交互性评论，获取信息传递的效果，否则就可能会出现“酒香也怕巷子深”的现象，使信息传播活动流于无形，甚至达到不为人知的状况[③]。当今，以“今日头条”为代表的的信息推送平台，会根据每个人的信息需求习惯进行点对点递送，受众不仅每日能够接受到自己习惯关注的某种讯息，甚至还会被其中的观点所牵制，会习惯于这个媒介平台所提供的信息表述方式[④]。信息技术的发展，会促使信息源头的多元化，信息传递平台的市场竞争也日益激烈，体育文化的泛娱乐化形势日渐严峻，一些媒体为了吸引读者，提高流量，发表一些“争奇猎怪”之作，注重一时的关注度，而忽视信息的真实性；也有一些媒体看到竞争对手采取这样的手

① 梁晓龙. 当代中国体育若干基本理论问题［M］. 北京：人民体育出版社，2003. 07：35.

② 郭庆光. 传播学教程［M］. 北京：中国人民大学出版社，2011，04：99.

③ 沈雪峰，王浩春，罗力佳. 体育文化研究［M］. 长春：吉林大学出版社，2012. 09.

④ 彭兰. 网络传播案例教程［M］. 北京：中国人民大学出版社，2014，01：287.

段获取巨大的经济效益后，纷纷跟风效仿。

四、传播受众研究

在大众传播学的研究中，受众是一个集合范畴的概念，是指大众传媒所传递内容信息的接受者或传递对象。广播的听众、电影电视的观众、书籍报刊的读者、网络媒体的用户等都是受众的范畴[①]。受众既是大众传播的对象，也是大众传播的目标，通过大众传播给予受众信息，引起受众的关注（有意的或者是无意的），从而改变受众的认知、思维和行为，以达到传播的目的。在信息获取的过程中，共同认可的文化共性能够促进人们之间的合作，提升凝聚力，但文化的差异却会加剧冲突与分裂。因为各种差异客观存在，例如亲缘关系、职业背景、文化教育、生活区域及阅历等，以至于每个人都会有多种身份或理念认同或冲突，它们之间可能会彼此强化或互相竞争，甚至相互对抗。

2008年7月30日，微软公司为迎接北京奥运会，推出了“人立方关系搜索”测试版（http：// renlifang.msra.cn）。这种系统可以从超过十亿的中文网页中自动的抽取出人名、地名、机构名以及中文短语等社会活动信息，自动计算出它们之间存在关系的可能性；另外，这种搜索系统还索引了支持它们之间关系的网页文字，能够提供基于人名的新闻浏览和可视化关系搜索功能等。通过人立方生成的“奥运人物关系图”（图10-18），受众可以看到每个项目参赛运动员之间的关系以及项目状况，配合在奥运期间实时运动员奖牌信息动态更新，以及与运动员相关的实时新闻资讯，得到受众的热烈欢迎。这种系统还可以获取奥运选手的基本信息和训练水平。例如，在大家关注的110米栏项目上，人立方给出了刘翔的主要竞争对手约翰逊、杜库雷、阿诺德等人的信息（图10-19）。[②]当然这种搜索也为人们个人隐私的保护带来了一定程度的困扰。

① 郭庆光. 传播学教程［M］. 北京：中国人民大学出版社，2011，04：155.

② 微软亚洲研究院 关系搜索研发小组. 微软人立方：数字奥运 以人为本［EB/OL］.（2008-7-30）http：// blog. sina. com. cn/s/ blog_ 4caedc 7a0100aj3d. html.

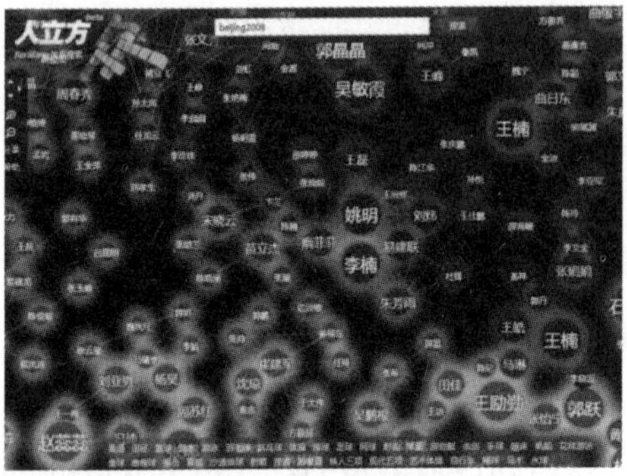

图10-18　奥运人物关系图

图10-19　“一百一十米栏”人物简介图

互联网搜索引擎为分析传播受众提供了信息导航、信息采集、信息整合等技术基础，并将信息创造与信息使用越来越多地给予每一个人[①]。曾经一段时间，风靡全球的动画片《天线宝宝》（Teletubbies），在国内也深受许多少年儿童的喜爱，并衍生了很多相关主题的儿童玩具，这是英国广播公司（BBC）与RagDoll公司联合制作出品的，以1～4岁的儿童为主要受众群体。受儿童所处年龄段及认知发展水平影响，只有定位精准的节目，才可能受到儿童的青睐。受众规模、到达率、媒介接触等方面的量化信息促使我们关注受众的年龄、性别、收入以及观看的电视节目内容等信息。为此，《天线宝宝》的节目内容整体设定极为简单，在节目中还大量运用重复、色彩鲜亮、大动作和发展缓慢的故事情节，轻松、愉悦，符合孩子们的天性，孩子们在观看过程中，可以提前预判天线宝宝的动作，充分发挥他们的想象力、听说能力和思考能力，培养了孩子们的自尊心、自信心[②]。在新媒体环境下，数据的可视化对于反馈受众需求，厘清受众群体间的关系有重要意义，可以根据数据波动和集散程度分析受众特征、关系图谱和发展趋势等。大数据时代的到来，受众分析应用会越来越广泛，这种分析要基于行为和习惯来描述，采集受众的品位、生活方式、喜好和价值观等，预判受众在特定信息环境下可能出现的思维和行为[③]。

体育工作者作为体育文化传播过程中具有影响力的受众，他们的影响力对

① 高钢. 绘制人的社会关系信息图景的尝试及意义——“人立方关系搜索”预示了什么?[J]. 国际新闻界，2009（05）：80-86.

② 方建移. 传播心理学[M]. 杭州：浙江教育出版社，2016. 01：216-218.

③ 聂磊. 新媒体环境下大数据驱动的受众分析与传播策略[J]. 新闻大学，2014(02)：129-132.

相似群体具有辐射作用，且对特定的受众群体影响力会大于其他人，这就是所谓的拉扎斯菲尔德的“意见领袖”作用。体育工作者通过自身对传统体育文化的认知和观念的引导可以为相似群体提供释疑、观点建议等，并通过自有的知识储备、运动技能、观点建议甚至个人形象对特定群体施加影响①。在体育界，“追星”已经是非常普及的事情，诸如“姚明现象”“梅西现象”和“中国女排现象”等体育示范效应不断涌现。我国职业网球运动员李娜，是亚洲第一位荣膺大满贯女子单打冠军选手，具有清晰媒体形象，被树为成功、健康、女性美的典型代表。李娜曾为伊利代言过一则广告，在这则《李娜姜山篇》30秒的广告中，李娜不再是以一个网球选手的刚毅形象出现，而是以一个妻子的形象，以她和姜山两个人的家庭形象，为伊利新推出的春节家庭装的牛奶代言。将李娜的体育形象和家庭形象合二为一，使受众在广告中看到一个与以往截然不同的李娜：没有了往日比赛失利时的暴躁，不再咄咄逼人、强势，而是给姜山最寻常的关心（倒牛奶），柔和的灯光衬托着她温柔的微笑。数九寒天，一杯温热的牛奶，让温度从指尖传到了心头。事实上，伊利集团品牌调性的转变与李娜的个人转变十分类似。历经了50多年的发展后，2010年底，伊利进行了以“新伊利为你而变”为核心的品牌升级。品牌发展理念，更看重与消费者的心灵沟通，更接地气。当时，这则广告播出的时机恰好是李娜在法国网球公开赛女单比赛中荣获冠军后，说明伊利牛奶也像李娜一样是牛奶中的冠军，也可以说喝了伊利牛奶你就可能是下一个李娜，下一个冠军。诸如此类的广告设计都紧紧抓住了受众的认知和心理特点，使传播因素得以累加，并将传播细分因素进行整合，实现信息的*N*次变量，从而使传播效益达到最大化。

五、传播效果研究

传播效果是传播活动成败与否的关键。传播效果有两个层次的含义：一是带有说服动机的传播行为，受众获取信息后心理、行为和态度的变化；二是传播行为对受传者和社会产生的一切影响和结果的综合。传播效果的层级包括以下三个方面：一是认知层面上的传播效果；二是心理和态度层面上的传播效果；三是行动层面上的传播效果。无论是体育文化，还是社会文化，所有的传播活动都需

① 郭庆光. 传播学教程（第二版）［M］. 北京：中国人民大学出版社，2011：261.

要从上述三个层面进行效果评价。从认知行为到态度转变再到行动执行，是一个效果的逐渐累积、深化和扩大的过程[①]。美国加州大学教授道格拉斯·凯尔纳在《媒体奇观——当代美国社会文化透视》中认为，媒体奇观是指那些能体现当代社会中的冲突和解决方式戏剧化的媒体文化现象，涵盖媒体会经常制造的各种政治事件、体育比赛等[②]。

随着消费者上网时间的增加，品牌和零售商有更多的促销和交流机会。全球在线广告支出在2015年底就达到了2000亿美元。平面广告和在线广告对受众的影响效果是一个重要的营销问题，零售商和品牌在对平面广告和在线广告进行投资决策时，需要关注成本和受众。有学者通过调查9000多名零售顾客的记忆和实际购物行为，比较印刷品和网上商店传单的效果，发现网上宣传的传播覆盖面更广、成本更低，并且不受环境影响，还可以根据竞争对手的情况进行快速调整，进行私人订制，增加了潜在的推广品牌数量[③]。NBA篮球巨星科比·布莱恩特在2015年11月，宣布将告别职业生涯，这是一个重磅消息，作为深受球迷喜爱的NBA篮球巨星，他的告别意味着一个篮球时代的结束，不但在洛杉矶、甚至整个NBA，从此开始了与科比的告别互动。科比作为家喻户晓的篮球明星，清晰的媒体形象让科比·布莱恩特长期聚焦在观众和媒体的视野中，又不遗余力地参与慈善活动，但也有不少的负面新闻，可谓是集爱恨于一身。但最根本的影响力还是他的球技，所以在他宣布即将退役后的一段时期内，他的每一场活动都展现了温馨的一面，给他欢呼甚至流下眼泪的不仅是热爱他的那些球迷，甚至还有一些曾经指责、谩骂过他的人，在告别的时候，都放下了恩怨。每一次活动或者比赛离场的时候，掌声都会毫不吝啬地奉送上。为了他的退役，作为他的赞助商，耐克公司针对他做了两个广告策划，以故事的方式叙述了科比和球迷的内心，以爱和恨为主题脉络，其中《指挥大师》投放于美国市场，《别爱我，恨我》投放在中国市场。《指挥大师》最突出的创意是科比以音乐指挥师的形式倾听球迷的心声，形成了一首独特的退役交响乐；而《别爱我，恨我》以科比的独白回顾他

① 郭庆光. 传播学教程（第二版）[M]. 北京：中国人民大学出版社，2011：171-173.

② 道格拉斯·凯尔纳. 媒体奇观——当代美国社会文化透析[M] 史安斌，译. 北京：清华大学出版社，2005.

③ Marco Ieva, Cristina Ziliani, Juan Carlos Gázquez-Abad, et al. Online versus Offline Promotional Communication Evaluating the Effect of Medium On Customer Response [J]. Journal of Advertising Research, 2018, 58 (3): 338-348.

20年的篮球职业生涯，情感细腻而又真挚，让人感动。

乔丹同样是广为人知的篮球明星，但退役的时候，由于网络媒体不发达，关注的人并没有那么多；刘翔退役的时候更是低调退场，他们只是我们心目中的英雄，但并不是世界的记忆。科比退役，他的影响力和传播效应是世界性的，不单单是科比迷、篮球迷都在关注这件事，其他普通大众也通过网络新媒体了解事情的进展。体育文化与社会文化在传播效果上的自相似性以情感诉求为纽带，体育文化良好的传播效果需立足社会文化的主流价值观引导，同时良好的体育文化传播可以推动对社会文化的关注度。

NBA巨星向商业巨星的转变不过一步之遥，20年，球员科比拿到了5次总冠军，职业生涯总得分排在历史第三位；换另一把尺子丈量：科比在NBA的20个赛季，获得了约3.28亿美元薪金总额，这个数额可以在NBA薪资榜上排第二位，但更多的则是广告代言的收入，直接收入达到了6亿美元左右[①]。科比退役事件在传播过程中淡化了科比当前的低迷状态（伤病、“黑粉”、职业前景等），强化了正面形象（过去美好形象定位、优秀的职业经历、粉丝的不舍情怀等），通过营造情怀拓展粉丝互动和周边商品营销，进行多方面、多角度的传播，才最终出现了使科比退役事件成为体育热点和社会热点的传播效果。

第四节　体育文化与社会文化的传播过程和传播方式的自相似性

一、体育文化与社会文化的传播过程

体育文化与社会文化在传播过程中，必然进行着文化交流现象。中国现代哲学家、哲学史家张岱年先生曾经指出：如果一个民族故步自封，拒绝甚至排斥接受其他民族的先进文化，就会停滞不前，发展肯定会落后于其他民族。季羡林先生也认为：人类的发展进步是伴随民族文化交流范围逐步扩大同步进行的，世界上各民族如果没有文化的交流，人类社会就无法进步。交流促进了文化融合，在相互吸收中不断提升发展水平，我们基本上可以断言，文化交流是促进人类文明进步、延续社会文明的关键因子。历史经验证明，人类文明史的动态演变和发

① 陶凤. 商业科比不“退役”［N］. 北京商报，2016-04-15（002）.

展脉络，在一定程度上可以理解为是一部不同社会文化之间相互交流的历史。且无论是作为部分的体育文化，还是作为整体的社会文化，在文化交流和传播过程中都遵循一定的发展规律。

中国文化自诞生之日起，就绝非自我禁锢在狭隘圈子中的一个独立系统，中国各民族文化，以及中国与国外其他文化之间存在交流的关系。几千年的中国文化发展历史证实，以农耕文明为代表的中国文化在发展过程中，先后融入和吸收了诸如中亚游牧文化、阿拉伯文化、印度文化、欧洲文化，甚至波斯文化的先进部分和精髓，并做到了吸收、并存和扬弃，可以说中华文明是一个包容度很高的文明，古代中国与其他国家和民族之间文化交流基本上没有间断，且明清之前的古代中国主要与周边亚非等地区进行文化交流，曾被称为“文化中心圈”的中国，在当时的文化中是作为一种“强势文化”不断对外扩散的。在与周边国家的文化交往过程中，积极吸取异质文化之精髓，逐渐提升并丰富中国文化内涵，在某个落后的特定时期，这个包容也含有一定的被动消解和接纳，就是这种接纳进一步促进了中国文化的不断发展与进步。新航路的开辟使中国与欧洲开始正面交往，但随着“海禁”“闭关锁国”政策的实施，中国中断了与其他国家的文化交流，逐渐陷入文化桎梏。鸦片战争爆发后，中西方的文化交流进入了一个新的发展时期，被迫打开国门后的中国文化由强势文化逐渐变为弱势文化。文化也是一种国力的象征，在积弱积贫的近代中国，西方文化随着洋枪利炮也一起进入了国门，这是一种文化侵略方式，并在这种不断加剧的文化入侵中，中西文化之间进行了必要的文化交流，在文化交流过程中“中体西用”观点逐渐被认同。中国文化在选择、吸收和保留各自文化优点的基础上进行交融，且逐渐完成文化的变迁。虽然在鸦片战争后，中国国门进来的不只是人员和商业贸易，同时也带来了一种强势的西方文化，此时相对弱势的中国文化无法独善其身，受到西方文化的强烈冲击，这个过程并不是一个完全替代另一个，而是在中西文化相互交流和相互融合发展的过程中，仍旧以其文化魅力、文化内涵、文化品质等对西方文化进行文化互补，并产生强大的辐射力。当代社会随着综合国力和国际地位的提升，中国更加注重文化软实力的作用，中国传统文化的精髓也逐渐被西方国家接纳和学习。在文化传播过程中，文化碰撞、文化交流和文化融合现象时有发生，文化多元化发展趋势也日益明显。

体育文化的传播过程遵循与社会文化传播过程类似的发展轨迹。处于封建社会繁荣时期，古代中国蹴鞠、马球、摔跤等诸多体育项目，在文化传播与交流过程中对周边国家产生过巨大影响。譬如球类游戏“蹴鞠”，最早起源于我国古代的游戏“国粹”，就是经阿拉伯传入欧洲，促使了现代足球在英国的诞生。现代足球的诞生和发展，也基本印证了中西体育文化相互学习、交流、借鉴、吸收和提升的发展脉络，体育文化在传播过程中，不是一方文化吞并另一方文化，而是逐渐本土化的过程。中国体育文化代表一种传统体育文化力量，与西方以“竞技”为核心的体育文化在“西学东渐”的浪潮下发生一系列的碰撞，毫无疑问，“竞技”精神本身就是成功者文化，塑造了一种现代西方强势体育文化，这种强势是相对弱势的中国传统体育文化而言的，它的到来，剧烈地冲击着近现代中国民族传统体育文化根基。中西方体育文化在不断地碰撞过程中，因两种异质文化之间存在的共性和个性，促使两种体育文化能够更好地实现交流和融合。中国近现代的体育文化在与西方以奥林匹克为代表的文化交流和融合过程中不断发展。

西方体育文化是以现代奥林匹克文化为代表的，在与中国体育文化碰撞融合的过程中，使中国近现代体育文化发生一系列的变迁，在中国近现代体育文化发展史上，影响深远，意义重大。随着人类社会的进步，全球化进程的加快，中西方体育文化交流更加频繁，以奥林匹克文化为代表的世界体育事业蓬勃发展。今天，以现代体育项目为主的奥林匹克运动会在世界范围内广泛开展，“更高、更快、更强”的奥林匹克精神俨然成了现代体育文化的代表。这种以“竞技”为核心的体育文化理念确实具有很强的文化吸附性，作为一种更先进的文化，在中西文化相互交流过程中，被中国文化消化、吸收，在相互交流中实现文化融合。在体育文化全球化发展的背景下，中西方文化之间不是单方面的文化渗透，而是存在相互的影响作用，西方文化需要汲取其他文化中体现资源优势、结构优势、机制优势的内容，来弥补自身的一些缺陷和不足，东方体育文化也不能因为暂时处于劣势地位而忽略自身的价值 。因此，现代中西方体育文化均以各自独具特色的文化特点和文化魅力互相影响，且在融合发展的过程中，更看重体育文化多元化的发展。整体上看，我国体育文化的传播过程经历了不同类型体育文化之间的碰撞，不同体育文化在碰撞后进行交流，在交流过程中不断融合，最后在融合中完成了体育文化的变迁。

总结体育文化与社会文化的传播过程，文化在交往之初由于受地理环境、人文、习惯、风俗等诸多不同因素的影响，两种独具特色的不同社会文化之间发生冲突和碰撞。随着文化交往的频繁和深入，不同文化由于共性或个性的因素，在冲突下又进行必要的文化交流。在文化交流的过程中两者选择和吸收各自文化的优点，产生不同类型文化融合的现象。当前，信息传播能力的无延时或短延时，交通技术革命安全性和便捷性凸显，世界不再是隔离的经济体，而是一个平面，一个“地球村”，各国之间的社会文化交流日益频繁，文化碰撞、文化交流和文化融合现象时有发生。此外，文化的传播多是从优势文化到劣势文化的流动，伴随经济和信息全球化进程的进一步加快，多元文化交融发展的态势更为凸显。体育文化与社会文化的传播过程，如图10-20 所示。

图中A和B分别表示不同的文化类型。将A看作中国文化，B看作西方文化。第一阶段，中国文化和西方文化在没有交流的时期不存在文化之间的传播和影响；第二阶段，A与B可以看作鸦片战争后中西方社会文化在交流初期，由于文化的排他性而发生的两种异质文化之间的碰撞和冲突；第三阶段，A与B重合部分可以认为是中国在“西学东渐”环境下，洋务运动发生后，“中学为体，西学为用”成为社会上层主流思想，这个时期国内社会思想在西方社会文化的影响下开始发生变化。文化的交流是相互的、双向的，因此重合的部分还可以理解为西方社会文化进入中国后，对中国文化里可以吸收借鉴的部分进行了反思和吸纳，交融的过程同时也是中国传统文化精神对西方社会文化发展有所启示的过程，中西方社会文化发生的融合与濡化现象；第四阶段，A（AB，A中有B）与B（BA，B中有A）可以理解为两种文化在濡化阶段中，中西方社会文化在彼此文化魅力和内涵的影响下完成的文化融合与变迁。

以上表示不同文化碰撞、交融与变迁的过程图，同样适用于解释中西方体育文化之间的变化与发展规律。如西方体育文化随着鸦片战争的开始在中国扎根并迅速发展，形成了我国近代学校体育、竞技体育，并在代表西方体育文化的奥林匹克运动会上多次摘金夺银；而代表中国体育文化的中华民族体育文化尤其是武术项目，拥有了大批西方受众，他们甚至专程跑到中国（如少林寺）来学习、研究中国传统体育文化。

由以上对体育文化与社会文化在传播过程中两者之间关系的分析可知，无论是作为部分的体育文化，还是作为整体的社会文化，在文化传播和发展过程中都毫不例外地遵循着文化发展的一般规律和路径：“文化冲突—文化融合—文化变迁”。体现了体育文化与社会文化传播过程的相似性。

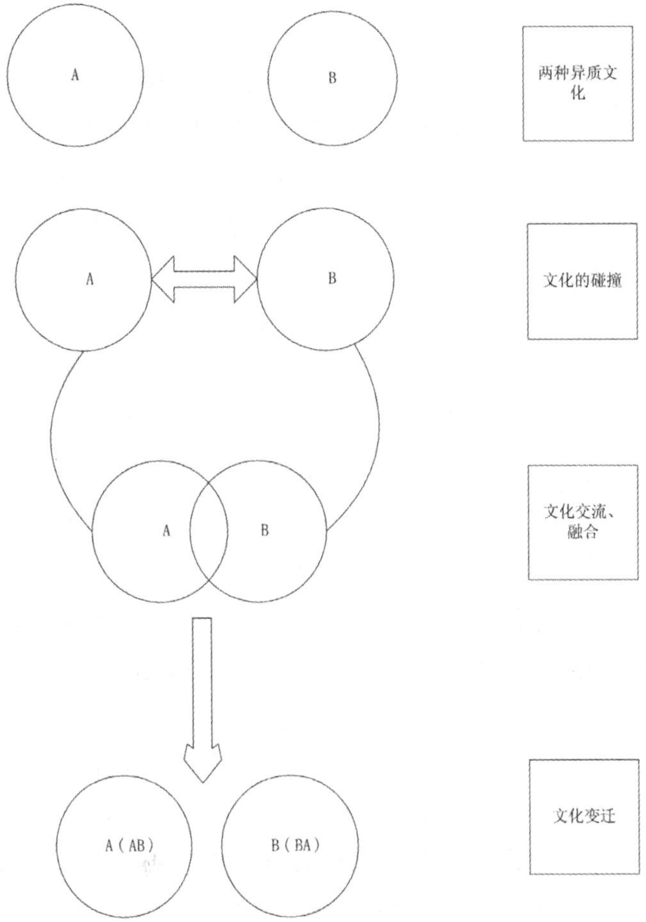

图10-20　体育文化与社会文化的传播过程

二、体育文化与社会文化的传播方式

文化传播方式是人类传递文化所采用的方法和形式，且传播方式变化是与时俱进的，与当时的生产力发展水平具有高度的一致性，社会文化和体育文化的传播方式变化也概莫能外。

在文字还未出现的原始社会，文化的传承主要靠人们的口头传播，即口耳相传。文字的出现，信息的传播有了延时性，信息在传播的过程中失真度降低，人们得以文字记录社会所发展的一切。造纸术和印刷术的普及，纸质类文字记载材料逐渐增加，对中国文化的传承和延续具有重要的意义。纸质文字记载打破了口头传播方式的时空限制，如书籍、报纸、杂志等成为我国很长时期内文化传播的主要途径。随着计算机的出现和普及，文化的传播方式更加丰富。网络传播方式具有口耳相传和纸质文字传播无可比拟的优点，突破了信息传播地域、时空限制，甚至一些强加的政治和意识形态等方面的限制，网络化是现代信息社会最为典型的社会特征，并逐渐成为现代文化传播的主要平台。文化传播方式和途径不是简单的排斥和取代的关系，而是在特定时期某一传播方式占据主导地位、其他传播方式并存的局面。譬如，现代文化以网络传播方式为主，但文本记录的书籍和口耳相传的方式一直存在。整体上看，我国社会文化的传播方式经历了以口耳相传为主，发展到以纸质文字记录的书籍为主，再过渡到现在网络传播方式的普及时期。

体育文化隶属于社会文化，其传播途径在发展过程中的变化与社会文化传播的方式相似。早期体育文化的传播，就是简单地从人到人，通过一代代人手把手的教和口口相传的方式将体育文化延续下去（如师徒传承）。社会生产的发展，体育活动的广泛开展，专门体育类的书籍、报纸、杂志等开始出现，更进一步促进了体育文化信息的传播、继承和发展。随着科技的进步，电视、广播的出现拓宽了体育文化传播的途径。网络化时代的到来，网络电视、移动终端等普遍应用，不仅丰富了体育文化的传播方式，还为人们实时关注和学习体育文化提供更大的便利，如观看各种体育比赛、关注体育赛事、阅读体育类新闻、学习各种体育项目的技能、交流运动体验、传播体育新闻信息等。体育文化的传播方式也从简单的由人到人，逐渐发展到多种传播方式并存的局面。

通过以上分析可知，体育文化与社会文化在传播方式上均经历了三个阶段的发展，第一阶段口耳相传为主阶段；第二阶段以纸质材料为主，其他方式并存阶段；第三阶段为互联网与其他传播方式共存阶段。从体育文化与社会文化的传播方式看，作为部分的体育文化与作为整体的社会文化在传播方式上也存在着分形部分与整体自相似性的特点。

第十一章　未来体育文化与社会文化关系前瞻

起源和内容核心的不同，是中西体育文化最本质的差异，中西体育文化属于不同民族间两种完全不同的异质文化，中国体育文化讲究因人而异、凸显个性化。较为典型的武术就有不同流派，南拳北腿、十八般兵器等，风格不同，因人取舍。西方体育文化最大特点则是规则明确、公平竞争、评价准确。差异体现在方方面面。信息化的发展、交流的频繁，包括在世界奥委会的主导下开展的各种体育活动，让彼此不同的体育文化有了相互认同和相互适应的平台和机会，博采百家之长，才能更好地保留和发展本民族的体育文化，才有可能在彼此相互学习提高的基础上发挥各自文化最大的长处。

纵观世界体育文化发展的历史，在一定时期，“东学西渐”和“西学东渐”是双向流通的过程，彼此之间相关度体现在吸纳和包容上，沟通是为了更好地了解，以便于相互提高。当然，提高的过程并不是一帆风顺的，里面掺杂有政治和文化的博弈，有碰撞、有对抗，但发展的必然趋势是融合，这也映衬了所有文化发展的一般规律。不同民族间体育是一种特质文化，不需要克服语言的障碍而通过肢体语言进行交流。不同的民族体现在体育文化上，就会有不同的性格，这种性格标签往往会被各国人民所认可，因地位重要甚至成为民族的象征，其多元化组成了世界多姿多彩的体育文化。信息的本质就是交流，文化也是如此，体育文化只有通过不断地交流，才会让世界更为和谐，让文化更为精彩。

体育和其他文化发展脉络相似，研究和总结体育文化的发展曲线，时间和空间两个纬度是我们探讨问题的基础和核心。现代信息社会，国际交流频繁本身就是时代特征，交流过程中各种文化相互交织、相互影响、相互渗透，特别是经济基础方面，往往会彼此影响自身的文化地位，历史经验告诉我们，任何闭关锁国、排斥其他文化的行为都是一种自残式保护。我们应该摒弃狭隘的民族主义思想，开阔胸襟，对传统的体育文化进行批判和继承，对外来的体育文化进行取舍和选择，在促进自身体育文化繁荣的同时，进一步弘扬本民族传统体育文化，并通过各种平台和机会来提升体育文化软实力，通过这种方式来保持和延续本民族的体育文化。世界是一个文化整体，没有哪一种体育文化是孤立的，能够在信息如此发达的今天孤芳自赏，不交流、不适应、不融合。应该支持在开放性和整体性的基础上，争取融入到更加庞大的全球体育文化体系中去，通过不同方式的交流来寻求自身的发展机遇，在体育文化东西融合交流中走向共存的可持续发展模式。

体育文化是一种特殊的文化形态。经济发展使全球的文化交流有了基础和活力。在这个世界上，体育文化不再呈现以前的优劣强弱之态，而是多姿多彩的存在，任何一个国家和民族的体育文化都能够在世界的大舞台上进行展示，它是民族的，自然也应该成为世界的一部分。在中西方体育文化之间，还依旧存在一定的差异性，但这种差异性体现的是不同的民族体育文化的认知，最终结果都是一致的：体育文化要为人类文明和社会发展提供服务。2008北京奥运会和2022年的北京冬季奥运会，中国有了大国体育文化思维，自然有了开阔的胸襟去和各国体育文化进行交流，有选择地吸收和利用一些优质体育文化，来促进自身文化的发展和完善，相互提升和促进，进而彼此形成世界灿烂文化的一部分。

“盲人摸象”说的是人处的角度和位置不同，认识事物会存在很大的差异。其实文化的存在也能让处在不同文化层次的人看待同一事物的角度存在差异，这会影响解决问题的方式和方法。在不同的国家和地区，人们往往很难形成一致的价值观，政治、教育、经济、安全等都影响着不同个体的价值观，具体到对待体育文化上，价值观不同的取向导致一些地区和民族的体育文化很难得被彼此认同，中西体育文化教育也存在这样的问题，我们往往对不同问题持有不同的判断标准，形成了一定程度上的思维定式，在文化交流过程中，这种固化的思维方式有时候会影响甚至阻碍了彼此的交流，难以在一个层面上达到统一。当今社会，我们应该有开阔的胸襟和充分的认知，不但不应该否认这种差异，还应当互换角色，站在全球、全人类的视角，在多维的角度上看待差异并理解对方文化，通过多维思考来探寻这种差异文化体系下的互补性和借鉴契合点，通过交流来不断丰富和完善自己的文化，突破自身文化存在和发展的现实局限性，学会借力发展自己的文化。其实学会接纳也是一种文化修养，文化只有包容，才会有发展的空间，我们在理解对方文化的同时，我们的文化也会逐渐被对方所理解认可，通过理解和合作的方式，使中西方体育文化在交往中得到完善、充实，以便让各自文化能够更好地服务于人类社会，实现人类体育文化的大发展。

不可否认，中西体育文化尽管互为异质文化，但都在各自的文化领域承载着传承使命的重任。二者有差异也有共性，西方体育文化以奥林匹克运动精神为核心，全球性和开放性特征明显，中国传统体育文化则强调个体适应性，民族性和区域性特征明显，甚至在某个时期、某个行业还带有一定的排他性，但开放的本质没有变。两种体育文化都有提升和塑造人的目的，在文化交融过程中，应该扬长避短、求同存异地进行合作与交流，使得自己的体育文化始终保持焕然一新自我革新状态，永葆发展活力。文化的魅力在于个性化，没有一种文化能够包罗万象，能够一枝独秀，体育文化的交流不应有压制对方、甚至消灭对方的错误心态，而是以民族自身特点为核心，学会欣赏、学会借鉴，从而更好地完善自己，体现自身文化的独特性与完整性，以期更好地为人类社会服务，进而形成强有力的文化软实力。

第一节　体育文化与社会文化的发展前景

在论证体育文化（部分）与社会文化（整体）两者存在分形部分与整体自相似特点的基础上（即部分以与整体相似的形态存在于整体之中），结合分形理论中部分与整体之间的逻辑关系，通过认识部分达到认识整体的目的。以此为依据，在分形理论的范畴之内对我国体育文化与社会文化的未来发展趋势做出以下几方面的预测。

第一，未来我国的体育文化与社会文化在与世界文化交流过程中依旧呈现多元化发展的总趋势。“团结友爱、公平竞争、相互理解”的奥林匹克精神已经被各国所认可，奥林匹克文化也必定是未来体育文化的发展方向，必将是奥林匹克文化与其他各民族或地区之间体育文化的相互交流和融合，且体育文化的交融，是在承认各民族体育文化存在差异性前提下的一种融合创新式发展。同样，与作为部分的体育文化存在自相似性的社会文化的未来发展，是在反思和沟通的基础上，建立起的多元文化共生的局面。

第二，传承和保护民族体育文化使之提升为国家文化软实力的高度。在世界经济文化一体化的背景下，我国与世界各国之间、各民族之间的文化交流日益频繁。异质体育文化和本土体育文化两者之间相互促进又相互竞争，外来社会文化与传统社会文化也将同时存在，共同发展并相互竞争。多元文化的交流，对我国未来文化的发展是机遇与挑战并存。从体育文化方面讲，外来体育文化的传入带来了众多新颖的体育项目，丰富了我国体育文化内涵。同时又挤占了中国民族传统体育文化的发展空间。在异质文化冲突和融合过程中，民族传统文化是一种个性化的文化，是一种具有延续生命力的文化。中国历史悠久、源远流长几千年的体育文化需要保存、延续和不断发展，才能拥有强大和不竭的生命力。在被西方体育文化挤占生存空间的背景下，人们对传统体育文化的保护意识越来越强烈，提倡发展传统体育文化的呼声也越来越大。对于社会文化而言，优秀传统文化是一个民族传承延续的精神命脉，是国家文明发展之根本。中国优秀的传统文化需要延续、创新和发展。现今在人们的重视和政策的支持下，未来我国体育文化软实力会得到更大的提升。

第三，我国民族传统体育文化作用日益凸显，传统社会文化价值优势更受重视。经济水平的提高，社会的进步，国家的发展，国际地位的提升，对提高中国民族传统体育的文化自信意义重大。未来我国体育文化的发展方向，必须满足群众对体育的需求，以中国传统体育养生文化倡导的理念为指导，以高质量的延年益寿为目标。从体育文化看未来社会文化的发展走向，未来社会文化可能会发挥中国古代传统文化的精神内涵价值，引导社会和谐、健康、稳定地发展。随着竞技体育水平的提高，奥林匹克运动“过度商业化”，竞技体育的弊端日益显现。

还其根本，我国民族传统体育文化所追求的人与自然的和谐统一，修身养性、身心愉悦、注重美好体验的独特价值，对竞技体育存在的问题而言无疑是一剂良药。人们返璞归真，重视武术文化、养生体育文化、休闲体育文化的发展，崇尚自由、放松、愉悦、消遣的中国民族传统体育项目会被越来越多的人们推崇，民族的才是经典的，我国的传统体育文化的作用会让越来越多的人受益。对于未来社会文化发展而言，社会文化的发展需要汲取我国古代传统文化的养分，以促进社会主义和谐社会建设。中国传统文化倡导的仁、义、礼、智、信等社会准则，在市场经济体制的竞争压力下，其优势作用日益显现。

第二节　社会文化与体育文化的未来关系

在未来很长一段时间内，我国将会更加重视体育文化的传承和发展，在国家大力推进体育强国建设的征程中，未来社会文化的发展对体育文化的依赖性将会增强，其主要表现在以下几个方面。

首先，我国社会主义文化强国建设对体育文化强国建设依赖程度提高。十七届六中全会上，党中央提出了建设社会主义文化强国的要求；党的十八大报告中指出，要扎实推进建设社会主义文化强国。按照这一目标，全国上下都在为建设社会主义文化强国而奋斗，提升我国文化软实力将是我们未来很长一段时间的重点任务。全民健身是我国发展群众体育运动的一项重要举措，全民健身关系到全民族的科学文化素质、道德素质和健康素质的建设大局①。全民健身举措的大力实施，有利于全民健康水平的提高和体质的提升，有助于我国体育文化的传播和发展，有利于在国际交往中彰显我国体育文化软实力，有助于加速推进我国向体育强国的建设进程，尽早实现我国的体育强国梦。在一定程度上看，如果我国能够早日完成由体育大国向体育强国迈进的目标，不仅可以实现体育强国梦，而且可以推动社会主义文化强国建设的发展。因此，未来文化强国建设需要体育强国的支撑。

其次，我国社会经济的发展对体育产业的依赖性增强。体育文化中的体育产业价值占国民经济中的比重越来越大，随着我国体育产业的大力发展，在未来一段时间内，体育文化的发展对社会文化的进步作用明显增强，作为第三产业的体育产业对社会的经济贡献越来越大。在未来很长一段时间内，我国体育产业的发展会进入一个快速增长期，体育消费群体规模会越来越大，发展方式会越来越明晰，体育产业对国家经济的贡献，对人们生活满意度和生活获得感的贡献会呈逐步递增趋势。

最后，社会主义和谐社会的构建对体育文化发展的依赖程度提高。体育文化的建设和发展，在一定程度上对社会文化的和谐发展和社会稳定起到调节作

① 贾凤萍. 论当代小康社会与都市体育文化发展的趋势[J]. 体育科学, 2006(5): 88-92.

用。未来我国和谐社会的构建，社会文化的发展对体育文化进步的依赖性会越来越高。体育运动可以充当社会安全阀，并对缓解国际争端、抑制社会犯罪方面起到积极作用。体育运动可以让不良情绪和行为在一个可控范围内进行发泄，在一定程度上可以起到维持社会秩序、控制社会稳定与发展的作用。除了体育运动充当社会安全阀，对社会稳定、和谐、进步和发展起到积极作用外，作为体育文化核心部分的体育精神文化对社会主义精神文明建设也起到重要的作用。由上述体育文化发展对社会主义和谐社会建设的作用可知，未来我国会更加重视体育产业和体育文化的发展。社会文化的和谐发展对体育文化发展的依赖将会越来越强。

参考文献

[1] 张国祺. 分形理论的科学和哲学意义［J］. 哲学动态, 1998,（6）: 31-33.

[2] 罗时铭. 中国体育通史·第五卷［M］. 北京: 人民体育出版社, 2008: 8-10.

[3] 褚武扬. 材料科学中的分形［M］. 北京: 化学工业出版社, 2004.

[4] 全国体育学院教材委员会主编. 奥林匹克运动［M］. 北京: 人民教育出版社, 2000: 21.

[5]［美］伯努瓦·B·曼德布罗特. 大自然的分形几何学［M］. 陈守吉, 凌复华. 译. 上海: 上海远东出版社, 1998: 204.

[6] 董连科. 分形理论及其应用［M］. 沈阳: 辽宁科学技术出版社, 1991: 51.

[7] 林鸿溢, 李映雪. 分形论奇异性探索［M］. 北京: 北京理工大学出版社, 1992: 2.

[8] 高隽娴. 程朱理学的管理认识论价值研究［D］. 黑龙江大学, 2019.

[9] 李洵. 读《明武宗实录》条记［J］. 明史研究, 1991（00）: 131-140.

[10] 李建军. 明代武举制度述略［J］. 南开学报, 1997（03）: 56-58.

[11] 张志三. 漫谈分形［M］. 长沙: 湖南教育出版社, 1993: 82.

[12] 林夏水. 分形的哲学漫步［M］. 北京: 首都师范大学出版社, 1999.

[13] 刘莹, 胡敏, 余桂英. 分形理论及其应用［J］. 江西科学, 2006（2）: 45-50.

[14] 张艳茹. 基于分形视角的长江流域入境旅游流时空动态规律研究［D］. 西安: 陕西师范大学, 2011: 2-5.

[15] 刘秉果. 中国古代体育简史［M］］上海: 中华书局, 2010.

[16] 王俊奇. 魏晋南北朝体育文化史［M］北京: 北京体育大学出版社, 2010.

[17] 杨向东. 中国古代体育文化史［M］］天津: 天津人民出版社, 2012.

[18]［英］马林诺夫斯基. 文化论［M］. 费孝通译. 北京: 华夏出版社, 2001.

[19] 熊姿. 体育服饰研究［D］. 长沙: 湖南师范大学, 2009: 5.

[20] 曾小华. 文化、制度与制度文化［J］. 中共浙江省委党校学报, 2001（2）: 30-37.

[21] 张岱年, 方克立. 中国文化概论[M]. 北京: 北京师范大学出版社, 2004.
[22] 钱斌. 制度文化概论[D]. 安徽: 合肥工业大学, 2002:
[23] 刘泽华, 主编. 中华文化通志·学术典·法律志[M]. 上海: 上海人民出版社, 1998.
[24] 赵林. 赵林谈文明冲突与文化演进[M]. 上海: 东方出版社, 2006.
[25] [英]麦唐纲. 印度文化史[M]. 龙章译. 上海: 上海中华出版社, 1948.
[26] 王占坤, 李海英, 李占平. 体育文化研究[M]. 北京: 原子能出版社, 2009.
[27] 卢元镇. 体育社会学[M]. 北京: 高等教育出版社, 2010.
[28] 张岱年, 方克立. 中国文化概论[M]. 北京: 北京师范大学出版社, 2004.
[29] 赵立军. 体育伦理学[M]. 北京: 北京体育大学出版社, 2007.
[30] 王岗. 体育文化的真实[M]. 北京: 北京体育大学出版社, 2007: 45-50.
[31] 马瑞, 俞继英. 美国青少年精神教育的特点及启示[J]. 上海体育学院学报, 2007(6): 45-48.
[32] 周珂, 乔石磊, 袁凤生. 体育与美国精神的表达——以棒球运动与个人主义的演进为例[J]. 体育文化周刊, 2016(7): 56-70.
[33] 盛春来. 二元对立在《远大前程》中的体现[J]. 三峡大学学报(人文社会科学版), 2009, 31(5): 99-101.
[34] [美]本尼迪克特, 著. 菊与刀[M]. 秦海霞, 译. 北京: 中国城市出版社, 2010: 161.
[35] 郑杭生. 社会学概论新修(第三版)[M]. 北京: 中国人民大学出版社, 2003: 321.
[36] 曾晓进. 变迁、互动、交融与发展——现代化进程中台江苗族体育调查研究[M]. 北京: 北京师范大学出版社, 2012: 41.
[37] 李季芳, 周西宽, 徐永昌. 中国古代体育史简编[M]. 北京: 人民体育出版社, 1984: 73.
[37] 罗时铭. 中国体育通史·第三卷[M]. 北京: 人民体育出版社, 2008: 6.
[38] 叶渭渠. 日本文化史[M]. 桂林: 广西师范大学出版社, 2003.
[39] 王玲. 日本文化新论[M]. 成都: 电子科技大学出版社, 2009.
[40] 张利华. 宋代体育研究[D]. 开封: 河南大学, 2013.
[41] 李敖. 谭嗣同全集[M]. 北京: 中华书局, 1981.

[42] 王蕊. 清末之奏定学堂章程[D]]北京: 中国政法大学, 2011.
[43] 中华民国史档案资料汇编, 第三辑(教育), 江苏古籍出版社: 848.
[44] 万婧远. 清末民初军国民主义思潮研究[D]. 中国社会科学院研究生院, 2014.
[45] 高晓峰. 中国学校体育政策变迁研究(1904-2014)[D]. 北京体育大学, 2017.
[46] 杨文海. 壬戌学制研究[D]. 南京: 南京大学, 2011.
[47] 王国红, 张文慧. 视野转换与意义重构——对体育活动的身体社会学解读[J]. 成都体育学院学报, 2013, 39(03): 1-6.
[48] 甘大模. 浅谈苏维埃文化教育的总方针[J]. 赣南师范学院学报, 1987(01): 15-22.
[49] [唐]温大雅. 大唐创业起居位[M]. 上海古籍出版社, 1983年.
[50] [清]魏源. 圣武记[M]. 北京: 中华书局, 84年.
[51] 太平天国革命在广西调查67资料2编[M]. 南宁: 广西壮族自治区人民出版社, 1962.
[52] [清]潘钟瑞. 苏台麋鹿记[M]. 上海: 上海古籍出版社, 1996年.
[53] [东汉]班固. 汉书˙司马相如传[M]. 上海: 汉语大词典出版社, 2004.
[54] 朱用孚. 摩盾余谈[M]. 南京: 江苏古籍出版社, 1981年.
[55] [南朝 齐 梁]陶弘景. 古今刀剑录[M]. 上海古籍出版社, 1989, 217.
[56] 王恩溥. 谈谈六十三年前的体育活动(中国近代体育史资料)[M]. 成都: 四川教育出版社, 1988.
[57] 郭守田. 世界通史资料选辑[M]. 北京: 商务印书馆, 1974: 36.
[58] 钮先钟. 西方战略思想史. [M]. 桂林: 广西师范大学出版社, 2003: 84.
[59] 杰弗里·帕克等. 剑桥插图战争史. [M]. 济南: 山东画报出版社, 2004: 9.
[60] 麦尼尔. 竞逐富强. [M]. 上海: 上海: 学林出版社, 1996: 146.
[61] 杰弗里·帕克等. 剑桥插图战争史. [M]. 济南: 山东画报出版社, 2004: 100.
[62] [战国]吕不韦. 吕氏春秋[M]. 呼和浩特: 内蒙古人民出版社, 2008. 05.
[63] [宋]祚胤注译. 易经·周易·序[M]. 长沙: 岳麓书社, 2000. 08.
[64] 刘松来编著. 诗经[M]. 青岛: 青岛出版社, 2011. 01.
[65] 曹建国, 张玖青注说. 国语[M]. 开封: 河南大学出版社, 2008. 03.
[66] 陈忠译评. 道德经[M]. 长春: 吉林文史出版社, 2009. 04.
[67] 孔丘著, 杨伯峻, 杨逢彬注译. 论语[M]. 长沙: 岳麓书社, 2000. 07.

[68] 杨永杰，龚树全主编. 黄帝内经［M］］北京：线装书局，2009. 03.
[69] 郭沫若. 奴隶制时代［M］. 北京：人民出版社，1973.
[70]［汉］司马迁著. 史记·留侯世家［M］. 西安：三秦出版社，2008. 01.
[71] 杜继文释译；星云大师总监修. 安般守意经［M］. 东方出版社出版，2012. 12.
[72] 张玉萍主编. 金匮要略［M］. 福州：福建科学技术出版社，2011. 04.
[73]［汉］华佗撰；［清］孙星衍校. 中藏经［M］. 北京：人民卫生出版社，1963.
[74]［三国］陈寿. 三国志·华佗传［M］. 武汉：崇文书局，2020. 06.
[75]［唐］杜佑撰. 通典［M］. 长春：时代文艺出版社，2008. 07.
[76]［晋］葛洪原著；黄大仙，苏元朗，孙思邈等释义；苏华仁总主编；梅全喜，李志杰，巫怀征等编著. 《抱朴子·论仙》道医丹道修真学［M］. 太原：山西科学技术出版社，2012.
[77]［唐］李白. 李太白集·临江王节士歌［M］. 沈阳：辽宁教育出版社，1997年.
[78]［梁］陶弘景. 养生延命录［M］. 北京：中华书局，2011. 11.
[79]［北齐］颜之推著，余金华注释. 颜氏家训·养生篇［M］. 北京：华夏出版社，2002. 01.
[80]［宋］蒲虔贯，保生要录·调肢体门［M］. 上海：上海古籍出版社，1990.
[81]［宋］苏轼，苏东坡集·上张安道养生决论［M］. 台湾商务出版社，1968.
[82]［唐］刘餗. 隋唐嘉话［M］. 北京：中华书局，1979.
[83]［宋］欧阳修，删正黄庭经序［M］］西安：三秦出版社，1987.
[84]［金］刘完素，素问病机气宜保命集·原道论［M］. 中国古籍出版社，1996.
[85]［晋］葛洪撰. 重订肘后百一方［M］. 兴文堂，日本宝历7.
[86] 朱凤瀚. 试论中国早期文明诸社会因素的物化表现［J］.文物，2001.（02）：70-79.
[87]［东周］墨子. 墨子［M］. 上海：书海出版社，2001.
[88] 邵东方编. 竹书纪年研究1980—2000［M］. 桂林：广西师范大学出版社，2015.
[89]［西汉］扬雄. 扬子法言·新论［M］. 长春：时代文艺出版社，2008.
[90]［两汉］郭璞传. 山海经笺疏 卷7海外西经［M］. 嘉庆14.
[91] 罗振玉考释. 殷墟文字类编 14卷［M］］铃印：鸿（朱），1923.
[92] 鲁同群注评. 礼记［M］. 南京：凤凰出版社，2011.
[93] 曹础基注说. 庄子［M］. 开封：河南大学出版社，2008.

[94] 撰人不详. 丸经[M]. 汪禔编辑, 北京: 中华书局, 1985.
[95] 鲁同群注评. 礼记[M]. 南京: 凤凰出版社, 2011.
[96] [晋] 葛洪撰; 周天游校注. 西京杂记[M]. 西安: 三秦出版社, 2005.
[97] 夏书宇, 巫兰英, 刘薇. 中国体育通史简编[M]. 郑州: 河南人民出版社, 2007.
[98] [南北朝] 颜之推撰; 卜宪群编著. 颜氏家训[M]. 北京: 北京燕山出版, 1995.
[99] 宋王辟之撰, 吕友仁点校, 渑水燕谈录[M]. 中华书局, 2009年4月.
[100] 王肇晋, 王用诰撰. 论语经 阳货第17[M]. 北京: 中国书店, 1990.
[101] 李炳海, 宋小克注评. 左传[M]. 南京: 凤凰出版社, 2009.
[102] [南朝梁] 宗懔撰; 宋金龙校注. 荆楚岁时记[M]. 太原: 山西人民出版社, 1987.
[103] 赵沛注说. 韩非子[M]. 开封: 河南大学出版社, 2008.
[104] [春秋] 墨翟著; 戴红贤译注. 墨子[M]. 上海: 书海出版社, 2001.
[105] 刘万朗. 中国书画辞典[M]. 北京: 华文出版社, 1990.
[106] [汉] 刘歆 著, 葛洪 辑抄西京杂记[M]. 创作于汉代, 收藏于上海图书馆.
[107] 马端临. 文献通考[M] 上海: 中华书局, 2006年 .
[108] 王义骅主编. 名都篇[M]. 杭州: 浙江古籍出版社, 2008.
[109] 高晨阳著; 南京大学中国思想家研究中心编. 阮籍评传[M]. 南京: 南京大学出版社, 1994.
[110] [唐] 姚思廉撰. 梁书1[M]. 长春: 吉林人民出版社, 2005.
[111] [南朝·梁] 沈约著; 苏晋红, 萧炼子校注. 宋书乐志校注[M]. 济南: 齐鲁书社, 1982.
[112] 房玄龄等. 晋书·庚阐传[M]. 上海: 汉语大词典出版社, 2004.
[113] 朱小云. 中国武术发展研究[M]. 北京: 光明日报出版社, 2017.
[114] 范之麟主编. 全宋词典故辞典 上[M]. 武汉: 湖北辞书出版社, 2001.
[115]《中华舞蹈志》编辑委员会编. 中华舞蹈志 江苏卷[M]. 上海: 学林出版社, 2014.
[116] 中华文化通志编委会编. 中华文化通志12 第二典地域文化 中原文化志[M].上海: 上海人民出版社, 2010.
[117]《中华舞蹈志》编辑委员会编. 中华舞蹈志 陕西卷[M]. 上海: 学林出版社, 2009.

[118] 袁明仁，李登弟，山岗等主编. 三秦历史文化辞典［M］. 西安：陕西人民教育出版社，1992.
[119] 唐苏颚，杜阳杂编［M］. 北京：九州出版社 2009年.
[120] 王云王等主编. 新唐书［M］. 商务印书馆，1928.
[121] 秦景天，郭惠主编. 中华文化常识全知道［M］. 北京：海潮出版社，2011.
[122]［唐］武平一撰. 景龙文馆记［M］. 北京：商务印书馆，民国16.
[123]［唐］封演撰. 封氏闻见记［M］. 北京：中华书局，1985.
[124]［宋］马令，陆游撰. 南唐书 两种［M］. 南京：南京出版社，2010.
[125]［宋］司马光著. 资治通鉴［M］. 太原：三晋出版社，2008.
[126] 王云王等主编. 新唐书［M］. 商务印书馆，1928.
[127] 林继富主编. 中国民间游戏总汇 跑跳卷［M］. 长沙：湖南文艺出版社，2016.
[128]［五代］王仁裕撰；曾贻芬点校，［唐］姚汝能撰；曾贻芬点校. 开元天宝遗事［M］. 北京：中华书局，2006.
[129]［五代］王仁裕撰；曾贻芬点校；［唐］姚汝能撰；曾贻芬点校. 开元天宝遗事［M］. 北京：中华书局，2006.
[130] 汤勤福，王志跃著. 宋史礼志辨证 下［M］］北京：生活·读书·新知三联书店，2011. 12.
[131]［宋］吴自牧. 梦粱录［M］. 西安：三秦出版社，2004.
[132]［宋］司马光，司马温公文集 卷之三［M］. 上海：中华书局，1983.
[133]［元］脱脱等. 辽史 1［M］. 长春：吉林人民出版社，2005.
[134] 王慎荣. 元史探源［M］. 长春：吉林文史出版社，1991.
[135] 杨富有. 元代上都诗歌选注［M］. 北京：中国书籍出版社，2018.
[136] 上海市青浦县县志编纂委员会编］青浦县志［M］. 上海：上海人民出版社，1990. 04.
[137] 北方民族大学文史学院编. 北方民族大学文史学院文库 第1辑 文学卷［M］. 银川：宁夏人民出版社，2016.
[138]［春秋］孔子著；张元济主编. 四部丛刊 初编集部 374 匏翁家藏集［M］. 北京：中央编译出版社，2015.
[139]［清］徐珂，清稗类抄·技勇篇［M］. 上海：中华书局，1984.
[140]［明］刘若愚著，［清］高士奇著. 明宫史金鳌退食笔记［M］. 北京：北京出版

社，1963.
[141]［清］潘荣陛，富察敦崇著. 帝京岁时纪胜 燕京岁时记［M］. 北京：北京古籍出版社，1981.
[142]李松福编. 象棋史话［M］. 北京：人民体育出版社，1981.
[143]赵进. “民族”“民族传统体育”概念及其他［J］. 山东体育学院学报，2010，26（10）：43-48.
[144]熊迅. 族群形象的视觉图式——傈僳族题材摄影的文化表征［J］. 民族艺术，2021（02）：85-92.
[145]鲁威人. 体育文化学［M］. 北京：清华大学出版社，2016.
[146]［美］斯塔夫里阿诺斯，全球通史7版［M］. 董书慧，等译. 北京：北京大学出版社，2005：6.
[147. 陈辉，田庆. “体育强国梦”思想下运动项目文化建设路径研究［J］. 南京体育学院报，2018，1（06）：40-44.
[148]吴宁. 浅析秦汉时期体育文化的发展与演进［J］. 吉林体育学院学报，2011，27（02）：42-43.
[149]王俊奇. 魏晋南北朝体育文化史［M］. 北京：北京体育大学出版社，2010.
[150]郭敏. 中国古代的体育特点浅析——兼谈中国同西方古代体育的比较［J］. 体育文化导刊，2005，（9）：73-74.
[151]胡兴桥著. 地域文化与中学语文教学［M］. 北京：语文出版社，2015. 07.
[152]王俊奇，徐国民，张华飞. 我国少数民族体育形成的地理环境因素［J］. 体育科学研究，2004，8（2）：39-42.
[153]胡莹. 试论地域性文化创意产业的发展［J］. 环渤海经济瞭望，2019（09）：54.
[154]张燕. 先秦射礼演进及其德育价值探析［J］. 文化学刊，2018（10）：198-203.
[155]王岗. 民族传统体育发展的文化审视［M］. 北京：北京体育大学出版社，2005.
[156]顾涛. 中国的射礼［M］. 南京：南京大学出版社，2013.
[157]［宋］欧阳修，等. 新唐书［M］. 上海：中华书局，1975.
[158]［汉］郑玄笺. 唐孔颖达等. 正义·毛诗正义·十三经注疏［M］. 上海：上海古籍出版社，1997.
[159]杨伯峻. 论语译注［M］. 上海：中华书局，2017.
[160]张燕. 先秦射礼演进及其德育价值探析［J］. 文化学刊，2018（10）：198-203.

[161] 汉郑玄笺. 唐孔颖达等正义，毛诗正义，十三经注疏［M］. 上海：上海古籍出版社，337-338.
[162] 李燕著. 文化释义［M］. 北京：人民出版社，1996. 10.
[163] 赵锡凌，汪军锋，党黎明主编］体育文化研究［M］. 哈尔滨：东北林业大学出版社，2008. 10.
[164] 黄健翔. 你不是一个人世界杯［M］. 武汉：湖北科学技术出版社，2014.
[165] 冠兵. 巴西足球与桑巴文化［J］. 世界机电经贸信息，2005（04）：56-57.
[166] 赵海龙. 巴西足球文化研究［J］. 内蒙古体育科技，2005（2）：6-7.
[167] 路云亭著，现代足球人类动作镜像的终极美学［M］. 上海：上海人民出版社，2015.
[168] 李毓毅，王平主编，文化足球之魂［M］. 上海：文汇出版社，2014.
[169]［苏］B. Л. 安德鲁先科，精神文化与人［M］. 上海：华东师范大学出版社，1989.
[170] 习近平. 决胜全面建成小康社会 夺取新时代中国特色社会主义伟大胜利——在中国共产党第十九次全国代表大会上的报告［M］. 北京：人民出版社，2017.
[171] D. North. Transaction Costs, Institutions, and Economic Performance［M］. San Francisco: International Center for Economic Growth. 1992.
[172] 刘秉果. 蹴鞠谱 中国古代足球史料专集［M］. 北京，华夏出版社，1987.
[173]［东汉］班固. 汉书·李广传［M］. 上海：汉语大词典出版社，2004.
[174] 郭庆光. 传播学教程［M］. 北京：中国人民大学出版社，2011，04：23.
[175] 龚飞，梁柱平. 中国体育史简编［M］. 成都：西南交通大学出版社，2010.
[176]［东汉］班固. 汉书·东方朔传［M］. 上海：汉语大词典出版社，2004.
[177]［英］杰弗里·巴勒克拉夫.泰晤士世界历史地图集［M］. 上海：三联书店，1982.
[178] 周忠元，赵勇. 艺术学概论［M］. 济南：山东人民出版社，2013. 08.
[179] 李学勤，赵平安. 字源［M］. 天津，天津古籍出版社，辽宁人民出版社，2013. 07：486.
[180]［东汉］许慎，说文解字［M］. 北京：中华书局，1963.
[181] 李彬. 欧洲传播思想史［M］. 上海：复旦大学出版社，2016. 09：35.
[182]［美］威尔伯·施拉姆. 传播学概论［M］. 北京：中国人民大学出版社，2010，05：18.

[183] 刘琅. 精读梁启超[M]. 厦门: 鹭江出版社, 2007. 08: 159-162.
[184] 李喜所, 元青. 梁启超新传[M]. 北京: 商务印书馆, 2015: 49-53.
[185] 方汉奇. 中国新闻事业编年史[M]. 福州: 福建人民出版社, 2000.
[186] 中国体育科学学会. 体育科学研究现状与展望[M]. 北京: 世界图书出版公司, 2004: 75-79.
[187] 周晓虹. 文化反哺: 变迁社会中的代际革命[M]. 北京: 商务印书馆, 2015.04: 289-293.
[188] 郭庆光. 传播学教程[M]. 北京: 中国人民大学出版社, 2011, 04: 27-28.
[189] 胡易容. 传媒符号学 后麦克卢汉的理论转向[M]. 苏州: 苏州大学出版社, 2012. 04.
[190] 郭庆光. 传播学教程[M]. 北京: 中国人民大学出版社, 2011, 04: 36.
[191] 保罗·莱文森. 数字麦克卢汉: 信息化新纪元指南[M]. 何道宽, 译. 北京: 北京师范大学出版社, 2014: 18-32.
[192] 孙宝传. 心链奥运: 奥运故事与奥运收藏[M]. 北京: 中国广播电视出版社, 2008. 01: 229-230.
[193] 赵进, 陈芳丽. 融媒体时代我国传统体育文化传播模式研究[J]. 吉林体育学院学报, 2019, 35(02): 1-5.
[194] 成振珂, 闫岑著. 社会学十二讲[M]. 北京: 新世界出版社, 2017. 01: 172-173.
[195] 黄东英. 论政治制度与传播制度的关系[J]. 云南行政学院学报, 2010, 12(06): 18-20.
[196] 王佳元著. 文化创意服务业 发展与选择[M]. 太原: 山西经济出版社, 2012.01: 2-3.
[197] 张纲. 多元文化场域背景下马克思主义意识形态话语权建设研究[D]. 郑州大学, 2016.
[198] 马克思, 恩格斯. 德意志意识形态: 节选本[M]. 北京: 人民出版社, 2003.
[199] 国务院关于加快发展体育产业促进体育消费的若干意见. [[EB/OL]. http: //www. gov. cn/zhengce/content/ 2014-10 /20/content_9152. htm, 2014-10-20.
[200] 文化建设蓝皮书: 中国文化发展报告(2015-2016)[EB/OL]. https: //m.doc88.com/p-7935657886286. ht ml, 2017-04-17.
[201] “健康中国2030”规划纲要[EB/OL]. http: //www. xinhuanet. com//

politics/2016-10/25/c_1119785867. ht ml, 2016-10-25.
[202] 郭庆光. 传播学教程[M]. 北京: 中国人民大学出版社, 2011.
[203] 成振珂. 传播学十二讲[M]. 北京: 新世界出版社, 2016.
[204] 李亚慰. 布局与结构[M]. 上海: 上海交通大学出版社, 2015.
[205] 吴格言. 文化传播学[M]. 北京: 中国市场出版社, 2004.
[206] 段鹏. 传播学基础 历史、框架与外延[M]. 北京: 中国传媒大学出版社, 2013.
[207] 郭庆光. 传播学教程(第二版)[M]. 北京: 中国人民大学出版社, 2011.
[208] 胡正荣, 段鹏, 张磊. 传播学总论(第二版)[M]. 北京: 清华大学出版社, 2008.
[209] 李武绪. 当代体育文化学解读[M]. 北京: 光明日报出版社, 2015. 03: 162-163.
[210] 成振珂. 传播学十二讲[M]. 北京: 新世界出版社, 2016.
[211] 柯汉琳. 美学原理[M]. 广州: 广东高等教育出版社, 2015.
[212] Jay G. Blumler and Dennis Kavanagh. The third age of political communication: influences and features//In Denis McQuail(Eds), Mass communication: Ⅱ, Sage Publication, 2007: 46-48.
[213] J·赫拉特·阿特休尔. 权力的媒介[M]. 北京: 华夏出版社1989: 32.
[214] 朱春阳. 新媒体时代的政府公共传播[M]. 上海: 复旦大学出版社, 2014. 11: 1-3.
[215] 赵志立. 网络传播学导论[M]. 成都: 四川人民出版社, 2009. 02: 57-59.
[216] 代迅. 广场舞: 意识形态、审美文化与公共空间[J]. 西南民族大学学报(人文社科版), 2015, 36(11): 178-184.
[217] 张钢花, 张德胜. 认同的政治: 大众媒介视野中广场舞纠纷的软性治理——以武汉广场舞报道为例[J]. 上海体育学院学报, 2019, 43(04): 22-28.
[218] 体总网. 关于引导广场舞活动健康开展的通知. [EB/OL]. http: //chinalntx. sport. org. cn/gjfg/2016/ 0321 /159896. html.
[219] 陈邢魁. 优质内容是融媒体制胜之道[J]. 新闻与写作, 2017(08): 82-84.
[220] 王龙正, 袁俊杰, 廖佳行. 柞伯簋与大射礼及西周教育制度[J]. 北京: 文物, 1998(9): 59-61.
[221] 李学勤. 柞伯簋铭考释[J]. 北京: 文物, 1998(11): 67-70.
[222] 许嘉璐. 中国古代礼俗词典[M]. 北京: 中国友谊出版公司, 1991. 06: 257-259.

[223] 袁明仁. 三秦历史文化辞典[M]. 西安: 陕西人民教育出版社, 1992. 10: 983.
[224] 孙静, 张波. 中国古代体育赛会的社会起源与文化意义研究——以先秦“射礼”赛会为例[J]. 山东体育学院学报, 2018, 34(01): 83-88.
[225] 中国共产党中央委员会办公厅, 中华人民共和国国务院办公厅. 关于实施中华优秀传统文化传承发展工程的意见[EB/OL]. (2017-01-25). http: //www.gov. cn/zhengce/2017-01/25/content _ 5163472] Htm.
[226] 张强. 论我国传统体育文化的传播策略[J]. 新闻战线, 2016(04): 36-37.
[227] 王宇. 社会转型时期竞技体育中的师徒信任——以L省中长跑队为研究个案[J]. 体育与科学, 2014, 35(04): 93-96.
[228] 罗征. 2014广西群众文化论文选编[M]. 南宁: 广西人民出版社, 2015. 05: 78-81.
[229] 司马白羽. 史记品读[M]. 北京: 朝华出版社, 2012. 01: 31-32.
[230] 张超. 不应远离的传统文化[M]. 北京: 北京工业大学出版社, 2016. 01: 18-23.
[231]《中华舞蹈志》编辑委员会. 中华舞蹈志·云南卷(下)[M]. 上海: 学林出版社, 2014.
[232] 见田宗介. 社会学事典[M]. 东京: 弘文堂社, 1988.
[233] W·理查德·斯格特, 黄洋. 组织理论: 理性、自然和开放系统[M]. 北京: 华夏出版社, 2002.
[234] 谢静. 组织传播学[M]. 上海: 复旦大学出版社, 2014. 10: 2-4.
[235] 李荣芝, 顾楠著. 乒乓球运动的历史与文化[M]. 上海: 同济大学出版社, 2016.07: 137-138.
[236] 吴欢超. 新媒体浪潮下的公益组织传播策略研究[M]. 杭州: 浙江大学出版社, 2016. 07: 196.
[237] 梁晓龙. 当代中国体育若干基本理论问题[M]. 北京: 人民体育出版社, 2003.07: 35.
[238] 郭庆光. 传播学教程[M]. 北京: 中国人民大学出版社, 2011, 04: 99.
[239] 沈雪峰, 王浩春, 罗力佳. 体育文化研究[M]. 长春: 吉林大学出版社, 2012.09.
[240] 彭兰. 网络传播案例教程[M]. 北京: 中国人民大学出版社, 2014, 01: 287.
[241] 张耀钟. 作为媒介权力的平台: 一种批判的视角[J]. 传媒观察, 2018(10): 91-97.

[242] 卢岚兰. 现代媒介文化——批判的基础［M］. 台北：三民书局，2006.
[243] 郭庆光. 传播学教程［M］. 北京：中国人民大学出版社，2011，04：155.
[244] 微软亚洲研究院关系搜索研发小组. 微软人立方：数字奥运 以人为本［EB/OL］.（2008-7-30）http：//blog. sina］com. cn/s/ blog_ 4caedc 7a0100aj3d.html.
[245] 高钢. 绘制人的社会关系信息图景的尝试及意义——"人立方关系搜索"预示了什么?［J］. 国际新闻界，2009（05）：80-86.
[246] 方建移. 传播心理学［M］. 杭州：浙江教育出版社，2016. 01：216-218.
[247] 聂磊. 新媒体环境下大数据驱动的受众分析与传播策略［J］. 新闻大学，2014（02）：129-132.
[248] 郭庆光. 传播学教程（第二版）［M］. 北京：中国人民大学出版社，2011：261.
[249] 魏收. 魏书·太武帝本纪［M］. 上海：汉语大词典出版社，2004，37.
[250] 道格拉斯·凯尔纳. 媒体奇观——当代美国社会文化透析［M］史安斌，译. 北京：清华大学出版社，2005.
[251] Ieva M，Ziliani C，Gazquez-abad J C . et al. . Online versus Offline Promotional Communication：Evaluating the Effect of Medium On Customer Response［J］. Journal of Advertising Research，2018，58（03）：338-348.
[252] 陶凤. 商业科比不"退役"［N］. 北京商报，2016-04-15（002）.
[253] 贾凤萍. 论当代小康社会与都市体育文化发展的趋势［J］. 体育科学，2006（5）：88-92.
[254]［西汉］司马迁. 史记·白起·王翦传［M］. 上海：汉语大词典出版社，2004：991.
[255]［战国］庄周. 庄子·说剑［M］. 郑州：中州古籍出版社，2000：43.
[256]［东汉］班固. 汉书·食货志［M］. 上海：汉语大词典出版社，2004.
[257]［南朝 宋］范晔. 后汉书·中山简王焉传［M］上海：汉语大词典出版社，2004.
[258]［东汉］班固. 汉书·晁错传［M］. 上海：汉语大词典出版社，2004

另有古籍：《淮南鸿烈·精神训》《宋书·蔡兴宗传》《列子·扬朱》《养生论》《修习止观坐禅法要杂》《道枢》《外台秘要》《旧唐书·音乐志》《本生《尽数》《养生主》《庄子·大宗师》《庄子·在宥》《庄子·人间世》《庄子·刻意》《黄帝内经·素问》《吕氏春秋·古乐》《墨子·非乐上》《竹书纪年》《法言·重黎》《山海经·海外西经》《殷墟文字类编》《史

记》《蚩尤戏》《韩非子·五蠹》《越绝书》《山海经·海外西经》《左传》《吕氏春秋》《说文解字》《史记·殷本纪》《史记·周本记》《楚辞·国殇》《诗经·伯兮》《礼记》《左传·隐公五年》《尚书·牧誓》《令鼎》《柏舟》《六韬》《吴子》《战国策》《孔子家语》《列子》《管子·小庄》《墨子·非攻》《吕氏春秋》《汉书·刑法志》《战国策》《韩非子·喻老》《汉书》《西京杂记》《刘向别录》《鞠城铭》《汉书· 李陵传》《汉书·明帝本记》《三国志·魏书·张辽传》《三国志·魏书·典韦传》《三国志·吴书·程普传》《三国志·蜀书·张飞传》《典论》《诸葛亮集》《会稽典录》《太平御览》《魏书》《马槊谱》《北史·魏宗室常山王遵传》《梁书·羊侃传》《前赵录》《魏书·肃宗本纪》《宋书·王僧达传》《续高僧传》《朝野佥载》《隋书·高祖传》《唐会要·府名》《旧唐书·职兵志》《太平广记》《旧唐书·太宗本记》《新唐书·薛仁贵传》《剑侠传》《观公孙大娘弟子舞剑器行》《中国兵器史稿》《新唐书·秦琼传》《旧五代史·王敬尧传》《王堂闲话》《辽史·卷四十五》《元史》《正气堂集》《明史》《明史·选举》《明史兵制》《太极拳谱图说》《江南经略》《五杂俎》《涌幢小品》《嵩游记》《吴淞倭变志》《少林棍法阐宗》《宋史·岳飞传》《历代兵制》《汉书·汉武帝纪》《汉书·西域传》《全唐诗话·卷5》《通鉴记事本末》《大学》《宫词》《全唐诗》《战国策》《苏东坡集·龙虎铅录论》《清太宗实录》等。